Der vorliegende Band gehört zu einer elfbändigen Reihe, die in neuartiger Kombination von historischem Originaltext und kommentierender, einordnender Darstellung einen Abriß der deutschen politischen Geschichte gibt. Ihr Ziel ist es, durch die Verbindung von Quellen und Darstellung eine aus den historischen Dokumenten selbst lebende, fortlaufend lesbare Geschichte der Zeit von der Gründung des Karolingerreiches bis zur unmittelbaren Gegenwart zu entfalten.

Die Reihe ist als Einführung für Studenten und Schüler konzipiert, soll aber auch allen historisch Interessierten ein Kompendium der wichtigsten Quellen zur deutschen Geschichte an die Hand geben.

Im Zentrum der Edition stehen die Quellentexte (soweit in einer anderen Sprache verfaßt, wurden sie ins Deutsche übersetzt). Bei längeren Vorlagen wurden Auszüge gewählt, die sinnvolle und relevante Einheiten bilden, um den Charakter des Dokuments zu wahren. Die Quellen folgen zeitgenössischen Drucken oder wissenschaftlichen Editionen. In jedem Band führt eine Einleitung in die jeweilige Epoche ein. Anmerkungen geben weitere Verständnishilfen. Eine knappe Zeittafel dient der raschen Orientierung.

Deutsche Geschichte in Quellen und Darstellung

Herausgegeben von Rainer A. Müller

Band 1: Frühes und hohes Mittelalter. 750–1250
Band 2: Spätmittelalter. 1250–1495
Band 3: Reformationszeit. 1495–1555
Band 4: Gegenreformation und Dreißigjähriger Krieg. 1555–1648
Band 5: Zeitalter des Absolutismus. 1648–1789
Band 6: Von der Französischen Revolution bis zum Wiener Kongreß. 1789–1815
Band 7: Vom Deutschen Bund zum Kaiserreich. 1815–1871
Band 8: Kaiserreich und Erster Weltkrieg. 1871–1918
Band 9: Weimarer Republik und Drittes Reich. 1918–1945
Band 10: Besatzungszeit, Bundesrepublik und DDR. 1945–1969
Band 11: Bundesrepublik und DDR. 1969–1990

Philipp Reclam jun. Stuttgart

Deutsche Geschichte in Quellen und Darstellung

Band 9

Weimarer Republik und Drittes Reich 1918–1945

Herausgegeben von
Heinz Hürten

Philipp Reclam jun. Stuttgart

RECLAMS UNIVERSAL-BIBLIOTHEK Nr. 17009

Gesamtherstellung: Reclam, Ditzingen. Printed in Germany 2012

ISBN 978-3-15-017009-0

www.reclam.de

Einleitung

Zwei historische Epochen, die Weimarer Republik und das »Dritte Reich« Adolf Hitlers, die dem späteren Betrachter durch einen tiefen Bruch getrennt erscheinen, zusammenhängend zur Darstellung zu bringen, wie es hier geschieht, ist nicht allein ungewöhnlich, sondern auch nicht ohne Gefahr für die unverstellte Wahrnehmung der geschichtlichen Phänomene durch den Leser. Zu leicht kann die Geschichte der Weimarer Republik ausschließlich als die Vorgeschichte des nationalsozialistischen Regimes erscheinen, die sie auch, aber doch nicht allein gewesen ist. Ein solches Mißverständnis könnte dadurch noch verstärkt werden, daß jeder Bericht über Deutschland unter Hitler ungleich mehr Sachverhalte schildern muß und darum erheblich mehr Raum in Anspruch nimmt als ein gleichartig angelegter über die vorangegangene Epoche. Das Scheitern der ersten deutschen Demokratie, das die Herrschaft der Nationalsozialisten erst möglich machte, kann bei oberflächlicher Betrachtung wie vorherbestimmt wirken, die Frage nach ihren »Geburtsfehlern« als die einzig relevante gelten. Für die Generationen, die den Zusammenbruch der Weimarer Republik oder auch nur dessen Folgen erlebt hatten, drängte die Verwicklung des eigenen individuellen und sozialen Schicksals in die Katastrophe des Reiches die Frage nach den Ursachen unabweislich in den Vordergrund des Interesses. Die historische Würdigung einer Epoche kann sich jedoch nicht darauf beschränken, nach den Bedingungen ihres Untergangs zu fragen. In welchem Ausmaß durch eine solche Vorgehensweise die Möglichkeiten geschichtlicher Erkenntnis verkürzt würden, läßt ein Vergleich mit der folgenden Periode erkennen: Welches Bild vom Nationalsozialismus und seiner Herrschaft über Deutschland besäßen wir, wenn wir nur die Frage zu beantworten suchten, warum dieses Regime keinen längeren Bestand hatte? Die Gründe für die militärische Niederlage Deutschlands im Zweiten Weltkrieg, die den politischen Zusammenbruch nach sich zog, sind zwar eng verknüpft mit der Eigenart des nationalsozialistischen Systems, aber dieses selbst käme nur unzureichend in den Blick, wenn man es allein unter dem Gesichtspunkt des Krieges betrachten würde, den es verschuldet hat. So geht die Bedeutung der Weimarer Republik auch nicht in dem Faktum auf, daß ihr Zusammenbruch den Nationalsozialismus in Deutschland zur Herrschaft gelangen ließ. Aus dem größer gewordenen zeitlichen Abstand läßt sich vielmehr erkennen, daß die Weimarer Republik ein Glied in der Kette der Entwicklung war, durch die Deutschland zu einer stabilen parlamentarischen Demokratie geworden ist. Dies gilt zunächst für die Geschichte der geschriebenen Verfassungen. Wie sich die Verfassungsväter von Weimar in der Formulierung der »Grundrechte und Grundpflichten der Deutschen« von der Paulskirchenverfassung des Jahres 1849 inspirieren ließen, so haben die Schöpfer des Bonner Grundgesetzes das Werk von Weimar vor Augen gehabt und gerade die Mängel zu vermeiden gesucht, die ihm anhafteten. Auch und nicht zuletzt im Gegenentwurf zu dem, was sich in Weimar als Erfahrung und Experiment nicht bewährt hatte, wird die historische Verbindung der neuen deutschen Demokratie mit ihrer Vorläuferin bestätigt.

Wichtiger erscheint, daß die Weimarer Republik den ersten demokratischen Verfassungsstaat in Deutschland darstellte, dessen Entstehen und Struktur einem förmlich ausgedrückten Mehrheitswillen des deutschen Volkes entsprungen war. Nach dem Sturz der Monarchie war die übergroße Mehrheit der Deutschen quer über fast alle Parteigrenzen hinweg darin einig, daß die politische Neuordnung einzig von einer demokratisch gewählten Nationalversammlung ausgehen dürfe, so sehr man auch untereinander über den sachlichen Gehalt dieser Neuordnung uneins war. Solange der Wähler noch nicht gesprochen hatte, mochte jeder darauf hoffen, daß sich für die Verfolgung seiner politischen Ziele eine ausreichende Basis finden werde. Die Grundentscheidung, daß die neue Gestalt Deutschlands nicht von den Kräften der Revolution, die – in der überwiegenden Zahl der Fälle zu Unrecht – in den Arbeiter- und Soldatenräten ihre Basis suchten, sondern von der in der Nationalversammlung repräsentierten Gesamtheit aller Deutschen geformt werden müsse, ist vom Kongreß der Arbeiter- und Soldatenräte des ganzen Reiches im Dezember 1918 mit großer Mehrheit getroffen worden, der damit letztlich nichts anderes zum Ausdruck brachte als den Konsens aller Deutschen. Wer sich diesem Konsens entzog, geriet ins politische Abseits wie Rosa Luxemburg und Karl Liebknecht, die sich im Januar 1919 von den Revolutionären Obleuten in Berlin zur Beteiligung an einem aussichtslosen Putsch gewinnen ließen. Ihre Ermordung durch die Sieger gab dem Protest gegen die Republik von links seine Symbolfiguren, noch ehe die Wahlen zur Nationalversammlung über die Grundstruktur dieser Republik entschieden hatten. In der nun anhebenden Bürgerkriegsära waren Regierung und Nationalversammlung gezwungen, sich auf Kräfte in der Armee und in den neu angeworbenen Freikorps zu stützen, die in dieser Republik bestenfalls ein »Notdach« für eine anders nicht zu bewältigende Übergangszeit sahen. Die nie überwundene Problematik des neuen Staates, einer radikalen Opposition gegenüberzustehen und dabei auf die Unterstützung von Kräften nicht verzichten zu können, deren Loyalität zur Republik fraglich blieb, wurde schon jetzt deutlich, wenn auch noch nicht zu erkennen war, daß es der Republik nicht gelingen würde, jene Kräfte der Rechten auf ihre Seite zu ziehen, die zu ihr in kritischer Distanz standen. Bis zum Frühjahr 1920 schien es dafür noch Chancen zu geben. Denn bis dahin hatte die Rechte noch nicht versucht, die neue staatliche Ordnung nach rückwärts zu revidieren, und noch bestand in der Nationalversammlung eine Mehrheit, die in der Lage war, selbst für eine so schwerwiegende Entscheidung wie die Annahme des Versailler Vertrags die Verantwortung zu übernehmen.

Die Wahlen zur Nationalversammlung haben, ohne daß dies den Zeitgenossen schon in voller Tragweite erkennbar war, die eigentliche Schicksalsfrage der Republik formuliert. Denn anders, als viele ihrer Anhänger erwartet haben mochten, erhielt sie keine linke, sozialistische Mehrheit, und auch bei allen folgenden Wahlen zeichnete sich, trotz Verschiebungen im Lager der Linken, niemals eine Majorität ab, die in der Lage gewesen wäre, auf demokratische Weise aus Deutschland einen sozialistischen Staat zu machen. Sozialismus konnte in Deutschland nur auf dem Wege über eine revolutionäre Diktatur eingeführt werden. Wer diese nicht wollte, mußte – wenn er eine realistische Politik betrieb – einsehen, daß nicht der Sozialismus, sondern die Demokratie für Deutschland auf der historischen Tagesordnung stand. Der Staat von Weimar konnte nur gelingen, wenn er von Sozialdemokraten und Bürgern gemeinsam getragen wurde, und es gehört zu seiner Tragik, daß diese Notwendigkeit auf beiden Seiten immer weniger erkannt wurde.

Die Anfänge der Republik beruhten auf einer solchen Zusammenarbeit. In der »Weimarer Koalition« hatten Sozialdemokratie, Zentrum und Linksliberalismus die ersten Regierungen gebildet und der neuen Verfassung auf den Weg geholfen. Wenn auch die linksliberale Deutsche Demokratische Partei vorübergehend aus der Regierung ausschied, weil sie die Annahme des Versailler Vertrags nicht mittragen wollte, schien hier doch eine Basis gegeben, auf der eine den Ausgangsbedingungen der Republik entsprechende Politik getrieben werden konnte. Aber der Putsch von Kapp und Lüttwitz im März 1920 zeigte, daß breite Kreise kein Vertrauen in die Kraft der demokratischen Republik zur Bewältigung ihrer politischen und sozialen Probleme setzten. Zwar scheiterte die Regierung Kapp-Lüttwitz nach wenigen Tagen – mehr an ihrer eigenen Unfähigkeit und an der Loyalität der hohen Beamten zur alten Regierung als am Generalstreik der Arbeiter –, aber auch die streikenden Gewerkschaften erwiesen sich nicht als unerschütterliche Garanten der neuen Verfassung, da sie nach dem Sturz von Kapp und Lüttwitz ihren Streik nun gegen die legale Regierung richteten, um für sich durchzusetzen, was ihnen bei der Verfassunggebung in Weimar nicht gelungen war. Das Ergebnis der Wahlen vom 6. Juni 1920, die SPD und DDP schwere Verluste zufügten und ein für allemal das Ende der Weimarer Koalition bewirkten, war ein Signal dafür, daß die Republik in Bewußtsein und Handeln ihrer Bürger keine ausreichende Basis mehr besaß. Die Sozialdemokratie näherte sich wieder ihrem im Kriege abgesprengten radikaleren Flügel, den Unabhängigen, und gab unter deren Druck im November 1923 die Beteiligung an Koalitionen mit nichtsozialistischen Parteien zunächst auf. Erst 1928 stellte sie mit Hermann Müller wieder einen Reichskanzler.

Trotz ihrer innenpolitischen Dauerschwäche hat die Republik eine beachtliche Leistungsbilanz aufzuweisen. Das Jahr 1923 stellte sie vor eine Bewährungsprobe, die zu bestehen ihr kaum einer der Zeitgenossen vorauszusagen gewagt hätte. Geringfügige Rückstände in der Lieferung deutscher Reparationsgüter nahm Frankreich im Januar 1923 zum Anlaß, in großzügiger Interpretation des Versailler Vertrags gemeinsam mit Belgien das rheinisch-westfälische Industriegebiet militärisch zu besetzen. Der passive Widerstand der Bevölkerung, zu dem die Regierung aufgerufen hatte, bezwang diese zu Unterstützungsleistungen, welche die bereits durch Reparationszahlungen und ständige Unterbilanz des Reichshaushalts zerrüttete Währung in eine galoppierende Inflation trieben. Der Abbruch des »Ruhrkampfes« wurde unvermeidbar. Er wurde jedoch nicht, wie befürchtet, zum Anlaß von Putschen der Rechten gegen die angeblich unnationale Regierung und Gegenputschen der Kommunisten, sondern zu einer Reinigungskrise. Gestützt auf den vom Reichspräsidenten Ebert für das ganze Reich verhängten militärischen Ausnahmezustand und ein Ermächtigungsgesetz, das ihr die Möglichkeit zu Verordnungen mit Gesetzeskraft gab, konnte die Regierung die Sanierung der Währung in Angriff nehmen, einen kommunistischen Aufstandsversuch in Hamburg niederschlagen, in Sachsen und Thüringen durch Einmarsch der Reichswehr die mit Kommunisten durchsetzten Landesregierungen ablösen. Lediglich der Konflikt mit Bayern, das sich dem für das Reich verhängten Ausnahmezustand entzogen und die bayerischen Reichswehrtruppen für den Freistaat in Pflicht genommen hatte, schleppte sich hin. Aber auch hier fiel die Entscheidung schon früh zugunsten des Reiches, weil der Hitlerputsch, von bayerischer Polizei und Reichswehr schnell niedergeschlagen, die Verbindung von radikalen Kräften der Rechten mit bayerischer Reichswehr und antirepublikanischer Reaktion, die mit dem Gedanken eines »Marschs auf Berlin« spielen konnte, vereitelte. Die von den Besatzungsmächten unterstützten separatistischen Bewegungen im Rheinland und in der Pfalz scheiterten am Widerstand der Bevölkerung, die nicht davor zurückschreckte, auch mit brutaler Gewalt vorzugehen. Ungefähr gleichzeitig schuf die neue Regelung der deuschen Reparationszahlungen durch den Dawes-Plan die Möglichkeit zu wirtschaftlicher Erholung. Das nun anhebende »beste Jahrfünft« der Weimarer Republik war gekennzeichnet durch die überragende Stellung des Außenministers Stresemann, der als Kanzler die große Krise des Jahres 1923 gemeistert hatte. Unbeirrt in der Verfolgung des allen Regierungen der Weimarer Republik gemeinsamen Ziels, die Revision des Versailler Vertrags zu erreichen, gelang es Stresemann, dem Deutschen Reich wieder internationales Vertrauen zu gewinnen und mit der Zuweisung eines Ständigen Sitzes im Völkerbundsrat die Anerkennung als europäische Großmacht durchzusetzen. Die Anknüpfung mit Frankreich und die persönlichen Beziehungen zum französischen Außenminister Briand reichten freilich nicht aus, um eine schnellere Räumung des Rheinlands von den alliierten Besatzungstruppen zu erreichen. Auf beiden Seiten wirkten alte Traditionen einer durchgreifenden Neuorientierung noch entgegen.

Für die innere Situation der Republik erscheint es als aufschlußreich, daß die unbestreitbaren Erfolge der deutschen Politik die Regierungskoalitionen nicht gefestigt haben. Die Sozialdemokraten traten im Herbst 1923 aus dem Kabinett Stresemann aus, weil sie sein Vorgehen gegen Sachsen und Thüringen, wo ihre Parteigenossen die Regierungen führten, nicht hinnehmen wollten. Im Oktober 1925 verließen die Deutschnationalen im Streit über das Vertragswerk von Locarno die Regierung des Reichskanzlers Luther. Die Labilität der Regierungen wurde jedoch in einem beschränkten Umfang wettgemacht durch die personelle Kontinuität in wichtigen Ministerien. Stresemann war Außenminister in sieben Kabinetten, in zwei weiteren war er zugleich Reichskanzler, Arbeitsminister Brauns gehörte zwölf Regierungen in unterbrochener Folge an, Reichswehrminister Geßler sogar vierzehn! Ungleich stabiler als im Reich waren auch die Regierungsverhältnisse in manchen Ländern, insbesondere im größten und mächtigsten, Preußen, wo SPD und Zentrum in dauerhaften Koalitionen zusammenarbeiteten.

Die Weimarer Republik bedeutet nicht zuletzt eine wichtige Etappe in der Entwicklung des modernen deutschen Sozialstaats. An ihrem Anfang, scheinbar unberührt von Umsturz und Revolution, steht das Stinnes-Legien-Abkommen, das den Gewerkschaften die volle Anerkennung als Interessenvertretung der Arbeiterschaft von seiten der Unternehmer brachte und damit zu einer Voraussetzung für die Garantie der wirtschaftlichen Koalitionsfreiheit in Art. 159 der Weimarer Verfassung und die rechtliche Regelung des Tarifvertrags- und Einigungswesens wurde. Die Betriebsverfassung wurde in Richtung auf eine gewisse Mitbestimmung umgestaltet, 1927 die Arbeitslosenversicherung eingeführt. Es ist eine damals umstrittene und heute nicht eindeutig geklärte

Frage, ob mit den sozialpolitischen Neuerungen der Wirtschaft so große Lasten aufgebürdet wurden, daß sie nicht in der Lage war, die erforderlichen Neuinvestitionen zu tätigen und die späteren Krisen durchzustehen. Sie waren jedenfalls hoch genug, um in der Industrie den Wunsch nach Überwindung dieses »Gewerkschaftsstaates« wachzurufen, und brachten somit keine grundsätzliche Entspannung der sozialen Verhältnisse. Krieg und Inflation hatten viele in Not gebracht, die sie früher nie gekannt hatten, die Arbeitslosigkeit blieb auf beachtlich hohem Niveau. Darum waren auch die besten Jahre der Republik für viele ihrer Bürger keine guten Jahre.

Die 1929 über Deutschland hereinbrechende Wirtschaftskrise traf die Republik somit gefährlich an zwei Stellen. Sie ließ das rasch anwachsende Heer der in Not Geratenen seine Hoffnungen auf einen radikalen politischen Wechsel setzen und nährte in Kreisen der Wirtschaft die Illusion, daß die Stunde gekommen sei, um das Bürgertum wieder in die ihm zukommende Führungsrolle zu bringen und sich von den Zwängen der Gewerkschaften zu befreien. Die Große Koalition des Sozialdemokraten Hermann Müller ist an diesen nicht mehr zu vermittelnden Gegensätzen gescheitert. Der Streit, ob die Beiträge zur Arbeitslosenversicherung erhöht oder die Leistungen gesenkt werden sollten, war lediglich der Anlaß, die Zusammenarbeit aufzukündigen. Damit war aber der deutsche Parlamentarismus am Ende. Das Parlament hatte sich nicht als fähig erwiesen, die politischen und sozialen Gegensätze in sich auszutragen und eine Entscheidung herbeizuführen.

In dieser Lage griff Reichspräsident von Hindenburg auf die Möglichkeiten zurück, die ihm der »Diktaturparagraph« der Verfassung, der Artikel 48, bot. Schon sein Vorgänger, Friedrich Ebert, hatte diesen oft benutzt, um als »Notverordnung« Regelungen in Kraft zu setzen, für die es im Reichstag keine Zustimmung gab. Das Parlament, das nach der Verfassung berechtigt war, die Aufhebung solcher Verordnungen des Reichspräsidenten zu verlangen, hatte diese Praxis Eberts regelmäßig hingenommen und ihm so einen Teil seiner eigenen legislativen Kompetenz überlassen. Hindenburg, der bis dahin vom Artikel 48 noch keinen Gebrauch hatte machen müssen, stellte dem neuen Reichskanzler Brüning sein Notverordnungsrecht generell zur Verfügung, damit er gegebenenfalls auch ohne die Zustimmung des Reichstags regieren konnte. Als dieser mit einer knappen, lediglich zur Obstruktion fähigen Mehrheit von KPD, SPD, Teilen der Deutschnationalen und Nationalsozialisten im Juli 1930 die Aufhebung einer wichtigen Notverordnung zur Deckung des Haushalts verlangte, löste der Reichspräsident ihn auf. Mit dieser Kombination seiner verfassungsmäßigen Ermächtigung zur Auflösung des Reichstags wie zum Erlaß von Notverordnungen schuf der Reichspräsident ohne formellen Verstoß gegen die Verfassung eine von dieser nicht vorgesehene außerparlamentarische Regierungsform. Ihre politische Basis war ausschließlich das Vertrauen des Reichspräsidenten. Bei den fälligen Neuwahlen am 14. September 1930 errangen die Nationalsozialisten mit 107 Mandaten einen spektakulären Wahlsieg, während alle anderen Parteien mit Ausnahme der Kommunisten Stimmenanteile verloren, am wenigsten die Partei des Kanzlers, das Zentrum. Eine Regeneration des Parlamentarismus stand nicht mehr in Aussicht. Aber auch das Experiment der Präsidialkabinette schlug fehl. Brüning, durch unverantwortliche Ratgeber bei Hindenburg in Mißkredit gebracht, verlor dessen Vertrauen und mußte nach 26 Monaten demissionieren. Seine außenpolitischen Erfolge, die Anbahnung der militärischen Gleichberechtigung Deutschlands und der Einstellung der deutschen Reparationszahlungen aufgrund der von Brüning zu diesem Zweck konsequent instrumentalisierten Weltwirtschaftskrise, kamen erst seinem Nachfolger von Papen zugute. Dieser besaß im Parlament noch weitaus weniger Rückhalt als Brüning. Gestützt auf das Machtinstrument des militärischen

Ausnahmezustands, unterstellte er den durch die verabredete Obstruktion von Nationalsozialisten und Kommunisten nicht mehr ordnungsgemäß regierbaren Freistaat Preußen dem Reich und plante eine Verfassungsreform, die er wahrscheinlich nur mit offener Repression der sich gegen sie erhebenden Widerstände hätte durchsetzen können. Als die Reichswehr sich außerstande erklärte, den zu erwartenden Aufstand niederzuschlagen, war auch Papen am Ende. Der nächste Kanzler, General von Schleicher, nahm seine Zuflucht zu taktischen Finessen, welche die Nationalsozialisten spalten und der Regierung in den Gewerkschaften eine neue Basis geben sollten. Als auch diese Pläne fehlschlugen, kam die Stunde Hitlers. Seine Berufung zum Reichskanzler am 30. Januar 1933 war allerdings nicht die einzige Möglichkeit, die dem Reichspräsidenten offenstand. Aber es war seiner Umgebung gelungen, ihm die Vorstellung einer Rechtsregierung nahezubringen, die durch den Massenanhang Hitlers die Chance zur parlamentarischen Mehrheit besäße und damit das Ende der problematischen Präsidialkabinette ermögliche, zugleich aber den »böhmischen Gefreiten«, dem Hindenburg nach dessen neuerlichem Wahlsieg vom 31. Juli 1932 das Reichskanzleramt nicht hatte anvertrauen wollen, durch eine rechtsbürgerliche Mehrheit so einbände, ja »zähme«, daß die Verwirklichung seiner eigentümlichen Ideen unmöglich werde.

Der Regierungsantritt Hitlers stand somit in der Kontinuität der Weimarer Verfassungsentwicklung, mochte er selbst auch entschlossen sein, sich niemals von dieser binden zu lassen. Sein Kabinett beruhte bei seinem Zusammentritt wie seine Vorgänger ausschließlich auf dem Vertrauen des Reichspräsidenten. Die zentrale Rechtsgrundlage für Hitlers Regime, sofern es später noch zweckmäßig schien, auf eine solche überhaupt zurückzugreifen, blieb bis zum Ende eine Notverordnung des Reichspräsidenten: die Reichstagsbrandverordnung vom 28. Februar 1933. Aber mit dem knappen Wahlsieg vom 5. März besaß die Regierungskoali-

tion eine Mehrheit im Reichstag, welche die anfängliche einseitige Bindung an den Reichspräsidenten beseitigte, und das dem neuen Parlament abverlangte Ermächtigungsgesetz machte das Kabinett Hitler von jeder institutionellen Kontrolle frei. Die außergesetzlich erzwungene Gleichschaltung der Länder erweiterte den Handlungsspielraum der neuen Regierung, die ihre Mittel rücksichtslos in den Dienst der innenpolitischen Machtgewinnung stellte und deren Kanzler als »Führer« der Nationalsozialisten in den Parteiorganisationen zu Terror und Propaganda geeignete Instrumente besaß, wie die Einrichtung der Konzentrationslager und der Judenboykott vom 1. April 1933 bald deutlich machten. Die rasante »Gleichschaltung« des öffentlichen Lebens ist freilich nicht allein durch äußeren Zwang zu erklären. Viele Zeitgenossen konnten sich offensichtlich dem Eindruck nicht verschließen, daß eine neue Epoche begonnen habe, in der es sinnlos geworden sei, die überkommenen Regeln und Institutionen aufrechtzuerhalten.
Welche Gestalt die neue Ordnung annehmen werde, war freilich aus den ersten Maßnahmen der neuen Regierung nicht eindeutig zu erkennen. Manches schien in der Tradition deutscher und preußischer Politik zu bleiben: die Revision des Versailler Vertrags, aber auch die Mitarbeit im Völkerbund, zu dessen Förderung sich das neue Deutschland in seinem ersten internationalen Vertrag, dem »Viererpakt« vom 15. Juli 1933, mit Frankreich, Großbritannien und Italien verband. Erst mit dem Austritt aus dem Völkerbund im Herbst 1933 und dem Nichtangriffspakt mit Polen im folgenden Jahr zeigte sich eine klare Abwendung von der Linie der früheren Außenpolitik. In der Tradition blieb auch die Anerkennung der Reichswehr als »einziger Waffenträger der Nation«, durch die Hitler sogar in Konflikt mit seiner eigenen Parteitruppe kam, bis er ihn mit den Morden vom 30. Juni 1934 blutig löste (und gleichzeitig mit der Aufstellung militärisch bewaffneter und ausgebildeter SS-Verbände der Reichswehr eine wachsende Konkurrenz an die

Seite stellte). Die Neuordnung der Gesellschaft schien anfänglich in den Bahnen eines »ständischen Aufbaus« zu verlaufen, der auch dazu verwendet wurde, Unerwünschte von bestimmten Berufen fernzuhalten und die Zugelassenen unter dauernde Kontrolle zu bringen, wie das Schriftleitergesetz besonders deutlich machte. Die rasche Eroberung nahezu aller innenpolitischen Machtpositionen wurde möglich durch die Kombination von staatlicher Gewalt, die der Regierung als Herrin über Exekutive und Legislative in außergewöhnlichem Maße zu Gebote stand, mit ungesetzlichen Aktionen der Parteiverbände, für die Leys Aktion gegen die Gewerkschaften ein herausragendes Beispiel abgab. Obwohl die Rassenlehre den eigentlichen Kern der nationalsozialistischen Ideologie bildete, hat sie die praktische Politik der ersten Jahre unter seiner Herrschaft weniger mitgestaltet, als man aufgrund der von ihr in den späteren Jahren verursachten Greuel annehmen möchte. Die Entfernung der Juden aus der Beamtenschaft und die Sterilisierung sogenannter Erbkranker blieben bis zu den Nürnberger Gesetzen die einzigen legislativ begründeten Maßnahmen dieser Art, die in der Alltagswirklichkeit allerdings ergänzt wurden durch eine Unsumme von willkürlichen Schikanen und Diffamierungen durch die Nationalsozialisten. Nicht gleichgeschaltet blieben die Reichswehr und in unterschiedlichem Maße die christlichen Kirchen. Die Armee betrieb jedoch zur Wahrung ihrer Eigenständigkeit eine gewisse Selbstgleichschaltung, um Hitler gegebenenfalls auch gegen seine Partei für sich zu gewinnen; sie übernahm wie den Arierparagraphen des Berufsbeamtengesetzes das »Hoheitszeichen« der Partei für ihre Uniform. In der evangelischen Kirche führte der Versuch der Gleichschaltung mit den »Deutschen Christen«, welche die christliche Botschaft nur noch in einem nationalsozialistischen Kontext zu verkünden bereit waren, nur zu einem Teilerfolg. Sie besetzten zwar die Kirchenleitungen in den meisten Landeskirchen, aber im offenen Protest gegen sie bildete sich die »Bekennende Kirche«, zu der sich eine starke Minderheit der Gläubigen und Pastoren hielt. Die katholische Kirche war durch ihre Struktur und zusätzlich durch das Reichskonkordat vor ähnlichen Gleichschaltungsversuchen geschützt. Die Zahl ihrer Theologen, die einen »Brückenbau« von der Kirche zum Nationalsozialismus versuchte, blieb klein und ohne großes Gefolge. Die politische Opposition, die nach der Auflösung der Parteien im Sommer 1933 noch bestand, existierte lediglich wie die der Kommunisten und teilweise der Sozialdemokraten in einer durch die Verbindung mit den Parteizentralen im Ausland aufrechterhaltenen Illegalität oder in privaten Zirkeln. Sie bot im einen wie im anderen Fall keinen Ansatzpunkt für eine Änderung.

Nach dem Tod Hindenburgs erreichten die Nationalsozialisten ihr letztes Ziel auf dem Weg zur Machteroberung: Hitler übernahm als Reichsoberhaupt auch den Oberbefehl über die Wehrmacht, der ihm bislang noch nicht erreichbar gewesen war. Seine parteiamtliche Bezeichnung »Führer« ging in seinen offiziellen Titel als Reichsoberhaupt ein, und der ihm in der Partei als dem »Führer« geschuldete Gehorsam wurde nun zum Modell für die staatliche Gehorsamspflicht der Soldaten und Beamten. Wichtiger noch war, daß mit der Institution des Reichspräsidenten die einzige Position fortgefallen war, die ein Widerlager gegen die Macht Hitlers hätte bilden können.

Der zutiefst totalitäre Charakter des nationalsozialistischen Regimes ließ auch nach der Besetzung dieser letzten innenpolitischen Machtposition die Auseinandersetzungen im Innern nicht abflauen. Da der Nationalsozialismus beanspruchte, »eine neue totale Auffassung des menschlichen Lebens« zu sein und folgerichtig »alle Bezirke des menschlichen Denkens, Fühlens und Handelns in seinen Wirkungskreis« zog, wie Joseph Goebbels einmal erklärte, sah er in allen konkurrierenden Sinngebungsinstitutionen, vorab den nicht gleichgeschalteten christlichen Kirchen, einen weltanschaulichen Gegner, dessen Einfluß in der Öffentlichkeit, in Presse und Schule, in gesellschaftlicher Aktivität und Repräsentanz auszuschalten war. Die sozial ungleich stärker aktive katholische Kirche, die sich ihre Position durch das Reichskonkordat weitgehend hatte zusichern lassen, wurde zum bevorzugten Angriffsobjekt. Papst Pius XI. nahm in seiner Enzyklika »Mit brennender Sorge« den Fehdehandschuh auf, indem er die Machenschaften des Systems vor der Weltöffentlichkeit anprangerte, einen scharfen Trennungsstrich zur nationalsozialistischen Ideologie zog und den verfolgten Priestern und Gläubigen seinen Dank »bis in die Kerkerzelle hinein« aussprach. Obwohl die Bedrückung der Kirchen nie aufhörte, verschärfte Hitler den Kirchenkampf jedoch nicht weiter, weil von nun an die Außenpolitik zunehmend seine Interessen band. Mit der einseitigen Verkündung der allgemeinen Wehrpflicht im Jahre 1935 hatte er sich über die noch bestehenden Regelungen des Versailler Vertrags hinweggesetzt, mit der militärischen Besetzung des Rheinlands im folgenden Jahr auch über das Vertragswerk von Locarno, ohne auf energischen Widerstand der europäischen Mächte zu stoßen. Im gleichen Jahr hatte Hitler in seiner geheimen Denkschrift über den Vierjahresplan das Ziel für die deutsche Wirtschaft formuliert, in vier Jahren kriegsbereit zu sein; im November 1937 sprach er im Kreise der Oberbefehlshaber von seinen kriegerischen Absichten in der kommenden Zeit, wie uns durch das Protokoll des Obersten Hoßbach überliefert worden ist. Doch schon ohne Krieg errang Hitler einen Erfolg nach dem anderen. Italien, das sich durch seinen Krieg in Abessinien den Westmächten entfremdet hatte, war nicht länger in der Lage, wie 1934 beim Putsch der Nationalsozialisten gegen Bundeskanzler Dollfuß die Selbständigkeit Österreichs zu schützen. So erlag Österreich im März 1938 der Erpressung Hitlers. Dessen nächstes Ziel, die »Zerschlagung« der Tschechoslowakei, wurde ihm freilich verlegt durch die Bereitschaft der Westmächte und Italiens, ihm die von Deutschen bewohnten Sudetengebiete zu überlassen. In der durch Hitlers Aktionen gegen die Tschechoslowakei entstehenden Kriegsgefahr hat sich zum erstenmal in der Führung des Heeres ein Widerstand gegen das Regime Hitlers formiert, dem freilich durch das überraschende Einlenken der Westmächte in München der Boden entzogen wurde. Trotz des Entgegenkommens der Westmächte hielt Hitler an seinem Plan fest, die Tschechoslowakei gänzlich von der Landkarte zu tilgen. Das Zurückweichen der Westmächte in der Sudetenkrise bestärkte ihn in der Auffassung, daß diese vor jeder entschlossenen deutschen Politik kapitulieren würden. So verlangte er im März 1939 vom tschechoslowakischen Staatspräsidenten, die Souveränität seines Landes preiszugeben und dieses dem Deutschen Reich faktisch auszuliefern. Wiederum glückte der Schlag, aber er wurde zur Wende: Die Westmächte gaben den von Hitlers Expansionswillen bedrohten Staaten wie Polen Garantien ihrer Integrität, was Hitler allerdings nicht von seinem Vorhaben abbrachte, als nächstes den polnischen Staat anzugreifen. Der Nichtangriffspakt mit der Sowjetunion, der durch ein geheimes Einverständnis über die Aufteilung des ostmitteleuropäischen Raumes ergänzt wurde, beseitigte für Deutschland die Gefahr eines großen Zweifrontenkriegs. Aber die Entschlossenheit der Westmächte, die den Angriff auf Polen mit der Kriegserklärung beantworteten, machte Hitlers neues Abenteuer zum Beginn des größten Krieges der Geschichte.

Die deutsche Innenpolitik hatte trotz der außenpolitischen Spannungen keine Mäßigung des totalitären Umgestaltungswillens und des Terrors gegen alle Andersdenkenden gezeigt. Die Auseinandersetzung mit den Kirchen wurde weitergeführt, und die Rassenpolitik radikalisierte sich zusehends. Die Nürnberger Gesetze von 1935, die die bürgerliche Stellung der Juden erheblich verschlechtert, aber in dem durch sie gezogenen Rahmen scheinbar bestätigt hatten, waren vom Regime als definitive Lösung des angeblichen jüdischen Problems ausgegeben worden. Im November 1938 aber wurde das Attentat eines Juden auf einen deutschen Diplomaten in Paris nicht allein zum Anlaß organisierter, zügelloser Racheakte an den Juden genommen, sondern auch zum Ausgangspunkt einer langen Kette einzelner Maßnahmen, welche die Juden in ihrer Lebensführung immer enger einschnürten. Der Ausbruch des Krieges brachte keine Entspannung, im Gegenteil: der Krieg bot erst die Möglichkeit, in den eroberten Gebieten die planmäßige Ermordung der Juden durchzuführen und sie aus Deutschland und Westeuropa in die Vernichtungslager des Ostens zu deportieren; er wurde darüber hinaus zum Vorwand, nunmehr auch »lebensunwertes Leben« von Ariern auszulöschen.

Die unerwartet großen und raschen Anfangserfolge der deutschen Kriegführung verfehlten letztlich ihr Ziel, da Großbritannien und die Sowjetunion nicht niederzuringen waren. Der Kriegseintritt der USA gab diesen beiden Mächten einen Rückhalt, gegen den alle Anstrengungen Deutschlands und seiner wenigen Verbündeten auch in der Anspannung des »totalen Kriegs« aussichtslos blieben. Mit dem fast gleichzeitigen Erfolg der Offensiven der Briten gegen die deutsche Stellung bei El Alamein in Afrika und der Roten Armee gegen Stalingrad wurde die Wendung des Kriegsglücks deutlich, die keine Propaganda zu verschleiern vermochte. Die Ernüchterung, die sich in Deutschland ausbreitete, schien endlich auch dem Widerstand eine größere Chance zu geben. Die Proteste aus beiden Kirchen gegen die Vernichtung »lebensunwerten Lebens«, die Predigten des münsterschen Bischofs Clemens August Graf von Galen, die zur generellen Anklage gegen das Terrorsystem wurden, und die Flugblattaktionen Münchner Studenten, die durch Erfahrungen im Rußlandfeldzug zu entschlossenen Gegnern Hitlers geworden waren, hatten schon früher eingesetzt, wie auch in Armee und Verwaltung sich Gruppen gebildet hatten, die einen Ausweg aus der drohenden Katastrophe durch den Sturz Hitlers suchten oder wenigstens Pläne für eine neue Ordnung nach Hitler diskutierten. Aber erst als das Vertrauen in einen erfolgreichen Ausgang des Krieges erschüttert war, gewannen die Pläne des Widerstands zur Umgestaltung Deutschlands eine geringe Realisierungschance. Wenn letztlich auch alle Anstrengungen, Hitler zu stürzen, vergeblich blieben und hohe Blutopfer aus allen beteiligten Gruppen quer über das Spektrum der alten Parteien hinweg forderten, so wurde der Widerstand doch zum weiter wirkenden Ausdruck einer moralischen Erneuerung, die in Freiheit und Menschenwürde die Grundlage für eine neue politische Ordnung erkannte und somit auch für den deutschen Staat nach Hitler die Richtung wies. Darum gehört der Widerstand gegen Hitler zu den zentralen Vorgängen der deutschen Geschichte dieser Zeit.

Das Ende des Zweiten Weltkriegs bedeutete für Deutschland nicht nur eine militärische Niederlage und einen politischen Systemwechsel, sondern neben allem Elend und Unheil durch Bombenkrieg, Flucht und Vertreibung die Chance zu einer politischen und moralischen Neuorientierung. Die Herrschaft des Nationalsozialismus über Deutschland war das Experiment gewesen, Staat und Gesellschaft, letztlich den Menschen nach dem Bilde einer Ideologie umzugestalten, welche die überkommenen Werte pervertierte oder verneinte. Ihr Scheitern erwies die Brüchigkeit der von ihr verfochtenen Ideale und ließ die Gesellschaft nach Werten und Normen fragen, die dauerhafter und menschenwürdiger sind. Damit hat sie eine Aufgabe formuliert, die nicht nur der Generation gestellt war, die ihren Zusammenbruch erlebt hat.

Die Weimarer Republik und das Regime Hitlers, das wir historisch unsinnig und in unbedachter Übernahme seiner eigenen Sprache das »Dritte Reich« nennen, stehen sich als politische Systeme diametral gegenüber. Aber unter den Zeitgenossen kam die Frage auf, ob die Demokratie, wie sie damals verstanden wurde – als »gegen Wert und Wahrheit neutraler Mehrheitsmechanismus« – nicht immer in der Gefahr sei, als Reaktion auf ihren Relativismus und Skeptizismus durch totalitäre Systeme wie den Nationalsozialismus oder den Bolschewismus abgelöst zu werden, da diese dem anscheinend zur Beliebigkeit verkommenen Sinn von Staat und Gesellschaft einen neuen Inhalt aufzwingen. In der Regeneration, welche die Demokratie in den Jahrzehnten nach dem Zweiten Weltkrieg in Europa erlebte, hat sich diese, wie insbesondere das Bonner Grundgesetz zeigt, in der Verarbeitung von Erfahrungen der Vergangenheit an unaufgebbare Werte gebunden und damit die ihr früher nachgesagte Orientierungslosigkeit überwunden. So ist dieses Problem durch den historischen Ablauf überwunden; für eine wissenschaftliche Betrachtung bleibt es dennoch ein Anreiz zur Untersuchung. Dies mag ein Grund mehr sein, der es rechtfertigt, die beiden so verschiedenen politischen Systeme zusammenfassend darzustellen, wie es hier versucht worden ist.

Die zum Verständnis einer solchen Problematik heranzuziehenden Vorgänge mit der erforderlichen Dichte und Komplexität in einer Quellensammlung anschaulich werden zu lassen kann freilich kaum gelingen. Mit zunehmender Nähe zur Gegenwart werden die Quellen in der Regel reicher im Umfang und ärmer in der Aussage. Denn die politischen »Geschäfte«, aus deren Verdichtung »Geschichte« entsteht, werden durch die Differenzierung der Verwaltungen in Staat und Gesellschaft vielfältiger und kleinteiliger, so daß ein zuverlässiges Bild der Ereignisse meist nur durch die Analyse umfangreicher Aktenbestände gewonnen werden kann. Deshalb wird das einzelne aus solchem Zusammenhang gelöste Stück oft erst durch ausführliche Kommentierung in seiner Bedeutung erkennbar. Die in der Moderne gesteigerte politische Partizipation bietet dem Historiker allerdings zusätzliche Quellengruppen: die zur Orientierung der Öffentlichkeit oder zur politischen Werbung verfaßten Texte. Wenn sie im Unterschied zu den

Akten auch oft größere Zusammenhänge behandeln, so erfordern auch sie kritische Distanz; denn auch sie sind kein getreues Spiegelbild der historischen Vorgänge, sondern der Versuch, sie zu beeinflussen.

Dieser Band erhebt nicht den Anspruch, ein vollständiges Bild der beiden behandelten Epochen zu bieten. Obwohl die Einleitungen zu den einzelnen Dokumenten alle für das Verständnis wichtigen Informationen zu bieten suchen, können sie eine monographische Darstellung nicht ersetzen. Die Quellensammlung kann eine solche ergänzen, Details liefern, Farbe geben, in der wissenschaftlichen Darstellung ausgewogen und distanziert Geschildertes in ursprünglicher Lebendigkeit und Situationsgebundenheit erkennen lassen und einen Eindruck vermitteln, wie die »Geschichte« aus »Geschäften« entsteht.

Bei der Auswahl ist darauf Bedacht genommen worden, Quellen unterschiedlichen Charakters vorzuführen. Dabei zeigte es sich wiederum, daß wichtige Vorgänge auf solche Weise kaum zu dokumentieren sind. Das Ausmaß des Terrors der Nationalsozialisten zum Beispiel erschließt sich nicht in einer einzelnen Quelle, sondern nur durch die Kombination einer immensen Zahl von Einzelstücken, die oft erst durch eine zusammenhängende Untersuchung ihren Aussagewert gewinnen. Auch dies ist ein Grund für manche Lücken in diesem Band. Absichtlich ausgeschlossen wurden aus Gründen der inhaltlichen Konsistenz der einzelnen Bände alle Quellen, welche die Nachkriegsplanungen der Alliierten betreffen. Ihre Entstehungszeit fällt zwar in den Zeitraum dieses Bandes, aber ihre historische Auswirkung zeigte sich erst, als der Krieg und mit ihm das »Dritte Reich« ihr Ende gefunden hatten. Sie erhalten deshalb einen besseren Platz bei der Behandlung der Nachkriegsgeschichte.

1

Bericht über die Konferenz der Spartakusgruppe vom 7. Oktober 1918

Die Sozialdemokratische Partei Deutschlands hatte sich beim Ausbruch des Ersten Weltkriegs im August 1914, von der patriotischen Stimmung der Massen mitgerissen, im Widerspruch zu ihren internationalistischen Traditionen in die nationale Einheitsfront eingegliedert, die den Krieg als gerechte Verteidigung der deutschen Sache betrachtete und den Sieg über die Entente, die verbündeten Großmächte England, Frankreich und Rußland, erstrebte. Eine mit den Jahren größer werdende Minderheit, die sich diesem Kurs widersetzte, organisierte sich im April 1917 in Gotha als Unabhängige Sozialdemokratische Partei Deutschlands (USPD). Innerhalb dieser Partei fanden sich die Anhänger einer radikalen sozialistischen Politik unter der Führung von Rosa Luxemburg und Karl Liebknecht zur Gruppe Internationale oder Spartakusbund zusammen. Im Herbst 1918 erstrebten sie einen Umsturz in Deutschland nach dem Vorbild der russischen Oktoberrevolution, blieben aber auf den Ablauf der Ereignisse ohne Einfluß. In offener Opposition zur Regierung der Volksbeauftragten bildeten sie Ende 1918 den Kern der neuen Kommunistischen Partei Deutschlands (KPD).
Den nachstehenden Bericht, der fast die Form eines Kurzprotokolls angenommen hat, veröffentlichte das Organ der Gruppe Internationale, *Spartacus*, kurz nach der Konferenz. Der Verfasser ist unbekannt.

Am 7. Oktober hat eine Konferenz der Gruppe Internationale (Spartakusgruppe) stattgefunden. Auf der Konferenz waren Vertreter der Spartakusorganisationen aller wichtigen Bezirke und Orte Deutschlands vertreten, ferner mehrere Ortsgruppen der »Linksradikalen Bewegung«, die bekanntlich der Unabhängigen Sozialdemokratischen Partei nicht angehören. Bei der Berichterstattung wurden die Erfahrungen über die Zusammenarbeit mit der Unabhängigen Partei ausgetauscht. Günstige Erfolge sind in keinem Orte mit der USP gemacht worden. Nur in den Orten, wo sich die Organisationen der USP völlig in den Händen von Spartakusanhängern befinden, sind die Genossen mit dem in Gotha vollzogenen Zusammenschluß zufrieden. In allen Orten hat die Gruppe eigene Aktionen legaler und illegaler Art unternommen. Die Stellung der Unabhängigen zu dem Wilsonschen Friedensprogramm findet die allerschärfste Kritik der Spartakusgruppe, die in dem Wilsonschen Völkerbund nur ein Mittel sieht, die aufkeimende proletarische Weltrevolution zu ersticken. Ebenso verwirrend wirkt die Agitation der Unabhängigen für die Parlamentarisierung, was zu einer Ablenkung von dem eigentlichen Ziel der proletarischen Bewegung, nämlich der Herbeiführung der Revolution, führt.

Der Versammlung wurde eine Resolution über die weltpolitische Lage vorgelegt. Mit der Grundidee der Resolution erklärte sich die Versammlung einverstanden, ohne sie zum Beschluß zu erheben.

Weiter wurde ein Aufruf an die Bevölkerung beschlossen.

Schließlich wurde beschlossen, die Bildung von Arbeiter- und Soldatenräten sofort in allen Orten in Angriff zu nehmen, soweit solche Räte bisher nicht in Funktion getreten sind.

Die Frage der Militäragitation bildete einen besonderen Gegenstand der Tagesordnung. Entsprechende Beschlüsse zur Förderung dieser Agitation wurden gefaßt.

Die Zusammenarbeit zwischen allen revolutionären Gruppen, die sich nach dem Zerfall der früheren Sozialdemokratischen Partei Deutschlands gebildet haben, wurde auf eine feste gemeinsame Grundlage gestellt. Dadurch ist ein Zusammenschluß zwischen der Linksradikalen Bewegung und der Spartakus-Organisation zustande gekommen. Der Eintritt in die USP ist damit indessen *nicht* verbunden.

Nach einem Referat über die Situation in der Jugendbewegung wurde die Form der Zusammenarbeit zwischen den Jugendlichen und den Erwachsenen näher vereinbart.

In der Diskussion über die internationale Lage wurde der Tatsache Ausdruck gegeben, daß die Bewegung in Deutschland eine wesentliche moralische Unterstützung durch die russische Revolution gefunden hat. Es wurde beschlossen, den Genossen in Rußland den Ausdruck des Dankes, der Solidarität und brüderlichen Sympathie zu übermitteln mit dem Versprechen, diese Solidarität nicht nur durch Worte, sondern durch Aktionen, entsprechend dem russischen Vorbild, zu betätigen.
Nach einer Solidaritätserklärung für die immer noch in Haft befindlichen Genossen und Genossinnen, insbesondere Liebknecht und Rosa Luxemburg, wurde die Konferenz geschlossen.

D: Spartakusbriefe. Hrsg. vom Institut für Marxismus-Leninismus beim Zentralkomitee der Sozialistischen Einheitspartei Deutschlands. Berlin: Dietz, 1958. S. 469–471.

2

Forderungen des Soldatenrats der Kieler Matrosen vom 4. November 1918

Obwohl die deutsche Regierung den amerikanischen Präsidenten Wilson bereits um die Vermittlung von Waffenstillstandsverhandlungen gebeten hatte, war die Führung der deutschen Marine entschlossen, die seit der Schlacht im Skagerrak (1916) zurückgehaltene Hochseeflotte zu einem großen Schlag einzusetzen. Das Unternehmen scheiterte, weil die Matrosen sich weigerten, diese »Todesfahrt« mitzumachen. Die Flotte wurde zurückgezogen, aber die mutmaßlichen Anstifter der Meuterei verhaftet. In Sorge um das Schicksal ihrer Kameraden demonstrierten in Kiel die Matrosen; ihre Zusammenstöße mit Ordnungskräften verschärften die Lage. Am Morgen des 4. November wählten die Matrosen auf allen Schiffen Soldatenräte und rissen die Macht an sich. Der Aufstand war ohne Plan und ohne politische Zielsetzung begonnen worden. Er erhielt sie erst im weiteren Ablauf und in der Verbindung mit der sozialdemokratischen Bewegung.

1. Freilassung sämtlicher Inhaftierten und politischen Gefangenen.
2. Vollständige Rede- und Preßfreiheit.
3. Aufhebung der Briefzensur.
4. Sachgemäße Behandlung der Mannschaften durch Vorgesetzte.
5. Straffreie Rückkehr sämtlicher Kameraden an Bord und in die Kasernen.
6. Die Ausfahrt der Flotte hat unter allen Umständen zu unterbleiben.
7. Jegliche Schutzmaßnahmen mit Blutvergießen haben zu unterbleiben.
8. Zurückziehung sämtlicher nicht zur Garnison gehöriger Truppen.
9. Alle Maßnahmen zum Schutze des Privateigentums werden sofort vom Soldatenrat festgesetzt.
10. Es gibt außer Dienst keine Vorgesetzte mehr.
11. Unbeschränkte persönliche Freiheit jedes Mannes von Beendigung des Dienstes bis zum Beginn des nächsten Dienstes.
12. Offiziere, die sich mit den Maßnahmen des jetzt bestehenden Soldatenrates einverstanden erklären, begrüßen wir in unserer Mitte. Alles übrige hat ohne Anspruch auf Versorgung den Dienst zu quittieren.
13. Jeder Angehörige des Soldatenrates ist von jeglichem Dienste zu befreien.
14. Sämtliche in Zukunft zu treffenden Maßnahmen sind nur mit Zustimmung des Soldatenrates zu treffen.

Diese Forderungen sind für jede Militärperson Befehle des Soldatenrates.

Der Soldatenrat

D: Bernhard Rausch: Am Springquell der Revolution. Die Kieler Matrosenerhebung. Kiel: Chr. Haase & Co. (Verlag der Schleswig-Holsteinischen Volkszeitung), 1918. S. 16. – Reprogr. Nachdr. in: Zur Geschichte der Kieler Arbeiterbewegung. Kiel: Gesellschaft für Kieler Stadtgeschichte, 1983.

3

Aufruf des Kieler Arbeiter- und Soldatenrats vom 7. November 1918

In Kiel hatten sich am Mittag des 4. November im Gewerkschaftshaus die Matrosen mit Vertretern der lokalen sozialistischen Parteien, die sich als Arbeiterrat konstituierten, zum Arbeiter- und Soldatenrat vereinigt. Sie schufen damit das sich in den folgenden Tagen wie eine Springflut über Deutschland ausbreitende Organ revolutionärer Gewalt. Die Übernahme des bei den Revolutionen in Rußland entstandenen und von den Bolschewiki erfolgreich verwendeten Modells der Arbeiter- und Soldatenräte bedeutete jedoch keine Angleichung an deren Ziele und Methoden. Karl Liebknecht hatte darum nicht Unrecht, als er feststellte, daß »die politische Form« der Revolution in Deutschland »die einer proletarischen Aktion, ihr sozialer Inhalt der einer bürgerlichen Reform« sei. Der Aufruf des Kieler Arbeiter- und Soldatenrats an die Bevölkerung von Schleswig-Holstein ist hierfür ein deutlicher Beleg.

Die politische Macht liegt in unserer Hand.
Es wird eine provisorische Provinzialregierung gebildet, die im Zusammenarbeiten mit den bestehenden Behörden eine neue Ordnung aufrichtet.
Unser Ziel ist die freie, soziale Volksrepublik.
Wo Arbeiter- und Soldatenräte in der Provinz noch nicht bestehen, rufen wir die Bevölkerung von Stadt und Land auf, unserem Beispiel zu folgen und sich geschlossen hinter

Brüder!
Nicht schiessen!

die neue Volksregierung zu stellen und sie in ihrer Arbeit am Volkswohl zu unterstützen.
Unsere Hauptaufgabe wird es zunächst sein, den Frieden zu sichern und die Schäden des Krieges zu heilen.
Die über den Rahmen der Provinzialverwaltung hinausgreifenden Fragen unterliegen selbstverständlich nach wie vor der Staats- und Reichsgesetzgebung. Wir sind gewillt, mit der gesamten Beamtenschaft, sofern sie sich dem neuen Kurs unterstellt, in bisherigen Formen zusammen zu arbeiten.
Wir sind entschlossen, jedem Widerstand mit der uns zur Verfügung stehenden öffentlichen Gewalt entgegenzutreten.
Schleswig-Holsteiner! Ein alter demokratischer Traum von Freiheit und Einheit, für die viele Eurer Besten gekämpft und gelitten haben, wird jetzt auf neuen und höheren Bahnen Wirklichkeit.

Kiel, den 7. November 1918

Der Arbeiter- und Soldatenrat

Die Weigerung der Soldaten, sich für eine Monarchie einzusetzen, die nach einem verbreiteten Mißverständnis der Forderungen des amerikanischen Präsidenten Wilson das entscheidende Hindernis für einen raschen und erträglichen Frieden war, ließ in den Tagen um den 9. November 1918 die alte Staatsordnung fast überall ohne jeden Widerstand zusammenbrechen. Die streikenden und demonstrierenden Arbeiter stießen auf keine Abwehr. Wie hier bei den Garde-Ulanen in Berlin öffneten sich ihnen die Tore der Kasernen. Die Arbeiter- und Soldatenräte wurden zum Organ der revolutionären Macht.

D: Bernhard Rausch: Am Springquell der Revolution. Die Kieler Matrosenerhebung. Kiel: Chr. Haase & Co. (Verlag der Schleswig-Holsteinischen Volkszeitung), 1918. S. 27. Reprogr. Nachdr. in: Zur Geschichte der Kieler Arbeiterbewegung. Kiel: Gesellschaft für Kieler Stadtgeschichte, 1983.

4

Ausrufung der bayerischen Republik am 8. November 1918

In München hatten am 7. November 1918 Angehörige der beiden sozialistischen Parteien gemeinsam für den Frieden demonstriert. Unter der Führung des Journalisten Kurt Eisner, der die Münchner USPD repräsentierte, war eine kleinere Gruppe der Demonstranten anschließend in die Stadt gezogen und hatte dort binnen weniger Stunden, vornehmlich unterstützt durch überlaufende Soldaten, alle Gewalt übernommen. Am späten Abend richtete sich eine »vorläufige konstituierende Versammlung der Arbeiter-, Soldaten- und Bauernräte« im Landtag ein. Von hier aus erging noch in der Nacht der nachstehende Aufruf, der mit seiner euphorischen Betonung des Völkerbunds und der Aktivität der Bürger unverkennbar die Handschrift Eisners trägt.

An die Bevölkerung Münchens!

Das furchtbare Schicksal, das über das deutsche Volk hereingebrochen, hat zu einer elementaren Bewegung der Münchener Arbeiter und Soldaten geführt. Ein provisorischer Arbeiter-, Soldaten- und Bauernrat hat sich in der Nacht zum 8. November im Landtag konstituiert.
Bayern ist fortan ein Freistaat.
Eine Volksregierung, die von dem Vertrauen der Massen getragen wird, soll unverzüglich eingesetzt werden.

Eine konstituierende Nationalversammlung, zu der alle mündigen Männer und Frauen das Wahlrecht haben, wird so schnell wie möglich einberufen werden.
Eine neue Zeit hebt an!
Bayern will Deutschland für den Völkerbund rüsten.
Die demokratische und soziale Republik Bayern hat die moralische Kraft, für Deutschland einen Frieden zu erwirken, der es vor dem Schlimmsten bewahrt. Die jetzige Umwälzung war notwendig, um im letzten Augenblick durch die Selbstregierung des Volkes die Entwicklung der Zustände ohne allzu schwere Erschütterung zu ermöglichen, bevor die feindlichen Heere die Grenzen überfluten oder nach dem Waffenstillstand die demobilisierten deutschen Truppen das Chaos herbeiführen.
Der Arbeiter-, Soldaten- und Bauernrat wird strengste Ordnung sichern. Ausschreitungen werden rücksichtslos unterdrückt. Die Sicherheit der Person und des Eigentums wird verbürgt.
Die Soldaten in den Kasernen werden durch Soldatenräte sich selbst regieren und Disziplin aufrecht erhalten. Offiziere, die sich den Forderungen der veränderten Zeit nicht widersetzen, sollen unangetastet ihren Dienst versehen.
Wir rechnen auf die schaffende Mithilfe der gesamten Bevölkerung. Jeder Arbeiter an der neuen Freiheit ist willkommen! Alle Beamte bleiben in ihren Stellungen. Grundlegende soziale und politische Reformen werden unverzüglich ins Werk gesetzt.
Die Bauern verbürgen sich für die Versorgung der Städte mit Lebensmitteln. Der alte Gegensatz zwischen Land und Stadt wird verschwinden. Der Austausch der Lebensmittel wird rationell organisiert werden.
Arbeiter, Bürger Münchens! Vertraut dem Großen und Gewaltigen, das in diesen schicksalsschweren Tagen sich vorbereitet!
Helft alle mit, daß sich die unvermeidliche Umwandlung rasch, leicht und friedlich vollzieht.

In dieser Zeit des sinnlos wilden Mordens verabscheuen wir alles Blutvergießen. Jedes Menschenleben soll heilig sein! Bewahrt die Ruhe und wirkt mit an dem Aufbau der neuen Welt!
Der Bruderkrieg der Sozialisten ist für Bayern beendet. Auf der revolutionären Grundlage, die jetzt gegeben ist, werden die Arbeitermassen zur Einheit zurückgeführt.

Es lebe die bayerische Republik!
Es lebe der Frieden!
Es lebe die schaffende Arbeit aller Werktätigen!

München, Landtag, in der Nacht zum 8. November 1918

Der Rat der Arbeiter, Soldaten und Bauern
Der erste Vorsitzende: Kurt Eisner

D: Die deutsche Revolution 1918–1919. Dokumente. Hrsg. von Gerhard A. Ritter und Susanne Miller. Hamburg: Hoffmann und Campe, ^{2}1975. S. 61 f.

5

Das Bündnis der Obersten Heeresleitung mit den Volksbeauftragten am 10. November 1918

In seinen Lebenserinnerungen ging Generalleutnant a. D. Wilhelm Groener, der 1918 als Nachfolger Ludendorffs Erster Generalquartiermeister in der Obersten Heeresleitung und als solcher Vertreter des nach der Flucht des Kaisers zum Oberbefehlshaber der Fronttruppen aufgestiegenen Feldmarschalls v. Hindenburg geworden war, auf die Situation ein, in der sich das Heer nach dem Sturz der Monarchie befand. Es kam Groener, der in der Weimarer Republik zeitweilig die Ämter des Verkehrs-, Wehr- und Innenministers bekleidete, darauf an, über den politischen Wechsel hinweg die Armee

als einen innenpolitischen Faktor von Gewicht zu erhalten. Sein Bericht ist die einzige direkte Quelle über diesen Vorgang.
Bei den Truppen, die der Obersten Heeresleitung unterstanden, war anders als in der Heimat die Kommandogewalt der Offiziere erhalten geblieben, weil das Heer nur dann der Gefangenschaft entgehen konnte, wenn es die besetzten Gebiete innerhalb der kurzen Fristen räumte, die der Waffenstillstandsvertrag dafür festgesetzt hatte. Dies war jedoch nur möglich, wenn die kommandoführenden Stäbe im Amt blieben und ihre Befehle befolgt wurden. Den Gehorsam der Frontsoldaten überschätzend, meinte Groener, sie in der Heimat als Ordnungsmacht gegen weitergehende Umsturzversuche verwenden zu können. Ebert hat ungefähr zur gleichen Zeit mit dem preußischen Kriegsminister in Berlin verhandelt, um für die von ihm geführte neue Regierung militärischen Schutz zu erlangen.

Die Aufgabe der Heeresleitung mußte es jetzt sein, den Rest des Heeres rechtzeitig und in Ordnung, aber vor allem innerlich gesund in die Heimat zu bringen und dem Offizierskorps als dem Träger des Wehrgedankens einen Weg in die neuen Verhältnisse zu ermöglichen. Die seit Jahrhunderten im preußisch-deutschen Offizierskoprs angesammelte moralisch-geistige Kraft mußte in ihrem Kern für die Wehrmacht der Zukunft erhalten werden. Der Sturz des Kaisertums entzog den Offizieren den Boden ihres Daseins, ihren Sammel- und Ausrichtepunkt. Es mußte ihm ein Ziel gewiesen werden, das des Einsatzes wert war und ihm die innere Sicherheit wiedergab. Es mußte das Gefühl wachgerufen werden der Verpflichtung nicht nur gegenüber einer bestimmten Staatsform, sondern für Deutschland schlechthin. Daß Hindenburg auf seinem Posten blieb und den Oberbefehl über das gesamte Heer übernahm, ja daß dieser ihm vom Kaiser übertragen worden war, machte den Übergang möglich und erleichterte ihn.
Das Offizierskorps konnte aber nur mit einer Regierung zusammengehen, die den Kampf gegen den Radikalismus und Bolschewismus aufnahm. Dazu war Ebert bereit, aber er hielt sich nur mühsam am Steuer und war nahe daran,

von den Unabhängigen und der Liebknechtgruppe über den Haufen gerannt zu werden. Was war demnach näherliegend, als Ebert, den ich als anständigen, zuverlässigen Charakter und unter der Schar seiner Parteigenossen als den staatspolitisch weitsichtigsten Kopf kennengelernt hatte, die Unterstützung des Heeres und des Offizierskorps anzubieten?

Am 10. November weilte Friedrich Naumann, von einer Frontfahrt zurückkommend, im Großen Haupt-Quartier. Ihm habe ich von diesem Gedanken gesprochen, der seine Zustimmung fand, und ihn gebeten, nach seiner Heimkehr auf Ebert in diesem Sinne einzuwirken. Im Laufe des Tages erkannte ich aber, daß ich so lange nicht warten dürfe; am Abend rief ich die Reichskanzlei an und teilte Ebert mit, daß das Heer sich seiner Regierung zur Verfügung stelle, daß dafür der Feldmarschall und das Offizierskorps von der Regierung Unterstützung erwarteten bei der Aufrechterhaltung der Ordnung und Disziplin im Heer. Das Offizierskorps verlange von der Regierung die Bekämpfung des Bolschewismus und sei dafür zum Einsatz bereit. Ebert ging auf meinen Bündnisvorschlag ein. Von da ab besprachen wir uns täglich abends auf einer geheimen Leitung zwischen der Reichskanzlei und der Heeresleitung über die notwendigen Maßnahmen. Das Bündnis hat sich bewährt.

D: Wilhelm Groener: Lebenserinnerungen. Jugend, Generalstab, Weltkrieg. Hrsg. von Friedrich Freiherr Hiller von Gaertringen. Göttingen: Vandenhoeck & Ruprecht, 1957. (Deutsche Geschichtsquellen des 19. und 20. Jahrhunderts. Hrsg. von der Historischen Kommission bei der Bayerischen Akademie der Wissenschaften Bd. 41.) S. 467 f. –

6

Aufruf des Rates der Volksbeauftragten an das deutsche Volk vom 12. November 1918

Die von Kiel und den anderen Marinebasen ausgreifende Revolutionsbewegung hatte am 9. November 1918 Berlin erreicht und den bisherigen Reichskanzler Prinz Max von Baden veranlaßt, sein Amt verfassungswidrig, aber wirksam an den Führer der stärksten Partei, den Mehrheitssozialdemokraten Friedrich Ebert, zu übergeben. Ihm gelang es, nach zeitweise schwierigen Verhandlungen eine Regierung zu bilden, in der die politische Verantwortung bei den Vertretern der beiden paritätisch beteiligten sozialistischen Parteien lag, an der aber auch Vertreter anderer Parteien als »Fachminister« mitwirkten. Die sechs »Volksbeauftragten« nahmen unter dem Vorsitz von Ebert und dem Führer der Unabhängigen, Hugo Haase, formell gleichberechtigt die leitende Funktion des früheren Reichskanzlers wahr. Mit diesem Text wandten sie sich erstmals an die Gesamtheit der deutschen Bevölkerung.

An das deutsche Volk!

Die aus der Revolution hervorgegangene Regierung, deren politische Leitung rein sozialistisch ist, setzt sich die Aufgabe, das sozialistische Programm zu verwirklichen. Sie verkündet schon jetzt mit Gesetzeskraft folgendes:

1. Der Belagerungszustand wird aufgehoben.
2. Das Vereins- und Versammlungsrecht unterliegt keiner Beschränkung, auch nicht für Beamte und Staatsarbeiter.
3. Eine Zensur findet nicht statt. Die Theaterzensur wird aufgehoben.
4. Meinungsäußerung in Wort und Schrift ist frei.
5. Die Freiheit der Religionsausübung wird gewährleistet.

Niemand darf zu einer religiösen Handlung gezwungen werden.

6. Für alle politischen Straftaten wird Amnestie gewährt. Die wegen solcher Straftaten anhängigen Verfahren werden niedergeschlagen.
7. Das Gesetz über den vaterländischen Hilfsdienst wird aufgehoben, mit Ausnahme der sich auf die Schlichtung von Streitigkeiten beziehenden Bestimmungen.
8. Die Gesindeordnungen werden außer Kraft gesetzt, ebenso die Ausnahmegesetze gegen die Landarbeiter.
9. Die bei Beginn des Krieges aufgehobenen Arbeiterschutzbestimmungen werden hiermit wieder in Kraft gesetzt.

Weitere sozialpolitische Verordnungen werden binnen kurzem veröffentlicht werden. Spätestens am 1. Januar 1919 wird der achtstündige Maximalarbeitstag in Kraft treten. Die Regierung wird alles tun, um für ausreichende Arbeitsgelegenheit zu sorgen. Eine Verordnung über die Unterstützung von Erwerbslosen ist fertiggestellt. Sie verteilt die Lasten auf Reich, Staat und Gemeinde.

Auf dem Gebiete der Krankenversicherung wird die Versicherungspflicht über die bisherige Grenze von 2500 Mark ausgedehnt werden.

Die Wohnungsnot wird durch Bereitstellung von Wohnungen bekämpft werden.

Auf die Sicherung einer geregelten Volksernährung wird hingearbeitet werden.

Die Regierung wird die geordnete Produktion aufrechterhalten, das Eigentum gegen Eingriffe Privater sowie die Freiheit und Sicherheit der Person schützen.

Alle Wahlen zu öffentlichen Körperschaften sind fortan nach dem gleichen, geheimen, direkten, allgemeinen Wahlrecht auf Grund des proportionalen Wahlsystems für alle mindestens 20 Jahre alten männlichen und weiblichen Personen zu vollziehen.

Auch für die konstituierende Versammlung, über die nähere Bestimmung noch erfolgen wird, gilt dieses Wahlrecht.

Berlin, den 12. November 1918

Ebert; Haase; Scheidemann;
Landsberg; Dittmann; Barth

D: RGBl. 1918 S. 1303.

7

Das Stinnes-Legien-Abkommen vom 15. November 1918

Der Inhaber eines rheinischen Großkonzerns, Hugo Stinnes, und der Vorsitzende der Generalkommission der (sozialdemokratischen) Gewerkschaften Deutschlands, Carl Legien, schufen durch diese Vereinbarung die formelle Grundlage für eine auf Gleichberechtigung beruhende Zusammenarbeit der Tarifparteien.
Die Freien (sozialdemokratischen) Gewerkschaften hatten im Kriege die Politik der MSPD gestützt und am Erfolg des Kriegshilfsdienstgesetzes von 1916 maßgeblichen Anteil. Wie die Christlichen und die Hirsch-Dunckerschen Gewerkschaften hatten sie zur Durchführung der durch den Krieg bedingten Aufgaben mit den Arbeitgebern vielfach lokale Arbeitsgemeinschaften gegründet. Eine solche entstand nun zum Zwecke der Zusammenarbeit in allen künftigen Fragen für das Reich. Zugleich erreichten die Gewerkschaften mit der generellen Einführung der kollektiven Arbeitsverträge, des Achtstundentags und der Arbeiterausschüsse wichtige sozialpolitische Ziele.

Die großen Arbeitgeberverbände vereinbaren mit den Gewerkschaften der Arbeitnehmer das Folgende:

1) Die Gewerkschaften werden als berufene Vertretung der Arbeiterschaft anerkannt.
2) Eine Beschränkung der Koalitionsfreiheit der Arbeiter und Arbeiterinnen ist unzulässig.
3) Die Arbeitgeber und Arbeitgeberverbände werden die Werkvereine (die sogen. Wirtschaftsfriedlichen Vereine) fortab vollkommen sich selbst überlassen und sie weder mittelbar noch unmittelbar unterstützen.
4) Sämtliche aus dem Heeresdienst zurückkehrenden Arbeitnehmer haben Anspruch darauf, in die Arbeitsstelle sofort nach Meldung wieder einzutreten, die sie vor dem Kriege inne hatten. Die beteiligten Arbeitgeber- und Arbeitnehmerverbände werden dahin wirken, daß durch Beschaffung von Rohstoffen und Arbeitsaufträgen diese Verpflichtung in vollem Umfange durchgeführt werden kann.
5) Gemeinsame Regelung und paritätische Verwaltung des Arbeitsnachweises.
6) Die Arbeitsbedingungen für alle Arbeiter und Arbeiterinnen sind entsprechend den Verhältnissen des betreffenden Gewerbes durch Kollektivvereinbarungen mit den Berufsvereinigungen der Arbeitnehmer festzusetzen. Die Verhandlungen hierüber sind ohne Verzug aufzunehmen und schleunigst zum Abschluß zu bringen.
7) Für jeden Betrieb mit einer Arbeiterschaft von mindestens 50 Beschäftigten ist ein Arbeiterausschuß einzusetzen, der diese zu vertreten und in Gemeinschaft mit dem Betriebsunternehmer darüber zu wachen hat, daß die Verhältnisse des Betriebes nach Maßgabe der Kollektivvereinbarung geregelt werden.
8) In den Kollektivvereinbarungen sind Schlichtungsausschüsse resp. Einigungsämter vorzusehen, bestehend

aus der gleichen Anzahl von Arbeitnehmer- und Arbeitgebervertretern.

9) Das Höchstmaß der täglichen regelmäßigen Arbeitszeit wird für alle Betriebe auf 8 Stunden festgesetzt. Verdienstschmälerungen aus Anlaß dieser Verkürzung der Arbeitszeit dürfen nicht stattfinden.

10) Zur Durchführung dieser Vereinbarungen, sowie zur Regelung der zur Demobilisierung, zur Aufrechterhaltung des Wirtschaftslebens und zur Sicherung der Existenzmöglichkeit der Arbeitnehmerschaft, insbesondere der Schwerkriegsbeschädigten, zu treffenden weiteren Maßnahmen wird von den beteiligten Arbeitgeber- und Arbeitnehmer-Organisationen ein Zentralausschuß auf paritätischer Grundlage mit beruflich gegliedertem Unterbau errichtet.

11) Dem Zentralausschuß obliegt ferner die Entscheidung grundsätzlicher Fragen, soweit sich solche namentlich bei der kollektiven Regelung der Lohn- und Arbeitsverhältnisse ergeben, sowie die Schlichtung von Streitigkeiten, die mehrere Berufsgruppen zugleich betreffen. Seine Entscheidungen haben für Arbeitgeber und Arbeitnehmer verbindliche Geltung, wenn sie nicht innerhalb einer Woche von einem der in Frage kommenden beiderseitigen Berufsverbände angefochten werden.

12) Diese Vereinbarungen treten am Tage der Unterzeichnung in Kraft und gelten vorbehaltlich anderweit[iger] gesetzlicher Regelung bis auf weiteres mit einer gegenseitigen dreimonatigen Kündigung.
Diese Vereinbarung soll sinngemäß auch für das Verhältnis zwischen den Arbeitgeberverbänden und den Angestelltenverbänden gelten.

Berlin, den 15. November 1918

D: Gerald D. Feldman: The Origins of the Stinnes Legien Agreement. A Documentation. In: Internationale Wissenschaftliche Korrespondenz zur Geschichte der deutschen Arbeiterbewegung 19/20 (Dezember 1973). S. 84 f.

8

Beschlüsse des Allgemeinen Kongresses der Arbeiter- und Soldatenräte vom 16. bis 21. Dezember 1918

Bei den Koalitionsverhandlungen mit den Unabhängigen hatten Friedrich Ebert und seine mehrheitssozialdemokratischen Freunde zugestehen müssen, daß die Arbeiter- und Soldatenräte als die Inhaber der »politischen Gewalt« anzuerkennen und »zu einer Vollversammlung aus dem ganzen Reich alsbald zusammenzuberufen« seien. Von diesem Kongreß hing somit auch die Entscheidung ab, ob Deutschland künftig als Rätesystem oder als parlamentarische Demokratie verfaßt sein, ob das Volk durch eine freigewählte Nationalversammlung über seine Zukunft bestimmen oder die Umgestaltung Deutschlands auf revolutionärem Wege weitergetrieben werden sollte.
Durch eine Reihe von Einzelbeschlüssen bestätigten die Arbeiter- und Soldatenräte mit großer Mehrheit den Kurs Eberts, der die Neuordnung einer demokratisch gewählten Nationalversammlung vorbehalten wollte. Die über ihre Abstimmungsniederlagen verärgerte USPD beteiligte sich nicht an den Wahlen zum »Zentralrat der deutschen sozialistischen Republik«, der über die in ihren Kompetenzen bestätigten Volksbeauftragten eine »parlamentarische Kontrolle« ausüben sollte. Sie begab sich damit einer Möglichkeit zu politischem Einfluß und nahm ihren Vertretern im Kabinett der Volksbeauftragten den Rückhalt. Nachdem diese bald darauf aus der Regierung ausgeschieden waren, blieb der USPD nur die Wahl zwischen legaler Opposition als Minderheit oder bewaffnetem Aufstand, den die Radikalen im Januar und März 1919 unternahmen.

(a) *Zur Nationalversammlung*

Antrag Max Cohen (SPD-Fraktion):
Die Wahlen zur deutschen Nationalversammlung finden am Sonntag, dem 19. Januar 1919, statt.

(b) *Zur Kommandogewalt*

Abgeänderter Antrag Lüdemann (SPD-Fraktion):
1. Die Kommandogewalt über Heer und Marine und Schutztruppen üben die Volksbeauftragten unter Kontrolle des Vollzugsrats aus.
In den Garnisonen wird die militärische Kommandogewalt im ständigen Einvernehmen mit der obersten Kommandogewalt von den örtlichen A.- und S.-Räten ausgeübt.
Militärische Angelegenheiten, die allen Garnisonen gemeinsam sind, werden von den Trägern der obersten Kommandogewalt im Verein mit einem Delegiertenrat der Garnisonen erledigt.
2. Als Symbol der Zertrümmerung des Militarismus und der Abschaffung des Kadavergehorsams wird die Entfernung aller Rangabzeichen und des außerdienstlichen Waffentragens angeordnet.
3. Für die Zuverlässigkeit der Truppenteile und für die Aufrechterhaltung der Disziplin sind die Soldatenräte verantwortlich. Der Kongreß der A.- und S.-Räte ist der Überzeugung, daß die unterstellten Truppen den selbstgewählten Soldatenräten und Vorgesetzten im Dienste den zur Durchführung der Ziele der sozialistischen Revolution erforderlichen Gehorsam erweisen. Vorgesetzte außer Dienst gibt es nicht mehr.
4. Entfernung der bisherigen Achselstücke, Unteroffizierstressen usw., Kokarden, Achselklappen und Seitengewehre ist ausschließlich Angelegenheit der Soldatenräte und nicht einzelner Personen. Ausschreitungen schädigen das An-

sehen der Revolution und sind zur Zeit der Heimkehr unserer Truppen unangebracht. Der Kongreß verlangt Abschaffung aller Orden und Ehrenzeichen und des Adels.
5. Die Soldaten wählen ihre Führer selbst. Frühere Offiziere, die das Vertrauen der Mehrheit ihres Truppenteils genießen, dürfen wiedergewählt werden.
6. Offiziere der militärischen Verwaltungsbehörden und Beamte im Offiziersrange sind im Interesse der Demobilisation in ihren Stellungen zu belassen, wenn sie erklären, nichts gegen die Revolution zu unternehmen.
7. Die Abschaffung des stehenden Heeres und die Errichtung der Volkswehr sind zu beschleunigen.

(c) *Zum Zentralrat*

Antrag Lüdemann, Kahmann, Severing (SPD-Fraktion):
1. Der Reichskongreß der A.- und S.-Räte Deutschlands, der die gesamte politische Macht repräsentiert, überträgt bis zur anderweitigen Regelung durch die Nationalversammlung die gesetzgebende und vollziehende Gewalt dem Rat der Volksbeauftragten.
2. Der Kongreß bestellt ferner einen Zentralrat der A.- und S.-Räte, der die parlamentarische Überwachung des deutschen und preußischen Kabinetts ausübt. Er hat das Recht der Berufung und der Abberufung der Volksbeauftragten des Reiches und – bis zur endgültigen Regelung der staatlichen Verhältnisse – auch der Volksbeauftragten Preußens.
3. Zur Überwachung der Geschäftsführung in den Reichsämtern werden vom Rat der Volksbeauftragten Beigeordnete der Staatssekretäre bestimmt. In jedes Reichsamt werden zwei Beigeordnete entsandt, die aus den beiden sozialdemokratischen Parteien zu entnehmen sind. Vor der Berufung der Fachminister und der Beigeordneten ist der Zentralrat zu hören.

(d) *Zur Sozialisierung*

Antrag Lüdemann (SPD-Fraktion):
Der Kongreß der Arbeiter- und Soldatenräte beauftragt die Regierung, mit der Sozialisierung aller hierzu reifen Industrien, insbesondere des Bergbaus, unverzüglich zu beginnen.

D: Der Zentralrat der deutschen sozialistischen Republik 19. 12. 1918 bis 8. 4. 1919. Bearb. von Eberhard Kolb unter Mitw. von Reinhard Rürup. Leiden: Brill, 1968. (Quellen zur Geschichte der Rätebewegung in Deutschland 1918/19. Bd. 1.) S. 1–6.

9

Rede des bayerischen Ministerpräsidenten Kurt Eisner (USPD) vor dem Kongreß der Arbeiter-, Soldaten- und Bauernräte Bayerns am 20. Februar 1919

Die frei gehaltene Rede war eine besondere Stärke Eisners und darum sein bevorzugtes politisches Instrument. In den Versammlungen der Räte, in denen er konkurrenzlos brillierte, fand er ein aufgeschlossenes Publikum. Der folgende Text beruht nicht auf einer autorisierten Veröffentlichung, sondern auf einem Bericht der *Bayerischen Staatszeitung*, die ihm durch ihren amtlichen Charakter eine gewisse Authentizität verleiht.
Im Gegensatz zur Entscheidung des Rätekongresses in Berlin, die durch eine breite Volksmeinung gestützt war, erblickte Eisner nicht in der Nationalversammlung, sondern in den Räten den Repräsentanten des Volkswillens. Er versuchte daher, ihnen eine Entscheidungskompetenz neben dem Parlament zu erhalten, das am 12. Januar 1919 neu gewählt worden war. Weil seine Partei, die USPD, nur drei von 180 Mandaten errungen hatte, gab es dafür aber auf

Karl
Liebknecht
Rosa
Luxemburg

legalem Wege keine Chance mehr, was vielfache Spekulationen über seine weiteren Absichten veranlaßte. Seine Ermordnung am Tage nach dieser Rede auf dem Wege zum Landtag, wo er mit einer vorbereiteten Rede seinen Rücktritt erklären wollte, löste neue Erregungen aus.

Vor wenigen Tagen sagte ich im Landtag, daß wir vor einer entscheidenden Wendung der Ereignisse stehen und daß wir entschlossen sein müßten, unsere Macht geltend zu machen. Ein Blatt, das eine ebenso zärtliche Liebe zu meiner Person hat wie ein tiefgründiges Verständnis für meine Politik, fragte mich danach, ob ich nun eine zweite Revolution machen wollte. Vermutlich eine zweite Revolution gegen mich selbst! Das ist meine Antwort. [...] Bei uns ist es noch nicht zum Bürgerkrieg gekommen, und es soll und wird auch nicht zum Bürgerkrieg kommen. Aber ebensowenig wird es zur Konterrevolution kommen. Was hat man denn in Weimar erreicht? Die Waffenstillstandsbedingungen sind schärfer geworden, und niemand glaubt uns. Dagegen sieht man mit großer Spannung auf die Entwicklung in Bayern. Es gibt ausländische Blätter, die sich mit Bayern mehr beschäftigen als mit den anderen Ländern, weil man hier neue

---

Die Ermordung von Karl Liebknecht und Rosa Luxemburg durch Angehörige der nach dem Aufstand der Revolutionären Obleute in Berlin einrückenden Truppen am 15. Januar 1919 machte »Karl und Rosa«, die durch den Ablauf der Revolutionsereignisse in den Hintergrund gedrängten Führer der radikalen Linken, zu Symbolfiguren des Kampfs der Proletarier gegen den kapitalistischen Klassenfeind. Drei Tage nach ihrem Tod wurden ihre Bilder (mit falschem Todesdatum) bei einer Demonstration in München wie Heiligenbilder bei einer Prozession mitgeführt.

Gedanken und ein wirklich neues Deutschland zu erkennen glaubt. Wir sind mit der Revolution am 7. November vorangegangen. Es gibt keine Revolution der Weltgeschichte, die so ohne Blutvergießen ewige Ergebnisse gezeitigt hat. Diese Ergebnisse sind nicht mehr zu beseitigen. Aber in dieser Stunde, wo ich vielleicht am tiefsten von der Sehnsucht erfüllt bin, daß ich wieder in die Massen gehen und dort arbeiten kann als freier Mann, in dieser Stunde möchte ich Sie bitten, daß wir den Stolz auf Bayern und auf die bayerische Revolution und auf die großen Ergebnisse nicht verlieren. Wir müssen uns gegen den Militarismus und gegen eine Kompromißpolitik wenden. Was diese anlangt, so weiß ich nicht, wie man entscheiden wird, ob man es auch hier so machen wird wie im übrigen Reich. Sie sehen im übrigen Reich eine ungeheuere Gärung und Unruhe. Überall flackert es auf. Bürgerblut fließt, die Wirtschaft geht zugrunde, und alles das hat man damit erreicht, daß kein neuer Gedanke, keine große Idee die Massen begeistert und kein Ziel voranleuchtet. Geben Sie den Massen ein Ziel!
Was werden wir in Bayern machen? Wir haben zwei Aufgaben, die wir lösen können: Die eine ist Kulturpolitik zu treiben. Können wir das mit dem Zentrum? Wir können das nur gegen das Zentrum. Also ist es ausgeschlossen, daß ein Sozialdemokrat, der noch des Namens wert ist, in einem Ministerium sitzt, in dem ein Zentrumsmann ist. Die zweite Aufgabe, die wir lösen könnten, wäre die Sozialisierung. Wir können die Demokratie in den Betrieben einführen, wir können verstaatlichen, wir können gegen den Großgrundbesitz vorgehen, das alles können wir tun. Glauben Sie aber, daß wir das mit dem Kapitalismus zusammen tun können? Die kapitalistischen Vertreter sind die Liberalen, die sich heute Demokraten nennen. Also können wir auch die zweite Aufgabe nicht erfüllen, wenn wir mit den Bürgerlichen zusammengehen. Dagegen können wir mit den Bauern, die vor dem Kriege doch nur die Arbeiter zur Zinszahlung an das Kapital waren und die das in der kommen-

den schweren Zeit wieder sein werden, jene Einheit zwischen Stadt und Land herstellen, jene neue Demokratie, die uns zum Sozialismus führt. Die zweite Revolution, vor der man Grauen machen will, das ist keine Revolution mit Plünderung und Straßenkämpfen, das ist die Sammlung der Massen in Stadt und Land, die ausführen, was die erste Revolution gewonnen hat. Keine Unbesonnenheit in diesen Tagen, ich beschwöre Sie, sondern die Sammlung der Massen! Unwiderstehbar müssen die Massen zusammenstehen und entschlossen sein, das Werk der Revolution zu vollenden. Nur die Masse, nur die geistige Kraft und Geschlossenheit in der Aktion, das ist die zweite Revolution. Wer glaubt, in Ungeduld heute mit irgendwelchen Überfällen, Putschen von links oder rechts, diese Entwicklung stören zu wollen, der soll auch an dem Widerstand dieser Massen scheitern.

Das bayerische Volk hat sich den Landtag zusammengewählt, der nun einmal da ist. Es haben ja auch Kretinenanstalten mitgewählt. Die Mehrheit ist bürgerlich. Sollen sie also auch bürgerliche Politik treiben! Wir werden sehen, ob sie regierungsfähig sind. Inzwischen müssen die Räte ihr Werk tun, die neue Demokratie aufbauen, die lebendige, unzerstörbare Demokratie, dann kommt vielleicht, wie auch von Bayern die Revolution ausgegangen ist, auch der neue Geist, daß es sich wahrlich nicht darum handelt, Ministerposten zu besetzen, zu kuhhandeln und Koalitionsregierungen zu schaffen, sondern daß es sich darum handelt, daß die Regierung demokratische und sozialistische Politik treibt und einheitlich, ohne nach links oder rechts zu schauen, vorwärts schreitet.

Beginnen wir in Deutschland mit einer neuen Entwicklung des Sozialismus! Ich sehne mich danach, daß die Sozialisten ohne Unterschied der Richtung endlich aufhören zu regieren und endlich wieder Opposition werden, um das Volk zu überzeugen. Es gibt nur diese eine Möglichkeit, daß wir in Deutschland die Demokratie und den Sozialismus erleben.

Lassen Sie die Schwarz-Rot-Goldenen regieren; sie sollen ihre Art von Demokratie haben! Aber gehen wir nun einen anderen Weg! Glauben wir, daß wir durch Ausgleich, durch Kompromisse und Koalitionsregierung etwas erreichen? Was hat eine Koalitionsregierung für einen Sinn? Da sitzen Leute drin, die voreinander Angst haben und am meisten vor den Massen, und die darum eine Versicherung auf Gegenseitigkeit abschließen. Aber inzwischen wächst das Elend und die Leidenschaft der Massen. Und dann kommt das Chaos. Entweder sind die Sozialisten Regierung und Vertreter der proletarischen Interessen, oder sie sind in Opposition. Und dann wachsen wir wieder zusammen, und es ist eine Lust zu kämpfen, um die Revolution siegreich zu Ende zu führen, nicht mit Maschinengewehren und Handgranaten – das überlassen wir den Lotterbuben –, sondern durch die Masse.

Morgen beginnt der Landtag; morgen soll auch die Arbeit der Räte aufs neue beginnen. Man hat Angst gehabt, daß wir die Leute in der Prannerstraße nicht arbeiten lassen wollen. Ich bin ja auch gezwungen, in der Prannerstraße zu arbeiten, wenn auch nicht am Ministertisch, dann unter den Abgeordneten. Also lassen Sie auch mich arbeiten! Ich weiß, daß dieser Landtag arbeitsunfähig ist, der gewählt ist von einem Volk, das noch nicht zur Aktion reif ist. Wir müssen das Volk aufklären; dann wird es reif, und dann kommt die ganze Macht des Sozialismus!

D: Die Regierung Eisner 1918/19. Ministerratsprotokolle und Dokumente. Eingel. und bearb. von Franz J. Bauer unter Verwendung der Vorarbeiten von Dieter Albrecht. Düsseldorf: Droste, 1987. (Quellen zur Geschichte des Parlamentarismus und der politischen Parteien. Erste Reihe. Bd. 10.) S. 444–446 –

10
Die Ausrufung der (I.) Räterepublik in Bayern am 7. April 1919

Nach dem Tode Eisners gelang es dem demokratisch legitimierten Landtag nicht, die politische Führung zu übernehmen. Vielmehr setzten sich bald die Räte als ausschlaggebende Kraft durch, in denen nun auch erstmals Kommunisten zu Einfluß kamen. Ein Revolutionärer Zentralrat entstand, und in der Öffentlichkeit wurde die Forderung nach Einführung der Räterepublik immer lauter. Der Rätekongreß fand sich jedoch bereit, seine Kompetenzen auf den Landtag zu übertragen und die Wahl von Johannes Hoffmann (MSPD) zum Ministerpräsidenten zu ermöglichen. Die neue Regierung konnte sich indes gegen die vor allem vom Revolutionären Zentralrat ausgehende Propaganda nicht durchsetzen. Anstatt den Landtag an der auf den 8. April anberaumten Sitzung zusammentreten zu lassen, riefen die Räte, denen sich vielfach auch die SPD anschloß, die Räterepublik aus. Die Kommunisten blieben ihr fern und proklamierten bald darauf eine unter ihrem Einfluß stehende (II.) Räterepublik. Die Regierung war nach Bamberg ausgewichen. Ende April warfen Truppen der Reichswehr und Freikorps die Bayerische Räterepublik, die nur den Münchner Raum kontrollierte, blutig nieder.

An das Volk in Baiern!

Die Entscheidung ist gefallen. Baiern ist Räterepublik. Das werktätige Volk ist Herr seines Geschickes. Die revolutionäre Arbeiterschaft und Bauernschaft Baierns, darunter auch alle unsere Brüder, die Soldaten sind, durch keine Parteigegensätze mehr getrennt, sind sich einig, daß von nun an jegliche Ausbeutung und Unterdrückung ein Ende haben muß. Die Diktatur des Proletariats, die nun zur Tatsache geworden ist, bezweckt die Verwirklichung eines wahrhaft sozialistischen Gemeinwesens, in dem jeder arbeitende Mensch sich am öffentlichen Leben beteiligen soll, einer gerechten sozialistisch-kommunistischen Wirtschaft. Der Landtag, das unfruchtbare Gebilde des überwundenen bürgerlich kapitalistischen Zeitalters, ist aufgelöst, das von ihm eingesetzte Ministerium zurückgetreten. Von den Räten des arbeitenden Volkes bestellte, dem Volk verantwortliche Vertrauensmänner erhalten als Volksbeauftragte für bestimmte Arbeitsgebiete außerordentliche Vollmachten. Ihre Gehilfen werden bewährte Männer aus allen Richtungen des revolutionären Sozialismus und Kommunismus sein; die zahlreichen tüchtigen Kräfte des Beamtentums, zumal die unteren und mittleren Beamten, werden zur tatkräftigen Mitarbeit im neuen Baiern aufgefordert. Das System der Bureaukratie aber wird unverzüglich ausgetilgt. Die Presse wird sozialisiert. Zum Schutze der baierischen Räterepublik gegen reaktionäre Versuche von außen und von innen wird sofort eine rote Armee gebildet. Ein Revolutionsgericht wird jeden Anschlag auf die Räteregierung sofort rücksichtslos ahnden. Die baierische Räterepublik folgt dem Beispiel der russischen und ungarischen Völker. Sie nimmt sofort die brüderliche Verbindung mit diesen Völkern auf. Dagegen lehnt sie jedes Zusammenarbeiten mit der verächtlichen Regierung Ebert – Scheidemann – Noske – Erzberger ab, weil diese unter der Flagge einer sozialistischen Republik das imperialistisch-kapitalistisch-militaristische Geschäft des in Schmach zusammengebrochenen deutschen Kaiserreiches fortsetzt. Sie ruft alle deutschen Brüdervölker auf, den gleichen Weg zu gehen. Allen Proletariern, wo immer sie für Freiheit und Gerechtigkeit, wo immer sie für den revolutionären Sozialismus kämpfen, in Württemberg und im Ruhrgebiet, in der ganzen Welt, entbietet die baierische Räterepublik ihre Grüße. Zum Zeichen der freudigen Hoffnung auf eine glückliche Zukunft für die ganze Menschheit wird hiermit der 7. April zum Nationalfeiertag erklärt. Zum Zeichen des beginnenden Abschieds vom fluchwürdigen Zeitalter des Kapitalismus ruht am Montag, den 7. April, in ganz Baiern die Arbeit, soweit sie nicht für das Leben des werktätigen Volkes notwendig ist, worüber gleichzeitig nähere Bestimmungen ergehen.

Es lebe das freie Baiern! Es lebe die Räterepublik! Es lebe die Weltrevolution!

Der Revolutionäre Zentralrat Baierns
i. A. Niekisch

D: Schultheß 35 (1919) S. 162 f.

11

Der Vertrag von Versailles vom 28. Juni 1919

Der Vertrag von Versailles beendete den Kriegszustand zwischen dem Deutschen Reich und den alliierten und assoziierten Mächten. Wegen der großen Zahl der Vertragschließenden wurde er nur in einem Exemplar ausgefertigt, das bei der französischen Regierung verblieb; die anderen Partner erhielten beglaubigte Abschriften. Der Vertrag war in englischer und französischer Sprache abgefaßt; beide Fassungen besaßen gleiche Verbindlichkeit. Ein amtlicher deutscher Text entstand durch die Veröffentlichung im Reichsgesetzblatt als Anlage zu dem Gesetz über den Friedensschluß zwischen Deutschland und den alliierten und assoziierten Mächten vom 16. Juli 1919 (RGBl. 1919 S. 687).

Der Vertrag enthielt in seinem ersten Teil die Satzung des Völkerbunds, sodann die eigentlichen Friedensbedingungen für das Deutsche Reich. Diese wurden in Deutschland nahezu einhellig als unerträglich angesehen, und die Unterzeichnung kam erst nach harten Debatten in der Nationalversammlung zustande. Für Deutschland unterzeichneten Hermann Müller (SPD) und Dr. Gustav Bell (Zentrum). Aus dem umfangreichen Vertrag, dessen dreisprachige Wiedergabe im Reichsgesetzblatt über 650 Druckseiten umfaßt, werden im folgenden nur die Bestimmungen aufgeführt, die für Struktur und Politik der Weimarer Republik bleibende Bedeutung gewannen.

den
ieden!
der
uchdruckerei
Nieder mit dem
Gewaltfrieden!

Teil V. Bestimmungen über Landheer, Seemacht und Luftfahrt

Um die Einleitung einer allgemeinen Rüstungsbeschränkung aller Nationen zu ermöglichen, verpflichtet sich Deutschland, die im folgenden niedergelegten Bestimmungen über das Landheer, die Seemacht und die Luftfahrt genau innezuhalten.

Abschnitt I. Bestimmungen über das Landheer

Kapitel I. Stärke und Einteilung des deutschen Heeres

Artikel 159. Die deutschen Streitkräfte werden gemäß nachstehenden Bedingungen demobilgemacht und herabgesetzt.

Artikel 160. 1. Spätestens am 31. März 1920 darf das deutsche Heer nicht mehr als sieben Infanterie- und drei Kavallerie-Divisionen umfassen.
Von diesem Zeitpunkt ab darf die gesamte Iststärke des Heeres der sämtlichen deutschen Einzelstaaten nicht mehr

---

Die Hoffnungen vieler Deutscher, daß der Friedensvertrag, nachdem ihr Land zur demokratischen Republik geworden war und der Völkerbund die Beziehungen der Nationen untereinander auf eine neue Basis stellen sollte, dem Deutschen Reich keine harten Bedingungen auferlegen werde, wurden jäh enttäuscht, als am 7. Mai 1919 die Friedensbedingungen bekannt wurden. Der sozialdemokratische Reichsministerpräsident Philipp Scheidemann nannte den Vertrag ein »befristetes Todesurteil« für Deutschland und »unannehmbar«. Großdemonstrationen gegen den »Gewaltfrieden« wie hier im Berliner Lustgarten konnten nicht verhindern, daß sich die Nationalversammlung nach langen Debatten zur Unterzeichnung bereitfinden mußte.

als einhunderttausend Mann, einschließlich der Offiziere und der Depots, betragen. Das Heer ist nur für die Erhaltung der Ordnung innerhalb des deutschen Gebiets und zur Grenzpolizei bestimmt.
Die Gesamtstärke an Offizieren, einschließlich der Stäbe, ohne Rücksicht auf deren Zusammensetzung, darf die Zahl viertausend nicht übersteigen. [...]

Kapitel III. Heeresergänzung und militärische Ausbildung

Artikel 173. Die allgemeine Wehrpflicht wird in Deutschland abgeschafft.
Das deutsche Heer darf nur im Wege freiwilliger Verpflichtung aufgestellt und ergänzt werden.

Artikel 174. Unteroffiziere und Gemeine verpflichten sich für eine ununterbrochene Dauer von zwölf Jahren. [...]

Artikel 175. Die Offiziere, die in der Armee bleiben, müssen sich verpflichten, wenigstens bis zum Alter von fünfundvierzig Jahren zu dienen.
Die Offiziere, die neu ernannt werden, müssen sich verpflichten, wenigstens fünfundzwanzig Jahre hintereinander wirklich Dienst zu tun.
Die Offiziere, die früher irgendwelchen Heeresformationen angehört haben und die nicht in den Einheiten untergebracht werden können, deren Bestehenbleiben zugelassen ist, dürfen an keiner theoretischen oder praktischen militärischen Übung teilnehmen und sind keinerlei militärischer Dienstpflicht unterworfen. [...]

Artikel 177. Unterrichtsanstalten, Hochschulen, Kriegervereine, Schützengilden, Sport- oder Wandervereine, überhaupt Vereinigungen jeder Art, ohne Rücksicht auf das Alter ihrer Mitglieder, dürfen sich nicht mit militärischen Dingen befassen. [...]

Artikel 178. Alle Mobilmachungsmaßnahmen oder solche, die auf eine Mobilmachung hinzielen, sind untersagt.
In keinem Falle dürfen bei Truppenteilen, Behörden oder Stäben Stämme für Ergänzungsformationen vorhanden sein. [...]

Abschnitt II. Bestimmungen über die Seemacht

Artikel 181. Nach Ablauf einer Frist von zwei Monaten nach Inkrafttreten des gegenwärtigen Vertrags dürfen die deutschen Seestreitkräfte im Dienst höchstens betragen:

6 Schlachtschiffe der »Deutschland«- oder »Lothringen«-Klasse,
6 kleine Kreuzer,
12 Zerstörer,
12 Torpedoboote

oder

eine gleiche Zahl von Ersatzschiffen der im Artikel 190 vorgesehenen Bauart.

Es darf kein Unterwasserfahrzeug darunter sein.
Alle anderen Kriegsschiffe müssen, soweit nicht der gegenwärtige Vertrag ein anderes bestimmt, in Reserve gestellt oder Handelszwecken dienstbar gemacht werden. [...]

Artikel 183. Nach Ablauf einer Frist von zwei Monaten nach Inkrafttreten des gegenwärtigen Vertrags darf die gesamte Kopfstärke der deutschen Kriegsmarine, Offiziere und Personal aller Grade und Gattungen eingeschlossen, 15 000 Mann nicht übersteigen. In dieser Zahl ist die Besatzung der Flotte und die Mannschaft im Küstenverteidigungs-, Küstensignal-, Verwaltungs- und Landdienst inbegriffen.
Die gesamte Kopfstärke an Offizieren und Deckoffizieren darf die Zahl 1 500 nicht übersteigen. [...]

Artikel 190. Es ist Deutschland untersagt, irgendwelche Kriegsschiffe zu bauen oder zu erwerben, es sei denn zum

Ersatz der durch den gegenwärtigen Vertrag (Artikel 181) vorgesehenen in Dienst gestellten Einheiten. [...]

Abschnitt III. Bestimmungen über militärische und Seeluftfahrt

Artikel 198. Deutschland darf Luftstreitkräfte weder zu Lande noch zu Wasser als Teil seines Heerwesens unterhalten. [...]
Kein Lenkluftschiff darf beibehalten werden. [...]

Teil VII. Strafbestimmungen

Artikel 227. Die alliierten und assoziierten Mächte stellen Wilhelm II. von Hohenzollern, vormaligen Kaiser von Deutschland, wegen schwerster Verletzung des internationalen Sittengesetzes und der Heiligkeit der Verträge unter öffentliche Anklage.
Ein besonderer Gerichtshof wird eingesetzt, um über den Angeklagten unter Wahrung der wesentlichen Bürgschaften des Rechts auf Verteidigung zu Gericht zu sitzen. Der Gerichtshof besteht aus fünf Richtern, von denen je einer von folgenden fünf Mächten, nämlich den Vereinigten Staaten von Amerika, Großbritannien, Frankreich, Italien und Japan, ernannt wird.
Der Gerichtshof urteilt auf Grundlage der erhabensten Grundsätze der internationalen Politik; Richtschnur ist für ihn, den feierlichen Verpflichtungen und internationalen Verbindlichkeiten ebenso wie dem internationalen Sittengesetze Achtung zu verschaffen. Es steht ihm zu, die Strafe zu bestimmen, deren Verhängung er für angemessen erachtet.
Die alliierten und assoziierten Mächte werden an die Regierung der Niederlande das Ersuchen richten, den vormaligen Kaiser zum Zwecke seiner Aburteilung auszuliefern.

Artikel 228. Die deutsche Regierung räumt den alliierten und assoziierten Mächten die Befugnis ein, die wegen eines

Verstoßes gegen die Gesetze und Gebräuche des Krieges angeklagten Personen vor ihre Militärgerichte zu ziehen. Werden sie schuldig befunden, so finden die gesetzlich vorgesehenen Strafen auf sie Anwendung. Diese Bestimmung greift ohne Rücksicht auf ein etwaiges Verfahren oder eine etwaige Verfolgung vor einem Gerichte Deutschlands oder seiner Verbündeten Platz.
Die deutsche Regierung hat den alliierten und assoziierten Mächten oder derjenigen Macht von ihnen, die einen entsprechenden Antrag stellt, alle Personen auszuliefern, die ihr auf Grund der Anklage, sich gegen die Gesetze und Gebräuche des Krieges vergangen zu haben, sei es namentlich, sei es nach ihrem Dienstgrade oder nach der ihnen von den deutschen Behörden übertragenen Dienststellung oder sonstigen Verwendung bezeichnet werden.

Artikel 229. Sind die strafbaren Handlungen gegen Staatsangehörige einer der alliierten und assoziierten Mächte begangen, so werden die Täter vor die Militärgerichte dieser Macht gestellt.
Sind die strafbaren Handlungen gegen Staatsangehörige mehrerer alliierter und assoziierter Mächte begangen, so werden die Täter vor Militärgerichte gestellt, die sich aus Mitgliedern von Militärgerichten der beteiligten Mächte zusammensetzen.
In jedem Fall steht dem Angeklagten die freie Wahl seines Anwalts zu.

Artikel 230. Die deutsche Regierung verpflichtet sich, Urkunden und Auskünfte jeder Art zu liefern, deren Vorlegung zur vollständigen Aufklärung der verfolgten Taten, zur Ermittlung der Schuldigen und zur erschöpfenden Würdigung der Schuldfrage für erforderlich erachtet wird.

Teil VIII. Wiedergutmachungen

Abschnitt I. Allgemeine Bestimmungen

Artikel 231. Die alliierten und assoziierten Regierungen erklären, und Deutschland erkennt an, daß Deutschland und seine Verbündeten als Urheber für alle Verluste und Schäden verantwortlich sind, die die alliierten und assoziierten Regierungen und ihre Staatsangehörigen infolge des ihnen durch den Angriff Deutschlands und seiner Verbündeten aufgezwungenen Krieges erlitten haben. [...]

Teil XIV. Bürgschaften für die Durchführung

Abschnitt I. Westeuropa

Artikel 428. Um die Ausführung des gegenwärtigen Vertrags durch Deutschland sicherzustellen, bleiben die deutschen Gebiete westlich des Rheins einschließlich der Brükkenköpfe während eines Zeitraums von fünfzehn Jahren nach Inkrafttreten des gegenwärtigen Vertrags durch die Truppen der alliierten und assoziierten Mächte besetzt. [...]

D: RGBl. 1919 S. 688.
O: Martens XI S. 323–671.

12

Die Verfassung des Deutschen Reichs vom 11. August 1919

Die Weimarer Verfassung, wie sie nach dem Tagungsort der Nationalversammlung heißt, ist gekennzeichnet durch die starke Stellung des Reichspräsidenten, der sich ebenso wie das Parlament auf die Bestellung durch das Volk berufen konnte und darum mit seinen verfassungsmäßigen Vollmachten ein Gegengewicht gegen den Reichstag bildete. Diese Verfassungsbestimmungen waren von weittragender Bedeutung für die Geschichte der Weimarer Republik.

Das Deutsche Volk, einig in seinen Stämmen und von dem Willen beseelt, sein Reich in Freiheit und Gerechtigkeit zu erneuern und zu festigen, dem inneren und dem äußeren Frieden zu dienen und den gesellschaftlichen Fortschritt zu fördern, hat sich diese Verfassung gegeben. [...]

Artikel 1. Das Deutsche Reich ist eine Republik. Die Staatsgewalt geht vom Volke aus.

Artikel 2. Das Reichsgebiet besteht aus den Gebieten der deutschen Länder. Andere Gebiete können durch Reichsgesetz in das Reich aufgenommen werden, wenn es ihre Bevölkerung kraft ihres Selbstbestimmungsrechtes begehrt.

Artikel 3. Die Reichsfarben sind schwarz-rot-gold. Die Handelsflagge ist schwarz-weiß-rot mit den Reichsfarben in der oberen inneren Ecke.

Artikel 4. Die allgemein anerkannten Regeln des Völkerrechts gelten als bindende Bestandteile des deutschen Reichsrechts. [...]

Artikel 24. Der Reichstag tritt in jedem Jahre am ersten Mittwoch des November am Sitze der Reichsregierung zusammen. Der Präsident des Reichstags muß ihn früher berufen, wenn es der Reichspräsident oder mindestens ein Drittel der Reichstagsmitglieder verlangt.
Der Reichstag bestimmt den Schluß der Tagung und den Tag des Wiederzusammentritts.

Artikel 25. Der Reichspräsident kann den Reichstag auflösen, jedoch nur einmal aus dem gleichen Anlaß. Die Neuwahl findet spätestens am sechzigsten Tage nach der Auflösung statt. [...]

Artikel 41. Der Reichspräsident wird vom ganzen deutschen Volke gewählt.

Wählbar ist jeder Deutsche, der das fünfunddreißigste Lebensjahr vollendet hat.

Das Nähere bestimmt ein Reichsgesetz. [...]

Artikel 46. Der Reichspräsident ernennt und entläßt die Reichsbeamten und die Offiziere, soweit nicht durch das Gesetz etwas anderes bestimmt ist. Er kann das Ernennungs- und Entlassungsrecht durch andere Behörden ausüben lassen.

Artikel 47. Der Reichspräsident hat den Oberbefehl über die gesamte Wehrmacht des Reichs.

Artikel 48. Wenn ein Land die ihm nach der Reichsverfassung oder den Reichsgesetzen obliegenden Pflichten nicht erfüllt, kann der Reichspräsident es dazu mit Hilfe der bewaffneten Macht anhalten.

Der Reichspräsident kann, wenn im Deutschen Reich die öffentliche Sicherheit und Ordnung erheblich gestört oder

---

Der von der Weimarer Nationalversammlung gewählte Reichspräsident Friedrich Ebert hatte nüchternen Sinn für die Bedeutung, die militärische Macht für die Konsolidierung der angefochtenen Republik besaß. Am 30. Juli 1919 empfing er an seinem Urlaubsort Schwarzburg in Thüringen den Reichswehrminister Gustav Noske, seinen Parteifreund, und den Ersten Generalquartiermeister, Generalleutnant Wilhelm Groener, der unter dem nominellen Oberbefehl Hindenburgs die aus dem alten Heer verbliebenen Truppen führte. Mit ihm war Ebert durch die Zusammenarbeit im Kriege vertraut, und beide hatten sich am Abend des 10. November 1918 telefonisch über einen gemeinsamen Kurs des Rates der Volksbeauftragten und der Obersten Heeresleitung verständigt.

gefährdet wird, die zur Wiederherstellung der öffentlichen Sicherheit und Ordnung nötigen Maßnahmen treffen, erforderlichenfalls mit Hilfe der bewaffneten Macht einschreiten. Zu diesem Zwecke darf er vorübergehend die in den Artikeln 114, 115, 117, 118, 123, 124 und 153 festgesetzten Grundrechte ganz oder zum Teil außer Kraft setzen. Von allen gemäß Abs. 1 oder Abs. 2 dieses Artikels getroffenen Maßnahmen hat der Reichspräsident unverzüglich dem Reichstag Kenntnis zu geben. Die Maßnahmen sind auf Verlangen des Reichstags außer Kraft zu setzen.
Bei Gefahr im Verzuge kann die Landesregierung für ihr Gebiet einstweilige Maßnahmen der im Abs. 2 bezeichneten Art treffen. Die Maßnahmen sind auf Verlangen des Reichspräsidenten oder des Reichstags außer Kraft zu setzen.
Das Nähere bestimmt ein Reichsgesetz. [...]

Artikel 54. Der Reichskanzler und die Reichsminister bedürfen zu ihrer Amtsführung des Vertrauens des Reichstags. Jeder von ihnen muß zurücktreten, wenn ihm der Reichstag durch ausdrücklichen Beschluß sein Vertrauen entzieht.

Artikel 55. Der Reichskanzler führt den Vorsitz in der Reichsregierung und leitet ihre Geschäfte nach einer Geschäftsordnung, die von der Reichsregierung beschlossen und vom Reichspräsidenten genehmigt wird.

Artikel 56. Der Reichskanzler bestimmt die Richtlinien der Politik und trägt dafür gegenüber dem Reichstag die Verantwortung. Innerhalb dieser Richtlinien leitet jeder Reichsminister den ihm anvertrauten Geschäftszweig selbständig und unter eigener Verantwortung gegenüber dem Reichstag. [...]

Artikel 72. Die Verkündung eines Reichsgesetzes ist um zwei Monate auszusetzen, wenn es ein Drittel des Reichstags verlangt. Gesetze, die der Reichstag und der Reichsrat für dringlich erklären, kann der Reichspräsident ungeachtet dieses Verlangens verkünden.

Artikel 73. Ein vom Reichstag beschlossenes Gesetz ist vor seiner Verkündung zum Volksentscheid zu bringen, wenn der Reichspräsident binnen eines Monats es bestimmt.
Ein Gesetz, dessen Verkündung auf Antrag von mindestens einem Drittel des Reichstags ausgesetzt ist, ist dem Volksentscheid zu unterbreiten, wenn ein Zwanzigstel der Stimmberechtigten es beantragt.
Ein Volksentscheid ist ferner herbeizuführen, wenn ein Zehntel der Stimmberechtigten das Begehren nach Vorlegung eines Gesetzentwurfs stellt. Dem Volksbegehren muß ein ausgearbeiteter Gesetzentwurf zugrunde liegen. Er ist von der Regierung unter Darlegung ihrer Stellungnahme dem Reichstag zu unterbreiten. Der Volksentscheid findet nicht statt, wenn der begehrte Gesetzentwurf im Reichstag unverändert angenommen worden ist.
Über den Haushaltsplan, über Abgabengesetze und Besoldungsordnungen kann nur der Reichspräsident einen Volksentscheid veranlassen.
Das Verfahren beim Volksentscheid und beim Volksbegehren regelt ein Reichsgesetz. [...]

Artikel 75. Durch den Volksentscheid kann ein Beschluß des Reichstags nur dann außer Kraft gesetzt werden, wenn sich die Mehrheit der Stimmberechtigten an der Abstimmung beteiligt.

Artikel 76. Die Verfassung kann im Wege der Gesetzgebung geändert werden. Jedoch kommen Beschlüsse des Reichstags auf Abänderung der Verfassung nur zustande, wenn zwei Drittel der gesetzlichen Mitgliederzahl anwesend und wenigstens zwei Drittel der Anwesenden zustimmen. Auch Beschlüsse des Reichsrats auf Abänderung der Verfassung bedürfen einer Mehrheit von zwei Dritteln der abgegebenen Stimmen. Soll auf Volksbegehren durch Volksentscheid eine Verfassungsänderung beschlossen werden, so ist die Zustimmung der Mehrheit der Stimmberechtigten erforderlich. [...]

Artikel 181. Das Deutsche Volk hat durch seine Nationalversammlung diese Verfassung beschlossen und verabschiedet. Sie tritt mit dem Tage ihrer Verkündung in Kraft.

Schwarzburg, den 11. August 1919

Der Reichspräsident: Ebert; Das Reichsministerium: Bauer; Erzberger; Hermann Müller; Dr. David; Noske; Schmidt; Schlicke; Giesberts; Dr. Mayer; Dr. Bell

D: RGBl. 1919 S. 1383.

13

Das Programm der Nationalsozialistischen Deutschen Arbeiter-Partei vom 24. Februar 1920

Die verschwindend kleine Deutsche Arbeiterpartei in München erlangte durch die überragende propagandistische Begabung des nur zufällig zu ihr gestoßenen Adolf Hitler im Laufe kurzer Zeit Beachtung in der politischen Szene Münchens, die durch die zur Abwehr linker Umsturzbestrebungen extralegal gebildeten und politisch weitgehend auf den pensionierten General Ludendorff orientierten paramilitärischen »Vaterländischen Verbände« ihr besonderes Gepräge besaß. Die von Hitler geführte Partei unterhielt als Instrument für den Straßenterror die »Sturm-Abteilung«, oft SA genannt. Durch diese Organisation gelangte Hitlers Bewegung zu Einfluß unter den meist gutbürgerlichen »Vaterländischen Verbänden«.
Das durch die Satzung der Partei als unabänderlich erklärte Parteiprogramm entsprach einer breiten Stimmung unter den Massen. Es

war jedoch nicht ausschließlich taktisch konzipiert, sondern enthielt einige Grundlinien der nationalsozialistischen Ideologie. Verfasser war der Ingenieur Gottfried Feder, ein glühender Antikapitalist (»Brechung der Zinsknechtschaft«) mit ständischen Ideen.

Das Programm der Deutschen Arbeiterpartei ist ein Zeit-Programm. Die Führer lehnen es ab, nach Erreichung der im Programm aufgestellten Ziele neue aufzustellen, nur zu dem Zwecke, um durch künstlich gesteigerte Unzufriedenheit der Massen das Fortbestehen der Partei zu ermöglichen.

1. Wir fordern den Zusammenschluß aller Deutschen auf Grund des Selbstbestimmungsrechtes der Völker zu einem Groß-Deutschland.
2. Wir fordern die Gleichberechtigung des deutschen Volkes gegenüber den anderen Nationen, Aufhebung der Friedensverträge von Versailles und St. Germain.
3. Wir fordern Land und Boden (Kolonien) zur Ernährung unseres Volkes und Ansiedlung unseres Bevölkerungs-Überschusses.
4. Staatsbürger kann nur sein, wer Volksgenosse ist. Volksgenosse kann nur sein, wer deutschen Blutes ist, ohne Rücksichtnahme auf Konfession. Kein Jude kann daher Volksgenosse sein.
5. Wer nicht Staatsbürger ist, soll nur als Gast in Deutschland leben können und muß unter Fremdengesetzgebung stehen.
6. Das Recht, über Führung und Gesetze des Staates zu bestimmen, darf nur dem Staatsbürger zustehen. Daher fordern wir, daß jedes öffentliche Amt, gleichgültig welcher Art, gleich ob im Reich, Land oder Gemeinde, nur durch Staatsbürger bekleidet werden darf.
Wir bekämpfen die korrumpierende Parlamentswirtschaft einer Stellenbesetzung nur nach Parteigesichtspunkten ohne Rücksichten auf Charakter und Fähigkeiten.

7. Wir fordern, daß sich der Staat verpflichtet, in erster Linie für die Erwerbs- und Lebensmöglichkeit der Staatsbürger zu sorgen. Wenn es nicht möglich ist, die Gesamtbevölkerung des Staates zu ernähren, so sind die Angehörigen fremder Nationen (Nicht-Staatsbürger) aus dem Reiche auszuweisen.
8. Jede weitere Einwanderung Nicht-Deutscher ist zu verhindern. Wir fordern, daß alle Nicht-Deutschen, die seit 2. August 1914 in Deutschland eingewandert sind, sofort zum Verlassen des Reiches gezwungen werden.
9. Alle Staatsbürger müssen gleiche Rechte und Pflichten besitzen.
10. Erste Pflicht jedes Staatsbürgers muß sein, geistig oder körperlich zu schaffen. Die Tätigkeit des einzelnen darf nicht gegen die Interessen der Allgemeinheit verstoßen, sondern muß im Rahmen des Gesamten und zum Nutzen aller erfolgen.

Daher fordern wir:

11. Abschaffung des arbeits- und mühelosen Einkommens.

Brechung der Zinsknechtschaft.

12. Im Hinblick auf die ungeheuren Opfer an Gut und Blut, die jeder Krieg vom Volke fordert, muß die persönliche Bereicherung durch den Krieg als Verbrechen am Volke bezeichnet werden. Wir fordern daher restlose Einziehung aller Kriegsgewinne.
13. Wir fordern die Verstaatlichung aller (bisher) bereits vergesellschafteten (Trusts) Betriebe.
14. Wir fordern Gewinnbeteiligung an Großbetrieben.
15. Wir fordern einen großzügigen Ausbau der Alters-Versorgung.
16. Wir fordern die Schaffung eines gesunden Mittelstandes und seine Erhaltung, sofortige Kommunalisierung der Groß-Warenhäuser und ihre Vermietung zu billigen Preisen an kleine Gewerbetreibende, schärfste Berücksichtigung

aller kleinen Gewerbetreibenden bei Lieferung an den Staat, die Länder oder Gemeinden.

17. Wir fordern eine unseren nationalen Bedürfnissen angepaßte Bodenreform, Schaffung eines Gesetzes zur unentgeltlichen Enteignung von Boden für gemeinnützige Zwecke. Abschaffung des Bodenzinses und Verhinderung jeder Bodenspekulation. Lebensraum

18. Wir fordern den rücksichtslosen Kampf gegen diejenigen, die durch ihre Tätigkeit das Gemeininteresse schädigen. Gemeine Volksverbrecher, Wucherer, Schieber usw. sind mit dem Tode zu bestrafen, ohne Rücksichtnahme auf Konfession und Rasse.

19. Wir fordern Ersatz für das der materialistischen Weltordnung dienende römische Recht durch ein deutsches Gemeinrecht.

20. Um jedem fähigen und fleißigen Deutschen das Erreichen höherer Bildung und damit das Einrücken in führende Stellung zu ermöglichen, hat der Staat für einen gründlichen Ausbau unseres gesamten Volksbildungswesens Sorge zu tragen. Die Lehrpläne aller Bildungsanstalten sind den Erfordernissen des praktischen Lebens anzupassen. Das Erfassen des Staatsgedankens muß bereits mit dem Beginn des Verständnisses durch die Schule (Staatsbürgerkunde) erzielt werden. Wir fordern die Ausbildung besonders veranlagter Kinder armer Eltern ohne Rücksicht auf deren Stand oder Beruf auf Staatskosten.

21. Der Staat hat für die Hebung der Volksgesundheit zu sorgen durch den Schutz der Mutter und des Kindes, durch Verbot der Jugendarbeit, durch Herbeiführung der körperlichen Ertüchtigung mittels gesetzlicher Festlegung einer Turn- und Sportpflicht, durch größte Unterstützung aller sich mit körperlicher Jugend-Ausbildung beschäftigenden Vereine.

22. Wir fordern die Abschaffung der Söldnertruppe und die Bildung eines Volksheeres.

23. Wir fordern den gesetzlichen Kampf gegen die *bewußte* politische Lüge und ihre Verbreitung durch die Presse. Um die Schaffung einer deutschen Presse zu ermöglichen, fordern wir, daß:

a) sämtliche Schriftleiter und Mitarbeiter von Zeitungen, die in deutscher Sprache erscheinen, Volksgenossen sein müssen,
b) nichtdeutsche Zeitungen zu ihrem Erscheinen der ausdrücklichen Genehmigung des Staates bedürfen. Sie dürfen nicht in deutscher Sprache gedruckt werden,
c) jede finanzielle Beteiligung an deutschen Zeitungen oder deren Beeinflussung durch Nicht-Deutsche gesetzlich verboten wird und fordern als Strafe für Übertretungen die Schließung eines solchen Zeitungsbetriebes, sowie die sofortige Ausweisung der daran beteiligten Nicht-Deutschen aus dem Reich.
   Zeitungen, die gegen das Gemeinwohl verstoßen, sind zu verbieten. Wir fordern den gesetzlichen Kampf gegen eine Kunst- und Literatur-Richtung, die einen zersetzenden Einfluß auf unser Volksleben ausübt und die Schließung von Veranstaltungen, die gegen vorstehende Forderungen verstoßen.

24. Wir fordern die Freiheit aller religiösen Bekenntnisse im Staat, sowie sie nicht dessen Bestand gefährden oder gegen das Sittlichkeits- und Moralgefühl der germanischen Rasse verstoßen.
Die Partei als solche vertritt den Standpunkt eines positiven Christentums, ohne sich konfessionell an ein bestimmtes Bekenntnis zu binden. Sie bekämpft den jüdisch-materialistischen Geist *in* und *außer* uns und ist überzeugt, daß eine dauernde Genesung unseres Volkes nur erfolgen kann von *innen* heraus auf der Grundlage:

Gemeinnutz vor Eigennutz.

25. Zur Durchführung alles dessen fordern wir: Die Schaffung einer starken Zentralgewalt des Reiches. Unbedingte

Autorität des politischen Zentralparlaments über das gesamte Reich und seine Organisationen im allgemeinen.
Die Bildung von Stände- und Berufskammern zur Durchführung der vom Reich erlassenen Rahmengesetze in den einzelnen Bundesstaaten.
Die Führer der Partei versprechen, wenn nötig unter Einsatz des eigenen Lebens für die Durchführung der vorstehenden Punkte rücksichtslos einzutreten.

D: Gottfried Feder: Das Programm der NSDAP und seine weltanschaulichen Grundlagen. 166.–169. Aufl. München: Zentralverlag der NSDAP, Franz Eher Nachf., 1935. (Nationalsozialistische Bibliothek. 1.) S. 15–18.

14

Aufruf des Generallandschaftsdirektors Wolfgang Kapp als Reichskanzler der Putschregierung vom 13. März 1920

Der Kapp-Putsch, der wesentlich von General Freiherr von Lüttwitz vorangetrieben wurde, erwies einen weit verbreiteten Unmut über die politischen und ökonomischen Verhältnisse, die man leichtfertig den Regierenden und ihren Parteien zur Last legte. Machtbasis der Putschisten waren Verbände der Reichswehr, die dem Befehl des Generals Lüttwitz als ihres militärischen Vorgesetzten gutgläubig folgten oder aufgrund der Bestimmungen des Versailler Vertrags zur Auflösung vorgesehen waren, welche die Soldaten arbeitslos machte.
Der Text ist einer der zahlreichen Aufrufe, mit denen sich Kapp an die Bevölkerung wandte, um für seinen Putsch Anhänger zu gewinnen. Dieser ist als Flugblatt vorbereitet worden, andere erschienen als Plakatanschläge einfachster Form, weil es Kapp nicht gelang, sich des Regierungsapparats zu bemächtigen.

Aufruf des Reichskanzlers

Reich und Volk sind in schwerer Gefahr. Wir nähern uns mit rasender Geschwindigkeit dem vollkommenen Zusammenbruch des Staates und der Rechtsordnung. Das Volk fühlt nur dumpf das kommende Unheil. Die Preise steigen unaufhaltsam. Die Not wächst. Hungersnot droht. Korruption, Wucher, Schieberei und Verbrechen treten mit immer größerer Frechheit auf. Die autoritätslose, ohnmächtige und mit der Korruption verschwisterte Regierung ist nicht imstande, die Gefahr zu beschwören. Fort mit einer Regierung, in der ein Erzberger der führende Geist ist!

Vom Osten droht uns Verwüstung und Vergewaltigung durch den kriegerischen Bolschewismus. Ist diese Regierung imstande, ihn abzuwehren? Wie entgehen wir dem äußeren und inneren Zusammenbruch?

Nur indem wir eine starke Staatsgewalt wiederaufrichten. Welche Idee soll uns dabei leiten?

Keine Reaktion, sondern eine freiheitliche Fortbildung des Deutschen Staates, Wiederherstellung der Ordnung und der

---

Der Putsch, den der ostpreußische Generallandschaftsdirektor Wolfgang Kapp im März 1920 gegen die von der Nationalversammlung bestellte Regierung unternahm, konnte in seiner ersten Phase gelingen, weil er die Unterstützung von Truppen fand, die bis vor wenigen Tagen unter dem Befehl des Generals Walther v. Lüttwitz gestanden hatten. Lüttwitz wollte die vom Versailler Vertrag verlangte Verkleinerung des Heeres verhindern und fand bei den Truppen Zustimmung, die wegen des Friedensvertrags aufgelöst werden sollten wie die unter dem Befehl des Korvettenkapitäns Ehrhardt stehende II. Marinebrigade. Diese Truppen marschierten vielfach mit schwarz-weiß-roten Fahnen in Berlin ein; die Brigade Ehrhardt führte die Reichskriegsflagge der kaiserlichen Marine.

Heiligkeit des Rechtes. Pflicht und Gewissen soll wieder in deutschen Landen regieren. Deutsche Ehre und Ehrlichkeit soll wiederhergestellt werden.
Die ohne Mandat weiter regierende Nationalversammlung erklärt sich in Permanenz. Verfassungswidrig schiebt sie die Wahlen bis in den Herbst hinaus. Statt die Verfassung zu hüten, die sie erst feierlich beschlossen hat, will eine herrschsüchtige Parteiregierung schon heute dem Volk das wichtige Grundrecht der Präsidentenwahl entziehen.
Die Stunde der Rettung Deutschlands geht verloren; darum bleibt kein anderes Mittel übrig als eine Regierung der Tat.
Welches sind die Aufgaben, die sich die neue Regierung stellt?
Die Regierung wird
den Friedensvertrag unter Wahrung der Ehre des deutschen Volkes und seiner Lebens- und Arbeitsfähigkeit ausführen, soweit es möglich ist und nicht Selbstvernichtung bedeutet.
Die Regierung wird
die Finanz- und Steuerhoheit der Bundesstaaten, die sie zur selbständigen Erfüllung ihrer Kulturaufgaben nötig haben, auf verfassungsmäßig föderativer Grundlage wiederherstellen.
Die Regierung wird
die Kriegsanleihen als gerechte Gegenleistung für treu erfüllte vaterländische Pflicht sicherstellen und ihre demnächstige Rückzahlung einleiten.
Die Regierung wird
zur Wiederaufrichtung des Staates den ländlichen und städtischen Grundbesitz zu entsprechender Steuerleistung heranziehen. Nach schweren staatlichen Zusammenbrüchen ist es immer der Grundbesitz gewesen, der die Opfer der Wiederaufrichtung tragen mußte. Die Regierung erwartet, daß er auch jetzt seiner vaterländischen Ehrenpflicht genügt.

Die Regierung wird
aber dem Grundbesitz, damit er in den Stand gesetzt wird, solche Opfer zu tragen, die wirtschaftliche Freiheit zurückgeben. Hieraus allein wird eine Hebung der Produktion und der Staatsfinanzen erwachsen. Zugleich wird es ihre Hauptsorge sein, Minderbemittelte und Festbesoldete mit Nahrungsmitteln zu erträglichen Preisen zu versorgen.

Die Regierung wird
Streiks und Sabotage rücksichtslos unterdrücken. Gehe jeder friedlich seiner Arbeit nach. Jede arbeitsfreudige Hand ist unseres nachdrücklichen Schutzes sicher: Streik ist Verrat am Volk, an Vaterland und Zukunft.

Die Regierung wird
die Arbeiterschaft zum Zwecke der wirtschaftlichen Neuordnung in hervorragendem Maße zur Vorbereitung und zur tätigen Mitarbeit neben den anderen Berufs- und Erwerbsständen heranziehen. Sie wird nicht eine des einseitigen Kapitalismus sein, sie will vielmehr die deutsche Arbeit vor dem harten Schicksal der internationalen Verknechtung unter das Großkapital behüten und hofft durch diese Maßnahmen der Staatsfeindschaft der arbeitenden Klassen ein Ende zu bereiten.

Die Regierung wird
die bestehende Versicherungs-Gesetzgebung mit einem freiheitlichen Selbstverwaltungsrecht der Arbeiter ausstatten.

Die Regierung wird
ein Heimstätten-Gesetz für Stadt und Land bringen, welches jedem Deutschen den Zugang zum Grundeigentum und zum Eigentum überhaupt erleichtert.

Die Regierung wird
dem seit den Novembertagen zurückgesetzten Beamtentum aller Grade wieder zu seinem Recht verhelfen und seine Interessen in jeder Hinsicht wahrnehmen. Dafür

verlangt sie von ihren Beamten den alten Geist treuer Pflichterfüllung im Dienste des Gemeinwohls.

Die Regierung wird

es als ihre heiligste Pflicht betrachten, den Kriegsbeschädigten und den Hinterbliebenen der gefallenen Krieger ihre wohlverdienten Bezüge in vollstem Maße sicherzustellen.

Die Regierung wird

für die das Vaterland gegenwärtig mit der Waffe schützenden Soldaten und ihre Angehörigen nachdrücklich sorgen und ihnen gegen persönlichen und wirtschaftlichen Boykott jeden Schutz zuteil werden lassen. Das gleiche gilt für die Zeitfreiwilligen und die Angehörigen der Einwohnerwehr, Sicherheitswehr, Polizei, Gendarmerie und der technischen Nothilfe.

Die Regierung wird

die Freiheit der Kirchen gewährleisten und die nationale und religiöse Erziehung wiederherstellen.

Absplitterungsversuche vom Reich werden als Hoch- und Landesverrat standrechtlich erledigt. Wir sind stark genug, unsere Regierung nicht mit Verhaftungen und anderen Gewaltmaßregeln zu beginnen. Aber wir werden jede Auflehnung gegen die neue Ordnung mit schonungsloser Entschlossenheit niederschlagen.

Wir werden regieren nicht nach Theorien, sondern nach den praktischen Bedürfnissen des Staates und des Volkes in seiner Gesamtheit. Nach bester deutscher Überlieferung hat der Staat über allem Kampf der Berufsstände und der Parteien zu stehen. Er ist der unparteiische Richter in dem gegenwärtigen Kampf zwischen Kapital und Arbeit. Jede Klassenbevorzugung, sei es nach rechts oder nach links, lehnen wir ab. Wir kennen nur deutsche Staatsbürger. Jeder deutsche Staatsbürger, der in dieser schweren Stunde dem Vaterlande gibt, was des Vaterlandes ist, kann auf uns bauen.

Tue jeder seine Pflicht! Heute ist Arbeit die vornehmste Pflicht für jedermann. Deutschland soll sein eine sittliche Arbeitsgemeinschaft!

Die Farben der Deutschen Republik sind Schwarz-Weiß-Rot!

Der Reichskanzler: Kapp

D: Johannes Erger: Der Kapp-Lüttwitz-Putsch. Ein Beitrag zur deutschen Innenpolitik 1919/20. Düsseldorf: Droste, 1967. (Beiträge zur Geschichte des Parlamentarismus und der politischen Parteien. 35.) D. 324–326. –

15

Aufruf zum Generalstreik gegen den Kapp-Putsch vom 13. März 1920

Da die Führung der Reichswehr mehrheitlich von offenem Kampf gegen die auf Berlin marschierenden Truppen abriet, verließ die Reichsregierung die Hauptstadt und führte in Stuttgart die Geschäfte weiter. Vor ihrem Aufbruch sollen ihre sozialdemokratischen Minister mit Ebert und Wels einen Aufruf zum Generalstreik unterzeichnet haben. Dieser Aufruf irritierte die regierungstreuen Truppen, die bislang von der Reichsregierung immer wieder zur Verhütung von Streiks eingesetzt worden waren. Für den raschen Niedergang des Unternehmens von Kapp war nicht allein der Generalstreik ausschlaggebend, sondern nicht minder der »Streik der Staatssekretäre«, die Kapp gegenüber den Standpunkt vertraten, die Regierung sei nicht gestürzt, sondern lediglich zur Zeit abwesend; nach der Geschäftsordnung der Reichsregierung werde darum die laufende Geschäftsführung von ihnen erledigt. Der Generalstreik führte insbesondere im Ruhrgebiet zu einer spontanen Aufstandsbewegung, wo sie nur durch die Reichswehr niedergeworfen werden konnte. Ebert und die Reichsminister haben sofort bestritten, ihre Unterschrift unter diesen Aufruf gesetzt zu haben.

Arbeiter, Genossen! Der Militärputsch ist da. Die Marinedivision Ehrhardt marschiert auf Berlin, um eine Umgestaltung der Reichsregierung zu erzwingen. Die Landsknechte, welche sich vor der befohlenen Auflösung fürchten, wollen Reaktionäre auf die Ministerposten bringen. Wir weigern uns, uns diesem militärischen Zwang zu beugen. Wir haben die Revolution nicht gemacht, um das blutige Landsknechtregiment wieder anzuerkennen. Wir paktieren nicht mit den Baltikumverbrechern. Arbeiter, Genossen! Wir müßten uns vor euch schämen, wenn wir anders handeln würden. Wir sagen nein und nochmals nein. Ihr müßt bestätigen, daß wir in eurem Sinne gehandelt haben. Wendet jedes Mittel an, um diese Wiederkehr der blutigen Reaktion zu vernichten. Streikt, legt die Arbeit nieder, schneidet dieser Militärdiktatur die Luft ab, kämpft mit jedem Mittel um die Erhaltung der Republik, laßt alle Spaltung beiseite! Es gibt nur ein Mittel gegen die Rückkehr Wilhelms II.: die Lahmlegung jedes Wirtschaftslebens! Keine Hand darf sich mehr rühren, kein Proletarier der Militärdiktatur helfen: Generalstreik auf der ganzen Linie! Proletarier, vereinigt euch!

Die soz. Mitglieder der Regierung:

Ebert, Bauer, Noske, Schlicke,
Schmidt, David und Müller
Der Parteivorstand der Soz. P. D.:
(gez.) Otto Wels

D: Schultheß 35 (1920) S. 47 f.

16

Der Vertrag von Rapallo vom 16. April 1922

Das von den Bolschewiki beherrschte Rußland (damals: Russische Sozialistische Föderative Sowjetrepublik; RSFS) war durch die Unterzeichnung des Friedensvertrags von Brest-Litowsk am 3. März 1918 aus dem Kriege gegen Deutschland ausgeschieden. Die daraufhin wiederhergestellten diplomatischen Beziehungen waren jedoch im Herbst 1918 wieder abgebrochen worden, weil der russische Botschafter in Berlin offensichtlich linksradikale Bestrebungen unterstützte. Nach Art. 116 des Versailler Vertrags konnte die RSFS gegenüber Deutschland Reparationsansprüche geltend machen. Andererseits hatte sie erhebliche Schulden aus der Vorkriegszeit in Frankreich, sie mußte darum erwarten, daß Frankreich deren Bezahlung verlangte, sobald sie ihre Rechte aus dem Versailler Vertrag wahrnahm.

Auf der Konferenz von Genua (10. April bis 19. Mai 1922) wollten die Alliierten die internationalen Schuldenverpflichtungen und wirtschaftlichen Nachkriegsprobleme Europas unter Beteiligung Deutschlands und Sowjetrußlands erörtern. Da die RSFS mit den Alliierten zu keinem Ergebnis kam und Deutschland isoliert blieb, setzte sich in der deutschen Delegation unter Führung des Reichskanzlers Wirth (Zentrum) die Absicht durch, den von der RSFS bereits angebotenen Vertrag zu realisieren, der Deutschland mit dem anderen Außenseiter der europäischen Völkerrechtsgesellschaft in ein nicht vom Versailler Vertrag bestimmtes Verhältnis brachte und die angelaufene zivile und militärische Zusammenarbeit auf eine festere Grundlage stellte.

Die Deutsche Regierung, vertreten durch Reichsminister Dr. Walther Rathenau, und die Regierung der Russischen Sozialistischen Föderativen Sowjetrepublik, vertreten durch Volkskommissar Tschitscherin, sind über nachstehende Bestimmungen übereingekommen:

Artikel 1. Die beiden Regierungen sind darüber einig, daß die Auseinandersetzung zwischen dem Deutschen Reiche und der Russischen Sozialistischen Föderativen Sowjetrepublik über die Fragen aus der Zeit des Kriegszustandes zwischen Deutschland und Rußland auf folgender Grundlage geregelt wird:

a) Das Deutsche Reich und die Russische Sozialistische Föderative Sowjetrepublik verzichten gegenseitig auf den Ersatz ihrer Kriegskosten sowie auf den Ersatz der Kriegsschäden, d. h. derjenigen Schäden, die ihnen und ihren Angehörigen in den Kriegsgebieten durch militärische Maßnahmen einschließlich aller in Feindesland vorgenommenen Requisitionen entstanden sind. Desgleichen verzichten beide Teile auf den Ersatz der Zivilschäden, die den Angehörigen des einen Teiles durch die sogenannten Kriegsausnahmegesetze oder durch Gewaltmaßnahmen staatlicher Organe des anderen Teiles verursacht worden sind.
b) Die durch den Kriegszustand betroffenen öffentlichen und privaten Rechtsbeziehungen, einschließlich der Frage der Behandlung der in die Gewalt des anderen Teiles geratenen Handelsschiffe, werden nach dem Grundsatz der Gegenseitigkeit geregelt werden.
c) Deutschland und Rußland verzichten gegenseitig auf Erstattung der beiderseitigen Aufwendungen für Kriegsgefangene. Ebenfalls verzichtet die Deutsche Regierung auf Erstattung der von ihr für die in Deutschland internierten Angehörigen der Roten Armee gemachten Aufwendungen. Die Russische Regierung verzichtet ihrerseits auf Erstattung des Erlöses aus von Deutschland vorgenommenen Verkäufen des von diesen Internierten nach Deutschland gebrachten Heeresgutes.

Artikel 2. Deutschland verzichtet auf die Ansprüche, die sich aus der bisherigen Anwendung der Gesetze und Maßnahmen der Russischen Sozialistischen Föderativen Sowjetrepublik auf deutsche Reichsangehörige oder ihre Privatrechte sowie auf die Rechte des Deutschen Reichs und der Länder gegen Rußland sowie aus den von der Russischen Sozialistischen Föderativen Sowjetrepublik oder ihren Organgen sonst gegen Reichsangehörige oder ihre Privatrechte getroffenen Maßnahmen ergeben, vorausgesetzt, daß die Regierung der Russischen Sozialistischen Föderativen Sowjetrepublik auch ähnliche Ansprüche dritter Staaten nicht befriedigt.

Artikel 3. Die diplomatischen und konsularischen Beziehungen zwischen dem Deutschen Reiche und der Russischen Sozialistischen Föderativen Sowjetrepublik werden sogleich wieder aufgenommen. Die Zulassung der beiderseitigen Konsuln wird durch ein besonderes Abkommen geregelt werden.

Artikel 4. Die beiden Regierungen sind sich ferner auch darüber einig, daß für die allgemeine Rechtsstellung der Angehörigen des einen Teiles im Gebiete des anderen Teiles und für die allgemeine Regelung der beiderseitigen Handels- und Wirtschaftsbeziehungen der Grundsatz der Meistbegünstigung gelten soll. Der Grundsatz der Meistbegünstigung erstreckt sich nicht auf die Vorrechte und Erleichterungen, die die Russische Sozialistische Föderative Sowjetrepublik einer Sowjetrepublik oder einem solchen Staate gewährt, der früher Bestandteil des ehemaligen Russischen Reiches war.

Artikel 5. Die beiden Regierungen werden den wirtschaftlichen Bedürfnissen der beiden Länder in wohlwollendem Geiste wechselseitig entgegenkommen. Bei einer grundsätzlichen Regelung dieser Frage auf internationaler Basis werden sie in vorherigen Gedankenaustausch eintreten. Die Deutsche Regierung erklärt sich bereit, die ihr neuerdings mitgeteilten, von Privatfirmen beabsichtigten Vereinbarungen nach Möglichkeit zu unterstützen und ihre Durchführung zu erleichtern.

Artikel 6. Die Artikel 1b und 4 dieses Vertrags treten mit der Ratifikation, die übrigen Bestimmungen dieses Vertrags treten sofort in Kraft.

Ausgefertigt in doppelter Urschrift in Rapallo
am 16. April 1922

(gez.) Rathenau; Tschitscherin

D: RGBl. 1922 II S. 677.

17

Aufruf zum passiven Widerstand gegen die Besetzung des Ruhrgebiets vom 19. Januar 1923

Der Versailler Vertrag räumte den Reparationsgläubigern das Recht ein, bei schuldhafter Verzögerung der deutschen Leistungen Sanktionen zu ergreifen. Nachdem Deutschland im Jahre 1922 bei seinen Sachlieferungen mit Telegraphenstangen und Kohlen in Verzug geraten war, erklärten Frankreich, Belgien und Italien gegen den Widerspruch Großbritanniens, daß es seine Verpflichtungen verletzt habe. Angeblich zum Schutz einer dorthin entsandten Ingenieurkommission besetzten Frankreich und Belgien das rheinisch-westfälische Industriegebiet mit einer auf 100 000 Mann ansteigenden Truppe und beanspruchten dort die exekutive Gewalt.
Die Besetzung des Ruhrgebiets stieß auf geschlossenen Protest der betroffenen Bevölkerung, die auf jede mögliche Weise die Maßnahmen der Besatzung um ihre Wirkung zu bringen suchte. Die Regierungen des Deutschen Reichs und der von der Besetzung betroffenen deutschen Länder riefen zum passiven Widerstand auf.

Die Aktion der französischen und belgischen Regierung im Ruhrgebiet stellt eine schwere Verletzung des Völkerrechts und des Vertrag von Versailles dar. Infolgedessen sind Befehle und Anordnungen, die im Verfolg dieser Aktion an deutsche Beamten ergehen, rechtsunwirksam. Es ergeht daher seitens der Regierungen des Reiches, Preußens, Bayerns, Hessens und Oldenburgs die Anweisung, Anordnungen der besetzenden Mächte keinerlei Folge zu leisten, sondern sich ausschließlich an die Weisungen ihrer eigenen Regierung zu halten. Dies gilt auch für die Beamten des altbesetzten Gebietes allen Maßnahmen gegenüber, die in Widerspruch zu den Bestimmungen des Rheinlandabkommens stehen.

(gez.) Cuno, Braun, v. Knilling, Ulrich, Tantzen

D: Schultheß 39 (1923) S. 16.

18

Aufruf des Reichspräsidenten und der Reichsregierung zum Abbruch des Ruhrkampfes vom 26. September 1923

Die Leistungen des Reiches zur Unterstützung des passiven Widerstands im Ruhrgebiet machten eine Überwindung der Inflation und eine Gesundung der deutschen Währung aussichtslos. Darüber hinaus erwies sich der opferreiche passive Widerstand der Bevölkerung an Rhein und Ruhr je länger um so weniger wirkungsvoll. Vor der harten Haltung Frankreichs mußte das Reich kapitulieren, ohne auch nur die Sicherheit zu besitzen, die besetzten Gebiete auf die Dauer dem Reich erhalten zu können.

An das deutsche Volk!

Am 11. Januar haben französische und belgische Truppen wider Recht und Vertrag das deutsche Ruhrgebiet besetzt. Seit dieser Zeit haben Ruhrgebiet und Rheinland schwerste

Bedrückungen zu erleiden. Über 180 000 deutsche Männer, Frauen, Greise und Kinder sind von Haus und Hof vertrieben worden, für Millionen Deutsche gibt es den Begriff der persönlichen Freiheit nicht mehr. Gewalttaten ohne Zahl haben den Weg der Okkupation begleitet. Mehr als hundert Volksgenossen haben ihr Leben dahingeben müssen, Hunderte schmachten noch im Gefängnis. Gegen die Unrechtmäßigkeit des Einbruchs erhoben sich Rechtsgefühl und vaterländische Gesinnung. Die Bevölkerung weigerte sich, unter fremden Bajonetten zu arbeiten. Für diese dem Deutschen Reiche in schwerster Zeit bewiesene Treue und Standhaftigkeit dankt das ganze deutsche Volk. Die Reichsregierung hatte es übernommen, nach ihren Kräften für die leidenden Volksgenossen zu sorgen. In immer steigendem Maße sind die Mittel des Reichs dadurch in Anspruch genommen worden. In der abgelaufenen Woche erreichten die Unterstützungen für Rhein und Ruhr die Summe von 3 500 Billionen Mark. In der laufenden Woche ist mindestens die Verdoppelung dieser Summe zu erwarten. Die einstige Produktion des Rheinlandes und des Ruhrgebietes hat aufgehört. Das Wirtschaftsleben im besetzten und unbesetzten Deutschland ist zerrüttet. Mit furchtbarem Ernst droht die Gefahr, daß bei Festhalten an dem bisherigen Verfahren die Schaffung einer geordneten Währung, die Aufrechterhaltung des Wirtschaftslebens und damit die Sicherung der nackten Existenz für unser Volk unmöglich gemacht wird. Diese Gefahr muß im Interesse der Zukunft Deutschlands ebenso wie im Interesse von Rhein und Ruhr abgewendet werden. Um das Leben von Volk und Staat zu erhalten, stehen wir heute vor der bitteren Notwendigkeit, den Kampf abzubrechen. [...]

D: Schultheß 39 (1923) S. 177 f.

19

Übertragung der vollziehenden Gewalt auf den Reichswehrminister am 26. September 1923

Allgemein erwartete man, der Abbruch des Ruhrkampfes werde zu patriotischen Aufwallungen führen; man mußte damit rechnen, daß sie von Rechtsradikalen zu Putschen gegen die Reichsregierung benutzt würden, was die radikalen Linken zu Gegenputschen veranlassen werde. Um diesen Gefahren entgegenzuwirken, machte der Reichspräsident von seinen Vollmachten nach Artikel 48 der Verfassung Gebrauch und konzentrierte die staatliche Macht in den Händen des Reichswehrministers.

Diese Verordnung des Reichspräsidenten stellt einen Typus der nach Artikel 48 der Verfassung möglichen Maßnahmen dar, für den sich in Anlehnung an früheres Recht die Bezeichnung »Ausnahmezustand« einbürgerte. Ebert hatte von Beginn seiner Präsidentschaft an von dieser Möglichkeit zur Wiederherstellung der öffentlichen Sicherheit und Ordnung energisch Gebrauch gemacht.

Auf Grund des Artikel 48 der Reichsverfassung verordne ich zur Wiederherstellung der öffentlichen Sicherheit und Ordnung für das Reichsgebiet folgendes:

§ 1. Die Artikel 114, 115, 117, 118, 123, 124 und 153 der Verfassung des Deutschen Reichs werden bis auf weiteres außer Kraft gesetzt. Es sind daher Beschränkungen der persönlichen Freiheit, des Rechtes der freien Meinungsäußerung einschließlich der Pressefreiheit, des Vereins- und Versammlungsrechts, Eingriffe in das Brief-, Post-, Telegraphen- und Fernsprechgeheimnis, Anordnungen von Haussuchungen und von Beschlagnahmen sowie Beschränkungen des Eigentums auch außerhalb der sonst hierfür bestimmten gesetzlichen Grenzen zulässig.

§ 2. Mit der Bekanntmachung dieser Verordnung geht die vollziehende Gewalt auf den Reichswehrminister über, der sie auf Militärbefehlshaber übertragen kann. Im Einvernehmen mit dem Reichsminister des Innern kann der Reichswehrminister zur Mitwirkung bei Ausübung der vollziehenden Gewalt auf dem Gebiete der Zivilverwaltung Regierungskommissare ernennen (§ 3).

§ 3. Die Weisungen des Militärbefehlshabers an die Zivilverwaltungs- und Gemeindebehörden sowie seine allgemeinen Anordnungen an die Bevölkerung sind, bevor sie ergehen, zur Kenntnis des Regierungskommissars zu bringen.
Allgemeine Vorschriften des Militärbefehlshabers, die Beschränkungen nach § 1 enthalten, bedürfen zu ihrer Rechtswirksamkeit der Zustimmung des Regierungskommissars, sofern ein solcher eingesetzt ist.

§ 4. Wer den im Interesse der öffentlichen Sicherheit erlassenen Anordnungen des Reichswehrministers oder des Militärbefehlshabers zuwiderhandelt oder zu solcher Zuwiderhandlung auffordert oder anreizt, wird, sofern nicht die bestehenden Gesetze eine höhere Strafe bestimmen, mit Gefängnis oder Geldstrafe bis zu 15 000 Goldmark bestraft.
Wer durch Zuwiderhandlung nach Abs. 1 eine gemeine Gefahr für Menschenleben herbeiführt, wird mit Zuchthaus, bei mildernden Umständen mit Gefängnis nicht unter 6 Monaten und, wenn die Zuwiderhandlung den Tod eines Menschen verursacht, mit dem Tode, bei mildernden Umständen mit Zuchthaus nicht unter 2 Jahren bestraft. Daneben kann auf Vermögenseinziehung erkannt werden.
Wer zu einer gemeingefährlichen Zuwiderhandlung (Abs. 2) auffordert oder anreizt, wird mit Zuchthaus, bei mildernden Umständen mit Gefängnis nicht unter 3 Monaten bestraft.

§ 5. Die in den §§ 81 (Hochverrat), 307 (Brandstiftung), 311 (Explosion), 312 (Überschwemmungen), 315 Abs. 2 (Beschädigung von Eisenbahnanlagen) des Strafgesetzbuchs mit lebenslänglichem Zuchthaus bedrohten Verbrechen sind mit dem Tode zu bestrafen, wenn sie nach der Verkündung der Verordnung begangen sind.
Unter der gleichen Voraussetzung kann im Falle des § 92 (Landesverrat) des Strafgesetzbuchs auf Todesstrafe erkannt werden; ebenso in den Fällen des § 125, Abs. 2 (Rädelsführer und Gewalttätigkeiten bei Zusammenrottungen) und § 115 Abs. 2 (Rädelsführer und Widerstand bei Aufruhr), wenn der Täter den Widerstand, die Gewalt oder Drohung mit Waffen oder im bewußten und gewollten Zusammentreffen mit Bewaffneten begangen hat.

§ 6. Auf Ansuchen des Inhabers der vollziehenden Gewalt sind durch den Reichsminister der Justiz außerordentliche Gerichte zu bilden.
Zur Zuständigkeit dieser Gerichte gehören außer den im § 9 der Verordnung des Reichspräsidenten vom 29. März 1921 (Reichsgesetzbl. I S. 371) aufgeführten Straftaten auch die Vergehen nach § 4 der vorliegenden Verordnung.

§ 7. Diese Verordnung tritt mit der Verkündung in Kraft.

Berlin, den 26. September 1923

Der Reichspräsident: Ebert
Der Reichskanzler: Dr. Stresemann

D: RGBl. 1923 I S. 905.

20

Ultimatum der Reichsregierung an den Freistaat Sachsen vom 27. Oktober 1923

Am 10. Oktober 1923 wurde im Freistaat Sachsen eine neue Regierung aus Sozialdemokraten und Kommunisten gebildet, die sich ähnlich wie die wenige Tage später in Thüringen entstandene als »Regierung der republikanischen und proletarischen Verteidigung« bezeichnete und zur Verstärkung ihrer Machtmittel »Proletarische Hundertschaften«, ein linkes Gegenstück zu den »Vaterländischen Verbänden« in Bayern, aufstellte. Da die sächsische Landesregierung sich den Weisungen des Militärbefehlshabers widersetzte, der nach der Verordnung des Reichspräsidenten Inhaber der vollziehenden Gewalt war, wurde die Reichswehr in Sachsen verstärkt, um sowohl einen Einmarsch der »Vaterländischen Verbände« in Sachsen und Thüringen wie einen kommunistischen Aufstand zu verhindern. Nachdem die Kommunisten in der Hoffnung auf einen »Deutschen Oktober« – nach dem Vorbild der russischen Oktoberrevolution – am 23. Oktober in Hamburg zu den Waffen gegriffen hatten, entschloß sich Reichskanzler Stresemann zum Eingreifen.
Mit einer an die Öffentlichkeit gerichteten Verlautbarung begründete die Reichsregierung ihr Vorgehen gegen den Freistaat Sachsen.

Nachdem die der sächsischen Landesregierung angehörenden kommunistischen Mitglieder in Aufrufen an die sächsische Bevölkerung zu Gewalttätigkeiten und zur Auflehnung gegen die Reichsgewalt aufgereizt haben, hat der Reichskanzler den sächsischen Ministerpräsidenten Dr. Zeigner aufgefordert, den Rücktritt der sächsischen Landesregierung herbeizuführen, da die Reichsregierung die gegenwärtige sächsische Landesregierung nicht mehr als eine Landesregierung im Sinne der Reichsverfassung anerkennt. Der Reichskanzler hat dabei zum Ausdruck gebracht, daß er die Antwort des sächsischen Ministerpräsidenten im

Laufe des morgigen Tages erwartet, und hat von den Maßnahmen Kenntnis gegeben, die die Reichsregierung im Falle einer Ablehnung ihrer Aufforderung sofort ergreifen wird.

D: Schultheß 39 (1923) S. 205 f.

21

Verordnung des Reichspräsidenten zur Bildung einer neuen Regierung im Freistaat Sachsen vom 29. Oktober 1923

Aufgrund dieser Ermächtigung ernannte Reichskanzler Stresemann einen Reichskommissar, der sofort eine neue Landesregierung bestellte, nachdem die bisherigen Minister mit militärischer Gewalt aus ihren Amtssitzen entfernt worden waren. Auf diese Weise erreichte Stresemann, daß Sachsen weiterhin unter einer parlamentarisch verantwortlichen Regierung blieb und die Pläne der Reichswehr, Sachsen vom Reich aus zu verwalten, zunichte wurden.
Dieser Text verkörpert einen anderen Typus der sogenannten Notverordnungen des Reichspräsidenten nach Artikel 48, der es ihm erlaubte, Entscheidungen auch im Einzelfall zu treffen.

Auf Grund des Artikel 48 der Reichsverfassung verordne ich zur Wiederherstellung der öffentlichen Sicherheit und Ordnung im Gebiete des Freistaats Sachsen folgendes:

§ 1. Der Reichskanzler wird ermächtigt, für die Dauer der Geltung dieser Verordnung Mitglieder der sächsischen Landesregierung und der sächsischen Landes- und Gemeindebehörden ihrer Stellung zu entheben und andere Personen mit der Führung der Dienstgeschäfte zu betrauen. Auf Richter der ordentlichen Gerichtsbarkeit findet die Vorschrift keine Anwendung.

Die Verordnung, betreffend die zur Wiederherstellung der öffentlichen Sicherheit und Ordnung für das Reichsgebiet nötigen Maßnahmen, vom 26. September 1923 (Reichsgesetzbl. I S. 905) bleibt im übrigen unberührt.

§ 2. Diese Verordnung tritt mit der Verkündung in Kraft.

Berlin, den 29. Oktober 1923

Der Reichspräsident: Ebert
Der Reichskanzler: Dr. Stresemann

D: RGBl. 1923 I S. 995.

22

Die Nachricht vom Putsch im Bürgerbräukeller am 8. November 1923

In Bayern hatte die Landesregierung am 26. September, um die »Vaterländischen Verbände« unter Kontrolle zu halten, in verfassungsmäßigen Formen den Regierungspräsidenten von Oberbayern, v. Kahr, zum »Generalstaatskommissar« und Inhaber der vollziehenden Gewalt ernannt, der wenigstens einen Teil der »Vaterländischen Verbände« hinter sich hatte. Da Kahr sich weigerte, Weisungen des Inhabers der vollziehenden Gewalt im Reich zu befolgen, war ein Konflikt im Verhältnis Bayerns zum Reich entstanden, den die bayerische Regierung im weiteren Verlauf bis zum Verfassungsbruch steigerte, indem sie die in ihrem Land stehenden Verbände der Reichswehr am 20. Oktober für sich ›in Pflicht nahm‹. Aufforderungen der Reichsregierung, die verfassungsmäßige Ordnung wiederherzustellen, blieben erfolglos. Da Kahr jedoch nichts unternahm, um von Bayern aus die Reichsregierung zu stürzen, versuchte Hitler, ihn gewaltsam mitzureißen.
Die Meldung eines Nachrichtenbüros, der Telegraphen-Union (TU), vom 8. November 1923, 23 Uhr, stellt eine der frühesten Nachrichten über den Hitlerputsch dar.

Der heutige Abend hat in München den Staatsumsturz gebracht. In einer ungeheuer überfüllten und schon um 7 Uhr polizeilich gesperrten Versammlung im Saal des Bürgerbräukellers hielt der Generalstaatskommissar Dr. v. Kahr die angekündigte große Rede. Ehe er sie noch zu Ende geführt hatte, wurde er unterbrochen. Der Nationalsozialistenführer Hitler drang mit einem Sturmtrupp in den Saal ein, und es wurde eine Anzahl Schüsse gegen die Decke abgegeben. Es entstand ein ungeheurer Tumult, wobei Hitler erklärte, die Regierung Knilling sei gestürzt und die Nationaldiktatur ausgerufen. Heute vor fünf Jahren habe die Revolution angefangen, am heutigen Tage sei sie beendet. Das Kabinett sei abgesetzt. Die Minister v. Knilling und Schweyer, die in der Versammlung anwesend waren, wurden trotz ihres Protestes sofort verhaftet, außerdem verschiedene andere prominente Persönlichkeiten. Hitler teilte mit, die neue bayerische Regierung sei bereits gebildet, Landesverweser ist Dr. v. Kahr, Ministerpräsident Pöhner. Eine deutschnationale Reichsregierung werde in München gebildet und sofort eine nationale Armee gebildet. Die Leitung der deutschen Politik übernehme er, Hitler.

General Ludendorff übernehme die Leitung der deutschen Armee, General v. Lossow werde Reichswehrminister, Oberst v. Seißer Reichspolizeiminister. Hitler richtet an die Versammlung, in der zahlreiche Offiziere anwesend waren, die Anfrage, ob sie mit diesen Vorschlägen einverstanden seien, was mit tosendem Beifall bejaht wurde. Hierauf wurden die als Mitglieder der neuen Regierung vorgeschlagenen Persönlichkeiten in den Saal geführt. Sowohl Kahr wie Ludendorff und Pöhner erklärten in kurzen Ansprachen sich zur Übernahme ihrer Ämter bereit.

D: Fritz Poetzsch: Vom Staatsleben unter der Weimarer Verfassung (vom 1. Januar 1920 bis 31. Dezember 1924). In: Jahrbuch des öffentlichen Rechts der Gegenwart 13 (1925) S. 24.

23

Aufruf des Reichspräsidenten und der Reichsregierung gegen den Hitlerputsch vom 9. November 1923

Auf die Nachricht vom Hitlerputsch wandte sich der Reichspräsident Ebert an das deutsche Volk, noch ehe das rasche Scheitern von Hitlers Unternehmen abzusehen war.

An das deutsche Volk!

In der Zeit größter außen- und innenpolitischen Bedrängnis haben sich Verblendete ans Werk gemacht, um das Deutsche Reich zu zerschlagen. In München hat eine bewaffnete Horde die bayerische Regierung gestürzt, den bayerischen Ministerpräsidenten v. Knilling verhaftet und sich angemaßt, eine Reichsregierung zu bilden, den General Ludendorff zum angeblichen Befehlshaber der deutschen Armee, Herrn Hitler, der erst vor kurzer Zeit die deutsche Staatsangehörigkeit erworben hat [!], zum Leiter der Geschicke Deutschlands zu bestimmen. Es bedarf keines Hinweises darauf, daß diese Putschbeschlüsse null und nichtig sind. Wer diese Bewegung unterstützt, macht sich zum Hoch- und Landesverräter. Statt unseren Brüdern im Rheinland und an der Ruhr zu helfen, die für Deutschland kämpfen, stürzt man Deutschland ins Unglück, gefährdet die Ernährung, bringt uns in die Gefahr eines feindlichen Einmarsches und zerrüttet alle Aussichten auf die Anbahnung wirtschaftlicher Gesundung. Die letzten Maßnahmen der Reichsregierung auf währungspolitischem Gebiet haben dazu geführt, daß die Mark im Auslande sich in den letzten 24 Stunden um das Vielfache gebessert hat. Alle ist dahin, wenn das wahnwitzige Beginnen Erfolg hat, das in München versucht wird. In der Schicksalsstunde des deutschen

Volkes und Deutschen Reiches fordern wir alle Freunde des Vaterlandes auf, sich einzusetzen für die Bewahrung der deutschen Reichseinheit, deutscher Ordnung und deutscher Freiheit. Alle Maßnahmen für die Niederkämpfung des Putsches und die Wiederherstellung der Ordnung sind getroffen und werden mit rücksichtsloser Energie durchgeführt.

D: Schultheß 39 (1923) S. 215 f.

24

Aufruf des Chefs der Heeresleitung, General v. Seeckt, an die Reichswehr anläßlich der Übernahme der vollziehenden Gewalt vom 9. November 1923

Alsbald nach dem Eintreffen der ersten Nachrichten über den Hitlerputsch in der Nacht vom 8. zum 9. November ernannte der Reichspräsident den Chef der Heeresleitung, General v. Seeckt, anstelle des Reichswehrministers zum Inhaber der vollziehenden Gewalt mit dem Auftrag, »alle zur Sicherung des Reiches erforderlichen Maßnahmen zu treffen«. Bis Ende März 1924 hat Seeckt diese Funktion ausgeübt.

Die Ausübung des Oberbefehls über die Wehrmacht des Reiches ist mir übertragen und mit der vollziehenden Gewalt der Auftrag erteilt worden, alle zur Sicherung des Reiches erforderlichen Maßnahmen zu treffen. Ich gedenke, diese Aufgabe in ihrem vollen Umfange und mit vollem Ernst zu erfüllen. Ich bin mir meiner Verantwortung gegenüber dem Volke bewußt. Ich weiß, daß ich auf Armee und Marine felsenfest vertrauen kann, daß alle Teile der Wehrmacht zu mir stehen und kein Zwist zwischen Nord und Süd besteht. Eingriffe Unberufener in die Ordnung des Reiches und der Länder wird die Reichswehr unter meiner Führung mit Nachdruck zurückweisen, von welcher Seite sie auch kommen mögen. Alle staatserhaltenden und reichstreuen Kräfte des Volkes sollen zur Reichswehr stehen, ihr vertrauen und sie unterstützen! Als meine vornehmste Aufgabe bei der Sicherung des Reiches betrachte ich neben der Aufrechterhaltung der öffentlichen Ordnung nach besten Kräften, mit aller Energie mitzuwirken bei der Sicherung der Ernährung. An ihrer Stelle mitzuhelfen, ist ernste Pflicht der Militärbefehlshaber in ihren Wehrkreisen. Deutsche Reichswehr! Auf dich sieht dein Volk mit Vertrauen! Gehe ihm auf deutschen Wegen voran!

v. Seeckt, General der Infanterie, Chef der Heeresleitung, Inhaber der vollziehenden Gewalt

D: Schultheß (39) 1923 S. 214.

25

Der Wertverlust der Mark in der Inflation bis zum 15. November 1923

Die deutsche Währung war bereits seit Ausbruch des Ersten Weltkriegs gefährdet, weil seither Banknoten ohne ausreichende Golddeckung ausgegeben wurden. Das Problem wurde jedoch erst akut, als nach Kriegsende aufgrund der Verpflichtungen aus dem Versailler Vertrag große Summen in Goldmark ins Ausland zu transferieren waren. Die Zahlungen zur Unterstützung der Bevölkerung im Ruhrgebiet nach dessen Besetzung durch belgische und französische Truppen vom Januar 1923 an trieben die Inflation weiter an. Sie vernichtete die damals, vornehmlich im Mittelstand, zahlreichen Geldvermögen und ließ darum viele verarmen, erlaubte aber auch geschickten Geschäftsleuten, durch die Aufnahme von rasch entwerteten Krediten wertbeständige Sachgüter zu erwerben. Am 15. November 1923 gelang es der Regierung, durch Einführung einer Zwischenwährung, der »Rentenmark«, die Inflation zu überwinden.

Dollarnotierungen
(im Monatsdurchschnitt)

	Mark
Juli 1914	4.2
Januar 1919	8.9
Juli 1919	14.0
Januar 1920	64.8
Juli 1920	39.5
Januar 1921	64.9
Juli 1921	76.7
Januar 1922	191.8
Juli 1922	493.2
Januar 1923	17 972.0
Juli 1923	353 412.0
August 1923	4 620 455.0
September 1923	98 860 000.0
Oktober 1923	25 260 208 000.0
15. Nov. 1923	4 200 000 000 000.0

Index der Geldentwertung

	gemessen an den Devisenkursen	gemessen an den Großhandelspreisen
Januar 1913	1.0	1.0
Januar 1920	15.4	12.6
Juli 1920	9.4	13.7
Januar 1921	15.4	14.4
Juli 1921	18.3	14.3
Januar 1922	45.7	36.7
Juli 1922	117.0	101.0
Januar 1923	4 279.0	2 785.0
Juli 1923	84 150.0	74 787.0
August 1923	1 100 100.0	944 041.0
September 1923	23 540 000.0	23 949 000.0
Oktober 1923	6 014 300 000.0	7 095 800 000.0
15. Nov. 1923	1 000 000 000 000.0	750 000 000 000.0

D: Gustav Stolper: Deutsche Wirtschaft seit 1870. Fortgef. von Karl Häuser und Knut Borchardt. Tübingen: J. C. B. Mohr (Paul Siebeck), 1964. S. 98 f. – © 1964 Mohr Siebeck GmbH & Co. KG, Tübingen.

26

Resolution des V. Weltkongresses der Komintern über den Faschismus vom 16. September 1924

Als nach dem Weltkrieg die in der II. Internationale organisierte Gemeinschaft der sozialistischen Parteien neu belebt werden sollte, gründeten die Kommunisten unter Führung Lenins eine eigene Weltgemeinschaft, die Kommunistische Internationale (Komintern).

Sie wurde zum Leitungsorgan der kommunistischen Parteien in aller Welt, die durch sie in straffer Abhängigkeit gehalten und von anderen sozialistischen Parteien streng getrennt wurden.
Die Komintern hat aus ideologischer Voreingenommenheit den italienischen Faschismus und den deutschen Nationalsozialismus als Agenten des kapitalistischen Systems verstanden und darum die von ihnen ausgehenden Gefahren unterschätzt. Weil sie konsequent die demokratische und liberale Ordnung bekämpfte, betrachtete sie auch die Sozialdemokratie wegen ihrer Integration in die politischen Systeme des Westens als Feind.

Der Faschismus ist eine der klassischen Formen der Konterrevolution in der Verfallsepoche der kapitalistischen Gesellschaftsordnung, in der Epoche der proletarischen Revolution, im besonderen dort, wo das Proletariat den Machtkampf aufgenommen, aber weil es ihm an revolutionärer Erfahrung mangelt und weil keine führende Klassenpartei da ist, nicht verstanden hat, die proletarische Revolution zu organisieren und die Erhebung der Massen bis zur Errichtung der proletarischen Diktatur zu steigern.
Der Faschismus ist das Kampfinstrument der Großbourgeoisie gegen das Proletariat, zu dessen Niederwurf die legalen staatlichen Machtmittel nicht mehr ausreichen; er ist das außerlegale Kampfmittel der Großbourgeoisie zur Aufrichtung und Festigung ihrer Diktatur. Aber seiner sozialen Struktur nach ist der Faschismus eine kleinbürgerliche Bewegung. Seine Wurzeln hat er in den infolge der kapitalistischen Krise dem Untergang geweihten Mittelschichten sowie in den durch die Folgen des Krieges deklassierten Elementen (gewesenen Offizieren usw.) und teilweise sogar in den in ihren revolutionären Erwartungen enttäuschten und verbitterten Elementen des Proletariats.
Bei fortschreitendem Zerfall der bürgerlichen Gesellschaft nehmen alle bürgerlichen Parteien, insbesondere die Sozialdemokratie, einen mehr oder weniger faschistischen Charakter an, bedienen sich seiner Kampfesweise gegen das

Proletariat und lösen so selbst die Gesellschaftsordnung auf, zu deren Erhaltung sie sich gebildet haben. Der Faschismus und die Sozialdemokratie sind die beiden Seiten ein und desselben Werkzeugs der großkapitalistischen Diktatur. Die Sozialdemokratie kann daher im Kampfe gegen den Faschismus niemals eine zuverlässige Bundesgenossin des gegen den Faschismus kämpfenden Proletariats sein. Infolge seiner inneren Widersprüche (Interessengegensätze zwischen Großbourgeoisie einerseits und den kleinbürgerlichen und proletarischen Elementen andererseits) gerät der Faschismus nach seinem Siege in einen politischen Bankrott, der zu seiner inneren Zersetzung führt (Italien). In einen ähnlichen Krisenzustand gerät er auch dort, wo er – ohne den formalen Sieg errungen zu haben – gezwungen ist, offen das großbürgerliche Regime zu unterstützen und zu verteidigen (Deutschland). [...]

D: Komintern und Faschismus. Dokumente zur Geschichte und Theorie des Faschismus. Hrsg. von Theo Pirker. Stuttgart: Deutsche Verlagsanstalt, ²1966. S. 124.

27

Das Vertragswerk von Locarno vom 16. Oktober 1925

Der Vertrag von Locarno, der einer neuen Friedensordnung dienen sollte, bekräftigte die Gebietsabtretungen Deutschlands an seine westlichen Nachbarn; die in Versailles bestimmte Westgrenze wurde zusätzlich von Großbritannien und Italien garantiert, wodurch auch künftigen Gebietsansprüchen Frankreichs vorgebaut war. Zur Vermeidung künftiger Streitigkeiten schlossen die Grenznachbarn Schiedsverträge. Deutschland war jedoch nicht bereit, für seine Ostgrenze entsprechende Abmachungen einzugehen, es bekräftigte aber

seine friedlichen Absichten durch Schiedsverträge mit Polen und der Tschechoslowakei.
Die vertragliche Fixierung der in Locarno ausgehandelten Regelungen machte fünf verschiedene Verträge notwendig, die von einem Mantelvertrag umschlossen wurden, den alle beteiligten Mächte unterzeichneten. Um die Verträge rasch in Kraft zu setzen, wurden sie anders als sonst üblich bereits vor der formellen Unterzeichnung ratifiziert. Das im Reichsgesetzblatt veröffentlichte Gesetz über ihre Annahme fügte darum den Text in der Form bei, die dem Reichstag vorgelegen hatte, also lediglich mit den Namenszeichen der Unterhändler versehen (paraphiert) und ohne die später einzufügenden Namen der zur späteren Unterzeichnung Bevollmächtigten. Diese Textform ist hier wiedergegeben.

Die Vertreter der Deutschen, Belgischen, Britischen, Französischen, Italienischen, Polnischen und Tschechoslowakischen Regierung, die vom 5. bis zum 16. Oktober 1925 in Locarno versammelt waren, um gemeinsam die Mittel zum Schutze ihrer Völker vor der Geißel des Krieges zu suchen und für die friedliche Regelung von Streitigkeiten jeglicher Art, die etwa zwischen einigen von ihnen entstehen könnten, zu sorgen, haben ihre Zustimmung zu den Entwürfen der sie betreffenden Verträge und Abkommen gegeben, die im Laufe der gegenwärtigen Konferenz ausgearbeitet worden sind und sich aufeinander beziehen:

Vertrag zwischen Deutschland, Belgien, Frankreich, Großbritannien und Italien (Anlage A)
Schiedsabkommen zwischen Deutschland und Belgien (Anlage B)
Schiedsabkommen zwischen Deutschland und Frankreich (Anlage C)
Schiedsvertrag zwischen Deutschland und Polen (Anlage D)
Schiedsvertrag zwischen Deutschland und der Tschechoslowakei (Anlage E) [Die Schiedsabkommen und -verträge sind hier nicht aufgenommen.]

Diese Urkunden, die schon jetzt »ne varietur« paraphiert werden, sollen das heutige Datum tragen. Die Vertreter der beteiligten Parteien kommen überein, am 1. Dezember d. J. in London zusammenzutreten, um in einer Sitzung die förmliche Unterzeichnung der sie betreffenden Urkunden vorzunehmen.

Der Französische Minister der auswärtigen Angelegenheiten macht Mitteilung davon, daß im Anschluß an die obenerwähnten Entwürfe von Schiedsverträgen Frankreich, Polen und die Tschechoslowakei in Locarno gleichfalls Entwürfe zu Abkommen aufgestellt haben, um sich gegenseitig den Nutzen dieser Verträge zu sichern. Diese Abkommen werden regelrecht beim Völkerbund hinterlegt werden; Herr Briand hält aber schon jetzt Abschriften davon zur Verfügung der hier vertretenen Mächte.

Der Großbritannische Staatssekretär für auswärtige Angelegenheiten schlägt vor, daß zur Beantwortung gewisser, vom Deutschen Reichskanzler und Außenminister gestellter Forderungen nach Aufklärungen über den Artikel 16 der Völkerbundssatzung das im Entwurf hier gleichfalls angeschlossene Schreiben (Anlage F) [hier nicht aufgenommen] gleichzeitig mit der förmlichen Unterzeichnung der obenerwähnten Urkunden an sie gerichtet wird. Dieser Vorschlag wird angenommen.

Die Vertreter der hier vertretenen Regierungen erklären ihre feste Überzeugung, daß die Inkraftsetzung dieser Verträge und Abkommen in hohem Maße dazu beitragen wird, eine moralische Entspannung zwischen den Nationen herbeizuführen, daß sie die Lösung vieler politischer und wirtschaftlicher Probleme gemäß den Interessen und Empfindungen der Völker stark erleichtern wird, und daß sie so, indem sie Frieden und Sicherheit in Europa festigt, das geeignete Mittel sein wird, in wirksamer Weise die im Artikel 8 der Völkerbundssatzung vorgesehene Entwaffnung zu beschleunigen.

Sie verpflichten sich, an den vom Völkerbund bereits aufgenommenen Arbeiten hinsichtlich der Entwaffnung aufrichtig mitzuwirken und die Verwirklichung der Entwaffnung in einer allgemeinen Verständigung anzustreben.

Geschehen zu Locarno am 16. Oktober 1925

(gez.) Dr. Luther; Stresemann; Emile Vandervelde; A. Briand; Austen Chamberlain; Benito Mussolini; Al. Skrzynski; Dr. Eduard Benes

Anlage A

Der Deutsche Reichspräsident, Seine Majestät der König der Belgier, der Präsident der Französischen Republik, Seine Majestät der König des Vereinigten Königreichs von Großbritannien und Irland und der überseeischen britischen Lande, Kaiser von Indien, Seine Majestät der König von Italien;
bestrebt, dem Wunsche nach Sicherheit und Schutz zu genügen, der die Völker beseelt, die unter der Geißel des Krieges 1914 bis 1918 zu leiden gehabt haben;
im Hinblick auf die Tatsache, daß die Verträge zur Neutralisierung Belgiens hinfällig geworden sind, und im Bewußtsein der Notwendigkeit, den Frieden in dem Gebiete zu sichern, das so oft der Schauplatz der europäischen Konflikte gewesen ist;
in gleicher Weise beseelt von dem aufrichtigen Wunsche, allen beteiligten Signatarmächten im Rahmen der Völkerbundssatzung und der zwischen ihnen in Kraft befindlichen Verträge ergänzende Garantien zu gewähren;
haben beschlossen, zu diesen Zwecken einen Vertrag zu schließen, und haben zu Bevollmächtigten ernannt:

. . . .

. . . .

die, nachdem sie ihre Vollmachten ausgetauscht und in guter und gehöriger Form befunden haben, über folgende Bestimmungen übereingekommen sind:

Artikel 1. Die Hohen Vertragschließenden Teile garantieren, jeder für sich und insgesamt, in der in den folgenden Artikeln bestimmten Weise die Aufrechterhaltung des sich aus den Grenzen zwischen Deutschland und Belgien und zwischen Deutschland und Frankreich ergebenden territorialen Status quo, die Unverletzlichkeit dieser Grenzen, wie sie durch den in Versailles am 28. Juni 1919 unterzeichneten Friedensvertrag oder in dessen Ausführung festgesetzt sind, sowie die Beobachtung der Bestimmungen der Artikel 42 und 43 des bezeichneten Vertrages über die demilitarisierte Zone.

Artikel 2. Deutschland und Belgien und ebenso Deutschland und Frankreich verpflichten sich gegenseitig, in keinem Falle zu einem Angriff oder zu einem Einfall oder zum Kriege gegeneinander zu schreiten.
Diese Bestimmung findet jedoch keine Anwendung, wenn es sich handelt

1. um die Ausübung des Rechtes der Selbstverteidigung, das heißt um den Widerstand gegen eine Verletzung der Verpflichtung des vorstehenden Absatzes oder gegen einen flagranten Verstoß gegen die Artikel 42 und 43 des Vertrags von Versailles, sofern ein solcher Verstoß eine nicht provozierte Angriffshandlung darstellt und wegen der Zusammenziehung von Streitkräften in der demilitarisierten Zone eine sofortige Aktion notwendig ist;
2. um eine Aktion auf Grund des Artikel 16 der Völkerbundssatzung;
3. um eine Aktion, die auf Grund einer Entscheidung der Versammlung oder des Rates des Völkerbundes oder auf Grund des Artikel 15 Abs. 7 der Völkerbundssatzung erfolgt, vorausgesetzt, daß sich die Aktion in diesem letzten Falle gegen einen Staat richtet, der zuerst zum Angriff geschritten ist.

Artikel 3. Im Hinblick auf die von ihnen im Artikel 2 beiderseits übernommenen Verpflichtungen verpflichten sich

Deutschland und Belgien sowie Deutschland und Frankreich, auf friedlichem Wege, und zwar in folgender Weise, alle Fragen jeglicher Art zu regeln, die sie etwa entzweien und die nicht auf dem Wege des gewöhnlichen diplomatischen Verfahrens gelöst werden können.

Alle Fragen, bei denen die Parteien untereinander über ein Recht im Streite sind, sollen Richtern unterbreitet werden, deren Entscheidung zu befolgen die Parteien sich verpflichten.
Jede andere Frage ist einer Vergleichskommission zu unterbreiten. Wird der von dieser Kommission vorgeschlagenen Regelung nicht von beiden Parteien zugestimmt, so ist die Frage vor den Völkerbundsrat zu bringen, der gemäß Artikel 15 der Völkerbundssatzung befindet.
Die Einzelheiten dieser Methoden friedlicher Regelung bilden den Gegenstand besonderer Abkommen, die am heutigen Tage unterzeichnet worden sind.

Artikel 4. 1. Ist einer der Hohen Vertragschließenden Teile der Ansicht, daß eine Verletzung des Artikel 2 dieses Vertrages oder ein Verstoß gegen die Artikel 42 oder 43 des Vertrages von Versailles begangen worden ist oder begangen wird, so wird er die Frage sofort vor den Völkerbund bringen.
2. Sobald der Völkerbundsrat festgestellt hat, daß eine solche Verletzung oder ein solcher Verstoß begangen worden ist, zeigt er dies unverzüglich den Signatarmächten dieses Vertrages an, und jede von ihnen verpflichtet sich, in solchem Falle der Macht, gegen die sich die beanstandete Handlung richtet, sofort ihren Beistand zu gewähren.
3. Im Falle einer flagranten Verletzung des Artikel 2 dieses Vertrages oder eines flagranten Verstoßes gegen die Artikel 42 oder 43 des Vertrages von Versailles durch einen der Hohen Vertragschließenden Teile verpflichtet sich schon jetzt jede der anderen vertragschließenden Mächte, sobald ihr erkennbar geworden ist, daß diese Verletzung oder dieser

Verstoß eine nicht provozierte Angriffshandlung darstellt, und daß im Hinblick, sei es auf die Überschreitung der Grenze, sei es auf die Eröffnung der Feindseligkeiten oder die Zusammenziehung von Streitkräften in der demilitarisierten Zone, ein sofortiges Handeln geboten ist, demjenigen Teile, gegen den eine solche Verletzung oder ein solcher Verstoß gerichtet worden ist, sofort ihren Beistand zu gewähren. Dessenungeachtet wird der gemäß Absatz 1 dieses Artikels mit der Frage befaßte Völkerbundsrat das Ergebnis seiner Feststellungen bekanntgeben. Die Hohen Vertragschließenden Teile verpflichten sich, in solchem Falle nach Maßgabe der Empfehlungen des Rates zu handeln, die alle Stimmen mit Ausnahme derjenigen der Vertreter der in die Feindseligkeiten verstrickten Teile auf sich vereint haben.

Artikel 5. Die Bestimmung des Artikel 3 dieses Vertrages wird in nachstehender Weise unter die Garantie der Hohen Vertragschließenden Teile gestellt:
Wenn sich eine der im Artikel 3 genannten Mächte weigert, das Verfahren zur friedlichen Regelung zu befolgen oder eine schiedsgerichtliche oder richterliche Entscheidung auszuführen, und eine Verletzung des Artikel 2 dieses Vertrages oder einen Verstoß gegen die Artikel 42 oder 43 des Vertrages von Versailles begeht, so finden die Bestimmungen des Artikel 4 Anwendung.
Falls eine der im Artikel 3 genannten Mächte, ohne eine Verletzung des Artikel 2 dieses Vertrages oder einen Verstoß gegen die Artikel 42 oder 43 des Vertrages von Versailles zu begehen, sich weigern sollte, das Verfahren zur friedlichen Regelung zu befolgen oder eine schiedsgerichtliche oder richterliche Entscheidung auszuführen, so wird der andere Teil die Angelegenheit vor den Völkerbundsrat bringen, der die zu ergreifenden Maßnahmen vorschlagen wird; die Hohen Vertragschließenden Teile werden diese Vorschläge befolgen.

Artikel 6. Die Bestimmungen dieses Vertrages lassen die Rechte und Pflichten unberührt, die sich für die Hohen Vertragschließenden Teile aus dem Vertrag von Versailles sowie aus den ergänzenden Vereinbarungen, einschließlich der in London am 30. August 1924 unterzeichneten, ergeben.

Artikel 7. Dieser Vertrag, der die Aufrechterhaltung des Friedens sichern soll und der Völkerbundssatzung entspricht, kann nicht so ausgelegt werden, als beschränke er die Aufgabe des Völkerbundes, die zur wirksamen Wahrung des Weltfriedens geeigneten Maßnahmen zu ergreifen.

Artikel 8. Dieser Vertrag soll gemäß der Völkerbundssatzung beim Völkerbund eingetragen werden. Er bleibt solange in Kraft, bis der Rat, auf den drei Monate vorher den anderen Signatarmächten anzukündigenden Antrag eines der Hohen Vertragschließenden Teile, mit einer Mehrheit von mindestens zwei Dritteln der Stimmen feststellt, daß der Völkerbund den Hohen Vertragschließenden Teilen hinreichende Garantien bietet. Der Vertrag tritt alsdann nach Ablauf einer Frist von einem Jahre außer Kraft.

Artikel 9. Dieser Vertrag soll keinem der britischen Dominions noch Indien irgendeine Verpflichtung auferlegen, es sei denn, daß die Regierung des Dominions oder Indiens anzeigt, daß sie diese Verpflichtungen annimmt.

Artikel 10. Dieser Vertrag soll ratifiziert werden, und die Ratifikationsurkunden sollen sobald als möglich in Genf im Archiv des Völkerbundes hinterlegt werden.
Er soll in Kraft treten, sobald alle Ratifikationsurkunden hinterlegt sind und Deutschland Mitglied des Völkerbundes geworden ist.

Dieser in einem einzigen Exemplar ausgefertigte Vertrag soll im Archiv des Völkerbundes hinterlegt werden, dessen Generalsekretär gebeten wird, jedem der Hohen Vertragschließenden Teile beglaubigte Abschriften zuzustellen.

Zu Urkund dessen haben die eingangs genannten Bevollmächtigten diesen Vertrag unterzeichnet.

Geschehen zu Locarno am 16. Oktober 1925

L.; Str.; E.V.; A.B.; A.C.; B.M.

D: RGBl. 1925 II S. 975.

28

Deutsch-sowjetischer Freundschafts- und Neutralitätsvertrag vom 24. April 1926

Die Union der Sozialistischen Sowjetrepubliken hatte unter Hinweis auf den Vertrag von Rapallo versucht, Deutschland von dem in Locarno besiegelten Arrangement mit den Westmächten abzuhalten. Um die Sorge des sowjetischen Partners vor einer Westbindung des Reiches und seiner Beteiligung an Sanktionen des Völkerbundes gegen die Sowjetunion zu zerstreuen, fand sich Außenminister Stresemann zu diesem Vertrag bereit, den die in Locarno (durch die in Quelle 27 nicht mit abgedruckte Anlage F zum Vertragswerk) vereinbarte Beschränkung der deutschen Pflicht zur Beteiligung an Sanktionen des Völkerbunds ermöglichte.

Die Deutsche Regierung und die Regierung der Union der Sozialistischen Sowjet-Republiken,
von dem Wunsche geleitet, alles zu tun, was zur Aufrechterhaltung des allgemeinen Friedens beitragen kann,
und in der Überzeugung, daß das Interesse des deutschen Volkes und der Völker der Union der Sozialistischen Sowjet-Republiken eine stetige vertrauensvolle Zusammenarbeit erfordert,
sind übereingekommen, die zwischen ihnen bestehenden freundschaftlichen Beziehungen durch einen besonderen

Vertrag zu bekräftigen, und haben zu diesem Zwecke zu Bevollmächtigen ernannt:

[Titel und Namen der Bevollmächtigten]

die nach Austausch ihrer in guter und gehöriger Form befundenen Vollmachten nachstehende Bestimmungen vereinbart haben.

Artikel 1. Die Grundlage der Beziehungen zwischen Deutschland und der Union der Sozialistischen Sowjet-Republiken bleibt der Vertrag von Rapallo.

Die Deutsche Regierung und die Regierung der Union der Sozialistischen Sowjet-Republiken werden in freundschaftlicher Fühlung miteinander bleiben, um über alle ihre beiden Länder gemeinsam berührenden Fragen politischer und wirtschaftlicher Art eine Verständigung herbeizuführen.

Artikel 2. Sollte einer der vertragschließenden Teile trotz friedlichen Verhaltens von einer dritten Macht oder von mehreren dritten Mächten angegriffen werden, so wird der andere vertragschließende Teil während der ganzen Dauer des Konfliktes Neutralität beobachten.

Artikel 3. Sollte aus Anlaß eines Konfliktes der in Artikel 2 erwähnten Art oder auch zu einer Zeit, in der sich keiner der vertragschließenden Teile in kriegerischen Verwicklungen befindet, zwischen dritten Mächten eine Koalition zu dem Zwecke geschlossen werden, gegen einen der vertragschließenden Teile einen wirtschaftlichen oder finanziellen Boykott zu verhängen, so wird sich der andere vertragschließende Teil einer solchen Koalition nicht anschließen.

Artikel 4. Dieser Vertrag soll ratifiziert und die Ratifikationsurkunden sollen in Berlin ausgetauscht werden.

Der Vertrag tritt mit dem Austausch der Ratifikationsurkunden in Kraft und gilt für die Dauer von fünf Jahren. Die beiden vertragschließenden Teile werden sich rechtzeitig vor Ablauf dieser Frist über die weitere Gestaltung ihrer politischen Beziehungen verständigen.

Zu Urkund dessen haben die Bevollmächtigten diesen Vertrag unterzeichnet.
Ausgefertigt in doppelter Urschrift in Berlin
am 24. April 1926

(gez.) Stresemann
(gez.) Krestinski

D: RGBl. 1926 II S. 360.

29

Brief des Reichspräsidenten zum Flaggenstreit vom 9. Mai 1926

Nach der Verfassung waren die Farben des Reiches schwarz-rot-gold. Die Handelsflagge hatte jedoch die Farben des Kaiserreichs schwarz-weiß-rot mit den Reichsfarben in der inneren oberen Ecke. Die neuen Reichsfarben wurden von den Anhängern des alten Systems abgelehnt und oft verunglimpft. Als Hindenburg durch Erlaß vom 5. Mai 1926 anordnete, daß die diplomatischen und konsularischen Vertretungen des Reiches außerhalb Europas und in europäischen Seehäfen neben der Dienstflagge auch die Handelsflagge zeigen sollten, erschien dies den republikanisch Gesinnten als Verstoß gegen die Verfassung.
Um der öffentlichen Kritik an seiner Verordnung entgegenzutreten, erklärte der Reichspräsident in einem Brief an den Reichskanzler seine Motive.

Sehr geehrter Herr Reichskanzler!

Die »Zweite Verordnung über die deutschen Flaggen vom 5. Mai 1926« ist in der Öffentlichkeit erheblichen Mißverständnissen begegnet.

Die außen- und wirtschaftspolitischen Ereignisse der letzten Zeit, die einer neuen Geltung Deutschlands im Auslande den Weg ebneten und uns wieder in die Weltwirtschaft eingliederten, erfordern eine starke Mitwirkung der Deutschen im Auslande und ein freudiges Bekennen aller Auslandsdeutschen zum Deutschtum bei öffentlichen Kundgebungen. Dem stand im Auslande unter besonders schweren Begleitumständen der unselige Flaggenzwist hindernd im Wege. Diesem Übelstande soll durch die Verordnung vom 5. Mai d. J. abgeholfen werden, und ich bin überzeugt, daß dieser Zweck mit der Verordnung auch erreicht wird.

Nichts liegt mir – wie ich Ihnen bereits wiederholt zum Ausdruck gebracht habe – ferner, als die durch die Verfassung bestimmten Nationalfarben zu beseitigen. Ich bin vielmehr nach wie vor fest entschlossen, die Flaggenfrage nur auf der Grundlage der Verfassung zu behandeln.

Leider hat sich aber aus den Erörterungen in Presse und Öffentlichkeit erneut ergeben, wie verhängnisvoll und gefährlich für unser Volk der schwebende Streit um die Flagge ist. Hier in absehbarer Zeit auf verfassungsmäßigem Wege einen versöhnenden Ausgleich zu schaffen, der dem gegenwärtigen Deutschland und seinen Zielen entspricht, und zugleich dem Werdegang und der Geschichte des Reiches gerecht wird, ist mein innigster Wunsch. Ich bitte Sie deshalb, Herr Reichskanzler, zur geeigneten Stunde sowohl mit den gesetzgebenden Faktoren im Reiche als auch mit den an dieser Frage besonders interessierten Vereinigungen in Verbindung zu treten, um diesem Ziele nachdrücklichst zuzustreben. Möge der Zeitpunkt nicht fern sein, wo sich das deutsche Volk wieder friedlich um ein und dasselbe Symbol seines staatlichen Daseins schart!

Mit der Versicherung meiner hohen Wertschätzung und mit freundlichen Grüßen bin ich Ihr sehr ergebener

(gez.) v. Hindenburg

DER
TAG
DER
20.
JUNI
Den Fürsten keinen Pfennig!
20.
Den Notleidenden
soll es zugute kommen!
Unsere Antwort am 20.
S·P·D·
Bilder Spiegel

D: Fritz Poetzsch-Heffter: Vom Staatsleben unter der Weimarer Reichsverfassung. II. Teil. (Vom 1. Januar 1925 bis 31. Dezember 1928.) In: Jahrbuch des öffentlichen Rechts der Gegenwart 17 (1929) S. 7.

30

Das Volksbegehren zur Enteignung der Fürsten vom 20. Juni 1926

Die Weimarer Verfassung gab durch Artikel 73 dem Volk die Möglichkeit, dem Reichstag einen Gesetzentwurf vorzulegen und diesen, wenn der Reichstag seine Zustimmung verweigerte, durch Plebiszit zur Annahme zu bringen.
SPD, KPD und ein überparteilicher Ausschuß verlangten auf diesem Wege, den Angehörigen der ehemals in Deutschland regierenden Fürstenhäuser ihr Vermögen zu entziehen, wobei ein Vorgehen gefordert wurde, das die Betroffenen schlechter gestellt hätte als Bankrotteure. Trotz der rechtsstaatlich nicht zu rechtfertigenden Beeinträchtigung der verfassungsmäßigen Garantie des Eigentums haben 12,5 Millionen Stimmberechtigte durch namentliche Eintragung diesen Gesetzentwurf begehrt, und beim Volksentscheid vom 20. Juni 1926 sprachen sich fast 14,5 Millionen für dieses Gesetz aus, etwa 4 Millionen mehr, als die beiden Linksparteien bei der Reichstags-

---

Die inneren Spannungen der Weimarer Republik fanden auch in einer intensivierten politischen Werbung Ausdruck. Die Berliner SPD klebte riesige Plakate auf die Wände eines Möbelwagens, um die Bürger für ihr Ja beim Volksentscheid vom 20. Juni 1926 über die entschädigungslose Enteignung aller Fürsten zu gewinnen.

wahl vom Dezember 1924 auf sich hatten vereinigen können. Gleichwohl scheiterte das Volksbegehren, weil sich nicht die erforderliche Anzahl von rund 20 Millionen Stimmen ergab.

Entwurf eines Gesetzes über Enteignung der Fürstenvermögen

Der Reichstag hat auf Volksbegehren das folgende Gesetz beschlossen, das mit Zustimmung des Reichsrats hiermit verkündet wird.
Auf Grund des Artikels 153 der Reichsverfassung wird bestimmt:

Artikel I. Das gesamte Vermögen der Fürsten, die bis zur Staatsumwälzung im Jahre 1918 in einem der deutschen Länder regiert haben, sowie das gesamte Vermögen der Fürstenhäuser, ihrer Familien und Familienangehörigen werden zum Wohle der Allgemeinheit ohne Entschädigung enteignet.
Das enteignete Vermögen wird Eigentum des Landes, in dem das betreffende Fürstenhaus bis zu seiner Absetzung oder Abdankung regiert hat.

Artikel II. Das enteignete Vermögen wird verwendet zugunsten
a) der Erwerbslosen,
b) der Kriegsbeschädigten und Kriegshinterbliebenen,
c) der Sozial- und Kleinrentner,
d) der bedürftigen Opfer der Inflation,
e) der Landarbeiter, Kleinpächter und Kleinbauern durch Schaffung von Siedlungsland auf dem enteigneten Landbesitz.

Die Schlösser, Wohnhäuser und sonstigen Gebäude werden für allgemeine Wohlfahrts-, Kultur- und Erziehungszwecke, insbesondere zur Errichtung von Genesungs- und Versorgungsheimen für Kriegsbeschädigte, Kriegshinterbliebene, Sozial- und Kleinrentner sowie von Kinderheimen und Erziehungsanstalten verwendet.

Artikel III. Alle Verfügungen – einschließlich der hypothekarischen Belastungen und Eintragungen –, die mit Bezug auf die nach diesem Gesetz enteigneten Vermögen oder ihre Bestandteile nach dem 1. November 1918 durch Urteil, Vergleich, Vertrag oder auf sonstige Weise getroffen wurden, sind nichtig.

Artikel IV. Die Ausführungsbestimmungen zu diesem Gesetz werden durch ein Reichsgesetz festgelegt, das innerhalb 3 Monaten nach amtlicher Feststellung des Abstimmungsergebnisses zu erlassen ist. Dieses Reichsgesetz hat insbesondere die näheren Bestimmungen zur Ausführung des Artikels II dieses Gesetzes über die Verwendung der enteigneten Fürstenvermögen durch die Länder zu treffen.

D: Statistik des Deutschen Reiches. Bd. 332: Volksbegehren und Volksentscheid »Enteignung des Fürstenvermögens«. Berlin: Verlag für Sozialpolitik, Wirtschaft und Statistik, 1926. S. 3.

31

Rede des Reichsaußenministers Stresemann bei der Aufnahme Deutschlands in den Völkerbund am 10. September 1926

Da Deutschland als Ausweis seiner Großmachtstellung einen Sitz im Ständigen Rat des Völkerbunds verlangte, hatte sich seine in Locarno abgesprochene Aufnahme verzögert. Denn Brasilien, Polen und Spanien beanspruchten gleichfalls einen Sitz im Ständigen Rat. Obwohl die Zahl der Ratssitze daraufhin vermehrt wurde, verließen Brasilien und Spanien den Völkerbund.
Die Ansprache Stresemanns formuliert wesentliche Elemente der von ihm als Voraussetzung einer Revision des Versailler Vertrags konzipierten Politik der Zusammenarbeit mit den Westmächten.

Für die Begrüßung den Dank Deutschlands zum Ausdruck zu bringen, ist meine erste Pflicht. [...] Seit der Begründung des Völkerbundes ist ein Zeitraum von mehr als sechs Jahren verstrichen. Es hat somit einer längeren Entwicklung bedurft, bis die politische Gesamtlage so gestaltet war, daß die deutsche Mitgliedschaft im Völkerbund möglich wurde. Noch in diesem Jahre sind große Schwierigkeiten zu überwinden gewesen, ehe dem Entschluß Deutschlands der einmütige Beschluß des Völkerbundes folgte. [...] Deutschland tritt mit dem heutigen Tage in die Mitte von Staaten, mit denen es zum Teil seit langen Jahrzehnten in ungetrübter Freundschaft verbunden ist, die zum anderen Teil im letzten Weltkrieg gegen Deutschland verbündet waren. Es ist von geschichtlicher Bedeutung, daß Deutschland und diese letzteren Staaten sich jetzt im Völkerbunde zu dauernder, friedlicher Zusammenarbeit zusammenfinden. Diese Tatsache zeigt deutlicher, als Worte und Programme es können, daß der Völkerbund berufen sein kann, dem politischen Entwicklungsgang der Menschheit eine neue Richtung zu geben. [...] Wir sehen, wie die Wirtschaft die alten Grenzen der Länder sprengt und neue Formen internationaler Zusammenarbeit erstrebt. Die alte Weltwirtschaft hatte für ihre Zusammenarbeit keine Satzungen und Programme, aber sie beruhte auf dem ungeschriebenen Gesetz des traditionellen Güteraustausches zwischen den Erdteilen. Ihn wiederherzustellen ist unsere Aufgabe. Wollen wir eine ungestörte weltwirtschaftliche Entwicklung, dann wird das nicht geschehen durch Abschließung der Gebiete voneinander, sondern durch Überbrückung dessen, was bisher die Wirtschaft der Völker trennte. [...] Der göttliche Baumeister der Erde hat die Menschheit nicht geschaffen als ein gleichförmiges Ganzes. Er gab den Völkern verschiedene Blutströme, er gab ihnen als Heimat Länder verschiedener Natur. Aber es kann nicht der Sinn einer göttlichen Weltordnung sein, daß die Menschen ihre nationalen Höchstleistungen gegeneinander kehren und damit die allgemeine

Kulturentwicklung immer wieder zurückwerfen. Der wird der Menschheit am besten dienen, der, wurzelnd im eigenen Volke, das ihm seelisch und geistig Gegebene zur höchsten Bedeutung entwickelt und damit, über die Grenze des eigenen Volkes hinauswachsend, der gesamten Menschheit etwas zu geben vermag, wie es die Großen aller Nationen getan haben, deren Namen in der Menschheitsgeschichte niedergeschrieben ist. [...] Denn das sicherste Fundament für den Frieden ist eine Politik, die getragen wird von gegenseitigem Verstehen und gegenseitiger Achtung der Völker. Deutschland hat sich schon vor seinem Eintritt in den Völkerbund bemüht, im Sinne friedlichen Zusammenwirkens zu arbeiten. Davon zeugt die deutsche Initiative, die zu dem Pakt von Locarno führte. Davon zeugen die jetzt mit nahezu allen Nachbarstaaten abgeschlossenen deutschen Schiedsverträge. Die deutsche Regierung ist entschlossen, diese Politik mit aller Entschiedenheit weiter zu verfolgen. Sie kann mit aller Genugtuung feststellen, daß diese Gedanken – anfangs in Deutschland heftig umkämpft – sich allmählich immer mehr das deutsche Volksbewußtsein erobert haben, so daß die deutsche Regierung auch für die große Mehrheit des deutschen Volkes spricht, wenn sie erklärt, daß sie sich an den Aufgaben des Völkerbundes mit voller Hingabe beteiligen wird. [...] Von besonderer Bedeutung für die Festigung einer Friedensordnung zwischen den Völkern sind ferner die Bestrebungen, die sich auf die Abrüstung beziehen. Die völlige Abrüstung Deutschlands ist durch den Vertrag von Versailles als Beginn der allgemeinen Abrüstung festgesetzt worden. Möge es gelingen, einer allgemeinen Abrüstung in praktischer Arbeit näherzukommen und damit den Beweis zu erbringen, daß eine starke, positive Kraft den großen Idealen des Völkerbundes schon innewohnt. Deutschlands Beziehungen zum Völkerbund werden freilich nicht ausschließlich durch die jetzt gegebene Möglichkeit der Mitarbeit an den großen allgemeinen Zielen bestimmt. Der Völkerbund ist vielmehr in mancher Beziehung auch Erbe und Vollstrecker der Verträge von 1919. Daraus haben sich, wie ich offen ausspreche, in der Vergangenheit vielfach Gegensätze zwischen dem Völkerbund und Deutschland ergeben. Ich hoffe, daß sich die Behandlung der hierbei in Betracht kommenden Fragen infolge unserer künftigen Mitarbeit im Völkerbunde leichter gestalten wird. Auch hier wird gegenseitiges Vertrauen eine größere politische Schöpferkraft besitzen als andere Methoden. [...] Deutschland ist entschlossen, sich in seiner Politik auf den Boden dieser erhabenen Ziele [Hilfsbereitschaft, Gerechtigkeit, Frieden] zu stellen. Für alle hier versammelten Völker gilt das Wort eines großen Denkers, daß wir Menschen uns zu dem Geschlecht bekennen, das aus dem Dunkel ins Helle strebt. Möge die Arbeit des Völkerbundes sich auf der Grundlage der großen Begriffe: Freiheit, Friede und Einigkeit vollziehen, dann werden wir dem von uns allen erstrebten Ziele näherkommen. Daran freudig mitzuarbeiten ist Deutschlands fester Wille.

D: Schultheß 42 (1926) S. 474–476.

32

Der Kriegsächtungspakt (Briand-Kellogg-Pakt) vom 27. August 1928

Dieser Vertrag stellt den Versuch dar, durch multinationale Abmachungen das Friedenssicherungssystem der Völkerbundssatzung zu ergänzen.
Der Vertrag war aus dem Wunsch des französischen Außenministers Briand entstanden, mit den USA einen zweiseitigen Pakt zur Ächtung des Krieges zu schließen. Die Anregung des amerikanischen Secretary of State Kellogg, statt dessen einen allen Nationen offen-

stehenden Vertrag einzugehen, war auf breite Zustimmung gestoßen. Insgesamt fünfzehn Staaten unterzeichneten ihn gemeinsam, zum Teil allerdings mit ausdrücklichen Vorbehalten, und hielten weiteren Staaten den Beitritt offen. Durch die bedingungslose Teilnahme Deutschlands erhielt der Vertrag seinen Wert für die Sicherung des Friedens in Europa.

Der Deutsche Reichspräsident, der Präsident der Vereinigten Staaten von Amerika, Seine Majestät der König der Belgier, der Präsident der Französischen Republik, Seine Majestät der König von Großbritannien, Irland und den britischen Dominions in Übersee, Kaiser von Indien, Seine Majestät der König von Italien, Seine Majestät der Kaiser von Japan, der Präsident der Republik Polen, der Präsident der Tschechoslowakischen Republik,
tief durchdrungen von ihrer erhabenen Pflicht, die Wohlfahrt der Menschheit zu fördern,
in der Überzeugung, daß die Zeit gekommen ist, einen offenen Verzicht auf den Krieg als Werkzeug nationaler Politik auszusprechen, um die jetzt zwischen ihren Völkern bestehenden friedlichen und freundschaftlichen Beziehungen dauernd aufrechtzuerhalten,
in der Überzeugung, daß jede Veränderung in ihren gegenseitigen Beziehungen nur durch friedliche Mittel angestrebt werden und nur das Ergebnis eines friedlichen und geordneten Verfahrens sein sollte, und daß jede Signatarmacht, die in Zukunft danach strebt, ihre nationalen Interessen dadurch zu fördern, daß sie zum Kriege schreitet, dadurch der Vorteile, die dieser Vertrag gewährt, verlustig erklärt werden sollte,
in der Hoffnung, daß, durch ihr Beispiel ermutigt, alle anderen Nationen der Welt sich diesem im Interesse der Menschheit gelegenen Bestreben anschließen werden und durch ihren Beitritt zu diesem Vertrage, sobald er in Kraft tritt, ihre Völker an seinen segensreichen Bestimmungen teilnehmen lassen werden, und daß sich so die zivilisierten

Nationen der Welt in dem gemeinsamen Verzicht auf den Krieg als Werkzeug ihrer nationalen Politik zusammenfinden werden,
haben beschlossen, einen Vertrag zu schließen, und zu diesem Zweck zu ihren Bevollmächtigten ernannt:

[Titel und Namen der Bevollmächtigten]

die nach Austausch ihrer in guter und gehöriger Form befundenen Vollmachten die folgenden Artikel vereinbart haben:

Artikel I. Die Hohen Vertragschließenden Parteien erklären feierlich im Namen ihrer Völker, daß sie den Krieg als Mittel für die Lösung internationaler Streitfälle verurteilen und auf ihn als Werkzeug nationaler Politik in ihren gegenseitigen Beziehungen verzichten.

Artikel II. Die Hohen Vertragschließenden Parteien vereinbaren, daß die Regelung und Entscheidung aller Streitigkeiten oder Konflikte, die zwischen ihnen entstehen könnten, welcher Art oder welchen Ursprungs sie auch sein mögen, niemals anders als durch friedliche Mittel angestrebt werden soll.

Artikel III. Dieser Vertrag soll durch die in der Präambel genannten Hohen Vertragschließenden Parteien gemäß den Vorschriften ihrer Verfassungen ratifiziert werden und soll zwischen ihnen in Kraft treten, sobald alle Ratifikationsurkunden in Washington hinterlegt worden sind.

Dieser Vertrag soll, nachdem er gemäß dem vorhergehenden Absatz in Kraft getreten ist, solange als notwendig für den Beitritt aller anderen Mächte offenstehen. Jede Urkunde über den Beitritt einer Macht soll in Washington hinterlegt werden, und der Vertrag soll sofort nach der Hinterlegung zwischen der so beigetretenen Macht und den anderen an ihm beteiligten Mächten in Kraft treten.
Die Regierung der Vereinigten Staaten ist verpflichtet, jeder in der Präambel genannten und jeder später diesem Vertrage beitretenden Regierung eine beglaubigte Abschrift des Ver-

trages und jeder Ratifikationsurkunde oder Beitrittserklärung zu übermitteln. Die Regierung der Vereinigten Staaten ist ferner verpflichtet, diese Regierungen sofort telegraphisch von der bei ihr erfolgten Hinterlegung jeder Ratifikationsurkunde oder Beitrittserklärung in Kenntnis zu setzen.
Zu Urkund dessen haben die Bevollmächtigten diesen Vertrag in französischer und englischer Sprache, wobei beide Texte gleichwertig sind, unterzeichnet und ihre Siegel darunter gesetzt.

Geschehen in Paris, am siebenundzwanzigsten August im Jahre Eintausendneunhundertachtundzwanzig

Gustav Stresemann; Frank B Kellogg;
Paul Hymans; Ari Briand; Cushendun;
W. L. Mackenzie King; A J McLachlan;
C.J. Parr; J S. Smit; Liam T. MacCosgair;
Cushendun; G. Manzoni; Uchida;
August Zaleski; Dr. Eduard Benes

D: RGBl. 1928 II S. 97.
O: Martens XXI S. 3–8.

33

Protokoll der letzten Ministerbesprechung des Kabinetts der Großen Koalition vom 27. März 1930

Unter Reichskanzler Hermann Müller (SPD) war seit Juni 1928 ein Kabinett im Amt, das auf einer Koalition von Bayerischer Volkspartei, Deutscher Demokratischer Partei, Deutscher Volkspartei, Sozialdemokratischer Partei Deutschlands und Deutscher Zentrumspartei beruhte. Die Spannweite der hier repräsentierten politischen Konzeptionen und wirtschaftlichen Interessen war nicht mehr in eine gemeinsam verantwortete Politik zu integrieren, als angesichts der Belastungen durch die Weltwirtschaftskrise die Deckung der im Reichshaushalt vorgesehenen Ausgaben nicht mehr in der bisherigen Weise gesichert war und die erst 1927 eingeführte staatliche Arbeitslosenversicherung ohne Zuschüsse des Reiches nur noch durch Senkung der Leistungen oder Erhöhung der Beiträge funktionsfähig bleiben konnte.

Das Kabinett hatte einen Kompromißvorschlag zur Deckung der Haushaltslücken erarbeitet, dem sich die Deutsche Volkspartei widersetzte. Ein neuer Kompromißvorschlag fand jedoch nicht die Zustimmung der SPD. Die sozialdemokratische Reichstagsfraktion lehnte ebenso wie die BVP auch einen weiteren Kompromiß ab, der zwischen der Regierung und den Parteiführern ausgehandelt worden war. Die Regierung stand somit vor der Frage, ob ihre Minister bereit waren, auch gegen ihre Parteien die Konzeption der Regierung im Reichstag zu vertreten und eine parlamentarische Mehrheit zu suchen.

Das Scheitern der Großen Koalition, die in ihrer Krise schon die Zuflucht zum Artikel 48 der Weimarer Verfassung erwog, bedeutete das Versagen des bestehenden parlamentarischen Systems vor den durch die Situation gestellten Aufgaben und warf darum die Frage nach einer politischen Umgestaltung auf.

[...] 2. *Politische Lage*

Der *Reichskanzler* teilte mit, daß drei Fraktionen, nämlich das Zentrum, die Deutsche Volkspartei und die Demokraten das ihnen unterbreitete Gesamtprogramm zur Regelung der Finanzfragen ohne Vorbehalt angenommen hätten und daß die Bayerische Volkspartei dieses Gesamtprogramm rundweg abgelehnt habe. Die Sozialdemokratische Fraktion habe erklärt, daß sie das Programm der Reichsregierung annehme, das zwischen den Parteien behandelte Kompromißprogramm dagegen ablehne. Nach diesen Beschlüssen der Fraktionen gebe es für die Regierung nur noch zwei mögliche Wege:

1. Die Regierung könne ihre Deckungsvorlagen im Steuerausschuß weiter betreiben. Dieser Weg sei nur dann gangbar, wenn alle Minister im Kabinett blieben. Von einer Anbahnung weiterer Besprechungen mit den Fraktionen verspreche er sich keinen Erfolg. An eine Durchsetzung der Deckungsvorlagen mit Hilfe des Artikel 48 der Reichsverfassung sei nur zu denken, wenn alle Reichsminister im Amte blieben.
2. Wenn der erste Weg nicht gangbar erscheine, bleibe nur der Rücktritt der Reichsregierung. [...]
Der *Reichsminister für die besetzten Gebiete* bat noch um Aufklärung darüber, ob Näheres darüber bekannt sei, daß der Herr Reichspräsident dem gegenwärtigen Kabinett in seiner Gesamtheit die Ermächtigung zur Durchbringung des Deckungsprogramms mit Hilfe des Artikel 48 der Reichsverfassung geben werde.
Staatssekretär Dr. Meissner erwiderte, daß der Herr Reichspräsident mit einer Meinungsäußerung zur Sache im gegenwärtigen Stadium der Dinge zurückhalten und seine Entscheidung erst treffen werde, wenn vorher das Reichskabinett zu festen Beschlüssen gelangt sei.

Die Sitzung wurde daraufhin auf 7 Uhr abends vertagt.

Nach Wiederaufnahme der Verhandlungen um 7 Uhr wiederholte der *Reichskanzler* die Frage an das Reichskabinett, ob das Kabinett die Regierungsvorlage im Reichstag weiter vertreten oder ob die Regierung noch heute zurücktreten wolle.
Der *Reichsminister der Finanzen* erwiderte, daß sich seine in der Vorsitzung geäußerte Auffassung inzwischen nicht geändert habe. Der Vorschlag, die Deckungsvorlagen im Steuerausschuß verabschieden zu lassen, werde von der Deutschen Volkspartei nicht unterstützt. Er halte es daher für richtiger, daß das Reichskabinett zurücktrete. Wenn dagegen die Mehrheit des Reichskabinetts der Meinung sein sollte, daß die Deckungsvorlagen im Steuerausschuß vertre-

ten werden müßten, so müsse er für seine Person von seinem Amte zurücktreten. Zu diesem Entschluß werde er sich um so mehr veranlaßt sehen, als die Koalitionsparteien ihn bei der soeben erfolgten Abstimmung über den Nachtragshaushalt des Reichsarbeitsministeriums im Stich gelassen hätten, und zwar trotz der eindringlichen Forderung, die er in der Vormittagssitzung des Kabinetts vertreten habe.

Der *Reichskanzler* erklärte, daß unter diesen Umständen die Voraussetzungen, auf denen sein erster Vorschlag aufgebaut sei, in Wegfall gekommen sei[en] und daß er seinen ersten Vorschlag somit als erledigt ansehe. Er nehme daher an, daß das Reichskabinett für den Demissionsbeschluß sei. Diesen Beschluß werde er unverzüglich dem Herrn Reichspräsidenten unterbreiten.

Der *Reichskanzler* gedachte sodann mit herzlichen Worten der hingebenden Zusammenarbeit des Reichskabinetts in einer an schwierigsten Aufgaben so reichen Zeit. Er rechne die Arbeit in diesem Kabinett zu den angenehmsten Erinnerungen seines Lebens. Das Reichskabinett habe in schwierigsten Situationen mehr als einmal bewiesen, daß es sich zu einigen verstehe, auch wenn die Fraktionen des Reichstags eine Einigung nicht erreicht hätten.

Der *Reichsminister der Justiz*, der *Reichsminister der Finanzen* und der *Reichspostminister* erwiderten, zugleich im Namen ihrer politischen Freunde, mit Worten aufrichtigen Dankes für die vorbildliche Art der Amtsführung des Reichskanzlers und versicherten, daß sie sich der unter Führung des Reichskanzlers geleisteten Arbeit stets dankbar erinnern würden.

Der *Reichswehrminister* schloß sich diesem Danke an und fügte hinzu, daß die gesamte Wehrmacht dem Reichskanzler wärmsten Dank für die vorbildliche Art und Weise ausspreche, mit der er die Interessen der Wehrmacht gefördert habe. Seine Tätigkeit zu Gunsten der Wehrmacht werde nie vergessen werden.

D: Akten der Reichskanzlei. Weimarer Republik. Das Kabinett Müller II. 28. Juni 1928 bis 27. März 1930. Boppard: Boldt, 1970. S. 1608–10. – © 1970 Oldenbourg Wissenschaftsverlag GmbH, München.

34

Antrittsrede des Reichskanzlers Brüning im Reichstag am 1. April 1930

Mit dem Scheitern der Großen Koalition hatte das Parlament seine Unfähigkeit demonstriert, die drängenden Probleme des Reiches erfolgreich in Angriff zu nehmen. In dieser Situation berief der Reichspräsident v. Hindenburg den Vorsitzenden der Zentrumsfraktion Heinrich Brüning zum Reichskanzler mit der Zusage, bei Weigerung des Reichstags die notwendigen gesetzgeberischen Maßnahmen durch Artikel 48 in Kraft zu setzen.

Ich habe die Ehre, Ihnen die neue Reichsregierung vorzustellen. Das neue Reichskabinett ist entsprechend dem mir vom Herrn Reichspräsidenten erteilten Auftrag an keine Koalition gebunden. Doch konnten selbstverständlich die politischen Kräfte dieses hohen Hauses bei seiner Gestaltung nicht unbeachtet bleiben. Das Kabinett ist gebildet mit dem Zweck, die nach allgemeiner Auffassung für das Reich lebensnotwendigen Aufgaben in kürzester Frist zu lösen. Es wird der letzte Versuch sein, die Lösung mit diesem Reichstag durchzuführen. (Hört! bei den Kommunisten.) Einen Aufschub der lebensnotwendigen Arbeiten kann niemand verantworten. Die Stunde fordert schnelles Handeln. (Ruf bei den Kommunisten: Großer Optimist!) Daher erwarten Sie von mir heute nicht ausführliche Erklärungen über die beabsichtigten Maßnahmen im einzelnen. Die neue Regierung wird Deutschlands Lebensinteressen in organi-

scher Weiterentwicklung der bisherigen *Außenpolitik* aktiv vertreten. Nationales Selbstbewußtsein, Vertrauen in die innere Kraft des Volkes sind die Grundlagen, ebenso wie die Erkenntnis, daß der Wiederaufstieg Deutschlands nur in friedlichem Zusammenwirken mit allen Völkern erreichbar ist. Loyale Durchführung der internationalen Vereinbarungen (Hört!), Klärung und weiterer Ausbau unseres Verhältnisses zu allen Staaten, zu denen wir in freundschaftlichen, vertraglichen und wirtschaftlichen Beziehungen stehen, Förderung internationaler Zusammenarbeit, insbesondere auf wirtschaftlichem Gebiet, zur Erleichterung der Lage unserer mit der Weltwirtschaft eng verknüpften Wirtschaft, das sind die Grundlagen dieser Außenpolitik. Endziel ist und bleibt ein wirtschaftlich gesundes, ein politisch freies und gleichberechtigtes Deutschland, das seinen Wiederaufbau im Schutz des Friedens vollenden kann und das ein unentbehrlicher Faktor in der Staatengemeinschaft sein muß. (Beifall

---

Zu den außenpolitischen Verdiensten des Reichskanzlers Brüning gehörte die Herstellung eines intensiven Gesprächskontakts zwischen den leitenden Politikern Europas als Voraussetzung für sachliche Regelungen für die Reparationszahlungen und die militärische Gleichberechtigung Deutschlands. Als er im Juni 1931 zu Vorbesprechungen für eine anschließende Konferenz in London in Paris war, lud die französische Regierung ihn ein, mit seiner Begleitung die Reise in ihrem Salonwagen zu machen. Das Bild zeigt von links den Generalsekretär des französischen Außenministeriums Philippe Berthelot, Brüning, den belgischen Außenminister Paul Hymans, den deutschen Minister des Auswärtigen Julius Curtius, den französischen Außenminister Aristide Briand, den französischen Ministerpräsidenten Pierre Laval und dessen Sekretär André François-Poncet, den späteren Botschafter in Berlin.

bei den Regierungsparteien.) [...] *Innerpolitisch* gibt unsere Lage angesichts der sozialen und wirtschaftlichen Notstände und der mit ihnen verbundenen radikalen Strömungen Anlaß zu besonderer Wachsamkeit. Diesen Strömungen läßt sich nicht nur mit Einsatz staatlicher Mittel begegnen, sie müssen in erster Linie durch wirtschaftliche Aufbauarbeit behoben werden. Die Reichsregierung fühlt sich stark genug, mit den Mitteln, die das Grundgesetz unserer staatlichen Ordnung, die Weimarer Verfassung, der Deutschen Republik zur Verfügung stellt, allen gefahrvollen Bedrohungen entgegenzuwirken. [...] Alle infolge der langjährigen Verhandlungen über den Youngplan noch nicht erledigten finanziellen und wirtschaftlichen Maßnahmen müssen sofort durchgeführt werden, Sanierung der Finanz- und Kassenlage, Unterstützung der Länder und Gemeinden in ihrer schwierigen finanziellen Lage ist das Dringendste. Ohne eine schnelle Ordnung der Kassen- und Finanzlage fehlt die Gewähr der dringend notwendigen Entlastung der Wirtschaft und der Milderung der Arbeitslosigkeit. (Sehr richtig! im Zentrum.) [...] Eingehende Sparvorschläge auf allen Gebieten des öffentlichen Lebens werden in kürzester Frist von der Reichsregierung den zuständigen Körperschaften unterbreitet werden. Diese Sparmaßnahmen sollen nicht von einem antisozialen Geist getragen sein. Sie haben lediglich den Zweck, zur Senkung der Steuern, zur Hebung der Wirtschaft, zur Stärkung der Kreditwürdigkeit Deutschlands beizutragen. [...] Die Notwendigkeit einer planmäßigen, auf Wirtschaftlichkeit und Ersparnisse gerichteten Vereinfachung auf allen Gebieten der öffentlichen Verwaltung schafft die Garantie und die Voraussetzung für die Weiterverfolgung der Sozialpolitik, die als eine staatliche Notwendigkeit von der neuen Reichsregierung unbedingt anerkannt wird. (Ruf bei den Kommunisten: Heuchelei!) Die Agrarkrise hat in besonders bedrohten Landesteilen den Charakter einer allgemeinen Volks- und Staatskrise angenommen. Die Landwirtschaft hat, wie jeder andere Stand, der unverschuldet ins Elend und in Lebensgefahr geraten ist, das Recht auf die Hilfe des Staates. Stützung und Wiederbelebung der ländlichen Wirtschaft ist das wirksamste Mittel zur Drosselung der Landflucht, zur Schaffung neuer Absatz- und Arbeitsmöglichkeiten für Gewerbe und Arbeiterschaft. (Sehr richtig! im Zentrum.) [...] Diese Maßnahmen schaffen allein nicht die Gewähr, das deutsche Volkstum in der Ostmark wieder fester mit seiner Heimat und seiner Scholle zu verbinden. Durchgreifende und umfassende Osthilfe, Zug um Zug mit dem allgemeinen Agrarprogramm, ist hier eine besondere Notwendigkeit. Umschuldung und Entschuldung, Zins- und Lastensenkung, Ordnung der Kreditverhältnisse stehen im Vordergrund. [...] Gesundung der östlichen Landwirtschaft ist die Grundlage nationaler und volkspolitischer Rettung des deutschen Ostens. (Sehr wahr! bei den Regierungsparteien.) Die Regierung wird an diesen Vorschlägen und an ihrer schnellsten Durchführung unter allen Umständen festhalten. Sie ist gewillt und in der Lage, alle verfassungsmäßigen Mittel hierfür einzusetzen. Das Werk des versöhnenden Ausgleichs zwischen den einzelnen Berufsständen und Schichten der Bevölkerung verträgt keinen Verzug. Diesen Gedanken muß auch der Reichstag in seiner Stellungnahme zur neuen Reichsregierung Rechnung tragen. Parteipolitische Erwägungen müssen in dieser Stunde in den Hintergrund treten. (Bewegung. – Beifall bei den Regierungsparteien.) Sachliche Einstellung zu diesem Programm des Kabinetts allein sichert die Zukunft des deutschen Volkes.

D: Schultheß 46 (1930) S. 94–96.

35

Das Manifest der Harzburger Front vom 11. Oktober 1931

Die Opposition gegen die Weimarer Republik von rechts war ideologisch und organisatorisch keine Einheit. Die politischen und sozialen Modelle der Vorkriegszeit galten für die Deutschnationale Volkspartei und den ihr nahestehenden, wenn auch formell überparteilichen »Stahlhelm – Bund der Frontsoldaten« als maßgeblich. Für eine publizistisch wirkungsvolle Gruppe junger Intellektueller, die sich von solchen »angesäuerten Idealen der Großväter« (Ernst Jünger) abwandten, war hingegen eine »konservative Revolution« das anzustrebende Ideal. Die Nationalsozialisten, die wegen ihrer revolutionären Proklamationen eher diesem »neuen Nationalismus« zuzurechnen sind, betrachteten diese Strömungen jedoch lediglich als brauchbare Hilfstruppen, denen gegenüber sie auf Wahrung ihrer Unabhängigkeit und ihres Führungsanspruchs bedacht blieben. Eine gemeinsame Aktion mit anderen rechtsoppositionellen Kräften wurde darum nach dem gescheiterten Münchner Putsch nicht mehr versucht. Eine Ausnahme macht lediglich die kurzfristige Bildung der »Harzburger Front«, in der sich die NSDAP mit den Deutschnationalen und dem Stahlhelm verband.

Die nationale Front, einig in ihren Parteien, Bünden und Gruppen, von dem Willen beseelt, gemeinsam und geschlossen zu handeln, gibt folgendes kund:
Die Nationale Opposition hat seit Jahren vergeblich gewarnt vor dem Versagen der Regierungen und des Staatsapparates gegenüber dem Blutterror des Marxismus, dem fortschreitenden Kulturbolschewismus und der Zerreißung der Nation durch den Klassenkampf, vor der planmäßigen Ausschaltung der nationalen Kräfte aus der Leitung des Staates, vor einer Politik, die in der politischen, wirtschaftlichen und militärischen Entmannung Deutschlands noch über das Diktat von Versailles hinausgeht, vor einer Politik,

die die heimische Wirtschaft zugunsten weltwirtschaftlicher Utopien preisgibt, vor einer Politik der Unterwürfigkeit dem Ausland gegenüber, die weder die Gleichberechtigung Deutschlands gebracht hat, noch den zerrissenen Osten vor einem kriegerischen Einbruch bewahrt.

Entschlossen, unser Land vor dem Chaos des Bolschewismus zu bewahren, unsere Politik durch wirksame Selbsthilfe aus dem Strudel des Wirtschaftsbankrotts zu retten und damit der Welt zu wirklichem Frieden zu verhelfen, erklären wir: Wir sind bereit, im Reich und in Preußen in national geführten Regierungen die Verantwortung zu übernehmen. Wir stoßen keine Hand zurück, die sich uns zu wirklich ehrlicher Zusammenarbeit anbietet. Wir müssen es aber ablehnen, die Erhaltung eines falschen Systems und Fortsetzung eines falschen Kurses in einer nur national getarnten Regierung der bisherigen Kräfte irgendwie zu stützen. Jede Regierung, die gegen den Willen der geschlossenen Nationalen Opposition gebildet werden sollte, muß mit unserer Gegnerschaft rechnen.

So fordern wir den sofortigen Rücktritt der Regierungen Brüning und Braun, die sofortige Aufhebung der diktatorischen Vollmachten für Regierungen, deren Zusammensetzung nicht dem Volkswillen entspricht und die sich nur noch mit Notverordnungen am Ruder halten; wir fordern sofortige Neuwahl der überalterten Volksvertretungen, vor allem im Reich und in Preußen.

Im vollen Bewußtsein der damit übernommenen Verantwortung erklären wir, daß die in der nationalen Opposition stehenden Verbände bei kommenden Unruhen wohl Leben und Eigentum, Haus, Hof und Arbeitsstelle derjenigen verteidigen werden, die sich mit uns offen zur Nation bekennen, daß wir es aber ablehnen, die heutige Regierung und das heute herrschende System mit dem Einsatz unseres Blutes zu schützen.

Wir verlangen Wiederherstellung der deutschen Wehrhoheit und Rüstungsausgleich.

Einig stehen wir zu diesen Forderungen. Geächtet ist jeder, der unsere Front zersetzen will.
Wir beschwören den durch uns gewählten Reichspräsidenten v. Hindenburg, daß er dem stürmischen Drängen von Millionen vaterländischer Männer und Frauen, Frontsoldaten und Jugend entspricht und in letzter Stunde durch Berufung einer wirklichen Nationalregierung den rettenden Kurswechsel herbeiführt. [...]

D: Ursachen und Folgen VIII S. 365 f.

36

Verordnung des Reichspräsidenten über die Wiederherstellung der öffentlichen Sicherheit und Ordnung in Preußen vom 20. Juli 1932

Diese Verordnung ist ähnlich wie die sachlich vergleichbare für das Land Sachsen aus dem Jahre 1923 (Quelle 21) Ausdruck der »Diktaturgewalt« des Reichspräsidenten, die aus Artikel 48 abgeleitet wurde. Sie wurde ergänzt durch eine weitere, die für Groß-Berlin und die Mark Brandenburg den militärischen Ausnahmezustand verkündete.
In Preußen war seit der Landtagswahl vom 24. April 1932 eine lediglich geschäftsführende Regierung im Amt, weil nach einer neuen Vorschrift der Geschäftsordnung des Landtags ein Ministerpräsident nur mit absoluter Mehrheit gewählt werden konnte, das Parlament nach dem Wahlsieg der Nationalsozialisten aber zur Bildung einer solchen Majorität unfähig geworden war. Die blutigen Auseinandersetzungen der radikalen Parteien, denen zwischen dem 1. Juni und dem 20. Juli 1932 72 Tote und 497 Schwerverletzte zum Opfer fielen, führten Deutschland an den Rand eines Bürgerkriegs, für dessen Ausgang die Machtmittel des preußischen Staates, die nicht mehr wie im Kaiserreich der Reichsregierung zu Gebote standen, möglicherweise den Ausschlag gegeben hätten. Das Verhältnis des Reichs

zu Preußen, das fast zwei Drittel der Einwohner und des Territoriums des Deutschen Reiches umfaßte, galt schon immer als das Kernstück der vieldiskutierten »Reichsreform«. Reichskanzler v. Papen versuchte mit diesem »Preußenschlag«, gleichzeitig die Machtlage im Innern zu seinen Gunsten zu verändern wie diese »Reichsreform« durchzusetzen.

Auf Grund des Artikels 48 Abs. 1 und 2 der Reichsverfassung verordne ich zur Wiederherstellung der öffentlichen Sicherheit und Ordnung im Gebiet des Landes Preußen folgendes:

§ 1. Für die Geltungsdauer dieser Verordnung wird der Reichskanzler zum Reichskommissar für das Land Preußen bestellt. Er ist in dieser Eigenschaft ermächtigt, die Mitglieder des Preußischen Staatsministeriums ihres Amtes zu entheben. Er ist weiter ermächtigt, selbst die Dienstgeschäfte des Preußischen Ministerpräsidenten zu übernehmen und andere Personen als Kommissare des Reichs mit der Führung der Preußischen Ministerien zu betrauen.
Dem Reichskanzler stehen alle Befugnisse des Preußischen Ministerpräsidenten, den von ihm mit der Führung der Preußischen Ministerien betrauten Personen innerhalb ihres Geschäftsbereichs alle Befugnisse der Preußischen Staatsminister zu. Der Reichskanzler und die von ihm mit der Führung der Preußischen Ministerien betrauten Personen üben die Befugnisse des Preußischen Staatsministeriums aus.

§ 2. Diese Verordnung tritt mit dem Tage ihrer Verkündung in Kraft.

Neudeck und Berlin, den 20. Juli 1932

Der Reichspräsident: von Hindenburg
Der Reichskanzler: von Papen

D: RGBl. 1932 I S. 377.

37

Rede des Reichskanzlers v. Papen über seine Pläne zur Umgestaltung der Reichsverfassung vor bayerischen Industriellen am 12. Oktober 1932

Nachdem die Reichstagswahlen vom 31. Juli 1932 den Nationalsozialisten einen erdrutschartigen Sieg gebracht, Reichspräsident Hindenburg sich jedoch geweigert hatte, deren Führer Adolf Hitler wegen seines Anspruchs auf die totale Staatsmacht zum Reichskanzler zu ernennen, konnte sich Papen nur dadurch im Amt halten, daß er Hindenburg bewog, den neugewählten Reichstag wieder aufzulösen. Da v. Papen keine Aussichten sah, je wieder mit einem von Nationalsozialisten beherrschten Reichstag regieren zu können, plante er eine Umgestaltung der Reichsverfassung im autoritären Sinne, die von Rechtsintellektuellen vielfach unterstützt, von der Reichswehr aber abgelehnt wurde, was ihn am 2. Dezember 1932 zum Rücktritt zwang.

[...] Wir wollen eine machtvolle und überparteiliche Staatsgewalt schaffen, die nicht als Spielball von den politischen und gesellschaftlichen Kräften hin- und hergetrieben wird, sondern über ihnen unerschütterlich steht wie ein »rocher de bronce«. Die Reform der Verfassung muß dafür sorgen, daß eine solche machtvolle und autoritäre Regierung in die richtige Verbindung mit dem Volke gebracht wird.

An den großen Grundgesetzen, die der Teil II der Weimarer Verfassung enthält, soll man nicht rütteln, aber die Formen des politischen Lebens gilt es zu erneuern. Die Reichsregierung muß unabhängiger von den Parteien gestellt werden. Ihr Bestand darf nicht Zufallsmehrheiten ausgesetzt sein. Das Verhältnis zwischen Regierung und Volksvertretung muß so geregelt werden, daß die Regierung und nicht das Parlament die Staatsgewalt handhabt.

Als Gegengewicht gegen einseitige, von Parteiinteressen herbeigeführte Beschlüsse des Reichstags bedarf Deutschland einer besonderen Ersten Kammer mit fest abgegrenzten Rechten und starker Beteiligung an der Gesetzgebung. Heute ist das einzige Korrektiv gegen das überspitzte parlamentarische System und gegen das Versagen des Reichstags die Verordnungsgewalt des Reichspräsidenten auf Grund des Artikels 48 der Reichsverfassung. Sobald aber wieder stetige und normale Verhältnisse herrschen, wird auch kein Anlaß mehr sein, den Artikel 48 in der bisherigen Weise anzuwenden.

Die Reichsregierung beabsichtigt, die Verfassungsreform in engem Einvernehmen mit den Ländern durchzuführen. Die geschichtlich gewordenen deutschen Staatsgebilde sollen nicht vergewaltigt werden. Die Reichsregierung lehnt jede Maßnahme ab, die unmittelbar oder mittelbar eine Zerschlagung Preußens bedeutet. Eine Auflösung des preußischen Staatsgefüges, eine Auflockerung der in langer Geschichte gewordenen Einheit, eine Aufgabe der Ost-West-Klammer, können nicht die Grundlage einer Reichsreform bilden, wie sie der Reichsregierung vorschwebt.

Die Erhaltung Preußens in seinem Bestand als staatsrechtliche Einheit wird nicht nur von Preußen als eine selbstverständliche Forderung angesehen, sie dürfte auch von den anderen Ländern als Sicherung gegen eine Mediatisierung der außerpreußischen Länder betrachtet werden. Das Schwergewicht der Reform muß in der Beseitigung des allgemeinen, auch von bayerischer Seite beklagten Dualismus zwischen Reich und Preußen liegen. [...]

Im Zusammenhang mit der Herstellung einer organischen Verbindung zwischen Reich und Preußen wird es durchaus möglich sein, den übrigen Ländern die gerade von bayerischer Seite erstrebte Verfassungsautonomie zu gewähren.

Auch die durch Artikel 18 der Weimarer Verfassung beseitigte Gebietsautonomie für die lebensfähigen und lebenswilligen Länder kann wieder hergestellt werden. [...] Die

Reichsregierung wird den Verfassungsentwurf so fertigstellen, daß der neue Reichstag ihn bei seinem Zusammentritt vorfindet. [...]

Es ist eine historische Fälschung, wenn heute behauptet wird, ich, der Kanzler, habe den Nationalsozialismus von der Ergreifung der Verantwortung ferngehalten. Das Angebot des 13. August, das der NSDAP einen Anteil an der Macht im Reiche und in Preußen, der ihr entscheidenden Einfluß gesichert hätte, hat Herr Hitler nicht angenommen, weil er glaubte, als Führer einer Bewegung, die sich auf 230 parlamentarische Mandate stützt, den Kanzlerposten beanspruchen zu müssen. Er hat diesen Anspruch erhoben aus dem Prinzip der »Totalität«, der »Ausschließlichkeit« heraus, dem seine Partei huldigt. Es ist deshalb eine ebenso falsche Darstellung des Tatbestandes, die richtigzustellen ich die Pflicht habe, wenn die NSDAP heute behauptet, sie habe gar nicht alle Macht gefordert, sondern sei bereit gewesen, auch noch andere, nicht der Bewegung angehörige Männer an der Regierung zu beteiligen. Hätte ein solches Zugeständnis denn an ihrem Anspruch auf die ausschließliche Führung irgend etwas geändert? Es ist bekannt, daß der Herr Reichspräsident, dem allein die Berufung des Kanzlers zusteht, diesen Anspruch auf Totalität abgelehnt hat. Warum er ihn abgelehnt hat, kann nicht zweifelhaft sein. Eine persönliche Abneigung etwa gegenüber dem Führer der Bewegung kann gar nicht in Frage kommen, denn der Herr Reichspräsident steht turmhoch über solchen Erwägungen. Es sind ausschließlich prinzipielle Beweggründe gewesen, die das Urteil des Staatsoberhauptes geformt haben.

Das Wesenhafte jeder konservativen Weltanschauung ist ihre Verankerung in der göttlichen Ordnung der Dinge. Das ist auch ihr grundsätzlicher Unterschied zwischen der Doktrin, welcher die NSDAP huldigt. Ihr Grundsatz der »Ausschließlichkeit« des politischen »Alles oder nichts«, ihr mystischer Messiasglaube an den wortgewaltigen Führer als den einzigen zur Leitung der Geschicke Berufenen gibt ihr

den Charakter einer politischen Konfession. Und eben darin sehe ich den unüberbrückbaren Unterschied zwischen einer konservativen Politik aus dem Glauben und einem nationalsozialistischen Glauben aus Politik. [...]
Die Reichsregierung hat bei ihrem Antritt als oberstes Ziel ihrer Innenpolitik die Vereinigung aller wahrhaft nationalen Kräfte proklamiert. Das Ziel bleibt unverrückbar bestehen – es muß bestehen bleiben – um Deutschlands willen – auch wenn die Wege heute auseinanderführen. Nichts kann das Vertrauen in den Aufstieg der Nation mehr hindern als die Unstabilität der politischen Verhältnisse, als Regierungen, die nur Treibholz sind auf den Wellen der Partei und abhängig von jeder Strömung. Diese Art der Staatsführung der Parteiarithmetik ist im Urteil des Volkes erledigt. [...]

D: Ursachen und Folgen VIII S. 657 f.

38

Erklärung der fünf Großmächte über ihre sicherheitspolitischen Zielsetzungen vom 11. Dezember 1932

Im Versailler Vertrag war die Abrüstung Deutschlands als Vorgriff auf eine allgemeine Abrüstung bestimmt worden, die vom Völkerbund in die Wege geleitet werden sollte. Nachdem aber dessen Bemühungen um Sicherheit und Abrüstung nicht zu einem Ergebnis gelangt waren, wirkten die Abrüstungsverpflichtungen des Versailler Vertrags als Diskriminierung, die mit der nun wieder anerkannten prinzipiellen Gleichberechtigung Deutschlands nicht vereinbar war. Mit dem ersten Abschnitt ihrer Erklärung boten die Westmächte eine Lösung, welche die europäische Sicherheit nicht durch eine unkontrollierte deutsche Aufrüstung gefährdete, aber den Anspruch des Deutschen Reiches im Grundsatz anerkannte.

1. Die Regierungen des Vereinigten Königreichs, Frankreichs und Italiens haben erklärt, daß einer der Grundsätze, die die Konferenz [des Völkerbunds über die Abrüstung] leiten sollen, darin bestehen muß, Deutschland und den anderen durch die Verträge abgerüsteten Staaten die Gleichberechtigung zu gewähren in einem System, das allen Nationen Sicherheit bietet, und daß dieser Grundsatz in dem Abkommen, das die Beschlüsse der Abrüstungskonferenz enthält, verwirklicht werden soll.
Diese Erklärung schließt in sich, daß die Rüstungsbegrenzungen für alle Staaten in dem in Aussicht genommenen Abrüstungsabkommen enthalten sein müssen. Es besteht Einvernehmen darüber, daß die Art und Weise der Anwendung dieser Gleichberechtigung auf der Konferenz erörtert werden wird.
2. Auf der Grundlage dieser Erklärung hat Deutschland seine Bereitwilligkeit ausgesprochen, an der Abrüstungskonferenz wieder teilzunehmen.
3. Die Regierungen des Vereinigten Königreichs, Frankreichs, Deutschlands und Italiens sind bereit, gemeinsam mit allen anderen europäischen Staaten feierlichst noch einmal zu bestätigen, daß sie unter keinen Umständen versuchen werden, gegenwärtige oder künftige Streitfragen zwischen den Unterzeichneten mit Gewalt zu lösen. Dies soll einer vollständigen Erörterung der Frage der Sicherheit nicht vorgreifen.
4. Die fünf Regierungen der Vereinigten Staaten, des Vereinigten Königreichs, Frankreichs, Deutschlands und Italiens erklären, daß sie entschlossen sind, auf der Konferenz gemeinsam mit den anderen dort vertretenen Staaten darauf hinzuwirken, daß unverzüglich ein Abkommen ausgearbeitet werde, das eine wesentliche Herabsetzung und eine Begrenzung der Rüstungen herbeiführt und gleichzeitig eine künftige Revision zum Zwecke der weiteren Herabsetzung vorsieht.

D: Keesing 1 (1931/32) S. 604.
O: Martens XXVIII S. 3.

39

Tagebuchaufzeichnungen von Joseph Goebbels über die innere Lage der NSDAP im November und Dezember 1932

Bei den Reichstagswahlen vom 6. November 1932 hatte die NSDAP rund 2 Millionen Stimmen verloren; sie verschreckte zudem einen Teil ihrer Sympathisanten, als sie gemeinsam mit den Kommunisten die Berliner Verkehrsbetriebe (BVG) bestreikte. Der mächtigste Mann der Partei nach Hitler, der Reichsorganisationsleiter Gregor Strasser, hielt diese unerbittliche Opposition nicht mehr für vertretbar und versuchte mit der Parole »Die Sozialisten verlassen die Partei« einen Teil der nationalsozialistischen Abgeordneten zum Austritt aus der Partei und zur Unterstützung der neuen Regierung Schleicher zu gewinnen.
Der Reichspropagandaleiter der NSDAP, Dr. Joseph Goebbels, hat stets Tagebuch geführt. Abschnitte über die letzten Monate vor der Berufung Hitlers zum Reichskanzler hat er 1934 als Buch veröffentlicht. Soweit die Tagebücher der Forschung im Original zur Verfügung stehen, läßt sich feststellen, daß die veröffentlichte Fassung die abrupte, vielfach Stichworte und Kürzel verwendende Schreibweise der ursprünglichen Aufzeichnungen glättet, aber ihren Inhalt zutreffend, wenn auch mit erklärenden und weiterführenden Zusätzen, wiedergibt. Hier wird um der besseren Lesbarkeit willen die von Goebbels veröffentlichte Form geboten.

7. November 1932

Auf dem Berliner Gau herrscht eine sehr gedrückte Stimmung; aber es gelingt mir doch, alle Mitarbeiter in einer längeren Ansprache wieder hochzureißen. Zum Schluß geht alles aufs neue pflichtbewußt an die Arbeit. [...]

Der BVG.-Streik ist im Abflauen; er ist eine aussichtslose Sache geworden. Es handelt sich nur noch darum, ihn auf irgendeine Weise zu Ende zu bringen. Die Opfer stehen in keinem Verhältnis mehr zum Ziel, das erreicht werden könnte.
Am bewundernswertesten ist die Haltung der SA. und Amtswalterschaft. Unter der Wählerschaft herrscht vielfach Verzweiflung. [...]

8. November 1932

Wir haben den BVG.-Streik abgebrochen. Wir konnten nicht mehr gewinnen. Auch die KPD. war uns in den Rükken gefallen, und so standen wir allein auf weiter Flur und riskierten nur noch, daß sämtliche Arbeiter aus der NSDAP. brot- und erwerblos wurden. [...]
Lange Beratung mit dem Führer. Er ist ganz auf wilden Kampf eingestellt; von Versöhnung will er nichts wissen. Und wenn sie uns noch einen Wahlkampf aufzwingen, wir würden ihn mit zusammengebissenen Zähnen durchführen. Diese Regierung muß weg, koste es, was es wolle. An Kompromisse dürfen wir gar nicht denken. [...]
Als ich mit dem Führer allein bin, spricht er seinen ganzen Groll über Straßer und seine ewige Minier- und Sabotagearbeit aus. Ein großer Teil unserer Niederlage ist dem unfairen Verhalten seiner Clique zuzuschreiben. Ich glaube auch, daß diese Niederlage ihm gar nicht unwillkommen ist; damit hat er wenigstens zum Schein recht behalten und kann nun wieder vor die Partei hintreten und uns den radikalen Kurs vorwerfen. Außerdem sich natürlich auch nach Bedarf wieder als Radikalen aufspielen. Eine schillernde Vielheit der verschiedensten Wesenheiten. Ein Chamäleon des Nationalsozialismus. [...]
Abends sitzen wir mit dem Führer in seiner Wohnung zusammen. Er entwickelt seine Zukunftspläne mit einer so plastischen Klarheit, als besäßen wir schon die Macht. [...]

8. Dezember 1932

In der Organisation herrscht schwere Depression. Die Geldsorgen machen jede zielbewußte Arbeit unmöglich.

Es laufen Gerüchte um, daß Straßer eine Palastrevolution plane. Wie sie im einzelnen verlaufen soll, konnte ich noch nicht erfahren.

Man ist innerlich so wund, daß man nichts sehnlicher wünscht, als für ein paar Wochen aus all diesem Getriebe zu entfliehen.

Mittags platzt die Bombe: Straßer hat an den Führer einen Brief geschrieben, in dem er ihm mitteilt, daß er seine sämtlichen Parteiämter niederlege. Er gibt dafür ganz faule und indiskutable Beweggründe an. Man müsse die Partei an den Staat führen, es sei jetzt der Augenblick gekommen, einzulenken, die Bewegung verbrauche sich in nutzloser Opposition, er könne diesen Kurs nicht mehr gutheißen und lehne die Verantwortung dafür ab.

Natürlich sind alle diese Gründe nicht stichhaltig. Sie beweisen nichts als höchstens, daß bei Straßer der Drang zum Ministeramt stärker ist als die Treue zum Führer und zur Partei.

Man liest aus der ganzen Argumentation Schleichers Gedankengänge unschwer heraus. [...]

Wir stehen vor der entscheidenden Probe. Jede Bewegung, die an die Macht will, muß sie bestehen. Sie kommt meist kurz vor dem entscheidenden Sieg und ist ausschließlich eine Sache der Nerven.

Wir dürfen jetzt den Kopf nicht hängen lassen; wir werden schon Mittel und Wege finden, diese verzweifelte Situation zu überwinden. Ausschlaggebend bleibt nur, daß wir uns nicht selbst verlassen.

Anruf von Dr. Ley: Die Lage in der Partei spitzt sich von Stunde zu Stunde zu. Der Führer muß augenblicklich wieder in den Kaiserhof zurück.

Um 2 Uhr nachts werde ich wieder von dort aus angerufen.

Ich fahre gleich herunter und treffe Himmler schon dort an [...]
Wir sprechen die Lage durch: Zuerst muß der Machtapparat, den Straßer in der Partei aufgerichtet hat, zerschlagen werden. Der Führer selbst übernimmt die Organisationsabteilung und ernennt Dr. Ley zu seinem Stabsleiter. Die Ressorts der Volksbildung und der Landwirtschaft werden selbständig gemacht. Das eine kommt zu mir, das andere zu Darré.
Der Führer geht stundenlang mit langen Schritten im Hotelzimmer auf und ab. Man sieht es seinen Gesichtszügen an, daß es mächtig in ihm arbeitet. Er ist verbittert und durch diese Treulosigkeit aufs tiefste verwundet. Einmal bleibt er stehen und sagt nur: »Wenn die Partei einmal zerfällt, dann mache ich in 3 Minuten mit der Pistole Schluß.«
Ein furchtbares Wort, das sich wie eine Zentnerlast auf die Seele legt. [...]
Bis morgens um 6 Uhr beraten wir und kommen zum Ergebnis: kein Nachgeben, Zähne zusammenbeißen, weiterkämpfen, koste es, was es wolle, und unter Einsatz der ganzen Partei.
Es fängt schon an hell zu werden, als ich morgens todmüde, mit verglasten Augen und fieberheißen Händen zu Hause ankomme. An Schlaf ist jetzt gar nicht zu denken. Man nimmt ein kaltes Bad, zieht sich um und fährt dann gleich wieder zum Reichstag herunter.

D: Joseph Goebbels: Vom Kaiserhof zur Reichskanzlei. Eine historische Darstellung in Tagebuchblättern. (Vom 1. Januar 1932 bis zum 1. Mai 1933.) München: Zentralverlag der NSDAP Franz Eher Nachf., [12]1936. S. 197–199, 218–220. – Mit Genehmigung von Cordula Schacht, Bernau.

40

Die Auswirkungen der Weltwirtschaftskrise auf Produktion und Beschäftigung in den wichtigsten Industrieländern Europas 1929–1932

Die Hochkonjunktur in den USA wurde durch den unerwarteten Sturz der überhöhten Aktienkurse am 24. und 29. Oktober 1929 jäh unterbrochen. Aus Sorge um die wirtschaftliche Entwicklung entzogen viele ihr bei den Banken hinterlegtes Geld dem Wirtschaftskreislauf, was vielfach zu Zahlungseinstellungen und Illiquidität der Banken führte. Durch die Zurückhaltung des Geldes entstand ein starker Druck auf die Preise, wodurch Produktionseinstellungen und Arbeitslosigkeit rapide anwuchsen. Da die amerikanischen Gläubiger danach strebten, ihr im Ausland angelegtes Geld wieder an sich zu ziehen, betraf die in den Vereinigten Staaten ausgebrochene Krise die gesamte Weltwirtschaft.

D: (Tabelle S. 142) Karl Dietrich Bracher: Die Krise Europas. Berlin: Propyläen-Verlag, 1976. (Propyläen Geschichte Europas.) S. 423, 432. –

Index der industriellen Produktion
(100 = 1937)

	Belgien	Deutsches Reich	Frankreich	Großbritannien	Italien	Niederlande	Schweden
1929	115	79	123	77	90	97	66
1930	97	69	123	74	85	99	68
1931	88	56	105	69	77	93	64
1932	73	48	91	69	77	82	59

Arbeitslosigkeit
(Anzahl der Erwerbslosen in Tausend)

	Belgien		Deutsches Reich		Frankreich	Großbritannien		Italien	Niederlande		Schweden
	Anzahl	%	Anzahl	%	Anzahl	Anzahl	%	Anzahl	Anzahl	%	%
1929	5,6	1,9	1899	13,1	10	1216	11,0	301			11,2
1930	16,5	5,4	3076	15,3	13	1917	14,6	425	28	5,9	12,2
1931	41,1	14,5	4520	23,3	64	2630	21,5	734	41	7,8	17,2
1932	71,8	23,5	5575	30,1	301	2745	22,5	1006	138	14,8	22,8

41

Die Ergebnisse der Wahlen zur Nationalversammlung und zum Deutschen Reichstag 1919–1932

Bei den Wahlen zur Verfassunggebenden Deutschen Nationalversammlung 1919 hatten die Sozialdemokratische Partei, das Zentrum und die neugebildete Deutsche Demokratische Partei so viele Stimmen erhalten, daß ihre Koalition stark genug war, die Regierung zu bilden und die zur Annahme der Weimarer Verfassung erforderliche Mehrheit zu garantieren. Bei den nächsten Reichstagswahlen verlor sie jedoch diese Schlüsselstellung. Andere Koalitionen gewannen bei den Wahlen auch keinen stabilen Rückhalt. Die rapide Zunahme der für die Nationalsozialistische Deutsche Arbeiterpartei abgegebenen Stimmen während der Weltwirtschaftskrise, die von einem erheblichen Anwachsen der Stimmen für die kommunistische Partei Deutschlands begleitet war, machte die Krise des Parlamentarischen Systems, in die Deutschland mit dem Scheitern der »Großen Koalition« im März 1930 (vgl. Quelle 33) geraten war, fast unüberwindbar.

D: (Tabelle S. 144/145) Handbuch der deutschen Geschichte. Begr. von Bruno Gebhardt. 9., neu bearb. Aufl. hrsg. von Herbert Grundmann. Bd. 4: Die Zeit der Weltkriege. Bearb. von Karl Dietrich Erdmann. 2. Teilband. Stuttgart: Klett-Cotta, 1976. S. 832 f. –

	Nationalvers. 19. Jan. 1919		1. Reichstag 6. Juni 1920		2. Reichstag 4. Mai 1924		3. Reichstag 7. Dez. 1924	
Wahlberechtigte	34,0 Mio.		35,9 Mio.		38,4 Mio.		39,0 Mio.	
Wahlbeteiligung in %	83,0 %		79,2 %		77,4 %		78,8 %	
Gesamtzahl der gültigen Stimmen	30,4		28,2		29,3		30,3	
	Anz. d. Mandate	in % d. gült. St.						
NSDAP	–	–	–	–	32	6,5	14	3,0
Deutschnationale Volkspartei	44	10,3	71	15,1	95	19,5	103	20,5
Konservative Volkspartei	–	–	–	–	–	–	–	–
Christlich-sozialer Volksdienst	–	–	–	–	–	–	–	–
Landbund	–	–	–	–	10	2,0	8	1,6
Christlich-nationale Bauern- und Landvolkpartei	–	–	–	–	–	–	–	–
Deutsche Bauernpartei	–	–	–	–	–	–	–	–
Volksrechtpartei	–	–	–	–	–	–	–	–
Deutsche Volkspartei	19	4,4	65	13,9	45	9,2	51	10,1
Wirtschaftspartei / Bayerischer Bauernbund	4	0,9	4	0,8	10	2,4	17	3,3
Deutschhannoversche Partei	1	0,2	5	1,1	5	1,1	4	0,9
Bayerische Volkspartei	–	–	21	4,2	16	3,2	19	3,8
Zentrum	91	19,7	64	13,6	65	13,4	69	13,6
Deutsche Demokratische Partei (seit 1930 Deutsche Staatspartei)	75	18,5	39	8,3	28	5,7	32	6,3
SPD	163	37,9	102	21,7	100	20,5	131	26,0
USPD	22	7,6	84	17,9	–	0,8	–	0,3
KPD	–	–	4	2,1	62	12,6	45	9,0
Splitterparteien	2	0,5	–	1,3	4	3,1	–	1,6
Gesamtzahl der Abgeordneten	421		459		472		493	

4. Reichstag 20. Mai 1928		5. Reichstag 14. Sept. 1930		6. Reichstag 31. Juli 1932		7. Reichstag 6. Nov. 1932		8. Reichstag 5. März 1933	
41,2 Mio.		43,0 Mio.		44,2 Mio.		44,4 Mio.		44,7 Mio.	
75,6 %		82,0 %		84,1 %		80,6 %		88,8 %	
30,8 Mio.		35,0 Mio.		36,9 Mio.		35,5 Mio.		39,3 Mio.	
12	2,6	107	18,3	230	37,4	196	33,1	288	43,9
73	14,2	41	7,0	37	5,9	52	8,9	52	8,0
–	–	4	0,8	–	–	–	–	–	–
–	–	14	2,5	3	1,0	5	1,2	4	1,0
3	0,6	3	0,6	2	0,3	2	0,3	1	0,2
10	1,9	19	3,2	1	0,3	–	0,1	–	–
8	1,6	6	1,0	2	0,4	3	0,4	2	0,3
2	1,6	–	0,8	1	0,1	–	–	–	–
45	8,7	30	4,5	7	1,2	11	1,9	2	1,1
23	4,5	23	3,9	2	0,4	1	0,3	–	–
3	0,6	3	0,5	–	0,1	1	0,2	–	0,1
16	3,1	19	3,0	22	3,2	20	3,1	19	2,7
62	12,1	68	11,8	75	12,5	70	11,9	73	11,2
25	4,9	20	3,8	4	1,0	2	1,0	5	0,9
153	29,8	143	24,5	133	21,6	121	20,4	120	18,3
–	0,1	–	–	–	–	–	–	–	–
54	10,6	77	13,1	89	14,5	100	16,9	81	12,3
2	3,1	–	0,7	–	0,1	–	0,3	–	–
491		577		608		584		647	

42

Aufruf der »nationalen Regierung« vom 1. Februar 1933

Die am 30. Januar 1933 gebildete Regierung des Reichskanzlers Adolf Hitler beruhte auf einer Koalition verschiedener Gruppen der politischen Rechten. In diesem Kabinett bildeten die Nationalsozialisten noch eine Minderheit, und viele Zeitgenossen meinten, diese seien von den Führern der konservativen Rechtsgruppen wie v. Papen und Hugenberg »engagiert« und würden nun durch die Belastung mit der Regierungsverantwortung »gezähmt«. Der Aufruf der neuen Regierung, den Hitler über den Rundfunk verkündete, leistete diesem Mißverständnis Vorschub, weil er die gemeinsamen Auffassungen der »nationalen« (aber noch nicht »nationalsozialistischen«) Regierung vertrat und damit Hitlers eigentliche Ziele nicht erkennen ließ.

Über 14 Jahre sind vergangen seit dem unseligen Tage, da, von inneren und äußeren Versprechungen verblendet, das deutsche Volk der höchsten Güter unserer Vergangenheit, des Reiches, seiner Ehre und seiner Freiheit vergaß, und dabei alles verlor. Seit diesen Tagen des Verrats hat der Allmächtige unserem Volk seinen Segen entzogen. Zwietracht und Haß hielten ihren Einzug. In tiefster Bekümmernis sehen Millionen bester deutscher Männer und Frauen aus allen Lebensständen die Einheit der Nation dahinsinken und sich auflösen in ein Gewirr politisch-egoistischer Meinungen, wirtschaftlicher Interessen und weltanschaulicher Gegensätze. Wie so oft in unserer Geschichte, bietet Deutschland seit diesem Tage der Revolution das Bild einer herzzerbrechenden Zerrissenheit. Die versprochene Gleichheit und Brüderlichkeit erhielten wir nicht, aber die Freiheit haben wir verloren. Denn dem Verfall der geistigen und willensmäßigen Einheit unseres Volkes im Innern folgte der Verfall seiner politischen Stellung in der Welt. [...] Die Wahnidee vom Sieger und Besiegten zerstört das Vertrauen von Nation zu Nation und damit auch die Wirtschaft der Welt. Das Elend unseres Volkes aber ist entsetzlich! Dem arbeitslos gewordenen, hungernden Millionen-Proletariat der Industrie folgt die Verelendung des gesamten Mittel- und Handwerksstandes. Wenn sich dieser Verfall auch im deutschen Bauern endgültig vollendet, stehen wir in einer Katastrophe von unübersehbarem Ausmaß. Denn nicht nur ein Reich zerfällt dann, sondern eine zweitausendjährige Erbmasse an hohen und höchsten Gütern menschlicher Kultur und Zivilisation. [...] Vierzehn Jahre Marxismus haben Deutschland ruiniert. Ein Jahr Bolschewismus würde Deutschland vernichten. Die heute reichsten und schönsten Kulturgebiete der Welt würden in ein Chaos und Trümmerfeld verwandelt. Selbst das Leid der letzten anderthalb Jahrzehnte könnte nicht verglichen werden mit dem Jammer eines Europas, in dessen Herzen die rote Fahne der Vernichtung aufgezogen würde. Die Tausende von Verletzten, die unzähligen Toten, die dieser innere Krieg schon heute kostet, mögen ein Wetterleuchten sein der Warnung vor dem Sturme. In diesen Stunden der übermächtig hereinbrechenden Sorgen um das Dasein und die Zukunft der deutschen Nation rief uns Männer nationaler Parteien und Verbände der greise Führer des Weltkrieges auf, noch einmal wie einst an den Fronten, nunmehr in der Heimat in Einigkeit und Treue für des Reiches Rettung unter ihm zu kämpfen. Indem der ehrwürdige Herr Reichspräsident uns in diesem großherzigen Sinne die Hände zum gemeinsamen Bunde schloß, wollen wir als nationale Führer Gott, unserem Gewissen und unserem Volke geloben, die uns damit übertragene Mission als nationale Regierung entschlossen und beharrlich zu erfüllen.

I. Das Erbe, das wir übernehmen, ist ein furchtbares. Die Aufgabe, die wir lösen müssen, ist die schwerste, die seit Menschengedenken deutschen Staatsmännern gestellt wurde. Das Vertrauen in uns allen aber ist unbegrenzt, denn wir glauben an unser Volk und seine unvergänglichen Werte. Bauern, Arbeiter und Bürger, sie müssen gemeinsam die Bausteine liefern zum neuen Reich. So wird es die nationale Regierung als ihre oberste und erste Aufgabe ansehen, die geistige und willensmäßige Einheit unseres Volkes wiederherzustellen. Sie wird die Fundamente wahren und verteidigen, auf denen die Kraft unserer Nation beruht. Sie wird das Christentum als Basis unserer gesamten Moral, die Familie als Keimzelle unseres Volks- und Staatskörpers in ihren festen Schutz nehmen. Sie wird über Stände und Klassen hinweg unser Volk wieder zum Bewußtsein seiner volklichen und politischen Einheit und der daraus entspringenden Pflichten bringen. Sie will die Ehrfucht vor unserer großen Vergangenheit, den Stolz auf unsere alten Traditionen zur Grundlage machen für die Erziehung der deutschen Jugend. Sie wird damit der geistigen, politischen und kulturellen Nihilisierung einen unbarmherzigen Krieg ansagen. Deutschland darf und wird nicht im anarchischen Kommunismus versinken. Sie wird an Stelle turbulenter Instinkte wieder die nationale Disziplin zum Regenten unseres Lebens erheben. Sie wird dabei all der Einrichtungen in höchster Sorgfalt gedenken, die die wahren Bürgen der Kraft und Stärke unserer Nation sind. [...]

III. [...] Der Reichspräsident Generalfeldmarschall v. Hindenburg hat uns berufen mit dem Befehl, durch unsere Einmütigkeit der Nation die Möglichkeit des Wiederaufstiegs zu bringen. Wir appellieren deshalb nunmehr an das deutsche Volk, diesen Akt der Versöhnung selbst mit zu unterzeichnen. Die Regierung der nationalen Erhebung will arbeiten und sie wird arbeiten. Sie hat nicht 14 Jahre lang die deutsche Nation zugrunde gerichtet, sondern will sie wieder nach oben führen. Sie ist entschlossen, in vier Jahren die Schuld von 14 Jahren wieder gutzumachen. Allein sie kann nicht die Arbeit des Wiederaufbaues der Genehmigung derer unterstellen, die den Zusammenbruch verschuldeten. Die Parteien des Marxismus und seiner Mitläufer haben

14 Jahre lang Zeit gehabt, ihr Können zu beweisen. Das Ergebnis ist ein Trümmerfeld. Nun, deutsches Volk, gib uns die Zeit von vier Jahren und dann urteile selbst und richte uns! Getreu dem Befehl des Generalfeldmarschalls wollen wir beginnen. Möge der allmächtige Gott unsere Arbeit in seine Gnade nehmen, unseren Willen recht gestalten, unsere Einsicht segnen und uns mit dem Vertrauen unseres Volkes beglücken. Denn wir wollen nicht kämpfen für uns, sondern für Deutschland!

Adolf Hitler; v. Papen; Frhr. v. Neurath;
Dr. Frick; Graf Schwerin v. Krosigk;
Dr. Hugenberg; Seldte; Dr. Gürtner;
v. Blomberg; Eltz v. Rübenach; Göring;
Dr. Gereke

D: Schultheß 49 (1933) S. 34–37.

43

Ausführungen Hitlers vor den Befehlshabern von Heer und Marine über seine politischen Ziele vom 3. Februar 1933

Um den neuen Reichskanzler mit den Führern der Reichswehr bekanntzumachen, gab der Chef der Heeresleitung Hitler Gelegenheit, sich bei einem Essen in kleinerem Kreise über die Grundzüge seiner Politik zu äußern. Einer der Gäste, Generalleutnant Liebmann, hat in seiner Niederschrift die ihm wichtig erscheinenden Punkte aus Hitlers Rede zusammengefaßt.

Ziel der Gesamtpolitik allein: *Wiedergewinnung der pol. Macht.* Hierauf muß gesamte Staatsführung eingestellt werden (alle Ressorts!).

1. *Im Innern.* Völlige Umkehrung der gegenwärt. innenpol. Zustände in D. Keine Duldung der Betätigung irgendeiner Gesinnung, die dem Ziel entgegen steht (Pazifismus!) Wer sich nicht bekehren läßt, muß gebeugt werden. Ausrottung des Marxismus mit Stumpf und Stiel. Einstellung der Jugend u. des ganzen Volkes auf den Gedanken, daß nur d. Kampf uns retten kann u. diesem Gedanken gegenüber alles zurückzutreten hat. (Verwirklicht in d. Millionen d. Nazi-Beweg. Sie wird wachsen.) Ertüchtigung der Jugend u. Stärkung des Wehrwillens mit allen Mitteln. Todesstrafe für Landes- u. Volksverrat. Straffste autoritäre Staatsführung. Beseitigung des Krebsschadens der Demokratie!
2. *Nach außen.* Kampf gegen Versailles. Gleichberechtigung in Genf; aber zwecklos, wenn Volk nicht auf Wehrwillen eingestellt. Sorge für Bundesgenossen.
3. *Wirtschaft!* Der Bauer muß gerettet werden! Siedlungspolitik! Künft. Steigerung d. Ausfuhr zwecklos. Aufnahmefähigkeit d. Welt ist begrenzt u. Produktion ist überall übersteigert. Im Siedeln liegt einzige Mögl., Arbeitslosenheer z. T. wieder einzuspannen. Aber braucht Zeit u. radikale Änderung nicht zu erwarten, da Lebensraum für d[eutsches] Volk zu klein.
4. *Aufbau der Wehrmacht* wichtigste Voraussetzung für Erreichung des Ziels Wiedererringung der pol. Macht. Allg. Wehrpflicht muß wieder kommen. Zuvor aber muß Staatsführung dafür sorgen, daß die Wehrpflichtigen vor Eintritt nicht schon durch Pazif., Marxismus, Bolschewismus vergiftet werden oder nach Dienstzeit diesem Gifte verfallen.
Wie soll pol. Macht, wenn sie gewonnen ist, gebraucht werden? Jetzt noch nicht zu sagen. Vielleicht Erkämpfung neuer Export-Mögl., vielleicht – und wohl besser – Eroberung neuen Lebensraums im Osten u. dessen rücksichtslose Germanisierung. Sicher, daß erst mit pol. Macht u. Kampf jetzige wirtsch. Zustände geändert werden können. Alles, was jetzt geschehen kann – Siedlung – Aushilfsmittel.

Wehrmacht wichtigste u. sozialistischste Einrichtung d. Staates. Sie soll unpol. u. überparteilich bleiben. Der Kampf im Innern nicht ihre Sache, sondern der Nazi-Organisationen. Anders wie in Italien keine Verquickung v. Heer u. SA beabsichtigt. – Gefährlichste Zeit ist die des Aufbaus der Wehrmacht. Da wird sich zeigen, ob Fr[ankreich] *Staatsmänner* hat; wenn ja, wird es uns Zeit nicht lassen, sondern über uns herfallen (vermutlich mit Ost-Trabanten).

D: Thilo Vogelsang: Neue Dokumente zur Geschichte der Reichswehr. In: Vierteljahrshefte für Zeitgeschichte 2 (1954) S. 434 f.

44

Erlaß Hermann Görings an die Polizei über die Unterstützung der nationalen Bewegung vom 17. Februar 1933

Im Zusammenhang mit der Bildung der Regierung Hitler war der Reichstagspräsident Göring, der zugleich Reichsminister ohne Portefeuille war, zum Reichskommissar für das Innenministerium in Preußen ernannt worden, das seit dem »Preußenschlag« Papens (vgl. Quelle 36) unter der Kontrolle des Reiches stand. Auf diese Weise war die Polizei des größten Landes in die Verfügungsgewalt eines Nationalsozialisten gekommen, der sie rücksichtslos für die Zwecke seiner Partei einsetzte.

Ich glaube, mir einen besonderen Hinweis darauf ersparen zu können, daß die Polizei auch nur den Anschein einer feindseligen Haltung oder gar den Eindruck einer Verfolgung gegenüber nationalen Verbänden (SA, SS und Stahlhelm) und nationalen Parteien unter allen Umständen zu vermeiden hat. Ich erwarte vielmehr von sämtlichen Polizeibehörden, daß sie zu den genannten Organisationen, in deren Kreisen die wichtigsten staatsaufbauenden Kräfte enthalten sind, das beste Einvernehmen herstellen und unterhalten. Darüber hinaus ist jede Betätigung für nationale Zwecke und die nationale Propaganda mit allen Kräften zu unterstützen. Von polizeilichen Beschränkungen und Auflagen darf insoweit nur in dringendsten Fällen Gebrauch gemacht werden. Dafür ist dem Treiben staatsfeindlicher Organisationen mit den schärfsten Mitteln entgegenzutreten. Gegen kommunistische Terrorakte und Überfälle ist mit aller Strenge vorzugehen und, wenn nötig, rücksichtslos von der Waffe Gebrauch zu machen. Polizeibeamte, die in Ausübung dieser Pflichten von der Schußwaffe Gebrauch machen, werden ohne Rücksicht auf die Folgen des Schußwaffengebrauchs von mir gedeckt. Wer hingegen in falscher Rücksichtnahme versagt, hat dienststrafrechtliche Folgen zu gewärtigen.

Der Schutz der immer wieder in ihrer Betätigung eingeengten nationalen Bevölkerung erfordert die schärfste Handhabung der gesetzlichen Bestimmungen gegen verbotene Demonstrationen, unerlaubte Versammlungen, Plünderungen, Aufforderung zum Hoch- und Landesverrat, Massenstreik, Aufruhr, Pressedelikte und das sonstige strafbare Treiben der Ordnungsstörer.

Jeder Beamte hat sich stets vor Augen zu halten, daß die Unterlassung einer Maßregel schwerer wiegt als begangene Fehler in der Ausübung.

Ich erwarte und hoffe, daß alle Beamten sich mit mir eins fühlen in dem Ziel, durch die Stärkung und Zusammenfassung aller nationalen Kräfte unser Vaterland vor dem drohenden Verfall zu retten.

D: Ursachen und Folgen IX S. 38 f.

45

Verordnung des Reichspräsidenten zum Schutz von Volk und Staat (»Reichstagsbrand-Verordnung«) vom 28. Februar 1933

Der in den Einzelheiten nie aufgeklärte Brand des Reichstagsgebäudes in der Nacht vom 27. zum 28. Februar 1933 wurde von den Nationalsozialisten sofort als Signal für einen kommunistischen Aufstand dargestellt und zum Vorwand rücksichtslosen Vorgehens gegen den Kommunismus (und eines vierzehntätigen Verbots der sozialdemokratischen Presse) genommen. Die formelle Grundlage für zahlreiche solcher Maßnahmen lieferte die Verordnung des Reichspräsidenten, die Grundrechte außer Kraft setzte und damit die Rechtsordnung der Weimarer Verfassung an entscheidender Stelle, beim Schutz der Rechte und Freiheiten des Bürgers, durchbrach. Diese Verordnung wurde bis 1945 niemals aufgehoben und damit ein »permanenter Ausnahmezustand« zur Normalität des »Dritten Reiches«. Weit über ihre Zweckbestimmung »zur Abwehr kommunistischer staatsgefährdender Gewaltakte« hinaus wurde sie gegen alle verwendet, die das Regime als seine Gegner betrachtete.

Auf Grund des Artikels 48 Abs. 2 der Reichsverfassung wird zur Abwehr kommunistischer staatsgefährdender Gewaltakte folgendes verordnet:

§ 1. Die Artikel 114, 115, 117, 118, 123, 124 und 153 der Verfassung des Deutschen Reichs werden bis auf weiteres außer Kraft gesetzt. Es sind daher Beschränkungen der persönlichen Freiheit, des Rechts der freien Meinungsäußerung, einschließlich der Pressefreiheit, des Vereins- und Versammlungsrechts, Eingriffe in das Brief-, Post-, Telegraphen- und Fernsprechgeheimnis, Anordnungen von Haussuchungen und von Beschlagnahmen sowie Beschränkungen des Eigentums auch außerhalb der sonst hierfür bestimmten gesetzlichen Grenzen zulässig.

§ 2. Werden in einem Lande die zur Wiederherstellung der öffentlichen Sicherheit und Ordnung nötigen Maßnahmen nicht getroffen, so kann die Reichsregierung insoweit die Befugnisse der obersten Landesbehörde vorübergehend wahrnehmen.

§ 3. Die Behörden der Länder und Gemeinden (Gemeindeverbände) haben den auf Grund des § 2 erlassenen Anordnungen der Reichsregierung im Rahmen ihrer Zuständigkeit Folge zu leisten.

§ 4. Wer den von den obersten Landesbehörden oder den ihnen nachgeordneten Behörden zur Durchführung dieser Verordnung erlassenen Anordnungen oder den von der Reichsregierung gemäß § 2 erlassenen Anordnungen zuwiderhandelt oder wer zu solcher Zuwiderhandlung auffordert oder anreizt, wird, soweit nicht die Tat nach anderen Vorschriften mit einer schwereren Strafe bedroht ist, mit Gefängnis nicht unter einem Monat oder mit Geldstrafe von 150 bis 15 000 Reichsmark bestraft.
Wer durch Zuwiderhandlung nach Abs. 1 eine gemeine Gefahr für Menschenleben herbeiführt, wird mit Zuchthaus, bei mildernden Umständen mit Gefängnis nicht unter sechs Monaten und, wenn die Zuwiderhandlung den Tod eines Menschen verursacht, mit dem Tode, bei mildernden Umständen mit Zuchthaus nicht unter zwei Jahren bestraft. Daneben kann auf Vermögenseinziehung erkannt werden.
Wer zu einer gemeingefährlichen Zuwiderhandlung (Abs. 2) auffordert oder anreizt, wird mit Zuchthaus, bei mildernden Umständen mit Gefängnis nicht unter drei Monaten bestraft.

§ 5. Mit dem Tode sind die Verbrechen zu bestrafen, die das Strafgesetzbuch in den §§ 81 (Hochverrat), 229 (Giftbeibringung), 307 (Brandstiftung), 311 (Explosion), 312 (Überschwemmung), 315 Abs. 2 (Beschädigung von Eisenbahnanlagen), 324 (gemeingefährliche Vergiftung) mit lebenslangem Zuchthaus bedroht.

Mit dem Tode oder, soweit nicht bisher eine schwerere Strafe angedroht ist, mit lebenslangem Zuchthaus oder mit Zuchthaus bis zu 15 Jahren wird bestraft:

1. Wer es unternimmt, den Reichspräsidenten oder ein Mitglied oder einen Kommissar der Reichsregierung oder einer Landesregierung zu töten oder wer zu einer solchen Tötung auffordert, sich erbietet, ein solches Erbieten annimmt oder eine solche Tötung mit einem anderen verabredet;
2. wer in den Fällen des § 115 Abs. 2 des Strafgesetzbuchs (schwerer Aufruhr) oder des § 125 Abs. 2 des Strafgesetzbuchs (schwerer Landfriedensbruch) die Tat mit Waffen oder in bewußtem und gewolltem Zusammenwirken mit einem Bewaffneten begeht;
3. wer eine Freiheitsberaubung (§ 239) des Strafgesetzbuchs in der Absicht begeht, sich des der Freiheit Beraubten als Geisel im politischen Kampfe zu bedienen.

§ 6. Diese Verordnung tritt mit dem Tage der Verkündung in Kraft.

Berlin, den 28. Februar 1933

Der Reichspräsident: von Hindenburg
Der Reichskanzler: Adolf Hitler
Der Reichsminister des Innern: Frick
Der Reichsminister der Justiz: Dr. Gürtner

D: RGBl. 1933 I S. 83.

46

Protokoll der Beratungen des Parteiausschusses der SPD über die innenpolitische Situation und die Lage der Partei vom 14. März 1933

Die SPD war nach der Berufung Hitlers zum Reichskanzler der Meinung gewesen, daß die Macht der organisierten Arbeiterschaft ungebrochen und ein Kampf gegen Hitler, den man oft nur als Marionette in der Hand einer unsozialen Kapitalistenklasse sah, auf dem Boden der Verfassung möglich sei. Die anlaufenden Verfolgungsmaßnahmen ließen solche Illusionen bald zunichte werden.

Wels: Parteigenossen! In gewitterschwangerer Zeit tritt der Parteiausschuß zusammen nach einem Wahlkampf, in dem die Kraft der Partei sich in einem Ausmaß zeigte, wie wir es nach dem Sturm der vergangenen Monte nicht für möglich gehalten hätten. Der sieghafte Gedanke des Sozialismus, der Glaube unserer Anhänger an unsere Idee ist ungebrochen. [...]

Der Ausfall der Wahl am 5. März, der den Stempel setzte unter das, was am 30. Januar durch die Berufung Hitlers als Reichskanzler sich vollzog, ist für uns nicht nur lehrreich gewesen, sondern hat uns auch den Schlüssel gegeben zur Erkenntnis der Dinge, die jahrelang zurückliegen. Überall hört man heute die Frage: Wäre es, wenn am 20. Juli anders gehandelt worden wäre, denn anders gewesen; wenn wir den Widerstand geleistet hätten, der erforderlich war, wäre dann eine andere politische Situation in Deutschland gekommen?

Ich sage: Wir sind Demokraten, wir sind Sozialisten. Wir waren uns damals klar – und zwar herrschte Einmütigkeit, auch Genosse Böchel hat jede andere Taktik als ein Verbrechen bezeichnet –, daß wir gegen die Reichsmacht, gegen SA

und SS mit den Kommunisten im Rücken den Kampf nicht hätten führen können.
Als am 5. März das uns alle erschreckende Wahlresultat – 17 ½ Millionen nationalsozialistische Stimmen – aus den Urnen gezählt wurde, mußte es dem enragiertesten Anhänger der Gewalt – auch bei einem solchen Kampf, wie wir ihn zu führen hatten – klar werden, es hätte ein Bakunin selber aus der Erde kommen können, er hätte erkennen müssen, daß die Hälfte des Volkes sich zu einer Auffassung bekannt hatte, die nicht im Barrikadenkampf niedergerungen werden kann, sondern durch die Entwicklung und den geistigen Kampf, wie wir ihn immer geführt haben, revidiert werden kann. Jede andere Abwehr wäre Illusion gewesen. [...]
Wir sollten uns aber nicht für tot erklären, ehe wir tot sind. Die Art der Arbeit wird es sein, die unseren Leuten Lebensmöglichkeiten und Mut gibt. Laßt sie nicht in Beschäftigungslosigkeit versinken. Der Fatalismus ist da, wodurch, [wie] man hofft, Unterwürfigkeit und Knechtseligkeit zum Aufstieg gelangen können.
Von verschiedenen Seiten sind wir gefragt worden, was aus der Presse wird. Wer will das beurteilen. Das Ziel jener Kreise ist doch, unsere Presse zu vernichten, das geschriebene Wort vor der Hand zu ersticken. Etwa 10 000 Arbeiter und Angestellte in den sozialdemokratischen Parteidruckereien sind auf das stärkste in ihrer Existenz bedroht, denn die Konkurse sind doch größtenteils unvermeidlich. [...]
Ich habe die Auffassung, daß wir jetzt unbedingt die Genossen in den Bezirken irgendwie beschäftigen müssen. Ich habe die Überzeugung, daß, wenn wir die Schlußfolgerung aus dem ziehen, was Marx gesagt hat, nämlich: Wenn wir geschlagen sind, haben wir nichts anderes zu tun, als wieder von vorn anzufangen, tun wir das mit einem gereiften Maß von Erkenntnis und werden Sorge dafür tragen, daß das, was wir noch besitzen, in einer Form gesichert wird, wie es nur irgendwie möglich ist. [...]

Wir möchten noch darauf hinweisen, daß heute vormittag die preußische Presse auf weitere 14 Tage verboten worden ist. Gestern haben eine Reihe von Geschäften zwangsweise Konkurs anmelden müssen. Hier müssen alle zusammenwirken. Die Arbeitslosigkeit und deren Steigerung muß es sein, die die Leute zum Rekurs bringt durch die Arbeitslosenunterstützung. Es gilt da eine neue Taktik zu suchen und einzuschlagen.
Wenn der Reichstag zusammentritt, wird die Fraktion vorher zusammenberufen werden. Sie wird darüber zu entscheiden haben, ob sie an der Tagung des Parlaments teilnimmt, und über die Taktik im Parlament selbst.
Der Wahlausfall kann infolge des Verbots unserer Presse und der Abschneidung jeder Agitationsmöglichkeit von uns nicht als der Ausdruck des Volkswillens bezeichnet werden. Ein Wunder ist es, daß sich unter diesen Verhältnissen noch so viele zu der Sozialdemokratie und den Kommunisten bekannt haben. Das muß dabei hervorgehoben werden. [...]
Lange – Chemnitz: [...] Man hat uns verständlicherweise Aufträge nach Berlin mitgegeben. Wir sollen fragen: Was kann unsere Parteileitung tun, um unsere Häftlinge zu sichern und sie freizubekommen? Die ungeheure Gefahrenzone, in der sich die Häftlinge befinden, wird noch dadurch vergrößert, daß die Kommunisten immer wieder individuellen Terror versuchen und die Nationalsozialisten nur darauf warten. Den Gefangenen wurde mitgeteilt, daß jede Meldung eines Terroraktes gegen einen Nationalsozialisten mit einem Terrorakt gegen die Inhaftierten beantwortet wird. Ein kommunistischer Stadtverordnetenvorsteher, der am Abend aus der Haft entlassen wurde, wurde noch am selben Abend in den Rücken geschossen. Der tödliche Schuß auf Landgraf erfolgte, weil er nicht sofort gesagt hat, wo das Geld liegt.
Deshalb ist die Frage der Geldsicherung nicht so leicht. Wer es gesichert hat, kann sich jetzt nicht mehr sehen lassen, er wird weggeholt. Das Kontogeheimnis ist ja aufgehoben.

Wir hoffen, daß unser Geld gesichert bleibt. Eine Frage möchte ich noch stellen: ob nicht die Möglichkeit besteht, die Autos durch Austausch in den Bezirken in Sicherheit zu bringen. (Zwischenruf *Röhle.* – *Wels:* Wir wollen diese Dinge nachher in kleinen Gruppen besprechen.)
Unsere Gewerkschaftshäuser, unsere Büros sind geschlossen, es darf niemand herein. Die Gewerkschaftsbüros sind wieder geöffnet. Das bedeutet eine große Gefahr, weil die Massen daraus resultieren, das sind die Gehorsamen, Ihr aber dürft nicht mehr arbeiten. Es muß ein Weg gefunden werden, um eine Klärung zu bringen. Man wünscht eine Erklärung des Parteivorstandes, die in der bürgerlichen Presse Aufnahme finden soll, daß die Sozialdemokratie abrückt von den Gewalttaten. Es würde sich auch empfehlen, daß die Mitglieder der Reichstagsfraktion sich in der Nähe von Berlin aufhalten, schon vor der Reichstagssitzung, das spätere Ankommen scheint uns sehr bedenklich. [...]
Wels: [...] Unseren Inhaftierten Hilfe zu leisten ist die Aufgabe, der wir uns zu unterziehen haben. Löbe und Hertz und andere haben alles getan, was zu tun möglich war. Wenn auch nur von irgendwo eine Mitteilung an uns kam, sind wir sofort bei den Behörden vorstellig geworden, und selbst der unangenehme Schritt zu Herrn Göring, zu dem mehr Mut und Überwindung gehört als zu manchem anderen Gang, ist von unseren Genossen gegangen worden, und er ist nicht ganz ohne Erfolg gewesen. Man beachte die beiden Gegensätze: Herr Göring, der immer wieder und wieder in niederträchtiger Weise aufgetreten ist, und Hitler, von dem einige sagen, daß er eigentlich die Dinge besser übersehe, der zur Besonnenheit mahnt, während Göring sagt: Jeder Schuß, der fällt, ist mein Schuß, und ich billige ihn.
Löbe: Ich möchte noch einige Ausführungen über die nächsten Aufgaben machen. Unsere Tätigkeit wird noch einige Tage in der Weise fortgesetzt werden müssen wie in der letzten Woche. Zwei Dinge gehören vor allem dazu: Die Genossen, die jetzt in schlimme Bedrängnis gekommen sind,

zu befreien, und die Bemühungen, auf schriftlichem Wege durch Flugblätter, Zeitungen usw. wieder mit unseren Genossen in Verbindung zu kommen.

Die Richtlinien für das erste waren bei uns die, daß wir zunächst uns der Leute annehmen, die in die Hände irregulärer Banden gekommen sind. Da drohten Gefahren. Wenn die offizielle Polizei jemand in Schutzhaft genommen hat, wird das mit Ausnahme von wenigen Fällen nicht die größte Gefahr sein. Die Ängstlichkeit für diejenigen, die in Schutzhaft genommen sind, ist bis auf einige Ausnahmefälle unangebracht. Sie sind meistens, wenn der Grund zur Inhaftierung gefunden war, wieder entlassen worden.

Bei den Verhandlungen mit den Behörden habe ich den Eindruck gehabt, daß neben Nationalsozialisten eine Reihe deutschnationaler Beamter auch im Polizeipräsidium in Berlin vorhanden sind, denen die ganze Eigenmächtigkeit und Brutalität, die ja in Berlin noch in fast jedem Fall mit Diebstahl verbunden gewesen ist, natürlich furchtbar gegen den Strich geht, daß sie uns aber offen ins Gesicht sagten, sie seien nicht imstande, gegenwärtig von sich aus der Sache Herr zu werden. [...]

Die Situation wird sich heute, so nehme ich an, so gestalten, daß die ordnungsmäßigen Gewalten ein klein bißchen mehr sich durchsetzen werden gegenüber den irregulären Banden. Das haben die Ereignisse im Vorwärtsgebäude gezeigt. Die ordentliche Polizei hat die Leute vertrieben.

Im allgemeinen würde ich Euch empfehlen, sich an die örtlichen alten Behörden zu wenden, wo irreguläre Angriffe geschehen sind, und die Zentrale nur dann zu bemühen, wenn der Appell an die örtlichen Behörden erfolglos geblieben ist. Kommen wir mit einem oder drei Dutzend Sachen, so überschreitet das die Möglichkeit, die Sachen so zu verfolgen, wie es notwendig wäre. [...]

D: Anpassung oder Widerstand? Aus den Akten des Parteivorstands der deutschen Sozialdemokratie 1932/33. Hrsg. von Hagen Schulze. Bonn 1975. S. 167–180. (Archiv für Sozialgeschichte. Beiheft 4.)

47

Tagebuchaufzeichnung über den »Tag von Potsdam« vom 21. März 1933

Der am 5. März gewählte Reichstag wurde mit einer ungewöhnlichen Zeremonie eröffnet. In der Potsdamer Garnisonkirche, in der König Friedrich II. begraben lag und die als Symbol preußischer Tradition galt, fand ein Staatsakt statt, bei dem der Reichspräsident zur Überwindung von »Eigensucht und Parteizank«, zu »nationaler Selbstbesinnung und seelischer Erneuerung zum Segen eines in sich geeinten, freien, stolzen Deutschlands« aufrief und Hitler den Reichspräsidenten als »Schirmherrn über die neue Erhebung unseres Volkes« und »Symbol der unzerstörbaren Lebenskraft der deutschen Nation« pries. Die Feier war darauf angelegt, Hitler als den Erben preußisch-deutscher Tradition darzustellen und somit alle Kräfte des traditionellen Patriotismus auf ihn zu verpflichten. Der Verfasser der Tagebuchaufzeichnung ist der Schriftsteller Erich Ebermayer, Sohn eines früheren Oberreichsanwalts beim Reichsgericht in Leipzig; in seinem Elternhaus verbanden sich nationale, liberale und katholische Einflüsse.

Am Vormittag Übertragung der Feiern in Potsdam über den Rundfunk. Alles geschickt, eindrucksvoll, ja hinreißend, jedenfalls für die Massen. Aber auch wir können und dürfen die Augen nicht verschließen vor dem, was hier geschieht. Heute und hier gelang die Vermählung, wenn nicht für ewig, so doch auf Zeit, zwischen den von Hitler geführten Massen und dem »Geist von Potsdam«, dem Preußentum, repräsentiert durch Hindenburg.

Welch großartige Inszenierung durch den Meisterregisseur Goebbels! Die Fahrt Hindenburgs, der Regierung und der Abgeordneten geht von Berlin bis Potsdam durch ein einziges geschlossenes Spalier jubelnder Millionen. Ganz Berlin scheint auf der Straße zu sein. Regierung und Abgeordnete gehen von der Nikolai- zur Garnisonkirche zu Fuß. Glokkenläuten und Kanonenschießen. Hindenburg betritt mit Hitler zusammen die Garnisonkirche. Der Rundfunksprecher weint fast vor Rührung.
Dann verliest Hindenburg seine Botschaft. Einfach, stark, aus schlichtem Herzen kommend und deshalb wohl zu schlichten Herzen sprechend. Allein die Tatsache, daß ein Mann dasteht, der Generationen deutscher Geschichte vereinigt, der 66 mitkämpfte, 71 bei der Kaiserkrönung [!] in Versailles dabei war, 14 bis 18 zum Nationalhelden emporwuchs, dem keine verlorene Schlacht und kein verlorener Weltkrieg bei unserem merkwürdigen Volk etwas an Popularität nehmen konnten, den im Gegenteil erst die Niederlage zu mythischer Verklärung erhob, der dann als Greis noch einmal und schließlich ein zweites Mal die Führung des Reiches übernahm, nicht aus Eitelkeit oder Machtsucht, sondern zweifellos aus preußischem Pflichtgefühl – er vollzieht nun, kurz vor dem Grab, die Vermählung seiner Welt mit der neu aufgestiegenen, die der österreichische Gefreite Hitler repräsentiert.
Dann spricht Hitler. Es ist nicht zu leugnen: er ist gewachsen. Aus dem Demagogen und Parteiführer, dem Fanatiker und Hetzer scheint sich – für seine Gegner überraschend genug – der wirkliche Staatsmann zu entwickeln. Also doch ein Genie, in dessen rätselhafter Seele ungeahnte und unerhörte Möglichkeiten liegen? Die Regierungserklärung zeichnet sich durch auffallende Mäßigkeit aus. Kein Wort des Hasses auf die Gegner, kein Wort von Rassenideologie, keine Drohung nach innen oder außen. Nur was sie wollen, davon spricht Hitler. Erhaltung der großen Tradition unseres Volkes, Festigkeit der Regierung statt ewigen Schwan-

kens, Berücksichtigung aller Erfahrungen im Einzel- und Gemeinschaftsleben, die sich in Jahrtausenden als nützlich für die Wohlfahrt der Menschen erwiesen haben.
Hindenburg legt an den Gräbern der preußischen Könige Kränze nieder. Der greise Feldmarschall reicht seinem Gefreiten aus dem Weltkrieg die Hand. Der Gefreite neigt sich tief über die Hand des Feldmarschalls. Kanonen donnern über Potsdam – über Deutschland.
Niemand kann sich der Erschütterung entziehen. Auch Vater ist tief beeindruckt. Mutter stehen die Tränen in den Augen.
Ich gehe schweigend aus dem Zimmer, aus dem Hause, hinaus in den Wald. Ich muß allein sein.
Am Abend eine stille Stunde mit M. Er ist völlig unberührt von den Geschehnissen des Tages, wie wenn ihn eine dichte Schutzhaut umgäbe. Er hält alles nur für abgekartetes Theater, wird keinen Augenblick schwankend in seiner instinktiven Abneigung. »Ihr werdet's schon noch erleben!« sagt der Einundzwanzigjährige.
Ich schweige beschämt und zerrissen.

D: Erich Ebermayer: Denn heute gehört uns Deutschland … Persönliches und politisches Tagebuch von der Machtergreifung bis zum 31. Dezember 1935. Hamburg/Wien: Zsolnay, 1959. S. 45 f. –

48

Gesetz zur Behebung der Not von Volk und Reich (»Ermächtigungsgesetz«) vom 24. März 1933

Im neuen Reichstag besaß die Regierungskoalition eine knappe absolute Mehrheit, die für Verfassungsänderungen nicht ausreichte. Außerdem blieb Hitler auch bei einfachen Gesetzen auf die Zustimmung des Koalitionspartners angewiesen. Ein »Ermächtigungsgesetz« sollte darum der Regierung die Unabhängigkeit von den Mehrheitsverhältnissen im Reichstag bringen. »Ermächtigungsgesetze«, die ihnen die Vollmacht zum Erlaß von Verordnungen mit Gesetzeskraft gaben, hatten bereits die Kanzler Stresemann und Marx für ihre Kabinette erwirkt, allerdings waren diese Vollmachten eng umschrieben gewesen. In den Vorverhandlungen hatte die Zentrumspartei, auf deren Zustimmung Hitler angewiesen war, Einschränkungen und Bedingungen für eine solche Ermächtigung der Regierung verlangt. Der Reichskanzler gab in seiner Regierungserklärung solche Zusicherungen über den Fortbestand der Länder, die Sicherung des Einflusses der christlichen Konfessionen auf Schule und Erziehung, die Unabsetzbarkeit der Richter, die Institution des Berufsbeamtentums und die Rechte des Reichspräsidenten. Außerdem versprach er von den Möglichkeiten des Gesetzes »nur insoweit Gebrauch zu machen, als es zur Durchführung der lebensnotwendigen Maßnahmen erforderlich« sei. Bei den Gesprächen mit der Zentrumsführung hatte er zudem erkennen lassen, daß er im Falle einer Ablehnung des Gesetzes im Reichstag den »Staatsnotstand« ausrufen und ohne gesetzliche Grundlage regieren werde. Dies (und nicht etwa ein in Aussicht gestelltes Konkordat) dürfte die Zentrumspartei bewogen haben, dem Gesetz trotz aller Bedenken zuzustimmen. Die Sozialdemokratische Partei blieb hingegen trotz der unmittelbaren Gefährdung durch die im Reichstag zusammengezogenen nationalsozialistischen Verbände bei ihrer Ablehnung. Die Geltungsdauer des Ermächtigungsgesetzes wurde 1937 und 1939 durch den Reichstag, 1943 durch Erlaß Hitlers (ohne zeitliche Begrenzung) verlängert.

Der Reichstag hat das folgende Gesetz beschlossen, das mit Zustimmung des Reichsrats hiermit verkündet wird, nachdem festgestellt ist, daß die Erfordernisse verfassungändernder Gesetzgebung erfüllt sind:

Artikel 1. Reichsgesetze können außer in dem in der Reichsverfassung vorgesehenen Verfahren auch durch die Reichsregierung beschlossen werden. Dies gilt auch für die in den Artikeln 85 Abs. 2 und 87 der Reichsverfassung bezeichneten Gesetze.

Artikel 2. Die von der Reichsregierung beschlossenen Reichsgesetze können von der Reichsverfassung abweichen, soweit sie nicht die Einrichtung des Reichstags und des Reichsrats als solche zum Gegenstand haben. Die Rechte des Reichspräsidenten bleiben unberührt.

Artikel 3. Die von der Reichsregierung beschlossenen Reichsgesetze werden vom Reichskanzler ausgefertigt und im Reichsgesetzblatt verkündet. Sie treten, soweit sie nichts anderes bestimmen, mit dem auf die Verkündung folgenden Tage in Kraft. Die Artikel 68 bis 77 der Reichsverfassung finden auf die von der Reichsregierung beschlossenen Gesetze keine Anwendung.

Artikel 4. Verträge des Reichs mit fremden Staaten, die sich auf Gegenstände der Reichsgesetzgebung beziehen, bedürfen nicht der Zustimmung der an der Gesetzgebung beteiligten Körperschaften. Die Reichsregierung erläßt die zur Durchführung dieser Verträge erforderlichen Vorschriften.

Artikel 5. Dieses Gesetz tritt mit dem Tage seiner Verkündung in Kraft. Es tritt mit dem 1. April 1937 außer Kraft; es tritt ferner außer Kraft, wenn die gegenwärtige Reichsregierung durch eine andere abgelöst wird.

Berlin, den 24. März 1933

Der Reichspräsident: von Hindenburg
Der Reichskanzler: Adolf Hitler
Der Reichsminister des Innern: Frick
Der Reichsminister des Auswärtigen:
Freiherr von Neurath
Der Reichsminister der Finanzen:
Graf Schwerin von Krosigk

D: RGBl. 1933 I S. 141.

49

Vorläufiges Gesetz zur Gleichschaltung der Länder mit dem Reich vom 31. März 1933

Das Ergebnis der Reichstagswahlen vom 5. März war von den Nationalsozialisten als Sieg ihrer »Revolution« ausgegeben worden, der die ihr noch entgegenstehenden Gewalten weichen müßten. In den Ländern, die noch nicht unter nationalsozialistischer Herrschaft standen, wurden – meist in der Kombination »revolutionärer« Aktionen der Partei und ihrer Organisationen mit den vom Reich (kraft der »Reichstagsbrand-Verordnung«; vgl. Quelle 45) entsandten Kommissaren – neue Regierungen eingesetzt. Das Gleichschaltungsgesetz beseitigte die legalen politischen Kräfte, welche die nationalsozialistische Machtergreifung in den Ländern und Gemeinden in Frage stellen konnten.

Die Reichsregierung hat das folgende Gesetz beschlossen, das hiermit verkündet wird:

Vereinfachung der Landesgesetzgebung

§ 1. (1) Die Landesregierungen sind ermächtigt, außer in den in den Landesverfassungen vorgesehenen Verfahren Landesgesetze zu beschließen. Dies gilt auch für Gesetze, die den in Artikel 85 Abs. 2 und 87 der Reichsverfassung bezeichneten Gesetzen entsprechen.
(2) Über Ausfertigung und Verkündung der von den Landesregierungen beschlossenen Gesetze treffen die Landesregierungen Bestimmung.

§ 2. (1) Zur Neuordnung der Verwaltung, einschließlich der gemeindlichen Verwaltung, und zur Neuregelung der Zuständigkeiten können die von den Landesregierungen beschlossenen Landesgesetze von den Landesverfassungen abweichen.
(2) Die Einrichtung der gesetzgebenden Körperschaften als solche darf nicht berührt werden.

§ 3. Staatsverträge, die sich auf Gegenstände der Landesgesetzgebung beziehen, bedürfen nicht der Zustimmung der an der Gesetzgebung beteiligten Körperschaften. Die Landesregierungen erlassen die zur Durchführung dieser Verträge erforderlichen Vorschriften.

Volksvertretungen der Länder

§ 4. (1) Die Volksvertretungen der Länder (Landtage, Bürgerschaften) werden mit Ausnahme des am 5. März 1933 gewählten Preußischen Landtags hiermit aufgelöst, soweit dies nicht bereits nach Landesrecht geschehen ist.
(2) Sie werden neu gebildet nach den Stimmenzahlen, die bei der Wahl zum Deutschen Reichstag am 5. März 1933 innerhalb eines jeden Landes auf die Wahlvorschläge entfallen sind. Hierbei werden die auf Wahlvorschläge der Kommunistischen Partei entfallenden Sitze nicht zugeteilt. Dasselbe gilt für Wahlvorschläge von Wählergruppen, die als Ersatz von Wahlvorschlägen der Kommunistischen Partei anzusehen sind. [...]

§ 8. Die neuen Landtage (Bürgerschaften) gelten mit dem 5. März 1933 als auf vier Jahre gewählt. Eine vorzeitige Auflösung ist unzulässig. Dies gilt auch für den am 5. März 1933 gewählten Preußischen Landtag.

§ 9. Die Neubildung der Landtage (Bürgerschaften) nach diesem Gesetz muß bis zum 15. April 1933 durchgeführt sein.

§ 10. Die Zuteilung von Sitzen auf Wahlvorschläge der Kommunistischen Partei für den Reichstag und den Preußischen Landtag auf Grund des Wahlergebnisses vom 5. März 1933 ist unwirksam. Ersatzzuteilung findet nicht statt.

§ 11. Eine Auflösung des Reichstags bewirkt ohne weiteres die Auflösung der Volksvertretungen der Länder.

Gemeindliche Selbstverwaltungskörper

§ 12. (1) Die gemeindlichen Selbstverwaltungskörper (Kreistage, Bezirkstage, Bezirksräte, Amtsversammlungen, Stadträte, Stadtverordnetenversammlungen, Gemeinderäte usw.), auf welche die Grundsätze nach Artikel 17 Abs. 2 der Reichsverfassung Anwendung finden, werden hiermit aufgelöst.
(2) Sie werden neu gebildet nach der Zahl der gültigen Stimmen, die bei der Wahl zum Deutschen Reichstag am 5. März 1933 im Gebiet der Wahlkörperschaft abgegeben worden sind. Dabei bleiben Stimmen unberücksichtigt, die auf Wahlvorschläge der Kommunistischen Partei oder solche entfallen sind, die als Ersatz von Wahlvorschlägen der Kommunistischen Partei anzusehen sind. [...]

Berlin, den 31. März 1933

Der Reichskanzler: Adolf Hitler
Der Reichsminister des Innern: Frick

D: RGBl. 1933 I S. 153.

50

Aufruf zum Boykott aller jüdischen Betriebe vom 31. März 1933

Seit dem 30. Januar 1933 war es verschiedentlich zu Übergriffen der Nationalsozialisten gegen jüdische Mitbürger gekommen, die allerdings von der Führung nicht gesteuert und (wenigstens öffentlich) nicht gebilligt worden waren. Solche terroristischen Gewaltakte führten im Ausland zu erheblicher Kritik am neuen Regime in Deutschland, ein Boykott deutscher Waren schien nicht mehr ausgeschlossen. Um diese unerwünschten Folgen des eigenen Vorgehens zu verhindern, wurden die deutschen Juden zu Geiseln für das Wohlverhalten der ausländischen Presse gemacht. Die Leitung der NSDAP organisierte für den 1. April 1933 einen umfassenden Boykott aller jüdischen Betriebe. Die Gesamtleitung lag in den Händen eines »Zentralkomitees zur Abwehr der jüdischen Boykott- und Greuelhetze« unter dem fränkischen Gauleiter und Herausgeber des antisemitischen und antiklerikalen Hetzblattes *Der Stürmer*, Julius Streicher.

Deutsche Volksgenossen, deutsche Volksgenossinnen! Die Schuldigen an diesem wahnwitzigen Verbrechen, an dieser niederträchtigen Greuel- und Boykotthetze sind die Juden in Deutschland. Sie haben ihre Rassengenossen im Ausland zum Kampf gegen das deutsche Volk aufgerufen. Sie haben die Lügen und Verleumdungen hinausgemeldet. Darum hat die Reichsleitung der deutschen Freiheitsbewegung beschlossen, in Abwehr der verbrecherischen Hetze ab Sonnabend, den 1. April 1933, vorm. 10 Uhr, über alle jüdischen Geschäfte, Warenhäuser, Kanzleien usw. den Boykott zu verhängen. Dieser Boykottierung Folge zu leisten, dazu rufen wir euch, deutsche Frauen und Männer, auf. Kauft nicht in den jüdischen Geschäften und Warenhäusern, geht nicht zu jüdischen Rechtsanwälten, meidet jüdische Ärzte. Zeigt den Juden, daß sie nicht ungestraft Deutschland in seiner Ehre herabwürdigen und beschmutzen können. Wer gegen diese Aufforderung handelt, beweist damit, daß er auf Seiten der Feinde Deutschlands steht. Es lebe der ehrwürdige Generalfeldmarschall aus dem großen Kriege, der Reichspräsident Paul v. Hindenburg. Es lebe der Führer und Reichskanzler Adolf Hitler. Es lebe das deutsche Volk und das heilige deutsche Vaterland!

(gez.) Streicher

D: Schultheß 49 (1933) S. 81.

51

Bericht des *Dachauer Volksblattes* über die Einrichtung eines Konzentrationslagers vom 6. April 1933

Die Nationalsozialisten hatten in den ersten Wochen nach der Berufung Hitlers zum Reichskanzler oftmals ihre politischen Gegner ohne jede richterliche Ermächtigung in provisorischen Unterkünften gefangengesetzt und mißhandelt. Der »Reichsführer SS« Heinrich Himmler, der schrittweise die gesamte Polizei unter seinen Befehl brachte, begann als kommissarischer Polizeipräsident von München mit dem systematischen Aufbau von Lagern, wo »Schutzhäftlinge« nach politischem Ermessen, ohne richterlichen Nachweis einer Verfehlung gefangengehalten, ausgebeutet und mißhandelt wurden. Formale Grundlage für dieses Verfahren war die »Reichstagsbrandverordnung« (vgl. Quelle 45). Bis Ende Juli 1933 waren bereits 26 789 Personen Opfer dieser Maßnahmen geworden, bei Kriegsbeginn waren rund 25 000 Menschen in Konzentrationslagern. Ihre Zahl stieg während des Krieges um ein Vielfaches, die der Lager auf

---

Alsbald nach der Berufung Hitlers zum Reichskanzler am 30. Januar 1933 setzte der Terror der Nationalsozialisten gegen den politischen Gegner ein. Die SA richtete die ersten außerhalb jeder rechtlichen Ordnung stehenden Konzentrationslager ein, die nach kurzer Zeit in die Regie der SS (Schutzstaffel) übergingen und von dieser zu einem immer weiter um sich greifenden System der Unterdrückung und der Ausbeutung, zum »SS-Staat«, ausgebaut wurden. Das Bild von der kleinen Häftlingsschar in Zivilkleidern in dem von der SA im Frühjahr 1933 errichteten Konzentrationslager Oranienburg bei Berlin läßt noch nicht das Ausmaß des Grauens ahnen, das in diesen Lagern herrschte.

23 mit 1041 Außen- und Unterkommandos. Nach Schätzungen belief sich die Gesamtzahl der in Konzentrationslagern zu Tode Gekommenen auf mehr als 500 000 Menschen.

In einer Pressebesprechung am 20. März teilte der kommissarische Polizeipräsident von München [Heinrich Himmler] mit: Am Mittwoch wird in der Nähe Dachaus das erste Konzentrationslager eröffnet. Es hat ein Fassungsvermögen von 5 000 Menschen. Hier werden die gesamten kommunistischen und – soweit notwendig – Reichsbanner- und marxistischen Funktionäre, die die Sicherheit des Staates gefährden, zusammengezogen, da es auf die Dauer nicht möglich ist, wenn der Staatsapparat nicht zu sehr belastet werden soll, die einzelnen kommunistischen Funktionäre in den Gerichtsgefängnissen zu lassen, während es andererseits auch nicht angängig ist, diese Funktionäre wieder in Freiheit zu lassen. Bei einzelnen Versuchen, die wir gemacht haben, war der Erfolg der, daß sie weiter hetzen und zu organisieren versuchen. Wir haben diese Maßnahme ohne Rücksicht auf kleinliche Bedenken getroffen in der Überzeugung, damit zur Beruhigung der nationalen Bevölkerung und in ihrem Sinne zu handeln. Weiter versicherte Polizeipräsident Himmler, daß die Schutzhaft in den einzelnen Fällen nicht länger aufrecht erhalten werde, als notwendig sei. Es sei aber selbstverständlich, daß das Material, das in ungeahnter Menge beschlagnahmt wurde, zur Sichtung längere Zeit benötigt. Die Polizei werde dabei nur aufgehalten, wenn dauernd angefragt werde, wann dieser oder jener Schutzhäftling freigelassen werde. Wie unrichtig die vielfach verbreiteten Gerüchte über die Behandlung von Schutzhäftlingen seien, gehe daraus hervor, daß einigen Schutzhäftlingen, die es wünschten, wie z. B. Dr. Gerlich und Frhr. v. Aretin, priesterlicher Zuspruch anstandslos genehmigt worden sei. – Das Konzentrationslager der ehem. Pulverfabrik erhielt am Mittwoch, 22. März seine erstmalige Belegung mit 200 Insassen. Das Lager Dachau umfaßt insgesamt über

20 ein- bis zweistöckige Steinbauten, die jeweils 200 bis 250 Mann aufnehmen können. Die Besetzung des Lagers wird zunächst langsam auf 2 500 Mann gesteigert, um später eventuell auch auf 5 000 Mann erweitert zu werden. Die Baracke für die ersten 200 Mann wurde in den letzten Tagen von einem Arbeitsdienstkommando hergerichtet und zunächst einmal mit einem dreifachen Stacheldrahtverhau gesichert. Erste Arbeit der Lagerinsassen wird sein, die weiteren Steinbauten, die sich in recht heruntergekommenem Zustand befinden, selber wieder herzurichten. Ist dies einmal geschehen, dann wird man sie in kleineren Trupps von vielleicht je 50 Mann ins Moos hinausführen, wo umfangreiche Kultivierungsarbeiten der Durchführung harren. Hier wird sich später vielleicht einem Teil der Lagerinsassen die Möglichkeit eigenen Siedelns bieten. Die Bewachungsmannschaft des Lagers besteht zunächst aus einer Hundertschaft Landespolizei, die durch SA.-Hilfspolizei-Posten noch weiter verstärkt werden soll. Das Essen wird im großen Speisesaal der früheren Munitionsfabrik, der bis zu 1 500 Mann fassen kann, eingenommen. Gekocht aber wird in Feldküchen. *Das Konzentrationslager in Dachau darf nicht besucht werden.*

D: »Die ehemalige Pulverfabrik in Dachau ein Konzentrationslager für politische Gefangene«. Ein Bericht des »Dachauer Volksblatts«. In: Hitlers Machtergreifung. Vom Machtantritt Hitlers 30. Januar 1933 bis zur Besiegelung des Einparteienstaates 14. Juli 1939. Hrsg. von Josef und Ruth Becker. München: Deutscher Taschenbuch-Verlag, 1963. (dtv Dokumente.) S. 149 f. –

52

Zweites Gesetz zur Gleichschaltung der Länder mit dem Reich vom 7. April 1933

Die Kontrolle der deutschen Länder durch nationalsozialistische Regierungen und Parlamente, die durch das erste Gleichschaltungsgesetz (vgl. Quelle 49) eingeführt war, gewährte diesen formell immer noch einen gewissen Spielraum zu eigenständigen Maßnahmen. Durch die Einsetzung von Reichsstatthaltern wurden die Länder der Reichsregierung noch enger unterstellt.

Die Reichsregierung hat das folgende Gesetz beschlossen, das hiermit verkündet wird:

§ 1. (1) In den deutschen Ländern, mit Ausnahme von Preußen, ernennt der Reichspräsident auf Vorschlag des Reichskanzlers Reichsstatthalter. Der Reichsstatthalter hat die Aufgabe, für die Beobachtung der vom Reichskanzler aufgestellten Richtlinien der Politik zu sorgen. Ihm stehen folgende Befugnisse der Landesgewalt zu:

1. Ernennung und Entlassung des Vorsitzenden der Landesregierung und auf dessen Vorschlag der übrigen Mitglieder der Landesregierung;
2. Auflösung des Landtags und Anordnung der Neuwahl vorbehaltlich der Regelung des § 8 des Vorläufigen Gleichschaltungsgesetzes vom 31. März 1933 (Reichsgesetzbl. I S. 153);
3. Ausfertigung und Verkündung der Landesgesetze einschließlich der Gesetze, die von der Landesregierung gemäß § 1 des Vorläufigen Gleichschaltungsgesetzes vom 31. März 1933 (Reichsgesetzbl. I S. 153) beschlossen werden. Artikel 70 der Reichsverfassung vom 11. August 1919 findet sinngemäß Anwendung;
4. auf Vorschlag der Landesregierung Ernennung und Entlassung der unmittelbaren Staatsbeamten und Richter,

soweit sie bisher durch die oberste Landesbehörde erfolgte;

5. das Begnadigungsrecht.

(2) Der Reichsstatthalter kann in den Sitzungen der Landesregierung den Vorsitz übernehmen.

(3) Artikel 63 der Reichsverfassung vom 11. August 1919 bleibt unberührt. [...]

§ 5. (1) In Preußen übt der Reichskanzler die in § 1 genannten Rechte aus. Er kann die im § 1 Abs. 1 unter Ziffer 4 und 5 genannten Rechte auf die Landesregierung übertragen.

(2) Mitglieder der Reichsregierung können gleichzeitig Mitglieder der Preußischen Landesregierung sein.

§ 6. Dieses Gesetz tritt am Tage nach seiner Verkündung in Kraft. Entgegenstehende Bestimmungen der Reichsverfassung vom 11. August 1919 und der Landesverfassungen sind aufgehoben. Soweit Landesverfassungen das Amt eines Staatspräsidenten vorsehen, treten diese Bestimmungen mit der Ernennung eines Reichsstatthalters außer Kraft.

Berlin, den 7. April 1933

Der Reichskanzler: Adolf Hitler
Der Reichsminister des Innern: Frick

D: RGBl. 1933 I S. 173.

53

Gesetz zur Wiederherstellung des Berufsbeamtentums vom 7. April 1933

Um ihre Herrschaft über die Verwaltung zu sichern, die durch den Wechsel der Regierungen im Reich und in den Ländern nicht unmittelbar verändert worden war, hatten die Nationalsozialisten alsbald begonnen, Spitzenbeamte, die nicht zu ihrer Partei gehörten, aus dem Amt zu verdrängen, was jedoch in der Regel nur möglich war, wenn ihnen Verletzungen ihrer Amtspflichten oder andere Unregelmäßigkeiten nachgewiesen werden konnten. Durch das Berufsbeamtengesetz wurde dieses überflüssig, da nun von den Beamten verlangt wurde, »jederzeit für den nationalen Staat einzutreten«. Paragraph 3 ist der berüchtigte »Arier-Paragraph«, der bald auch außerhalb des öffentlichen Dienstes sinngemäß angewendet wurde.

Die Reichsregierung hat das folgende Gesetz beschlossen, das hiermit verkündet wird:

§ 1. (1) Zur Wiederherstellung eines nationalen Berufsbeamtentums und zur Vereinfachung der Verwaltung können Beamte nach Maßgabe der folgenden Bestimmungen aus dem Amt entlassen werden, auch wenn die nach dem geltenden Recht hierfür erforderlichen Voraussetzungen nicht vorliegen. [...]

§ 2. (1) Beamte, die seit dem 9. November 1918 in das Beamtenverhältnis eingetreten sind, ohne die für ihre Laufbahn vorgeschriebene oder übliche Vorbildung oder sonstige Eignung zu besitzen, sind aus dem Dienste zu entlassen. Auf die Dauer von drei Monaten nach der Entlassung werden ihnen ihre bisherigen Bezüge belassen. [...]
(2) Ein Anspruch auf Wartegeld, Ruhegeld oder Hinterbliebenenversorgung und auf Weiterführung der Amtsbezeichnung, des Titels, der Dienstkleidung und der Dienstabzeichen steht ihnen nicht zu.

(3) Im Falle der Bedürftigkeit kann ihnen, besonders wenn sie für mittellose Angehörige sorgen, eine jederzeit widerrufliche Rente bis zu einem Drittel des jeweiligen Grundgehalts der von ihnen zuletzt bekleideten Stelle bewilligt werden; eine Nachversicherung nach Maßgabe der reichsgesetzlichen Sozialversicherung findet nicht statt.
(4) Die Vorschriften der Abs. 2 und 3 finden auf Personen der im Abs. 1 bezeichneten Art, die bereits vor dem Inkrafttreten dieses Gesetzes in den Ruhestand getreten sind, entsprechende Anwendung.

§ 3. (1) Beamte, die nicht arischer Abstammung sind, sind in den Ruhestand (§§ 8 ff.) zu versetzen; soweit es sich um Ehrenbeamte handelt, sind sie aus dem Amtsverhältnis zu entlassen.
(2) Abs. 1 gilt nicht für Beamte, die bereits seit dem 1. August 1914 Beamte gewesen sind oder die im Weltkrieg an der Front für das Deutsche Reich oder für seine Verbündeten gekämpft haben oder deren Väter oder Söhne im Weltkrieg gefallen sind. Weitere Ausnahmen können der Reichsminister des Innern im Einvernehmen mit dem zuständigen Fachminister oder die obersten Landesbehörden für Beamte im Ausland zulassen.

§ 4. Beamte, die nach ihrer bisherigen politischen Betätigung nicht die Gewähr dafür bieten, daß sie jederzeit rückhaltlos für den nationalen Staat eintreten, können aus dem Dienst entlassen werden. Auf die Dauer von drei Monaten nach der Entlassung werden ihnen ihre bisherigen Bezüge belassen. Von dieser Zeit an erhalten sie drei Viertel des Ruhegeldes (§ 8) und entsprechende Hinterbliebenenversorgung.

§ 5. (1) Jeder Beamte muß sich die Versetzung in ein anderes Amt derselben oder einer gleichwertigen Laufbahn, auch in ein solches von geringerem Rang und planmäßigem Diensteinkommen – unter Vergütung der vorschriftsmäßigen Umzugskosten – gefallen lassen, wenn es das dienst-

liche Bedürfnis erfordert. Bei Versetzung in ein Amt von geringerem Rang und planmäßigem Diensteinkommen behält der Beamte seine bisherige Amtsbezeichnung und das Diensteinkommen der bisherigen Stelle.
(2) Der Beamte kann an Stelle der Versetzung in ein Amt von geringerem Rang und planmäßigem Diensteinkommen (Abs. 1) innerhalb eines Monats die Versetzung in den Ruhestand verlangen.

§ 6. Zur Vereinfachung der Verwaltung können Beamte in den Ruhestand versetzt werden, auch wenn sie noch nicht dienstunfähig sind. Wenn Beamte aus diesem Grunde in den Ruhestand versetzt werden, so dürfen ihre Stellen nicht mehr besetzt werden. [...]

§ 18. Mit Ablauf der in diesem Gesetze bestimmten Fristen werden, unbeschadet der auf Grund des Gesetzes getroffenen Maßnahmen, die für das Berufsbeamtentum geltenden allgemeinen Vorschriften wieder voll wirksam.

Berlin, den 7. April 1933

Der Reichskanzler: Adolf Hitler
Der Reichsminister des Innern: Frick
Der Reichsminister der Finanzen:
Graf Schwerin von Krosigk

D: RGBl. 1933 I S. 175.

54
Befehl der NSDAP zur gewaltsamen Gleichschaltung der Freien Gewerkschaften vom 21. April 1933

Das Ziel uneingeschränkter Herrschaft über Deutschland konnten die Nationalsozialisten nur erreichen, wenn es ihnen gelang, außer der Staatsmacht auch die vom Staat unabhängigen Mächte der Gesellschaft unter ihre Kontrolle zu bringen. Die Gewerkschaften wurden darum ein wichtiges Objekt der Aktionen zur »Gleichschaltung«. Nachdem der sozialistische Feiertag des 1. Mai als »Tag der nationalen Arbeit« Staatsfeiertag geworden und mit Riesenkundgebungen begangen worden war, wurden am 2. Mai 1933 als erste die Freien (der Sozialdemokratie nahestehenden) Gewerkschaften beseitigt; die Christlichen Gewerkschaften und die liberalen Hirsch-Dunckerschen Gewerkvereine erlitten bald das gleiche Schicksal. Die Aktion wurde ohne gesetzliche Grundlage ausschließlich von der NSDAP und ihren Organisationen als »revolutionärer« Akt durchgeführt. Die nationalsozialistische Herrschaftstechnik, die an Regeln und Vorschriften gebundenen staatlichen Machtmittel durch den Einsatz der lediglich vom Willen des Führers gelenkten Parteiorganisationen zu ergänzen, wird an diesem Vorgang besonders deutlich.

Rundschreiben Nr. 6/33

Dienstag, den 2. Mai 1933, vormittags 10 Uhr, beginnt die Gleichschaltungsaktion gegen die Freien Gewerkschaften.
Die Leitung der gesamten Aktion liegt in den Händen des Aktionskomitees. [...]
Im wesentlichen richtet sich die Aktion gegen den Allgemeinen Deutschen Gewerkschaftsbund (ADGB) und den Allgemeinen Freien Angestelltenbund (Afa-Bund). Was darüber hinaus von den Freien Gewerkschaften abhängig ist, ist dem Ermessen der Gauleiter anheimgestellt.
Verantwortlich für die Durchführung der Gleichschaltungs-

aktion in den einzelnen Gebieten sind die Gauleiter. Träger der Aktion soll die NSBO [Nationalsozialistische Betriebszellenorganisation] sein.
SA bzw. SS ist zur Besetzung der Gewerkschaftshäuser und der Inschutzhaftnahme der in Frage kommenden Persönlichkeiten einzusetzen.
Der Gauleiter trifft seine Maßnahmen im engsten Einvernehmen mit dem zuständigen Gaubetriebszellenleiter.
Die Aktion wird in Berlin durch den Aktionsausschuß selbst geleitet. Im Reich werden besetzt:
Die Leitung der Verbände; die Gewerkschaftshäuser und Büros der Freien Gewerkschaften, die Parteihäuser der SPD, soweit Gewerkschaften dort untergebracht sind; die Filialen und Zahlungsstellen der »Bank der Arbeiter, Angestellten und Beamten AG.«; die Bezirksausschüsse des ADGB und des Afa-Bundes; die Ortsausschüsse des ADGB und des Afa-Bundes.
In Schutzhaft werden genommen: alle Verbandsvorsitzenden; die Bezirkssekretäre und die Filialleiter der »Bank der Arbeiter, Angestellten und Beamten AG.«.
Die Ortsausschußvorsitzenden sowie die Angestellten der Verbände sind nicht in Schutzhaft zu nehmen, sondern zur Weiterarbeit zu veranlassen.
Ausnahmen sind nur mit Genehmigung des Gauleiters zulässig.
Die Übernahme der Freien Gewerkschaften muß in der Form vor sich gehen, daß dem Arbeiter und Angestellten das Gefühl gegeben wird, daß diese Aktion sich nicht gegen ihn, sondern gegen ein überaltertes und mit den Interessen der deutschen Nation nicht übereinstimmendes System richtet. [...]
In allen Städten sind möglichst bald Massenversammlungen für die Gewerkschaftsmitglieder bei freiem Eintritt zu veranstalten, in denen über den Sinn der Aktion gesprochen und dargetan wird, daß die Rechte der Arbeiter und Angestellten unbedingt gewahrt werden. [...]

Es ist selbstverständlich, daß die Aktion in größter Disziplin vor sich zu gehen hat. Die Gauleiter sind dafür verantwortlich, daß sie die Leitung der Aktion fest in der Hand behalten.

Heil Hitler!
(gez.) Dr. Robert Ley

D: Ursachen und Folgen IX. S. 629 f.

55

Richtlinien des Reichsministers des Innern, Wilhelm Frick, für den Jugendführer des Deutschen Reiches vom 8. Juli 1933

In ähnlicher Weise wie die Gewerkschaften waren die nichtnationalsozialistischen Jugendorganisationen Ziel gewaltsamer Gleichschaltungsaktionen. Die Hitlerjugend besetzte am 5. April 1933 die Geschäftsstelle des Reichsjugendausschusses und erklärte dessen Vorstand für abgesetzt. Der Führer der Hitlerjugend, Baldur v. Schirach, wurde von Hitler am 17. Juni 1933 zum »Jugendführer des Deutschen Reiches« ernannt, der von dieser Position aus alle Jugendverbände unter seine Kontrolle zu bringen strebte. Der nationalsozialistische Innenminister Frick versuchte (vergeblich) durch die Richtlinien vom 8. Juli die Tätigkeit des Reichsjugendführers an die staatlichen Organe zu binden.

(1) Aufgabe des Jugendführers des Deutschen Reichs ist es, den Neuaufbau der nationalen Jugendarbeit zu leiten und zu fördern. Der Jugendführer ist dafür verantwortlich, daß die gesamte deutschbewußte Jugend im Sinne blutsverbundener Kameradschaft einheitlich zusammengeführt und daß innerhalb der deutschen Jugend und von der deutschen Jugend die Volksgemeinschaft gepflegt und ausgebaut wird.

Bei den mannigfaltigen Aufgaben, die sich der deutschen Jugendarbeit darbieten, soll die Selbständigkeit der einzelnen Verbände nicht angetastet werden, doch darf die Tätigkeit eines Verbandes sich niemals gegen das Einheitsbewußtsein des deutschen Volkes richten. Jeder Verband ist verpflichtet, das Führerprinzip einzuführen und zu beachten.

(2) Der Jugendführer des Deutschen Reichs ernennt unter Auflösung des bisherigen Reichsausschusses der deutschen Jugendverbände einen Führerrat, der ihm als beratendes Organ zur Seite tritt und in dem die folgenden Gruppen von Jugendverbänden vertreten sein sollen:

1. Die konfessionelle Gruppe.
2. Die Volkssportgruppe.
3. Die Sportgruppe.
4. Die bündische Gruppe.
5. Die berufsständische Gruppe.

(3) An den Sitzungen des Führerrats nimmt der Jugendreferent des Reichsinnenministeriums regelmäßig teil.

(4) Ferner ernennt der Jugendführer des Reichs Landesbeauftragte für die einzelnen Provinzen des Landes Preußen und für die übrigen deutschen Länder. Soweit erforderlich, werden von den Landesbeauftragten Bezirksbeauftragte und Ortsbeauftragte bestellt. Die Landes-, Bezirks- und Ortsbeauftragten haben die Aufgabe, auf dem Gebiete der Jugendpflege mit den zuständigen staatlichen und gemeindlichen Organen in engem Einvernehmen zusammenzuarbeiten.

(5) Der Jugendführer des Reichs kann zur Förderung seiner Aufgaben an staatliche Organe herantreten und ihre Hilfe in Anspruch nehmen. Zu irgendwelchen Zwangseingriffen ist er nicht befugt. Soweit nach seiner Auffassung staatliche Eingriffe gegenüber Jugendorganisationen notwendig erscheinen, hat er dem Reichsminister des Innern Bericht zu erstatten.

D: Fritz Poetzsch-Heffter: Vom Deutschen Staatsleben (vom 30. Januar bis 31. Dezember 1933). In: Jahrbuch des öffentlichen Rechts der Gegenwart 22 (1935) S. 46.

56

Erlaß des Reichsministers des Innern, Wilhelm Frick, an die Landesregierungen und Reichsstatthalter vom 10. Juli 1933

Nach dem 30. Januar 1933 hatten die Parteiorganisationen in Verwaltungsbehörden und anderen öffentlichen Institutionen vielfach aus eigener Machtvollkommenheit Kommissare zur Überwachung der Geschäfte eingesetzt, die infolge des Fehlens einheitlicher Direktiven und übergeordneter Instanzen eine geordnete Arbeit auf die Dauer unmöglich machten. Ihre Verdrängung aus den im Frühjahr 1933 okkupierten Positionen war ein Erfolg des professionellen (nationalsozialistischen) Beamtentums gegen den revolutionären Machtanspruch der fachlich unqualifizierten Parteiführer, somit auch ein Anlaß zu manchem Unmut in den Reihen vornehmlich der SA, die sich den größten Anteil am Aufstieg Hitlers zur Staatsmacht zuschrieb.

In seinen letzten Ansprachen an die SA-Führer und an die Reichsstatthalter hat der Herr Reichskanzler eindeutig festgestellt, daß die deutsche Revolution abgeschlossen ist. Soweit neben der Nationalsozialistischen Deutschen Arbeiterpartei noch politische Parteien bestanden, haben sie sich selbst aufgelöst. Ihre Wiederkehr oder Neubildung ist für alle Zeiten ausgeschlossen. Die Nationalsozialistische Deutsche Arbeiterpartei ist damit der alleinige Träger des Staates geworden. Alle Macht dieses Staates liegt in den Händen der von dem Herrn Reichskanzler allein geführten Reichs-

Bürger von Münster!
Kämpft für volksbewußtes Denken u. Fühlen! Sammelt undeutsche u. jüdische Schriften!
Wider den undeutschen

regierung, in der alle entscheidenden Ämter mit zuverlässigen Nationalsozialisten besetzt sind. Damit ist die siegreiche deutsche Revolution in das Stadium der Evolution, d. h. normaler gesetzmäßiger Aufbauarbeit getreten. Wichtigste Aufgabe der Reichsregierung ist es nunmehr, die in ihr vereinigte totale Macht geistig und wirtschaftlich zu untermauern. Diese Aufgabe wird jedoch auf das schwerste gefährdet, wenn weiterhin noch von einer Fortsetzung der Revolution oder von einer zweiten Revolution geredet wird. Wer jetzt noch so redet, muß sich darüber klar sein, daß er sich damit gegen den Führer selbst auflehnt und dementsprechend behandelt wird.
Solche Äußerungen stellen eine glatte Sabotage der nationalen Revolution dar und sind insbesondere geeignet, die deutsche Wirtschaft, die dank der von der Reichsregierung zur Lösung des Arbeitslosenproblems getroffenen Maßnahmen im erfreulichen Wiederaufbau begriffen ist, neuen Beunruhigungen auszusetzen und damit das deutsche Volk in seiner Gesamtheit zu schädigen.
Das der Reichsregierung als Trägerin der nationalen Revolution in steigendem Maße entgegengebrachte Vertrauen, das gerade in der Belebung der Wirtschaft und in dem starken Absinken der Arbeitslosenziffern seinen sichtbaren Ausdruck findet, darf unter keinen Umständen enttäuscht werden. Jeder Versuch einer Sabotage der deutschen Revo-

---

Mit der öffentlichen Verbrennung angeblich »undeutscher« Bücher am 10. Mai 1933 auf dem Opernplatz in Berlin setzten die Nationalsozialisten ein Zeichen, daß ihre Diktatur auch das geistige Leben der Nation beherrschte. Diese Aktion blieb nicht auf Berlin beschränkt. Auf dem Domplatz in Münster forderte die SA die Bürger auf, Bücher »wider den deutschen Geist« zum Zwecke einer ähnlichen Aktion abzuliefern.

lution, wie er namentlich in unbefugten Eingriffen in die Wirtschaft und in Mißachtung von Anordnungen der Träger der Staatsgewalt zu erblicken ist, muß daher auf Grund der Verordnung zum Schutz von Volk und Staat vom 28. Februar 1933 [vgl. Quelle 45] mit den schärfsten Maßnahmen (mindestens Schutzhaft), gegen wen immer, geahndet werden.

Soweit Eingriffe nötig und berechtigt sind, dürfen sie von nun an nur von den Trägern der Staatsautorität und auf deren ausdrückliche Anordnung und unter ihrer alleinigen Verantwortung erfolgen. [...]

Im besonderen Auftrag des Herrn Reichskanzlers ersuche ich die Herren Reichsstatthalter und die Landesregierungen, die Autorität des Staates auf allen Gebieten und unter allen Umständen sicherzustellen und jedem Versuch, diese Autorität zu erschüttern oder auch nur anzuzweifeln, woher er auch kommen mag, rücksichtslos und unter Einsatz aller staatlichen Machtmittel entgegenzutreten. [...]

D: Schultheß 49 (1933) S. 172 f.

57

Gesetz gegen die Neubildung von Parteien vom 14. Juli 1933

Nach dem Erliegen des parlamentarischen Lebens durch das Ermächtigungsgesetz hatten die Parteien wesentliche Aufgaben verloren. Unter dem Druck der Nationalsozialisten, aber auch aufgrund einer schwer erklärlichen Begeisterung für die »nationale Erhebung« verließen viele Mitglieder von Parteien ihre bisherige politische Heimat. Die Kommunisten waren bereits seit dem Reichstagsbrand ausgeschaltet; den Sozialdemokraten wurde die Politik ihres emigrierten Parteivorstands zur Last gelegt, ihre Partei am 22. Juni 1933 verboten; die Deutschnationalen lösten sich, nachdem ihre »Kampfringe« am 21. Juni unter dem Vorwurf, Kommunisten und andere staatsfeindliche Elemente aufgenommen zu haben, verboten worden waren, am 27. Juni »in Erkenntnis der Tatsache, daß der Parteienstaat überwunden ist«, selbst auf. Die Zentrumspartei versuchten die Nationalsozialisten auf dem Umweg über den Vatikan auszuschalten. Bei den Verhandlungen über das Reichskonkorat (vgl. Quelle 60) verlangten sie eine Vorschrift die den Geistlichen jede Tätigkeit für diese Partei verbot. Dazu fand sich der Vatikan aber erst bereit, als die Entscheidung schon ohne ihn gefallen war. Nachdem sein Pendant, die Bayerische Volkspartei, nach einer Massenverhaftung ihrer Abgeordneten und Funktionäre am 4. Juli ihre Auflösung verkündet hatte, erklärte – als letzte aller deutschen Parteien – das Zentrum am folgenden Tage seine Auflösung. Die NSDAP war nun ohne Konkurrenz.

Die Reichsregierung hat das folgende Gesetz beschlossen, das hiermit verkündet wird:

§ 1. In Deutschland besteht als einzige politische Partei die Nationalsozialistische Deutsche Arbeiterpartei.

§ 2. Wer es unternimmt, den organisatorischen Zusammenhalt einer anderen politischen Partei aufrechtzuerhalten oder eine neue politische Partei zu bilden, wird, sofern nicht die Tat nach anderen Vorschriften mit einer höheren Strafe bedroht ist, mit Zuchthaus bis zu drei Jahren oder mit Gefängnis von sechs Monaten bis zu drei Jahren bestraft.

Berlin, den 14. Juli 1933

Der Reichskanzler: Adolf Hitler
Der Reichsminister des Innern: Frick
Der Reichsminister der Justiz: Dr. Gürtner

D: RGBl. 1933 I S. 479.

58

Gesetz zur Verhütung erbkranken Nachwuchses vom 14. Juli 1933

Die Rassenideologie der Nationalsozialisten fand mit diesem Gesetz einen ersten rechtswirksamen Ausdruck. Derartige Maßnahmen waren von manchen Ärzten bereits vor dem Machtantritt Hitlers vorgeschlagen worden, um der Ausbreitung von Erbkrankheiten entgegenzuwirken. Alle Patienten, die an den genannten Krankheiten litten, waren nunmehr der Gefahr der Sterilisierung ausgesetzt, die jeder Amtsarzt oder Leiter einer Heil- und Pflegeanstalt bewirken konnte. Widerstand gegen das Gesetz kam von der katholischen Kirche, die durch öffentliche Erklärung ihren Gläubigen verbot, die Sterilisierung für sich oder andere zu beantragen.

Die Reichsregierung hat das folgende Gesetz beschlossen, das hiermit verkündet wird:

§ 1. (1) Wer erbkrank ist, kann durch chirurgischen Eingriff unfruchtbar gemacht (sterilisiert) werden, wenn nach den Erfahrungen der ärztlichen Wissenschaft mit großer Wahrscheinlichkeit zu erwarten ist, daß seine Nachkommen an schweren körperlichen oder geistigen Erbschäden leiden werden.
(2) Erbkrank im Sinne dieses Gesetzes ist, wer an einer der folgenden Krankheiten leidet:

1. angeborenem Schwachsinn,
2. Schizophrenie,
3. zirkulärem (manisch-depressivem) Irresein,
4. erblicher Fallsucht,
5. erblichem Veitstanz (Huntingtonsche Chorea),
6. erblicher Blindheit,
7. erblicher Taubheit,
8. schwerer erblicher körperlicher Mißbildung.

(3) Ferner kann unfruchtbar gemacht werden, wer an schwerem Alkoholismus leidet.

§ 2. (1) Antragsberechtigt ist derjenige, der unfruchtbar gemacht werden soll. Ist dieser geschäftsunfähig oder wegen Geistesschwäche entmündigt oder hat er das achtzehnte Lebensjahr noch nicht vollendet, so ist der gesetzliche Vertreter antragsberechtigt; er bedarf dazu der Genehmigung des Vormundschaftsgerichts. In den übrigen Fällen beschränkter Geschäftsfähigkeit bedarf der Antrag der Zustimmung des gesetzlichen Vertreters. Hat ein Volljähriger einen Pfleger für seine Person erhalten, so ist dessen Zustimmung erforderlich.
(2) Dem Antrag ist eine Bescheinigung eines für das Deutsche Reich approbierten Arztes beizufügen, daß der Unfruchtbarzumachende über das Wesen und die Folgen der Unfruchtbarmachung aufgeklärt worden ist.
(3) Der Antrag kann zurückgenommen werden.

§ 3. Die Unfruchtbarmachung können auch beantragen
1. der beamtete Arzt,
2. für die Insassen einer Kranken-, Heil- oder Pflegeanstalt oder einer Strafanstalt der Anstaltsleiter. [...]

§ 12. (1) Hat das Gericht die Unfruchtbarmachung endgültig beschlossen, so ist sie auch gegen den Willen des Unfruchtbarzumachenden auszuführen, sofern nicht dieser allein den Antrag gestellt hat. Der beamtete Arzt hat bei der Polizeibehörde die erforderlichen Maßnahmen zu beantragen. Soweit andere Maßnahmen nicht ausreichen, ist die Anwendung unmittelbaren Zwanges zulässig.
(2) Ergeben sich Umstände, die eine nochmalige Prüfung des Sachverhalts erfordern, so hat das Erbgesundheitsgericht das Verfahren wieder aufzunehmen und die Ausführung der Unfruchtbarmachung vorläufig zu untersagen. War der Antrag abgelehnt worden, so ist die Wiederauf-

nahme nur zulässig, wenn neue Tatsachen eingetreten sind, welche die Unfruchtbarmachung rechtfertigen. [...]

§ 18. Dieses Gesetz tritt am 1. Januar 1934 in Kraft.

Berlin, den 14. Juli 1933

Der Reichskanzler: Adolf Hitler
Der Reichsminister des Innern: Frick
Der Reichsminister der Justiz: Dr. Gürtner

D: RGBl. 1933 I S. 529.

59

Der Viermächte-Pakt vom 15. Juli 1933

Der italienische Regierungschef Benito Mussolini hatte bereits seit 1931 einen Pakt der europäischen Großmächte angestrebt, der ihnen im Rahmen des Völkerbunds eine gewisse Führungsrolle eintragen sollte. Die Bereitschaft Deutschlands, sich anzuschließen, lag auf der Linie der von Hitler in seiner Reichstagsrede vom 17. Mai 1933 betonten Politik der Verständigung. Dieser Vertrag war der erste, den Deutschland unter Hitler mit einem auswärtigen Partner abschloß. Er trat allerdings niemals in Kraft, weil Deutschland ihm durch den Austritt aus dem Völkerbund im Oktober 1933 die Grundlage entzog (vgl. Quelle 65).

Vertrag der Verständigung und Zusammenarbeit

Der Deutsche Reichspräsident, der Präsident der Französischen Republik, Seine Majestät der König von Großbritannien, Irland und der Britischen überseeischen Gebiete, Kaiser von Indien, und Seine Majestät der König von Italien;
Im Bewußtsein der besonderen Verantwortung, die ihnen

die Tatsache ihrer ständigen Vertretung im Völkerbundsrat gegenüber dem Völkerbund selbst und seinen Mitgliedern auferlegt, und die sich aus ihrer gemeinsamen Unterzeichnung der Abmachungen von Locarno ergibt;
In der Überzeugung, daß der Zustand des Unbehagens, in dem sich die Welt befindet, nur durch eine Verstärkung ihrer Solidarität beseitigt werden kann, die geeignet ist, in Europa das Vertrauen auf den Frieden zu festigen;
Getreu den Verpflichtungen, die sie durch die Völkerbundssatzung, die Verträge von Locarno und den Briand-Kellogg-Pakt übernommen haben, und bezugnehmend auf die Erklärung über die Nichtanwendung von Gewalt, die als Grundsatz in der in Genf am 11. Dezember 1932 von ihren Bevollmächtigten auf der Abrüstungskonferenz unterzeichneten Erklärung verkündet und am 2. März 1933 von der Politischen Kommission dieser Konferenz angenommen worden ist;
In dem Bestreben, allen Bestimmungen der Völkerbundssatzung ihre volle Wirksamkeit zu verleihen unter Beachtung der Methoden und Verfahrensarten, die darin vorgesehen sind, und denen sie nicht zuwiderhandeln wollen;
Unter Achtung der Rechte eines jeden Staates, über die nicht ohne Mitwirkung des Beteiligten verfügt werden kann;
Sind übereingekommen, zu diesem Zwecke einen Vertrag zu schließen, und haben zu ihren Bevollmächtigten ernannt:

[Titel und Namen der Bevollmächtigten]

Die, nachdem sie ihre Vollmachten ausgetauscht und in guter und gehöriger Form befunden haben,
folgende Bestimmungen vereinbart haben:

Artikel 1. Die Hohen vertragschließenden Teile werden sich über alle Fragen, die sie angehen, ins Einvernehmen setzen. Sie verpflichten sich, alle Anstrengungen zu machen, um im Rahmen des Völkerbundes eine Politik wirksamer Zusammenarbeit zwischen allen Mächten zur Erhaltung des Friedens zur Anwendung zu bringen.

Artikel 2. In Ansehung der Völkerbundssatzung, insbesondere ihrer Artikel 10, 16 und 19, beschließen die Hohen vertragschließenden Teile, unter sich und unter Vorbehalt der nur durch die ordentlichen Organe des Völkerbundes zu treffenden Entscheidungen alle Vorschläge hinsichtlich der Methoden und Verfahrensarten zu prüfen, die geeignet sind, diesen Artikeln gehörige Wirksamkeit zu verleihen.

Artikel 3. Die Hohen vertragschließenden Teile verpflichten sich, alle Anstrengungen zu machen, um den Erfolg der Abrüstungskonferenz sicherzustellen; sie behalten sich vor, falls Fragen, die sie besonders betreffen, bei Beendigung der Konferenz offen geblieben sein sollten, deren Prüfung in Anwendung dieses Vertrags unter sich wiederaufzunehmen, um sicherzustellen, daß sie auf geeignetem Wege gelöst werden.

Artikel 4. Die Hohen vertragschließenden Teile bestätigen ihre Absicht, sich im Hinblick auf eine im Rahmen des Völkerbundes anzustrebende Lösung über alle Fragen wirtschaftlicher Art ins Einvernehmen zu setzen, die für Europa, insbesondere für seinen wirtschaftlichen Wiederaufbau, von gemeinsamem Interesse sind.

Artikel 5. Dieser Vertrag wird für eine Dauer von zehn Jahren, gerechnet von seinem Inkrafttreten an, abgeschlossen. Wenn keiner der Hohen vertragschließenden Teile den anderen vor Ablauf des achten Jahres seine Absicht mitteilt, den Vertrag zu beendigen, gilt er als erneuert und bleibt ohne zeitliche Befristung in Kraft, wobei jeder der Hohen vertragschließenden Teile die Befugnis hat, den Vertrag durch eine zu diesem Zwecke mit einer Frist von zwei Jahren abzugebenden Erklärung zu beendigen.

Artikel 6. Dieser Vertrag, der in deutscher, englischer, französischer und italienischer Sprache abgefaßt ist, wobei im Falle von Abweichungen der französische Wortlaut maßgebend ist, soll ratifiziert und die Ratifikationsurkun-

den sollen sobald als möglich in Rom niedergelegt werden. Die Königlich Italienische Regierung wird jedem der Hohen vertragschließenden Teile eine beglaubigte Abschrift der Protokolle über die Niederlegung übersenden.
Dieser Vertrag tritt in Kraft, sobald alle Ratifikationsurkunden niedergelegt worden sind.
Er soll beim Völkerbund gemäß der Völkerbundssatzung eingetragen werden.
Geschehen in Rom, am 7. Juni 1933 in einem Exemplar, das im Archiv der Königlich Italienischen Regierung niedergelegt bleibt, und von dem jedem der Hohen vertragschließenden Teile eine beglaubigte Abschrift übersandt werden wird.
Zu Urkund dessen haben die genannten Bevollmächtigten diesen Vertrag unterzeichnet.

Ulrich von Hassell; Henry de Jouvenel;
Ronald Graham; Benito Mussolini

D/O: Martens XXVIII S. 4–13.

60

Konkordat zwischen dem Heiligen Stuhl und dem Deutschen Reich vom 20. Juli 1933

Ein Konkordat war bereits in der Weimarer Republik für wünschenswert gehalten und vorbereitet worden, allerdings war kein unterschriftsreifer Text entstanden und noch weniger ein solcher Vertrag dem Reichstag vorgelegt worden. Hitler, dem es darauf ankam, die Zentrumspartei auszuschalten, indem er ihr den Rückhalt an der katholischen Geistlichkeit nahm, bot dem Vatikan nach den Reichstagswahlen vom 5. März den Abschluß des bis dahin unerledigt gebliebenen Konkordats an, wenn seine »Hauptgegenforderung«, das

Verbot des Engagements der Geistlichen für das Zentrum, vom Vatikan angenommen würde. Dieser hat dieses Angebot Hitlers nur zögernd und mit Rücksicht auf die Gefährdung der Kirche in Deutschland angenommen, bei den Verhandlungen sich jedoch zu solcher Eile drängen lassen, daß die Feststellung des tatsächlichen Umfangs des in Artikel 31 formulierten Schutzes für die katholischen Organisationen auf einen späteren Zeitpunkt verschoben wurde. Weil die vorgesehene Liste der geschützten Verbände nie zustandekam, blieb das Konkordat in diesem für die Kirche wichtigen Punkt weitgehend unwirksam. Der Vertrag fixierte in weiten Teilen den Rechtszustand, den die Kirche unter der Weimarer Verfassung besessen hatte. Darum wurde er von den Nationalsozialisten später auch als Relikt liberaler Rechts- und Staatsauffassungen bekämpft.

Seine Heiligkeit Papst Pius XI. und der Präsident des Deutschen Reichs, von dem gemeinsamen Wunsche geleitet, die zwischen dem Heiligen Stuhl und dem Deutschen Reich bestehenden freundschaftlichen Beziehungen zu festigen und zu fördern, gewillt, das Verhältnis zwischen der katholischen Kirche und dem Staat für den Gesamtbereich des Deutschen Reiches in einer beide Teile befriedigenden Weise dauernd zu regeln, haben beschlossen, eine feierliche Übereinkunft zu treffen, welche die mit einzelnen deutschen Ländern abgeschlossenen Konkordate ergänzen und auch für die übrigen Länder eine in den Grundsätzen einheitliche Behandlung der einschlägigen Fragen sichern soll.

Zu diesem Zweck haben Seine Heiligkeit Papst Pius XI. zu Ihrem Bevollmächtigten Seine Eminenz den Hochwürdigsten Herrn Kardinal Eugen Pacelli, Ihren Staatssekretär, und der Herr Präsident des Deutschen Reichs zum Bevollmächtigten den Vizekanzler des Deutschen Reiches, Herrn Franz von Papen, ernannt, die, nachdem sie ihre beiderseitigen Vollmachten ausgetauscht und in guter und gehöriger Form befunden haben, über folgende Artikel übereingekommen sind:

Artikel 1. Das Deutsche Reich gewährleistet die Freiheit des Bekenntnisses und der öffentlichen Ausübung der katholischen Religion.
Es anerkennt das Recht der katholischen Kirche, innerhalb der Grenzen des für alle geltenden Gesetzes, ihre Angelegenheiten selbständig zu ordnen und zu verwalten und im Rahmen ihrer Zuständigkeit für ihre Mitglieder bindende Gesetze und Anordnungen zu erlassen.

Artikel 2. Die mit Bayern (1924), Preußen (1929) und Baden (1932) abgeschlossenen Konkordate bleiben bestehen und die in ihnen anerkannten Rechte und Freiheiten der katholischen Kirche innerhalb der betreffenden Staatsgebiete unverändert gewahrt. Für die übrigen Länder greifen die in dem vorliegenden Konkordat getroffenen Vereinbarungen in ihrer Gesamtheit Platz. Letztere sind auch für die obengenannten drei Länder verpflichtend, soweit sie Gegenstände betreffen, die in den Länderkonkordaten nicht geregelt wurden oder soweit sie die früher getroffene Regelung ergänzen.
In Zukunft wird der Abschluß von Länderkonkordaten nur im Einvernehmen mit der Reichsregierung erfolgen.

Artikel 3. Um die guten Beziehungen zwischen dem Heiligen Stuhl und dem Deutschen Reich zu pflegen, wird wie bisher ein Apostolischer Nuntius in der Hauptstadt des Deutschen Reiches und ein Botschafter des Deutschen Reiches beim Heiligen Stuhl residieren.

Artikel 4. Der Heilige Stuhl genießt in seinem Verkehr und seiner Korrespondenz mit den Bischöfen, dem Klerus und den übrigen Angehörigen der katholischen Kirche in Deutschland volle Freiheit. Dasselbe gilt für die Bischöfe und sonstigen Diözesanbehörden für ihren Verkehr mit den Gläubigen in allen Angelegenheiten ihres Hirtenamtes.
Anweisungen, Verordnungen, Hirtenbriefe, amtliche Diözesanblätter und sonstige die geistliche Leitung der Gläubigen betreffende Verfügungen, die von den kirchlichen Be-

hörden im Rahmen ihrer Zuständigkeit (Art. 1 Abs. 2) erlassen werden, können ungehindert veröffentlicht und in den bisher üblichen Formen zur Kenntnis der Gläubigen gebracht werden.

[Artikel 5–10 regeln den staatlichen Schutz von Geistlichen und Ordensleuten und ihre Verwendung in staatlichen Ämtern.]

Artikel 11. Die gegenwärtige Diözesanorganisation und -zirkumskription der katholischen Kirche im Deutschen Reich bleibt bestehen. Eine in Zukunft etwa erforderlich erscheinende Neueinrichtung eines Bistums oder einer Kirchenprovinz oder sonstige Änderungen der Diözesanzirkumskription bleiben, soweit es sich um Neubildungen innerhalb der Grenzen eines deutschen Landes handelt, der Vereinbarung mit der zuständigen Landesregierung vorbehalten. Bei Neubildungen oder Änderungen, die über die Grenzen eines deutschen Landes hinausgreifen, erfolgt die Verständigung mit der Reichsregierung, der es überlassen bleibt, die Zustimmung der in Frage kommenden Länderregierungen herbeizuführen. Dasselbe gilt entsprechend für die Neuerrichtung oder Änderung von Kirchenprovinzen, falls mehrere deutsche Länder daran beteiligt sind. Auf kirchliche Grenzverlegungen, die lediglich im Interesse der örtlichen Seelsorge erfolgen, finden die vorstehenden Bedingungen keine Anwendung.
Bei etwaigen Neugliederungen innerhalb des Deutschen Reiches wird sich die Reichsregierung zwecks Neuordnung der Diözesanorganisation und -zirkumskription mit dem Heiligen Stuhl in Verbindung setzen.

Artikel 12. Unbeschadet der Bestimmungen des Artikels 11 können kirchliche Ämter frei errichtet und umgewandelt werden, falls Aufwendungen aus Staatsmitteln nicht beansprucht werden. Die staatliche Mitwirkung bei der Bildung und Veränderung von Kirchengemeinden erfolgt nach Richtlinien, die mit den Diözesanbischöfen vereinbart werden und für deren möglichst einheitliche Gestaltung die Reichsregierung bei den Länderregierungen wirken wird.

[Artikel 13 gewährleistet den kirchlichen Institutionen die Rechtsfähigkeit.]

Artikel 14. Die Kirche hat grundsätzlich das freie Besetzungsrecht für alle Kirchenämter und Benefizien ohne Mitwirkung des Staates oder der bürgerlichen Gemeinden, soweit nicht durch die im Artikel 2 genannten Konkordate andere Vereinbarungen getroffen sind. Bezüglich der Besetzung von Bischöflichen Stühlen findet auf die beiden Suffraganbistümer Rottenburg und Mainz wie auch für das Bistum Meißen die für den Metropolitansitz der Oberrheinischen Kirchenprovinz Freiburg getroffene Regelung entsprechende Anwendung. Das gleiche gilt für die erstgenannten zwei Suffraganbistümer bezüglich der Besetzung von domkapitularischen Stellen und der Regelung des Patronatsrechtes.
Außerdem besteht Einvernehmen über folgende Punkte:
1. Katholische Geistliche, die in Deutschland ein geistliches Amt bekleiden oder eine seelsorgerliche oder Lehrtätigkeit ausüben, müssen:
a) deutsche Staatsangehörige sein,
b) ein zum Studium an einer deutschen höheren Lehranstalt berechtigendes Reifezeugnis erworben haben,
c) auf einer deutschen staatlichen Hochschule, einer deutschen kirchlichen akademischen Lehranstalt oder einer päpstlichen Hochschule in Rom ein wenigstens dreijähriges philosophisch-theologisches Studium abgelegt haben.
2. Die Bulle für die Ernennung von Erzbischöfen, Bischöfen, eines Koadjutors cum iure successionis oder eines Praelatus nullius wird erst ausgestellt, nachdem der Name des dazu Ausersehenen dem Reichsstatthalter bei der zuständigen Landesregierung mitgeteilt und festgestellt ist, daß gegen ihn Bedenken allgemein politischer Natur nicht bestehen.

Bei kirchlichem und staatlichem Einverständnis kann von den im Absatz 2, Ziffer 1 a, b und c genannten Erfordernissen abgesehen werden.

[Artikel 15 garantiert die Freiheit von Orden und religiösen Genossenschaften bezüglich Gründung, Niederlassung und Tätigkeit.]

Artikel 16. Bevor die Bischöfe von ihrer Diözese Besitz ergreifen, leisten sie in die Hand des Reichsstatthalters in dem zuständigen Lande bzw. des Reichspräsidenten einen Treueid nach folgender Formel:
»Vor Gott und auf die heiligen Evangelien schwöre und verspreche ich, so wie es einem Bischof geziemt, dem Deutschen Reich und dem Lande ... Treue. Ich schwöre und verspreche, die verfassungsmäßig gebildete Regierung zu achten und von meinem Klerus achten zu lassen. In der pflichtmäßigen Sorge um das Wohl und das Interesse des deutschen Staatswesens werde ich in Ausübung des mir übertragenen geistlichen Amtes jeden Schaden zu verhüten trachten, der es bedrohen könnte.«

[Artikel 17 und 18 garantieren Eigentum und Vermögen der Kirche. Artikel 19 gewährleistet die Erhaltung der katholisch-theologischen Fakultäten an den staatlichen Hochschulen, Artikel 20 bestätigt das Recht der Kirche, Lehranstalten zur Ausbildung des Klerus zu errichten.]

Artikel 21. Der katholische Religionsunterricht in den Volksschulen, Berufsschulen, Mittelschulen und höheren Lehranstalten ist ordentliches Lehrfach und wird in Übereinstimmung mit den Grundsätzen der katholischen Kirche erteilt. Im Religionsunterricht wird die Erziehung zu vaterländischem, staatsbürgerlichem und sozialem Pflichtbewußtsein aus dem Geiste des christlichen Glaubens- und Sittengesetzes mit besonderem Nachdruck gepflegt werden, ebenso wie es im gesamten übrigen Unterricht geschieht. Lehrstoff und Auswahl der Lehrbücher für den Religionsunterricht werden im Einvernehmen mit der kirchlichen Oberbehörde festgesetzt. Den kirchlichen Oberbehörden wird Gelegenheit gegeben werden, im Einvernehmen mit der Schulbehörde zu prüfen, ob die Schüler Religionsunterricht in Übereinstimmung mit den Lehren und Anforderungen der Kirche erhalten.

Artikel 22. Bei der Anstellung von katholischen Religionslehrern findet Verständigung zwischen dem Bischof und der Landesregierung statt. Lehrer, die wegen ihrer Lehre oder sittlichen Führung vom Bischof zur weiteren Erteilung des Religionsunterrichtes für ungeeignet erklärt worden sind, dürfen, solange dies Hindernis besteht, nicht als Religionslehrer verwendet werden.

Artikel 23. Die Beibehaltung und Neueinrichtung katholischer Bekenntnisschulen bleibt gewährleistet. In allen Gemeinden, in denen Eltern oder sonstige Erziehungsberechtigte es beantragen, werden katholische Volksschulen errichtet werden, wenn die Zahl der Schüler unter gebührender Berücksichtigung der örtlichen schulorganisatorischen Verhältnisse einen nach Maßgabe der staatlichen Vorschriften geordneten Schulbetrieb durchführbar erscheinen läßt.

Artikel 24. An allen katholischen Volksschulen werden nur solche Lehrer angestellt, die der katholischen Kirche angehören und Gewähr bieten, den besonderen Erfordernissen der katholischen Bekenntnisschule zu entsprechen.
Im Rahmen der allgemeinen Berufsausbildung der Lehrer werden Einrichtungen geschaffen, die eine Ausbildung katholischer Lehrer entsprechend den besonderen Erfordernissen der katholischen Bekenntnisschule gewährleisten.

Artikel 25. Orden und religiöse Kongregationen sind im Rahmen der allgemeinen Gesetze und gesetzlichen Bedingungen zur Gründung und Führung von Privatschulen berechtigt. Diese Privatschulen geben die gleichen Berechti-

gungen wie die staatlichen Schulen, soweit sie die lehrplanmäßigen Vorschriften für letztere erfüllen.
Für Angehörige von Orden oder religiösen Genossenschaften gelten hinsichtlich der Zulassung zum Lehramte und für die Anstellung an Volksschulen, mittleren oder höheren Lehranstalten die allgemeinen Bedingungen.

Artikel 26. Unter Vorbehalt einer umfassenderen späteren Regelung der eherechtlichen Fragen besteht Einverständnis darüber, daß, außer im Falle einer lebensgefährlichen, einen Aufschub nicht gestattenden Erkrankung eines Verlobten, auch im Falle schweren sittlichen Notstandes, dessen Vorhandensein durch die zuständige bischöfliche Behörde bestätigt sein muß, die kirchliche Einsegnung der Ehe vor der Ziviltrauung vorgenommen werden darf. Der Pfarrer ist in solchen Fällen verpflichtet, dem Standesamt unverzüglich Anzeige zu erstatten.

[Artikel 27 regelt die Seelsorge für die Wehrmacht. Artikel 28 gewährleistet die Seelsorge in Krankenhäusern und Strafanstalten. Artikel 29 erlaubt die Verwendung der Muttersprache nichtdeutscher völkischer Minderheiten in der Seelsorge nach Maßgabe der Behandlung der deutschen Minderheiten in den entsprechenden fremden Staaten.]

Artikel 30. An den Sonntagen und den gebotenen Feiertagen wird in den Bischofskirchen sowie in den Pfarr-, Filial- und Klosterkirchen des Deutschen Reiches im Anschluß an den Hauptgottesdienst, entsprechend den Vorschriften der kirchlichen Liturgie, ein Gebet für das Wohlergehen des Deutschen Reiches und Volkes eingelegt.

Artikel 31. Diejenigen katholischen Organisationen und Verbände, die ausschließlich religiösen, rein kulturellen und karitativen Zwecken dienen und als solche der kirchlichen Behörde unterstellt sind, werden in ihren Einrichtungen und in ihrer Tätigkeit geschützt.

Diejenigen katholischen Organisationen, die außer religiösen, kulturellen oder karitativen Zwecken auch anderen, darunter auch sozialen oder berufsständischen Aufgaben dienen, sollen, unbeschadet einer etwaigen Einordnung in staatliche Verbände, den Schutz des Artikels 31 Absatz 1 genießen, sofern sie Gewähr dafür bieten, ihre Tätigkeit außerhalb jeder politischen Partei zu entfalten.
Die Feststellung der Organisationen und Verbände, die unter die Bestimmungen dieses Artikels fallen, bleibt vereinbarlicher Abmachung zwischen der Reichsregierung und dem deutschen Episkopat vorbehalten.
Insoweit das Reich und die Länder sportliche oder andere Jugendorganisationen betreuen, wird Sorge getragen werden, daß deren Mitglieder die Ausübung ihrer kirchlichen Verpflichtungen an Sonn- und Feiertagen regelmäßig ermöglicht wird und sie zu nichts veranlaßt werden, was mit ihren religiösen und sittlichen Überzeugungen und Pflichten nicht vereinbar wäre.

Artikel 32. Auf Grund der in Deutschland bestehenden besonderen Verhältnisse wie im Hinblick auf die durch die Bestimmungen des vorstehenden Konkordats geschaffenen Sicherungen einer die Rechte und Freiheiten der katholischen Kirche im Reich und seinen Ländern wahrenden Gesetzgebung erläßt der Heilige Stuhl Bestimmungen, die für die Geistlichen und Ordensleute die Mitgliedschaft in politischen Parteien und die Tätigkeit für solche Parteien ausschließen.

Artikel 33. Die auf kirchliche Personen oder kirchliche Dinge bezüglichen Materien, die in den vorstehenden Artikeln nicht behandelt wurden, werden für den kirchlichen Bereich dem geltenden kanonischen Recht gemäß geregelt.
Sollte sich in Zukunft wegen der Auslegung oder Anwendung einer Bestimmung dieses Konkordates irgendeine Meinungsverschiedenheit ergeben, so werden der Heilige

Stuhl und das Deutsche Reich im gemeinsamen Einvernehmen eine freundschaftliche Lösung herbeiführen.

Artikel 34. Das vorliegende Konkordat, dessen deutscher und italienischer Text gleiche Kraft haben, soll ratifiziert und die Ratifikationsurkunden baldigst ausgetauscht werden. Es tritt mit dem Tag ihres Austausches in Kraft.
Zu Urkund dessen haben die Bevollmächtigten dieses Konkordat unterzeichnet.
Geschehen in doppelter Urschrift.

In der Vatikanstadt, am 20. Juli 1933

Eugenio Cardinale Pacelli
Franz von Papen

Schlußprotokoll

Bei der Unterzeichnung des am heutigen Tage abgeschlossenen Konkordats zwischen dem Heiligen Stuhl und dem Deutschen Reich haben die ordnungsgemäß bevollmächtigten Unterzeichneten folgende übereinstimmende Erklärungen abgegeben, die einen integrierenden Bestandteil des Konkordats selbst bilden.
Zu Artikel 3. Der Apostolische Nuntius beim Deutschen Reich ist, entsprechend dem Notenwechsel zwischen der Apostolischen Nuntiatur in Berlin und dem Auswärtigen Amt vom 11. und 27. März 1930, Doyen des dort akkreditierten Diplomatischen Korps.
Zu Artikel 13. Es besteht Einverständnis darüber, daß das Recht der Kirche, Steuern zu erheben, gewährleistet bleibt.
Zu Artikel 14, Absatz 2, Ziff. 2. Es besteht Einverständnis darüber, daß, sofern Bedenken allgemein politischer Natur bestehen, solche in kürzester Frist vorgebracht werden. Liegt nach Ablauf von 20 Tagen eine derartige Erklärung nicht vor, so wird der Heilige Stuhl berechtigt sein, anzu-

nehmen, daß Bedenken gegen den Kandidaten nicht bestehen. Über die in Frage stehenden Persönlichkeiten wird bis zur Veröffentlichung der Ernennung volle Vertraulichkeit gewahrt werden.

Ein staatliches Vetorecht soll nicht begründet werden. [. . .]

Zu Artikel 24. Soweit nach Neuordnung des Lehrerbildungswesens Privatanstalten in der Lage sind, den allgemein geltenden staatlichen Anforderungen für Ausbildung von Lehrern oder Lehrerinnen zu entsprechen, werden bei ihrer Zulassung auch bestehende Anstalten der Orden und Kongregationen entsprechend berücksichtigt werden. [. . .]

Zu Artikel 31 Absatz 4. Die in Artikel 31, Absatz 4 niedergelegten Grundsätze gelten auch für den Arbeitsdienst.

Zu Artikel 32. Es herrscht Einverständnis darüber, daß vom Reich bezüglich der nicht katholischen Konfessionen gleiche Regelungen betreffend parteipolitische Bestätigung veranlaßt werden.

Das den Geistlichen und Ordensleuten Deutschlands in Ausführung des Artikels 32 zur Pflicht gemachte Verhalten bedeutet keinerlei Einengung der pflichtmäßigen Verkündung und Erläuterung der dogmatischen und sittlichen Lehren und Grundsätze der Kirche.

In der Vatikanstadt, am 20. Juli 1933

Eugenio Cardinale Pacelli
Franz von Papen

Anhang

(Die hohen Vertragschließenden vereinbaren Geheimhaltung des Anhangs.)

Im Falle einer Umbildung des gegenwärtigen deutschen Wehrsystems im Sinne der Einführung der allgemeinen Wehrpflicht wird die Heranziehung von Priestern und anderen Mitgliedern des Welt- und Ordensklerus zur Leistung der Militärdienstpflicht im Einvernehmen mit dem

Heiligen Stuhl nach Maßgabe etwa folgender Leitgedanken geregelt werden:
a) Die in kirchlichen Anstalten befindlichen Studierenden der Philosophie und Theologie, die sich auf das Priestertum vorbereiten, sind vom Militärdienst und den darauf vorbereitenden Übungen befreit, ausgenommen der Fall der allgemeinen Mobilisierung.
b) Im Falle einer allgemeinen Mobilisierung sind die Geistlichen, die in der Diözesanverwaltung oder in der Seelsorge beschäftigt sind, von der Gestellung frei. Als solche gelten die Ordinarien, die Mitglieder der Ordinariate, die Vorsteher der Seminare und kirchlichen Konvikte, die Seminarprofessoren, die Pfarrer, Kuraten, Rektoren, Koadjutoren und die Geistlichen, die dauernd einer Kirche mit öffentlichem Gottesdienst vorstehen.
c) Die übrigen Geistlichen treten, falls sie tauglich erklärt werden, in die Wehrmacht des Staates ein, um unter der kirchlichen Jurisdiktion des Armeebischofs sich der Seelsorge bei den Truppen zu widmen, falls sie nicht zum Sanitätsdienst eingezogen werden.
d) Die übrigen Kleriker in sacris oder Ordensleute, die noch nicht Priester sind, sind dem Sanitätsdienst zuzuteilen. Dasselbe soll im Rahmen des Möglichen mit den unter a) erwähnten Priesteramtskandidaten geschehen, die noch nicht die höheren Weihen erhalten haben.

In der Vatikanstadt, am 20. Juli 1933

Eugenio Cardinale Pacelli
Franz von Papen

D/O: RGBl. 1933 II S. 679 (ohne den geheimen Anhang).
D (mit Geheimanhang): ADAP C I,2 S. 662–672.

61

Hitler über die Bedeutung der Rasse für Partei und Staat in seiner Rede auf dem Nürnberger Reichsparteitag vom 3. September 1933

Die NSDAP veranstaltete von 1933 an alljährlich in Nürnberg, wie bereits 1927 und 1929, ihren »Reichsparteitag«, wo die nationalsozialistischen Führer, vor allem Hitler selbst, sich in einer Vielzahl von Reden an die aus ganz Deutschland in Massen zusammengeholten Mitglieder der Partei und ihrer Organisationen, später auch der Wehrmacht, wandten. Hitlers Rede bietet Aufschluß über seine Rassenideologie wie über seine Anschauung von der NSDAP als des zur Führung berufenen »Rassekerns« des deutschen Volkes.

[...] Fast alle Völker der Welt bauen sich heute aus verschiedenen rassischen Grundstoffen auf. Diese Urelemente sind die Träger voneinander abweichender Fähigkeiten. Nur in primitiven Funktionen des Lebens kann eine Gleichheit für alle Menschen angenommen werden. Darüber hinaus aber beginnen sie sofort in ihrem Wesen, ihrer Veranlagung und in ihren Fähigkeiten auseinanderzufallen. Die Differenzen zwischen den einzelnen Rassen können zum Teil sowohl äußerlich, als damit selbstverständlich auch innerlich ganz enorme sein – und sind es auch. Die Spanne, die zwischen dem niedersten, noch sogenannten Menschen und unseren höchsten Rassen liegt, ist größer als die zwischen dem tiefsten Menschen und dem höchsten Affen. [...] Die Aufrichtung einer volklichen Gemeinschaft aus verschiedenen Rassenbestandteilen hat nur dann einen Sinn, wenn sie von dem Teil führend getragen und verantwortet wird, der die Bildung erst übernommen und dann auch vollendet hat. [...] Indem aber das deutsche Bürgertum die politische Führung der Nation beanspruchte, hat sich eine

Gesellschaft dem Volke als Führer vorgestellt, die dafür nie geboren war. Und das Volk hat das erkannt und instinktsicher abgelehnt.

So war es denkbar, daß eine fremde Rasse sich unterstehen konnte, mit einer primitiven Parole inmitten unseres Volkes eine alte Narbe aufzureißen, um im Proletariat eine Organisation derjenigen vorzunehmen, die durch das Fehlen einer wirklich geborenen Führung nunmehr führerlos geworden waren. [...] Nachdem sich unsere neue Gesellschaftsbildung aus ökonomischen Funktionen heraus entwickelt hatte, war die Fähigkeit zur politischen Führung unter keinen Umständen als unbedingt identisch mit der gesellschaftlichen Stellung des einzelnen Deutschen anzunehmen. Das heißt also: Zur Führung des Volkes konnten ebensowohl Menschen aus wirtschaftlichen und damit gesellschaftlich minderen Schichten befähigt sein, wie umgekehrt zahlreiche Mitglieder höchster, besonders wirtschaftlich oder finanziell bedingter Gesellschaftkreise abgelehnt werden mußten. Entscheidend durfte nur sein die für diesen Zweck nötige innere Veranlagung.

Diese Menschen aber aus all den verschiedenen Städten, Berufen und sonstigen Schichten herauszufinden, war die gestellte Aufgabe. Dies war aber in Wahrheit eine sozialistische Handlung, denn: indem ich mich bemühe, für jede Funktion des Lebens aus meinem Volk den dafür Geborenen zu suchen, um ihm auf diesem Gebiet die Verantwortung zu übertragen ohne Ansehen seiner bisherigen wirtschaftlich bedingten oder gesellschaftlichen Herkunft, handele ich im Interesse aller. Wenn aber das Wort Sozialismus überhaupt einen Sinn haben soll, dann kann es nur den haben, in eiserner Gerechtigkeit, d. h. tiefster Einsicht, jedem an der Erhaltung des Gesamten das aufzubürden, was ihm dank seiner angeborenen Veranlagung und damit seinen Werten entspricht. Dieser Grundsatz ist von einer hohen Gerechtigkeit, weil er in sich logisch und vernünftig ist. Er ist anwendbar auf die Funktionen des Lebens und damit

auch auf das Gesamtgebiet der politischen Führung eines Volkes.
Es war damit nur entscheidend, durch welche Methode man diese Menschen finden würde, die als Nachfolger und damit Erbträger der einstigen Schöpfer unsres Volkskörpers heute seine Forterhalter sein können. Es gab hier nur eine Möglichkeit: Man konnte nicht von der Rasse auf die Befähigung schließen, sondern man mußte von der Befähigung den Schluß auf die rassische Eignung ziehen. Die Befähigung aber war feststellbar durch die Art der Reaktion der einzelnen Menschen auf eine neu zu proklamierende Idee. Dies ist die unfehlbare Methode, die Menschen zu suchen, die man finden will, denn jeder hört nur auf den Klang, auf den sein Innerstes abgestimmt ist. Man propagiere die Gewinnsucht als Inhalt einer Bewegung, und alle Egoisten werden sich ihr anschließen. Man predige die feige Unterwerfung, und was unterwürfig ist, wird kommen. Man erhebe Diebstahl, Raub und Plünderung zu Idealen, und die Unterwelt organisiert sich in Ringvereinen. Man denke nur an den Besitz und rede von Geschäften und kann dann seine Anhänger in Wirtschaftsparteien vereinen. Man fordere aber Opfer und Mut, Tapferkeit, Treue, Glaube und Heroismus, und melden wird sich der Teil des Volkes, der diese Tugenden sein eigen nennt. Dies aber war für alle Zeiten jener Faktor, der Geschichte machte.
Die Bildung der Völker und Staaten sowie ihre Erhaltung ist aber der Inhalt dessen, was wir mit dem Wort Geschichte umfassen.
So habe ich im Jahre 1919 ein Programm aufgestellt und eine Tendenz niedergelegt, die der pazifistisch-demokratischen Welt bewußt ins Gesicht schlug. Gab es in unserem Volke noch Menschen dieser Art, dann war der Sieg unausbleiblich. Denn dann mußte dieser Fanatismus der Entschlossenheit und der Tat die ihm verwandten Menschen anziehen. Wo immer sich Träger dieser Eigenschaften befanden, mußten sie eines Tages die ihrem Blut eigene

Stimme vernehmen, und sie mochten wollen oder nicht, der Bewegung folgen, die der Ausdruck ihres eigenen innersten Wesens war. Das konnte fünf, zehn oder zwanzig Jahre dauern, aber allmählich entstand im Staat der Demokratie der Staat der Autorität, im Reich der jammervollen Sinnlosigkeit ein Kern fanatischer Hingebung und rücksichtsloser Entschlossenheit. [...]

D: Reichstagung [der NSDAP] in Nürnberg 1933. Hrsg. im Auftrag des Frankenführers Julius Streicher. Berlin: Weller, 1933. S. 219 bis 242.

62

Pressemitteilung über die Gleichschaltung von Vereinen vom 22. September 1933

Die Totalität des nationalsozialistischen Machtwillens duldete keine von ihr unabhängigen gesellschaftlichen Gebilde. Darum wurden auch private Vereine gezwungen, sich der »Gleichschaltung« zu unterwerfen.

Da über die Gleichschaltung von Vereinen noch große Unklarheit herrscht, teilt das Presseamt des Kampfbundes für Deutsche Kultur mit, daß grundsätzlich sich jeder Verein gleichzuschalten hat, und zwar bis zum 1. Oktober 1933. Vereine und Verbände, welche die Gleichschaltung nicht vorschriftsmäßig durchführen, werden in ihren Bestrebungen als gegen die nationalsozialistische Bewegung gerichtet betrachtet. Die Durchführung des Führerprinzips im Vereinsleben bedingt eine Satzungsänderung in sämtlichen Vereinen. Um den Vereinen an die Hand zu gehen, hat der Kampfbund für Deutsche Kultur Richtlinien für die Satzungsänderungen ausgearbeitet, die zusammen mit den Richtlinien und Meldebogen gegen eine Gebühr von 10 Pfennig in der Geschäftsstelle Nürnberg, Äußere Cramer-Klett-Straße 4, zu haben sind.

D: Klaus W. Littger: Einhundert Jahre Historischer Verein Eichstätt: 1886–1986. Eichstätt 1986. (Schriften der Universitätsbibliothek Eichstätt. 7.) S. 42.

63

Reichserbhofgesetz vom 29. September 1933

Die nationalsozialistische Ideologie betrachtete das Bauerntum als Grundlage gesunder Rasse, das darum möglichst in seiner überkommenen Art zu erhalten und zu fördern sei. Das Erbhofgesetz griff in Betriebsweise und Verfügungsgewalt des bäuerlichen Eigentums und in die Selbstbestimmung der bäuerlichen Erben ein.

Die Reichsregierung will unter Sicherung alter deutscher Erbsitte das Bauerntum als Blutquelle des deutschen Volkes erhalten.
Die Bauernhöfe sollen vor Überschuldung und Zersplitterung im Erbgang geschützt werden, damit sie dauernd als Erbe der Sippe in der Hand freier Bauern verbleiben.
Es soll auf eine gesunde Verteilung der landwirtschaftlichen Besitzgrößen hingewirkt werden, da eine große Anzahl lebensfähiger kleiner und mittlerer Bauernhöfe, möglichst gleichmäßig über das ganze Land verteilt, die beste Gewähr für die Gesunderhaltung von Volk und Staat bildet.
Die Reichsregierung hat daher das folgende Gesetz beschlossen. Die Grundgedanken des Gesetzes sind:
Land- und forstwirtschaftlicher Besitz in der Größe von

mindestens einer Ackernahrung und von höchstens 125 Hektar ist Erbhof, wenn er einer bauernfähigen Person gehört.
Der Eigentümer des Erbhofs heißt Bauer.
Bauer kann nur sein, wer deutscher Staatsbürger, deutschen oder stammesgleichen Blutes und ehrbar ist.
Der Erbhof geht ungeteilt auf den Anerben über.
Die Rechte der Miterben beschränken sich auf das übrige Vermögen des Bauern. Nicht als Anerben berufene Abkömmlinge erhalten eine den Kräften des Hofes entsprechende Berufsausbildung und Ausstattung; geraten sie unverschuldet in Not, so wird ihnen die Heimatzuflucht gewährt.
Das Anerbenrecht kann durch Verfügung von Todes wegen nicht ausgeschlossen oder beschränkt werden.
Der Erbhof ist grundsätzlich unveräußerlich und unbelastbar.
Das Gesetz wird hiermit verkündet:

1. Abschnitt. Der Erbhof

§ 1. Begriff

(1) Land- oder forstwirtschaftlich genutztes Grundeigentum ist Erbhof, wenn es
1. hinsichtlich seiner Größe den Erfordernissen der §§ 2, 3 entspricht und
2. sich im Alleineigentum einer bauernfähigen Person befindet.

(2) Höfe, die ständig durch Verpachtung genutzt werden, sind nicht Erbhöfe.
(3) Die Erbhöfe werden von Amts wegen in die Erbhöferolle eingetragen. Diese Eintragung hat rechtserklärende, keine rechtsbegründende Bedeutung.

§ 2. Mindestgröße

(1) Der Erbhof muß mindestens die Größe einer Ackernahrung haben.
(2) Als Ackernahrung ist diejenige Menge Landes anzusehen, welche notwendig ist, um eine Familie unabhängig vom Markt und der allgemeinen Wirtschaftslage zu ernähren und zu bekleiden sowie den Wirtschaftsablauf des Erbhofs zu erhalten.

§ 3. Höchstgrenze

(1) Der Erbhof darf nicht größer sein als einhundertfünfundzwanzig Hektar.
(2) Er muß von einer Hofstelle aus ohne Vorwerke bewirtschaftet werden können. [...]

2. Abschnitt. Der Bauer

§ 11. Begriff

(1) Nur der Eigentümer eines Erbhofs heißt Bauer.
(2) Der Eigentümer oder Besitzer anderen land- oder forstwirtschaftlich genutzten Grundeigentums heißt Landwirt.
(3) Andere Bezeichnungen für Eigentümer oder Besitzer land- oder forstwirtschaftlich genutzten Grundeigentums sind unzulässig.
(4) Die Berufsbezeichnung der Eigentümer im Grundbuch ist allmählich entsprechend zu ändern.

§ 12. Erfordernis der deutschen Staatsangehörigkeit

Bauer kann nur sein, wer die deutsche Staatsangehörigkeit besitzt.

§ 13. Erfordernis deutschen oder stammesgleichen Bluts

(1) Bauer kann nur sein, wer deutschen oder stammesgleichen Blutes ist.
(2) Deutschen oder stammesgleichen Blutes ist nicht, wer

unter seinen Vorfahren väterlicher- oder mütterlicherseits jüdisches oder farbiges Blut hat.
(3) Stichtag für das Vorhandensein der Voraussetzungen des Abs. 1 ist der 1. Januar 1800. Ist zweifelhaft, ob die Voraussetzungen des Abs. 1 gegeben sind, so entscheidet hierüber auf Antrag des Eigentümers oder des Kreisbauernführers das Anerbengericht.

§ 14. Ausschluß durch Entmündigung

Bauer kann nicht sein, wer entmündigt ist, sofern die Anfechtungsklage rechtskräftig abgewiesen oder nicht innerhalb der gesetzlichen Frist erhoben ist.

§ 15. Ehrbarkeit und Befähigung des Bauern

(1) Der Bauer muß ehrbar sein. Er muß fähig sein, den Hof ordnungsgemäß zu bewirtschaften. Mangelnde Altersreife allein bildet keinen Hinderungsgrund.
(2) Fallen die Voraussetzungen des Abs. 1 fort oder kommt der Bauer seinen Schuldverpflichtungen nicht nach, obwohl ihm dies bei ordnungsmäßiger Wirtschaftsführung möglich wäre, so kann das Anerbengericht auf Antrag des Landesbauernführers die Verwaltung und Nutznießung des Erbhofs dauernd oder auf Zeit auf den Ehegatten des Bauern oder auf denjenigen übertragen, der im Falle des Todes des Bauern der Anerbe wäre.
(3) Ist ein Ehegatte oder Anerbe nicht vorhanden oder sind diese nicht bauernfähig, so kann das Anerbengericht das Eigentum am Erbhof auf Antrag des Reichsbauernführers auf eine von diesem vorzuschlagende bauernfähige Person übertragen. Der Reichsbauernführer soll, falls geeignete Verwandte des Bauern vorhanden sind, einen von diesen vorschlagen. [...]

3. Abschnitt. Erbfolge kraft Anerbenrechts

§ 19. Erbfolge in den Erbhof

(1) Beim Tode des Bauern bildet der Erbhof hinsichtlich der gesetzlichen Erbfolge und der Erbteilung einen besonderen Teil der Erbschaft.
(2) Der Erbhof geht kraft Gesetzes ungeteilt auf den Anerben über.

§ 20. Anerbenordnung

Zum Anerben sind in folgender Ordnung berufen:
1. die Söhne des Erblassers; an die Stelle eines verstorbenen Sohnes treten dessen Söhne und Sohnessöhne;
2. der Vater des Erblassers;
3. die Brüder des Erblassers; an die Stelle eines verstorbenen Bruders treten dessen Söhne und Sohnessöhne;
4. die Töchter des Erblassers; an die Stelle einer verstorbenen Tochter treten deren Söhne und Sohnessöhne;
5. die Schwestern des Erblassers; an die Stelle einer verstorbenen Schwester treten deren Söhne und Sohnessöhne;
6. die weiblichen Abkömmlinge des Erblassers und die Nachkommen von solchen, soweit sie nicht bereits zu Nr. 4 gehören. Der dem Mannesstamm des Erblassers Näherstehende schließt den Fernerstehenden aus. Im übrigen entscheidet der Vorzug des männlichen Geschlechts. [...]

4. Abschnitt. Beschränkungen der Veräußerung und Belastung des Erbhofs. Zwangsvollstreckung

§ 37. Veräußerung und Belastung des Erbhofs

(1) Der Erbhof ist grundsätzlich unveräußerlich und unbelastbar. Dies gilt nicht für eine Verfügung über Zubehörstücke, die im Rahmen ordnungsmäßiger Wirtschaftsführung getroffen wird.
(2) Das Anerbengericht kann die Veräußerung oder Be-

lastung genehmigen, wenn ein wichtiger Grund vorliegt. Die Genehmigung kann auch unter einer Auflage erteilt werden.
(3) Das Anerbengericht soll die Genehmigung zur Veräußerung des Erbhofs erteilen, wenn der Bauer den Hof einem Anerbenberechtigten übergeben will, der beim Erbfall der Nächstberechtigte wäre oder vom Erblasser gemäß § 25 zum Anerben bestimmt werden könnte. Das Anerbengericht soll die Genehmigung nur erteilen, wenn der Übergabevertrag den Erbhof nicht über seine Kräfte belastet.

§ 38. Vollstreckungsschutz

(1) In den Erbhof kann wegen einer Geldforderung nicht vollstreckt werden.
(2) Auch in die auf dem Erbhof gewonnenen landwirtschaftlichen Erzeugnisse kann wegen einer Geldforderung nicht vollstreckt werden, jedoch vorbehaltlich der Vorschriften der §§ 39, 59. [...]

Berlin, den 29. September 1933

Der Reichskanzler: Adolf Hitler
Der Reichsminister der Justiz: Dr. Gürtner
Der Reichsminister für Ernährung
und Landwirtschaft: R. Walther Darré

D: RGBl. 1933 I S. 685.

Schriftleitergesetz vom 4. Oktober 1933

Der von den Nationalsozialisten in den ersten Jahren ihrer Herrschaft betriebene Aufbau von Berufsständen in Anlehnung an die vormodernen Zünfte diente nicht zuletzt der Kontrolle aller zu einem solchen Stand Gehörenden, insofern ihnen gruppenspezifische Pflichten auferlegt wurden, über deren Einhaltung der Stand wachte und deren Verletzung mit Ausschluß aus dem Stand, mit anderen Worten: Berufsverbot, geahndet werden konnte. Auf diese Weise gelang eine Herrschaft über die Presse, ohne daß deren Besitzverhältnisse geändert werden mußten.

Die Reichsregierung hat das folgende Gesetz beschlossen, daß hiermit verkündet wird:

Erster Abschnitt. Schriftleiterberuf

§ 1 Die im Hauptberuf oder auf Grund der Bestellung zum Hauptschriftleiter ausgeübte Mitwirkung an der Gestaltung des geistigen Inhalts der im Reichsgebiet herausgegebenen Zeitungen und politischen Zeitschriften durch Wort, Nachricht oder Bild ist eine in ihren beruflichen Pflichten und Rechten vom Staat durch dieses Gesetz geregelte öffentliche Aufgabe. Ihre Träger heißen Schriftleiter. Niemand darf sich Schriftleiter nennen, der nicht nach diesem Gesetz dazu befugt ist.

§ 2. (1) Zeitungen und Zeitschriften sind Druckwerke, die in Zwischenräumen von höchstens drei Monaten in ständiger Folge erscheinen, ohne daß der Bezug an einen bestimmten Personenkreis gebunden ist.
(2) Als Druckwerke gelten alle zur Verbreitung bestimmten Vervielfältigungen von Schriften oder bildlichen Darstellungen, die durch ein Massenvervielfältigungsverfahren hergestellt sind.

§ 3. (1) Was in diesem Gesetz für Zeitungen vorgeschrieben ist, gilt auch für politische Zeitschriften.
(2) Auf Zeitungen und Zeitschriften, die im amtlichen Auftrage herausgegeben werden, findet das Gesetz keine Anwendung.
(3) Der Reichsminister für Volksaufklärung und Propaganda bestimmt, welche Zeitschriften als politische im Sinne dieses Gesetzes anzusehen sind. Betrifft die Zeitschrift ein bestimmtes Fachgebiet, so trifft er die Entscheidung im Einvernehmen mit der zuständigen obersten Reichs- oder Landesbehörde.

§ 4. Mitwirkung an der Gestaltung des geistigen Inhalts deutscher Zeitungen liegt auch dann vor, wenn sie nicht im Betriebe einer Zeitung stattfindet, sondern bei einem Unternehmen, das zur Belieferung von Zeitungen mit geistigem Inhalt (Wort, Nachricht oder Bild) bestimmt ist.

Zur Kontrolle des kulturellen Lebens wurden im nationalsozialistischen Regime für Schriftsteller und Künstler »Kammern« geschaffen, Organisationen, denen jeder angehören mußte, der einen entsprechenden Beruf ausübte. Der Ausschluß aus solchen »Kammern« bedeutete Berufsverbot. An ihrer Spitze stand die Reichskulturkammer. Bei ihrer feierlichen Eröffnung im November 1933 hielt der Reichsminister für Volksaufklärung und Propaganda, Joseph Goebbels, eine programmatische Rede vor erlesenem Publikum. In der ersten Reihe saßen u. a. (von links) Reichsminister und preußischer Ministerpräsident Hermann Göring, Vizekanzler v. Papen, Hitler, der Dirigent Wilhelm Furtwängler, der Komponist Richard Strauß.

Zweiter Abschnitt. Zulassung zum Schriftleiterberuf

§ 5. Schriftleiter kann nur sein, wer:
1. die deutsche Reichsangehörigkeit besitzt,
2. die bürgerlichen Ehrenrechte und die Fähigkeit zur Bekleidung öffentlicher Ämter nicht verloren hat,
3. arischer Abstammung ist und nicht mit einer Person von nichtarischer Abstammung verheiratet ist,
4. das 21. Lebensjahr vollendet hat,
5. geschäftsfähig ist,
6. fachmännisch ausgebildet ist,
7. die Eigenschaften hat, die die Aufgabe der geistigen Einwirkung auf die Öffentlichkeit erfordert. [...]

§ 8. Die Zulassung zum Schriftleiterberuf wird auf Antrag durch Eintragung in die Berufsliste der Schriftleiter bewirkt. Die Berufslisten werden bei den Landesverbänden der deutschen Presse geführt (§ 24 Abs. 2). Über die Eintragung entscheidet der Leiter des Landesverbandes. Er muß die Eintragung verfügen, wenn die im § 5 bestimmten Voraussetzungen erfüllt sind. Er muß sie ablehnen, wenn der Reichsminister für Volksaufklärung und Propaganda Einspruch erhebt. [...]

Dritter Abschnitt. Ausübung des Schriftleiterberufs

§ 12. Durch die Eintragung in die Berufsliste erlangt der Schriftleiter die Befugnis, an deutschen Zeitungen oder bei deutschen Unternehmen der im § 4 bezeichneten Art seinen Beruf auszuüben. Verlegt er seinen Wohnsitz in den Bezirk eines anderen Landesverbandes, so wird er in dessen Berufsliste ohne neue Prüfung übernommen.

§ 13. Schriftleiter haben die Aufgabe, die Gegenstände, die sie behandeln, wahrhaft darzustellen und nach ihrem besten Wissen zu beurteilen.

§ 14. Schriftleiter sind in Sonderheit verpflichtet, aus den Zeitungen alles fernzuhalten:
1. was eigennützige Zwecke mit gemeinnützigen in einer die Öffentlichkeit irreführenden Weise vermengt,
2. was geeignet ist, die Kraft des Deutschen Reiches nach außen oder im Innern, den Gemeinschaftswillen des deutschen Volkes, die deutsche Wehrhaftigkeit, Kultur oder Wirtschaft zu schwächen oder die religiösen Empfindungen anderer zu verletzen,
3. was gegen die Ehre und Würde eines Deutschen verstößt,
4. was die Ehre oder das Wohl eines andern widerrechtlich verletzt, seinem Rufe schadet, ihn lächerlich oder verächtlich macht,
5. was aus anderen Gründen sittenwidrig ist.

§ 15. Schriftleiter sind verpflichtet, ihren Beruf gewissenhaft auszuüben und sich durch ihr Verhalten innerhalb und außerhalb des Berufs der Achtung, die er erfordert, würdig zu zeigen. [...]

Vierter Abschnitt. Verbandsrechtlicher Schutz des Schriftleiterberufs

§ 22. Die Gesamtheit der Schriftleiter wacht über die Erfüllung der Pflichten der einzelnen Berufsgenossen und sorgt für ihre Rechte und ihr Wohl.

§ 23. Die Schriftleiter sind im Reichsverband der Deutschen Presse gesetzlich zusammengefaßt. Ihm gehört jeder Schriftleiter kraft seiner Eintragung in die Berufsliste an. Der Reichsverband wird kraft dieses Gesetzes eine Körperschaft des öffentlichen Rechts. Er hat seinen Sitz in Berlin. [...]

§ 26. Der Reichsminister für Volksaufklärung und Propaganda führt die Aufsicht darüber, daß der Reichsverband die ihm zugewiesenen Aufgaben erfüllt.

§ 27. (1) Zum Schutze des Schriftleiterberufs werden Berufsgerichte der Presse gebildet.
(2) Berufsgerichte erster Instanz sind die Bezirksgerichte der Presse. Berufsgericht zweiter Instanz ist der Pressegerichtshof in Berlin. [...]

§ 30. Ein Verleger darf einem Schriftleiter wegen der in der Zeitung von ihm vertretenen geistigen Haltung nur kündigen, wenn sie entweder gegen die öffentlichen Berufspflichten des Schriftleiters oder gegen die vereinbarten Richtlinien verstößt. Das Berufsgericht hat sich auf Antrag des Schriftleiters gutachtlich zu äußern, ob die Kündigung nach seiner Überzeugung entweder der Vorschrift des Satzes 1 zuwiderläuft oder zu ihrer Umgehung ausgesprochen ist. Bis zur Abgabe des beantragten Gutachtens ist ein etwaiges Verfahren vor den erkennenden Gerichten auszusetzen.

§ 31. (1) Ein Schriftleiter, der gegen seine in den §§ 13 bis 15, 19, 20 Abs. 3 bestimmten öffentlichen Berufspflichten verstößt, begeht ein Berufsvergehen. Das Berufsgericht kann in diesem Falle:
1. den Schriftleiter verwarnen,
2. ihn mit einer Ordnungsstrafe bis zum Betrage eines monatlichen Berufseinkommens belegen,
3. seine Löschung in der Berufsliste verfügen.

(2) Mit der Löschung endet seine Befugnis, den Schriftleiterberuf auszuüben und sich Schriftleiter zu nennen.
(3) Die Berufsgerichte können einem Schriftleiter, gegen den das ehrengerichtliche Verfahren eingeleitet ist, die Berufsausübung vorläufig untersagen. [...]

§ 35. Unabhängig von dem Verfahren vor den Berufsgerichten kann der Reichsminister für Volksaufklärung und Propaganda die Löschung eines Schriftleiters in der Berufsliste verfügen, wenn er es aus dringenden Gründen des öffentlichen Wohls für erforderlich hält. [...]

§ 47. Zu welchem Zeitpunkt dieses Gesetz in Kraft tritt, bestimmt der Reichsminister für Volksaufklärung und Propaganda.

Berlin, den 4. Oktober 1933

Der Reichskanzler: Adolf Hitler
Der Reichsminister für Volksaufklärung und Propaganda: Dr. Goebbels

D: RGBl. 1933 I S. 713.

65

Aufruf der Reichsregierung zur Abstimmung über den Austritt Deutschlands aus dem Völkerbund vom 14. Oktober 1933

Nachdem Deutschland im Dezember 1932 die grundsätzliche Zusicherung militärischer Gleichberechtigung erhalten hatte (vgl. Quelle 38), zögerten England und Frankreich – nicht zuletzt unter dem Eindruck der Veränderungen in Deutschland – die Realisierung dieser Zusage hinaus, was Deutschland zum Anlaß nahm, die Abrüstungskonferenz zu verlassen und aus dem Völkerbund auszuscheiden. Die im Juli 1933 durch Gesetz neu eingeführte Möglichkeit zur Volksabstimmung wurde erstmals angewandt, um diesem Schritt Hitlers einen propagandistischen Rückhalt vor der Weltöffentlichkeit zu geben. Die Volksabstimmung, bei der 95,1% aller Stimmen für die Entscheidung der Reichsregierung abgegeben wurden, galt auch bei manchen Gegnern Hitlers als patriotisches Bekenntnis.

Die deutsche Reichsregierung und das deutsche Volk sind sich einig in dem Willen, eine Politik des Friedens, der Versöhnung und der Verständigung zu betreiben, als Grundlage aller Entschlüsse und jeden Handelns.

Die deutsche Reichsregierung und das deutsche Volk lehnen daher die Gewalt als ein untaugliches Mittel zur Behebung bestehender Differenzen innerhalb der europäischen Staatengemeinschaft ab.

Die deutsche Reichsregierung und das deutsche Volk erneuern das Bekenntnis, jeder tatsächlichen Abrüstung der Welt freudig zuzustimmen, mit der Versicherung der Bereitwilligkeit, auch das letzte deutsche Maschinengewehr zu zerstören und den letzten Mann aus dem Heere zu entlassen, insofern sich die anderen Völker zu Gleichem entschließen.

Die deutsche Reichsregierung und das deutsche Volk verbinden sich in dem aufrichtigen Wunsche, mit den anderen Nationen einschließlich aller unserer früheren Gegner im Sinne der Überwindung der Kriegspsychose und zur endlichen Wiederherstellung eines aufrichtigen Verhältnisses untereinander alle vorliegenden Fragen leidenschaftslos auf dem Wege von Verhandlungen prüfen und lösen zu wollen.

Die deutsche Reichsregierung und das deutsche Volk erklären sich daher auch jederzeit bereit, durch den Abschluß kontinentaler Nichtangriffspakte auf längste Sicht den Frieden Europas sicherzustellen, seiner wirtschaftlichen Wohlfahrt zu dienen und am allgemeinen kulturellen Neuaufbau teilzunehmen.

Die deutsche Reichsregierung und das deutsche Volk sind erfüllt von der gleichen Ehrauffassung, daß die Zubilligung der Gleichberechtigung Deutschlands die unumgängliche moralische und sachliche Voraussetzung für jede Teilnahme unseres Volkes und seiner Regierung an internationalen Einrichtungen und Verträgen ist.

Die deutsche Reichsregierung und das deutsche Volk sind daher eins in dem Beschlusse, die Abrüstungskonferenz zu verlassen und aus dem Völkerbund auszuscheiden, bis diese wirkliche Gleichberechtigung unserem Volke nicht mehr vorenthalten wird.

Die deutsche Reichsregierung und das deutsche Volk sind entschlossen, lieber jede Not, jede Verfolgung und jegliche Drangsal auf sich zu nehmen, als künftighin Verträge zu unterzeichnen, die für jeden Ehrenmann und für jedes ehrliebende Volk unannehmbar sein müssen, in ihren Folgen aber nur zu einer Verewigung der Not und des Elends des Versailler Vertragszustandes und damit zum Zusammenbruch der zivilisierten Staatengemeinschaft führen würden.
Die deutsche Reichsregierung und das deutsche Volk haben nicht den Willen, an irgendeinem Rüstungswettlauf anderer Nationen teilzunehmen, sie fordern nur jenes Maß an Sicherheit, das der Nation die Ruhe und Freiheit der friedlichen Arbeit garantiert. Die deutsche Reichsregierung und das deutsche Volk sind gewillt, diese berechtigten Forderungen der deutschen Nation auf dem Wege von Verhandlungen und durch Verträge sicherzustellen.
Die Reichsregierung richtet an das deutsche Volk die Frage:

Billigt das deutsche Volk die ihm hier vorgelegte Politik seiner Reichsregierung und ist es bereit, diese als den Ausdruck seiner eigenen Auffassung und seines eigenen Willens zu erklären und sich feierlich zu ihr zu bekennen?

Berlin, den 14. Oktober 1933 Die Reichsregierung

Billigst Du, deutscher Mann, und Du, deutsche Frau, diese Politik Deiner Reichsregierung, und bist Du bereit, sie als den Ausdruck Deiner eigenen Auffassung und Deines eigenen Willens zu erklären und Dich feierlich zu ihr zu bekennen?

D: RGBl. 1933 I S. 747.

66

Gesetz zur Sicherung der Einheit von Partei und Staat vom 1. Dezember 1933

Die Verschmelzung der Parteiorgane mit dem Staatsapparat, die vornehmlich über die Personalunion von Partei- und Staatsämtern betrieben wurde, wurde durch dieses Gesetz zu einem Bestandteil des neuen politischen Systems. Der »Führer«, formell der Vorsitzende der Nationalsozialistischen Deutschen Arbeiterpartei, erscheint als Organ der Rechtsetzung. Das nach der Ermordung von Ernst Röhm erlassene Änderungsgesetz vom 3. Juli 1934 (RGBl. 1934 I S. 529) nahm dem Stabschef der SA die hier fixierte Zugehörigkeit zur Reichsregierung und beschränkte sie auf den »Stellvertreter des Führers«.

Die Reichsregierung hat das folgende Gesetz beschlossen, das hiermit verkündet wird:

§ 1. (1) Nach dem Sieg der nationalsozialistischen Revolution ist die Nationalsozialistische Deutsche Arbeiterpartei die Trägerin des deutschen Staatsgedankens und mit dem Staat unlöslich verbunden.
(2) Sie ist eine Körperschaft des öffentlichen Rechts. Ihre Satzung bestimmt der Führer.

§ 2. Zur Gewährleistung engster Zusammenarbeit der Dienststellen der Partei und der SA. mit den öffentlichen Behörden werden der Stellvertreter des Führers und der Chef des Stabes der SA. Mitglieder der Reichsregierung.

§ 3. (1) Den Mitgliedern der Nationalsozialistischen Deutschen Arbeiterpartei und der SA. (einschließlich der ihr unterstellten Gliederungen) als der führenden und bewegenden Kraft des nationalsozialistischen Staates obliegen erhöhte Pflichten gegenüber Führer, Volk und Staat.
(2) Sie unterstehen wegen Verletzung dieser Pflichten einer besonderen Partei- und SA.-Gerichtsbarkeit. [...]

§ 8. Der Reichskanzler erläßt als Führer der Nationalsozialistischen Deutschen Arbeiterpartei und als Oberster SA.-Führer die zur Durchführung und Ergänzung dieses Gesetzes erforderlichen Vorschriften, insbesondere über Aufbau und Verfahren der Partei- und SA.-Gerichtsbarkeit. Er bestimmt den Zeitpunkt des Inkrafttretens der Vorschriften über diese Gerichtsbarkeit.

Berlin, den 1. Dezember 1933

Der Reichskanzler: Adolf Hitler
Der Reichsminister des Innern: Frick

D: RGBl. 1933 I S. 1016.

67

Zeitungsartikel Alfred Rosenbergs über den nationalsozialistischen Totalitätsanspruch vom 9. Januar 1934

Die in den frühen dreißiger Jahren in Deutschland modisch gewordene Rede vom »totalen Staat« lehnte sich an den Sprachgebrauch des italienischen Faschismus an. Rosenberg, der am 24. Januar 1934 »Beauftragter des Führers für die Überwachung der gesamten geistigen und weltanschaulichen Erziehung der NSDAP« wurde, wies diese Formel ab, weil sie dem Staat und nicht der Partei den Anspruch auf Totalität zuerkannte.

In den letzten Monaten ist in vielen Reden und Aufsätzen die Anschauung zum Ausdruck gelangt, als trete nunmehr an die Stelle des Parteienstaates, an die Stelle eines liberalistisch zersplitterten Staatsgefüges der sogenannte totale Staat. Dieser Staat beschlagnahme gleichsam das gesamte

politische, wirtschaftliche und kulturelle Leben der Nation, sei Vormund, Leiter und Kommandierender aller Lebensäußerungen, um auf diese Weise die notwendige Einheit Deutschlands auf allen Gebieten zu sichern. Es ist bei diesen Auslassungen übersehen worden, daß der abstrakte Staat durchaus ein Gedanke des liberalistischen Zeitalters gewesen ist, der als technisches Machtinstrument neben Wirtschaft und Kultur als ein für sich Bestehendes hingestellt und demgemäß angebetet oder von anderen Strömungen leidenschaftlich bekämpft wurde. [...]
Die Revolution des 30. Januar 1933 ist nun nicht etwa die Fortsetzung des absolutistischen Staates, wieder mit einem neuen Vorzeichen, sondern der Staat wird hier zum Volk und Volkstum in eine andere Beziehung gesetzt wie 1918, aber auch anders wie 1871. Was sich in diesem vergangenen Jahre vollzogen hat und in weiterem Umfange noch vollziehen wird, ist nicht die sogenannte Totalität des Staates, sondern die Totalität der nationalsozialistischen Bewegung. Der Staat ist nicht mehr etwas, was neben dem Volk und neben der Bewegung, sei es als mechanistischer Apparat, sei es als herrschendes Instrument, bestehen soll, sondern als ein Werkzeug der herrschenden nationalsozialistischen Weltanschauung. [...] Würden wir fortlaufend vom totalen Staat sprechen, so würde nach und nach bei jüngeren Nationalsozialisten und kommenden Geschlechtern wieder der Begriff des Staates an sich ins Zentrum rücken und die Handlungen der Staatsbeamten als das Primäre empfunden werden. Betonen wir aber schon heute mit aller Deutlichkeit, daß es eine bestimmte politische Weltanschauung und Bewegung ist, die das Recht der Totalität beansprucht, so werden die Blicke der Generationen sich eben auf diese Bewegung richten und das Verhältnis zwischen Staat und NSDAP in einem ganz anderen Licht erblicken, als wenn man die Staatlichkeit an sich als das Höchste bezeichnen würde. Die nationalsozialistische Bewegung ist die geformte Kraft des Denkens des 20. Jahrhunderts zur Siche-

rung des gesamtdeutschen Volkes, seines Blutes und seines Charakters. Dieser Bewegung steht der Staat als machtvollstes und männlichstes Werkzeug zur Verfügung und hat seine Lebenskräfte und Antriebe immer wieder neu von der Bewegung zu empfangen, damit er geschmeidig und widerstandsfähig bleibt und der Gefahr einer Bürokratisierung und Versteinerung und Volksentfremdung entgeht. Erst in diesem Zusammenhang gesehen wird der nationalsozialistische Staatsbegriff erst richtig, blutvoll und wir glauben, daß der Staat auch erst dadurch seine höhere Weihe, seine innere Stärke und seine größere Autorität bezieht, als wenn er, vielleicht von energischen Einzelnen geführt, doch zu einem Zweck an sich sich verwandeln könnte und deshalb verknöchern würde.

Aus all diesen Gründen empfiehlt es sich für alle Nationalsozialisten, deshalb nicht mehr vom totalen Staat zu sprechen, sondern von der Ganzheit (Totalität) der nationalsozialistischen Weltanschauung, der NSDAP als Körper dieser Weltanschauung und vom nationalsozialistischen Staate als dem Werkzeug zur Sicherung von Seele, Geist und Blut des Nationalsozialismus als der epochalen Erscheinung, die im 20. Jahrhundert ihren Anfang genommen hat.

D: Völkischer Beobachter. Norddeutsche Ausgabe. Nr. 9. 9. Januar 1934.

68

Deutsch-polnischer Nichtangriffspakt vom 26. Januar 1934

Das von Marschall Piłsudski autoritär regierte Polen hatte unter dem Eindruck der nationalsozialistischen Machtergreifung im Jahre 1933 eine Außenpolitik hart am Rande eines präventiven militärischen Konflikts geführt, fand dabei aber keine hinreichende Unterstützung, so daß es nun auf einen Ausgleich bedacht war. Das Arrangement mit Polen, das im März 1934 durch ein Wirtschaftsabkommen ergänzt wurde, stellte eine Abkehr Hitlers von der traditionellen deutschen Ostpolitik dar, die wegen der Gemeinsamkeit des Gegensatzes zu Polen ihren Partner in der Sowjetunion gesucht hatte.

Erklärung

Die Deutsche Regierung und die Polnische Regierung halten den Zeitpunkt für gekommen, um durch eine unmittelbare Verständigung von Staat zu Staat eine neue Phase in den politischen Beziehungen zwischen Deutschland und Polen einzuleiten. Sie haben sich deshalb entschlossen, durch die gegenwärtige Erklärung die Grundlage für die künftige Gestaltung dieser Beziehungen festzulegen.
Beide Regierungen gehen von der Tatsache aus, daß die Aufrechterhaltung und Sicherung eines dauernden Friedens zwischen ihren Ländern eine wesentliche Voraussetzung für den allgemeinen Frieden in Europa ist. Sie sind deshalb entschlossen, ihre gegenseitigen Beziehungen auf die im Pakt von Paris vom 27. August 1928 [vgl. Nr. 32] enthaltenen Grundsätze zu stützen, und wollen, insoweit das Verhältnis zwischen Deutschland und Polen in Betracht kommt, die Anwendung dieser Grundsätze genauer bestimmen.
Dabei stellt jede der beiden Regierungen fest, daß die von ihr bisher schon nach anderer Seite hin übernommenen internationalen Verpflichtungen die friedliche Entwicklung

ihrer gegenseitigen Beziehungen nicht hindern, der jetzigen Erklärung nicht widersprechen und durch diese Erklärung nicht berührt werden. Sie stellen ferner fest, daß diese Erklärung sich nicht auf solche Fragen erstreckt, die nach internationalem Recht ausschließlich als innere Angelegenheiten eines der beiden Staaten anzusehen sind.

Beide Regierungen erklären ihre Absicht, sich in den ihre gegenseitigen Beziehungen betreffenden Fragen, welcher Art sie auch sein mögen, unmittelbar zu verständigen. Sollten etwa Streitfragen zwischen ihnen entstehen und sollte sich deren Bereinigung durch unmittelbare Verhandlungen nicht erreichen lassen, so werden sie in jedem besonderen Falle auf Grund gegenseitigen Einvernehmens eine Lösung durch andere friedliche Mittel suchen, unbeschadet der Möglichkeit, nötigenfalls diejenigen Verfahrensarten zur Anwendung zu bringen, die in den zwischen ihnen in Kraft befindlichen anderweitigen Abkommen für solchen Fall vorgesehen sind. Unter keinen Umständen werden sie jedoch zum Zweck der Austragung solcher Streitfragen zur Anwendung von Gewalt schreiten.

Die durch diese Grundsätze geschaffene Friedensgarantie wird den beiden Regierungen die große Aufgabe erleichtern, für Probleme politischer, wirtschaftlicher und kultureller Art Lösungen zu finden, die auf einem gerechten und billigen Ausgleich der beiderseitigen Interessen beruhen.

Beide Regierungen sind der Überzeugung, daß sich auf diese Weise die Beziehungen zwischen ihren Ländern fruchtbar entwickeln und zur Begründung eines gutnachbarlichen Verhältnisses führen werden, das nicht nur ihren beiden Ländern, sondern auch den übrigen Völkern Europas zum Segen gereicht.

Die gegenwärtige Erklärung soll ratifiziert und die Ratifikationsurkunden sollen so bald als möglich in Warschau ausgetauscht werden. Die Erklärung gilt für einen Zeitraum von 10 Jahren, gerechnet vom Tage des Austausches der Ratifikationsurkunden an. Falls sie nicht von einer der beiden

Regierungen 6 Monate vor Ablauf dieses Zeitraums gekündigt wird, bleibt sie auch weiterhin in Kraft, kann jedoch alsdann von jeder Regierung jederzeit mit einer Frist von 6 Monaten gekündigt werden.
Ausgefertigt in doppelter Urschrift in deutscher und polnischer Sprache.

Berlin, den 26. Januar 1934

Für die Deutsche Regierung: Freiherr von Neurath
Für die Polnische Regierung: Jósef Lipski

D: Martens XXVIII S. 643 f.

69

Gesetz über den Neuaufbau des Reichs vom 30. Januar 1934

Am Jahrestag der Berufung Hitlers zum Reichskanzler wurde das ausnahmsweise vom Reichstag beschlossene Gesetz verkündet, das die Länder des Reiches ihrer Selbständigkeit beraubte.

Die Volksabstimmung und die Reichstagswahl vom 12. November 1933 haben bewiesen, daß das deutsche Volk über alle innenpolitischen Grenzen und Gegensätze hinweg zu einer unlöslichen, inneren Einheit verschmolzen ist.
Der Reichstag hat daher einstimmig das folgende Gesetz beschlossen, das mit einmütiger Zustimmung des Reichsrats hiermit verkündet wird, nachdem festgestellt ist, daß die Erfordernisse verfassungändernder Gesetzgebung erfüllt sind.

Artikel 1. Die Volksvertretungen der Länder werden aufgehoben.

Artikel 2. (1) Die Hoheitsrechte der Länder gehen auf das Reich über.

(2) Die Landesregierungen unterstehen der Reichsregierung.

Artikel 3. Die Reichsstatthalter unterstehen der Dienstaufsicht des Reichsministers des Innern.

Artikel 4. Die Reichsregierung kann neues Verfassungsrecht setzen.

Artikel 5. Der Reichsminister des Innern erläßt die zur Durchführung des Gesetzes erforderlichen Rechtsverordnungen und Verwaltungsvorschriften.

Artikel 6. Dieses Gesetz tritt mit dem Tage der Verkündung in Kraft.

Berlin, den 30. Januar 1934

Der Reichspräsident: von Hindenburg
Der Reichskanzler: Adolf Hitler
Der Reichsminister des Innern: Frick

D: RGBl. 1933 I S. 75.

70

Gesetz zur Vorbereitung des organischen Aufbaus der deutschen Wirtschaft vom 27. Februar 1934

Die von den nationalsozialistischen Ideologen vertretenen Ideen eines ständischen Aufbaus der deutschen Wirtschaft wurden in diesem Gesetz dazu benutzt, die aus dem freien Vereinigungsrecht der Unternehmer entstandenen Zusammenschlüsse der Verfügungsgewalt der Regierung zu unterstellen.

Die Reichsregierung hat das folgende Gesetz beschlossen, das hiermit verkündet wird:

§ 1. Der Reichswirtschaftsminister wird zur Vorbereitung des organischen Aufbaues der deutschen Wirtschaft ermächtigt,

1. Wirtschaftsverbände als alleinige Vertretung ihres Wirtschaftszweiges anzuerkennen;
2. Wirtschaftsverbände zu errichten, aufzulösen oder miteinander zu vereinigen;
3. Satzungen und Gesellschaftsverträge von Wirtschaftsverbänden zu ändern und zu ergänzen, insbesondere den Führergrundsatz einzuführen;
4. die Führer von Wirtschaftsverbänden zu bestellen und abzuberufen;
5. Unternehmer und Unternehmungen an Wirtschaftsverbände anzuschließen.

Wirtschaftsverbände sind solche Verbände und Vereinigungen von Verbänden, denen die Wahrnehmung wirtschaftlicher Belange von Unternehmern und Unternehmungen obliegt. [...]

Berlin, den 27. Februar 1934

Der Reichskanzler: Adolf Hitler
Der Reichswirtschaftsminister (zugleich für den Reichsminister für Ernährung und Landwirtschaft): Dr. Schmitt
Der Reichsminister des Innern: Frick
Der Reichsverkehrsminister: Frhr. v. Eltz

D: RGBl. 1934 I S. 185.

71

Theologische Erklärung der Bekenntnissynode der Deutschen Evangelischen Kirche in Barmen vom 29. bis 31. Mai 1934

Bei den Wahlen zu den kirchlichen Gremien, die nach dem Inkrafttreten der neuen Verfassung der Evangelischen Kirche vom 11. Juli 1933 notwendig geworden waren, hatten die »Deutschen Christen«, für die Hitler in einer Rundfunkrede eindeutig Stellung nahm, so große Erfolge erzielt, daß diese nicht nur den Reichsbischof stellen konnten, sondern auch in den Leitungen der meisten Landeskirchen tonangebend wurden. Die von ihnen beherrschte Preußische Generalsynode führte sogar den Arierparagraphen (vgl. Quelle 53) für die Kirche ein. Gegen diese und andere Verletzungen des reformatorischen Bekenntnisstandes durch die von Staat und Partei vielfältig unterstützten »Deutschen Christen« bildete sich unter der Führung des Pfarrers Martin Niemöller aus Berlin-Dahlem ein »Pfarrernotbund« zur gegenseitigen Unterstützung im Widerstand gegen die in Gang gekommene Veränderung der Kirche durch die Nationalsozialisten. Eine auch die Kirchengemeinden erfassende »Bekenntnisbewegung« beharrte im Protest gegen die Theologie der »Deutschen Christen« auf der unverbrüchlichen Geltung der überlieferten christlichen Lehre. Auf ihrer ersten Synode in Barmen formulierte sie ihre grundlegenden Überzeugungen. Damit war der Versuch, die Evangelische Kirche auf dem Wege über die »Deutschen Christen« gleichzuschalten, für den bekenntnistreuen Teil fehlgeschlagen. Obwohl dieser »Kirchenkampf« auf der Seite der »Bekennenden Kirche« zunächst als unpolitischer Vorgang betrachtet wurde, der die Bejahung der nationalsozialistischen Bewegung nicht ausschließe, wurde er doch zu einem der ersten Phänomene des Widerstrebens von Teilen der deutschen Gesellschaft gegen ihre Umgestaltung durch den Nationalsozialismus und für manche zu einem Schlüsselerlebnis, das sie die Unerträglichkeit des Nationalsozialismus erkennen ließ.

Die Einleitung und die den einzelnen Thesen vorangestellten Bibelzitate sind im folgenden weggelassen.

[...] Wir, die zur Bekenntnissynode der Deutschen Evangelischen Kirche vereinigten Vertreter lutherischer, reformierter und unierter Kirchen, freier Synoden, Kirchentage und Gemeindekreise erklären, daß wir gemeinsam auf dem Boden der Deutschen Evangelischen Kirche als eines Bundes der deutschen Bekenntniskirchen stehen. Uns fügt dabei zusammen das Bekenntnis zu dem einen Herrn der einen, heiligen, allgemeinen und apostolischen Kirche.

Wir erklären vor der Öffentlichkeit aller evangelischen Kirchen Deutschlands, daß die Gemeinsamkeit dieses Bekenntnisses und damit auch die Einheit der Deutschen Evangelischen Kirche aufs schwerste gefährdet ist. Sie ist bedroht durch die in dem ersten Jahr des Bestehens der Deutschen Evangelischen Kirche mehr und mehr sichtbar gewordene Lehr- und Handlungsweise der herrschenden Kirchenpartei der Deutschen Christen und des von ihr getragenen Kirchenregimentes. Diese Bedrohung besteht darin, daß die theologische Voraussetzung, in der die Deutsche Evangelische Kirche vereinigt ist, sowohl seitens der Führer und Sprecher der Deutschen Christen, als auch seitens des Kirchenregimentes dauernd und grundsätzlich durch fremde Voraussetzungen durchkreuzt und unwirksam gemacht wird. Bei deren Geltung hört die Kirche nach allen bei uns in Kraft stehenden Bekenntnissen auf, Kirche zu sein. Bei deren Geltung wird also auch die Deutsche Evangelische Kirche als Bund der Bekenntniskirchen innerlich unmöglich.

Gemeinsam dürfen und müssen wir als Glieder lutherischer, reformierter und unierter Kirchen heute in dieser Sache reden. Gerade weil wir unseren verschiedenen Bekenntnissen treu sein und bleiben wollen, dürfen wir nicht schweigen, da wir glauben, daß uns in einer Zeit gemeinsamer Not und Anfechtung ein gemeinsames Wort in den Mund gelegt ist. Wir befehlen es Gott, was dies für das Verhältnis der Bekenntniskirchen untereinander bedeuten mag.

Wir bekennen uns angesichts der die Kirche verwüstenden

und damit auch die Einheit der Deutschen Evangelischen Kirche sprengenden Irrtümer der »Deutschen Christen« und der gegenwärtigen Reichskirchenregierung zu folgenden evangelischen Wahrheiten:

1. [...] Jesus Christus, wie er uns in der Heiligen Schrift bezeugt wird, ist das eine Wort Gottes, das wir zu hören, dem wir im Leben und im Sterben zu vertrauen und zu gehorchen haben.

Wir verwerfen die falsche Lehre, als könne und müsse die Kirche als Quelle ihrer Verkündigung außer und neben diesem einen Worte Gottes auch noch andere Ereignisse und Mächte, Gestalten und Wahrheiten als Gottes Offenbarung anerkennen.

2. [...] Wie Jesus Christus Gottes Zuspruch der Vergebung aller unserer Sünden ist, so und mit gleichem Ernst ist er auch Gottes kräftiger Anspruch auf unser ganzes Leben; durch ihn widerfährt uns frohe Befreiung aus den gottlosen Bindungen dieser Welt zu freiem, dankbarem Dienst an seinen Geschöpfen.

Wir verwerfen die falsche Lehre, als gebe es Bereiche unseres Lebens, in denen wir nicht Jesus Christus, sondern anderen Herren zu eigen wären, Bereiche, in denen wir nicht der Rechtfertigung und Heiligung durch ihn bedürften.

3. [...] Die christliche Kirche ist die Gemeinde von Brüdern, in der Jesus Christus in Wort und Sakrament durch den Heiligen Geist als der Herr gegenwärtig handelt. Sie hat mit ihrem Glauben wie mit ihrem Gehorsam, mit ihrer Botschaft wie mit ihrer Ordnung mitten in der Welt der Sünde als die Kirche der begnadigten Sünder zu bezeugen, daß sie allein sein Eigentum ist, allein von seinem Trost und von seiner Weisung in Erwartung seiner Erscheinung lebt und leben möchte.

Wir verwerfen die falsche Lehre, als dürfe die Kirche die Gestalt ihrer Botschaft und ihrer Ordnung ihrem Belieben oder dem Wechsel der jeweils herrschenden weltanschaulichen und politischen Überzeugungen überlassen.

4. [...] Die verschiedenen Ämter in der Kirche begründen keine Herrschaft der einen über die anderen, sondern die Ausübung des der ganzen Gemeinde anvertrauten und befohlenen Dienstes.
Wir verwerfen die falsche Lehre, als könne und dürfe sich die Kirche abseits von diesem Dienst besondere, mit Herrschaftsbefugnissen ausgestattete Führer geben oder geben lassen.
5. [...] Die Schrift sagt uns, daß der Staat nach göttlicher Anordnung die Aufgabe hat, in der noch nicht erlösten Welt, in der auch die Kirche steht, nach dem Maß menschlicher Einsicht und menschlichen Vermögens unter Androhung und Ausübung von Gewalt für Recht und Frieden zu sorgen. Die Kirche erkennt in Dank und Ehrfurcht gegen Gott die Wohltat dieser seiner Anordnungen an. Sie erinnert an Gottes Reich, an Gottes Gebot und Gerechtigkeit und damit an die Verantwortung der Regierenden und Regierten. Sie vertraut und gehorcht der Kraft des Wortes, durch das Gott alle Dinge trägt.
Wir verwerfen die falsche Lehre, als solle und könne der Staat über seinen besonderen Auftrag hinaus die einzige und totale Ordnung menschlichen Lebens werden und also auch die Bestimmung der Kirche erfüllen. Wir verwerfen die falsche Lehre, als solle und könne sich die Kirche über ihren besonderen Auftrag hinaus staatliche Art, staatliche Aufgaben und staatliche Würde aneignen und damit selbst zu einem Organ des Staates werden.
6. [...] Der Auftrag der Kirche, in welchem ihre Freiheit gründet, besteht darin, an Christi Statt und also im Dienst seines eigenen Wortes und Werkes durch Predigt und Sakrament die Botschaft von der freien Gnade Gottes auszurichten an alles Volk.
Wir verwerfen die falsche Lehre, als könne die Kirche in menschlicher Selbstherrlichkeit das Wort und Werk des Herrn in den Dienst irgendwelcher eigenmächtig gewählter Wünsche, Zwecke und Pläne stellen.

Die Bekenntnissynode der Deutschen Evangelischen Kirche erklärt, daß sie in der Anerkennung dieser Wahrheiten und in der Verwerfung dieser Irrtümer die unumgängliche, theologische Grundlage der Deutschen Evangelischen Kirche als eines Bundes der Bekenntniskirchen sieht. Sie fordert alle, die sich ihrer Erklärung anschließen können, auf, bei ihren kirchenpolitischen Entscheidungen dieser theologischen Erkenntnisse eingedenk zu sein. Sie bittet alle, die es angeht, in die Einheit des Glaubens, der Liebe und der Hoffnung zurückzukehren.
Verbum Dei manet in aeternum. [Das Wort Gottes bleibt in Ewigkeit.]

D: Die Bekenntnisse und grundsätzlichen Äußerungen zur Kirchenfrage. Hrsg. von Kurt Dietrich Schmidt. Bd. 2: Das Jahr 1934. Göttingen: Vandenhoeck & Ruprecht, 1935. S. 92–95.

72

Die Marburger Rede des Vizekanzlers Franz v. Papen vom 17. Juni 1934

Die von dem Schriftsteller Edgar Jung verfaßte Rede Papens in der Marburger Universität sollte keine Distanzierung von Hitler sein, sondern von den Kräften in der NSDAP, welche die »deutsche Revolution« in einer Richtung weiterzutreiben suchten, die den konservativen Gefolgsleuten Hitlers unerwünscht war. Sie ist kennzeichnend für die Irrtümer, denen diese Anhänger Hitlers verfallen waren, und signalisierte deren Enttäuschung über die Ergebnisse der nationalsozialistischen »Machtergreifung«. Darum mußte sie Hitler alarmieren, der zur gleichen Zeit das Verlangen der SA nach einer »zweiten Revolution« abzuwehren hatte und sich nun von zwei Fronten her gefährdet sah. Diese Rede gehört somit zu den Faktoren, welche letztlich die Mordaktion Hitlers vom 30. Juni 1934 auslösten. Der Verfasser Edgar Jung fiel ihr zum Opfer.

[...] Das Geschehen der letzten anderthalb Jahre hat das ganze deutsche Volk erfaßt und in seinen Tiefen aufgewühlt. Fast wie ein Traum liegt es über uns, daß wir aus dem Tal der Trübsal, der Hoffnungslosigkeit, des Hasses und der Zerklüftung wieder zur Gemeinschaft der deutschen Nation zurückgefunden haben. Die ungeheuren Spannungen, in denen wir seit den Augusttagen 1914 gestanden, sind aufgebrochen, und aus ihnen erhebt sich wieder einmal die deutsche Seele, vor der dic glorreiche und doch so schmerzhafte Geschichte unseres Volkes von den Sagen der deutschen Helden bis zu den Schützengräben von Verdun, ja bis zu den Straßenkämpfen unserer Tage vorüberzieht.
Der unbekannte Soldat des Weltkrieges, der mit hinreißender Energie und mit unerschütterlichem Glauben sich die Herzen seiner Volksgenossen eroberte, hat diese Seele freigemacht. Mit seinem Feldmarschall hat er sich an die Spitze der Nation gestellt, um in dem deutschen Schicksalsbuch eine neue Seite aufzuschlagen und die geistige Einheit wiederherzustellen.
Diese Einheit des Geistes haben wir in dem Rausch von tausend Kundgebungen, Fahnen und Festen einer sich wiederfindenden Nation erlebt. Nun aber, da die Begeisterung verflacht, die zähe Arbeit an diesem Prozeß ihr Recht fordert, zeigt es sich, daß der Läuterungsprozeß von solch historischem Ausmaße auch Schlacken erzeugt, von denen er sich reinigen muß. [...] Wir wissen, daß die Gerüchte und das Geraune aus dem Dunkeln, in das sie sich flüchten, hervorgezogen werden müssen. Eine offene und männliche Aussprache frommt dem deutschen Volke mehr als beispielsweise der ventillose Zustand einer Presse, von welcher der Herr Reichsminister für Volksaufklärung und Propaganda festgestellt hat, daß sie »kein Gesicht mehr« habe. Dieser Mangel besteht ohne Zweifel. Die Presse wäre ja eigentlich dazu da, die Regierung darüber zu unterrichten, wo sich Mängel eingeschlichen haben, wo sich Korruption einge-

nistet hat, wo schwere Fehler gemacht werden, wo ungeeignete Männer am falschen Platze stehen, wo gegen den Geist der deutschen Revolution gesündigt wird. Ein anonymer oder geheimer Nachrichtendienst, mag er noch so trefflich organisiert sein, vermag nie diese Aufgabe der Presse zu ersetzen. [...] Wenn das Ausland behauptet, in deutschen Landen sei die Freiheit gestorben, so soll es durch die Offenheit meiner Darlegungen darüber belehrt werden, daß die deutsche Regierung es sich leisten kann, von sich aus brennende Fragen der Nation zur Debatte zu stellen. Dieses Recht hierzu erwirbt sich allerdings nur, wer sich ohne Vorbehalte dem Nationalsozialismus und seinem Werke zur Verfügung gestellt und ihm seine Loyalität bewiesen hat. [...]
Kein Volk kann sich den ewigen Aufstand von unten leisten, wenn es vor der Geschichte bestehen will. Einmal muß die Bewegung zu Ende kommen, einmal ein festes soziales Gefüge, zusammengehalten durch eine unbeeinflußbare Rechtspflege und durch eine unbestrittene Staatsgewalt, entstehen. Mit ewiger Dynamik kann nicht gestaltet werden. Deutschland darf nicht ein Zug ins Blaue werden, von dem niemand weiß, wann er zum Halten kommt. Die Geschichte fließt von allein, es ist nicht notwendig, sie unablässig zu treiben. Wenn deshalb eine zweite Welle neuen Lebens durch die deutsche Revolution gehen sollte, so nicht als soziale Revolution, sondern als schöpferische Vollendung des begonnenen Werkes. Der Staatsmann ist dazu da, Formen zu schaffen, seine einzige Sorge gilt Staat und Volk. Der Staat ist die alleinige Macht und der letzte Garant für das, worauf jeder Staatsbürger Anspruch hat, auf eiserne Gerechtigkeit. Der Staat kann deshalb auf die Dauer auch keinen Dualismus ertragen, und von der Frage, ob es gelingt, den Dualismus zwischen Partei und Staat einer befriedigenden Lösung zuzuführen, hängt der Erfolg der deutschen Revolution und die Zukunft unseres Volkes ab. [...]

D: Prozeß gegen die Hauptkriegsverbrecher XL S. 543–558.

73

Gesetz über Maßnahmen der Staatsnotwehr vom 3. Juli 1934

Am 30. Juni 1934 ließ Hitler zahlreiche Führer der SA, den früheren Reichskanzler v. Schleicher, dessen Mitarbeiter General v. Bredow sowie eine Reihe von Kritikern und potentiellen Gegnern ohne richterliches Urteil unter dem Vorwurf hoch- und landesverräterischer Umtriebe erschießen oder auf andere Weise umbringen. Er befreite sich damit von der Sorge, daß die durch seine Kooperation mit konservativen Kräften in ihren Hoffnungen auf einträgliche Ämter enttäuschte SA eine »zweite Revolution« auslösen und dabei auch Unterstützung durch die mit den Ergebnissen seiner Regierung Unzufriedenen bei der politischen Rechten finden könne. Hitler rechtfertigte seine Mordaktion mit den Anspruch, in der gegebenen Situation »der oberste Gerichtsherr« der deutschen Nation gewesen zu sein.

Die Reichsregierung hat das folgende Gesetz beschlossen, das hiermit verkündet wird:

Einziger Artikel. Die zur Niederschlagung hoch- und landesverräterischer Angriffe am 30. Juni, 1. und 2. Juli 1934 vollzogenen Maßnahmen sind als Staatsnotwehr rechtens.

Berlin, den 3. Juli 1934

Der Reichskanzler: Adolf Hitler
Der Reichsminister des Innern: Frick
Der Reichsminister der Justiz: Dr. Gürtner

D: RGBl. 1934 I S. 529.

74

Gesetz über das Staatsoberhaupt des Deutschen Reichs vom 1. August 1934

Nachdem im Sommer 1934 der Tod des Reichspräsidenten v. Hindenburg in naher Zukunft zu erwarten war, stand Hitler vor dem Problem, wie dieses Amt zu besetzen sei. Mit dem Oberbefehl über die Wehrmacht stellte es noch immer eine nicht unbedeutende Machtposition dar, die von einem energischen Inhaber eventuell noch ausgebaut werden konnte, wenn es ihm gelang, abermals den Artikel 48 der niemals formell außer Kraft gesetzten Reichsverfassung anzuwenden. Um eine solche Gefährdung seiner Machtstellung zu vermeiden, zog Hitler die Vollmachten des Reichspräsidenten an sich. In einem Erlaß vom 2. August an den Reichsinnenminister (RGBl. 1934 I. S. 751) bestimmte er, daß er nicht die Amtsbezeichnung »Reichspräsident«, sondern »Führer und Reichskanzler« führen werde und daß die Vereinigung der Ämter des Reichspräsidenten und des Reichskanzlers trotz ihrer bereits durch den Beschluß des Kabinetts bewirkten verfassungsrechtlichen Gültigkeit »die ausdrückliche Sanktion des Deutschen Volkes« in einer Volksabstimmung erhalten solle. (Diese wurde am 19. 8. durchgeführt und erbrachte 89,9% Ja-Stimmen.)

Die Reichsregierung hat das folgende Gesetz beschlossen, das hiermit verkündet wird:

§ 1. Das Amt des Reichspräsidenten wird mit dem des Reichskanzlers vereinigt. Infolgedessen gehen die bisherigen Befugnisse des Reichspräsidenten auf den Führer und Reichskanzler Adolf Hitler über. Er bestimmt seinen Stellvertreter.

§ 2. Dieses Gesetz tritt mit Wirkung von dem Zeitpunkt des Ablebens des Reichspräsidenten von Hindenburg in Kraft.

Berlin, den 1. August 1934

[Unterschriften des Reichskanzlers, des Vizekanzlers und der Reichsminister]

D: RGBl. 1934 I S. 747.

75

Gesetz über die Vereidigung der Beamten und der Soldaten der Wehrmacht vom 20. August 1934

Hitler benutzte seine neue Stellung als formelles Staatsoberhaupt dazu, Beamte und Soldaten auf seine Person vereidigen zu lassen, was rechtlich keineswegs notwendig und lediglich in Monarchien üblich war. Im Text des Eides hat die Amtsbezeichnung für Hitler den Bezug auf ein verfassungsmäßig umschriebenes Amt abgestreift. Die rechtliche und moralische Problematik dieser Eidesformel ist damals von kaum einem Beamten oder Soldaten erkannt worden.

Die Reichsregierung hat das folgende Gesetz beschlossen, das hiermit verkündet wird:

§ 1. Die öffentlichen Beamten und die Soldaten der Wehrmacht haben beim Eintritt in den Dienst einen Diensteid zu leisten.

§ 2. 1. Der Diensteid der öffentlichen Beamten lautet:
»Ich schwöre: Ich werde dem Führer des Deutschen Reiches und Volkes Adolf Hitler treu und gehorsam sein, die Gesetze beachten und meine Amtspflichten gewissenhaft erfüllen, so wahr mir Gott helfe.«
2. Der Diensteid der Soldaten der Wehrmacht lautet:
»Ich schwöre bei Gott diesen heiligen Eid, daß ich dem Führer des Deutschen Reiches und Volkes Adolf Hitler, dem Oberbefehlshaber der Wehrmacht, unbedingten Gehorsam leisten und als tapferer Soldat bereit sein will, jederzeit für diesen Eid mein Leben einzusetzen.« [...]

Berlin, den 20. August 1934

Der Führer und Reichskanzler: Adolf Hitler
Der Reichsminister des Innern: Frick
Der Reichswehrminister: von Blomberg

D: RGBl. 1934 I S. 785.

76

Erlaß über die Deutsche Arbeitsfront vom 24. Oktober 1934

Als Ersatz für die in den ersten Tagen des Mai 1933 zerschlagenen Gewerkschaften wurde die Deutsche Arbeitsfront gebildet, die nach nationalsozialistischem Verständnis als Einheitsorganisation aller am Wirtschaftsprozeß Beteiligten das Ende des Klassenkampfes bedeuten sollte.

Wesen und Ziel

§ 1. Die Deutsche Arbeitsfront ist die Organisation der schaffenden Deutschen der Stirn und der Faust.
In ihr sind insbesondere die Angehörigen der ehemaligen Gewerkschaften, der ehemaligen Angestelltenverbände und der ehemaligen Unternehmer-Vereinigungen als gleichberechtigte Mitglieder zusammengeschlossen. [...]
§ 2. Das Ziel der Deutschen Arbeitsfront ist die Bildung einer wirklichen Volks- und Leistungsgemeinschaft aller Deutschen.
Sie hat dafür zu sorgen, daß jeder einzelne seinen Platz im wirtschaftlichen Leben der Nation in der geistigen und körperlichen Verfassung einnehmen kann, die ihn zur höchsten Leistung befähigt und damit den größten Nutzen für die Volksgemeinschaft gewährleistet.
§ 3. Die Deutsche Arbeitsfront ist eine Gliederung der NSDAP. im Sinne des Gesetzes zur Sicherung der Einheit von Partei und Staat vom 1. Dezember 1933.

Führung und Organisation

§ 4. Die Führung der Deutschen Arbeitsfront hat die NSDAP.
Der Stabsleiter der P.O. [Politischen Organisation, d.h. der eigentlichen NSDAP im Unterschied zu ihren militärähnlich organisierten Gliederungen] führt die Deutsche

Arbeitsfront. Er wird vom Führer und Reichskanzler ernannt.
Er ernennt und enthebt die übrigen Führer der Deutschen Arbeitsfront. [...]
§ 7. Die Deutsche Arbeitsfront hat den Arbeitsfrieden dadurch zu sichern, daß bei den Betriebsführern das Verständnis für die berechtigten Ansprüche ihrer Gefolgschaft, bei den Gefolgschaften das Verständnis für die Lage und die Möglichkeiten ihres Betriebes geschaffen wird.
Die Deutsche Arbeitsfront hat die Aufgabe, zwischen den berechtigten Interessen aller Beteiligten jenen Ausgleich zu finden, der den nationalsozialistischen Grundsätzen entspricht und die Anzahl der Fälle einschränkt, die nach dem Gesetz vom 20. Januar 1934 zur Entscheidung allein zuständigen, staatlichen Organen zu überweisen sind.
Die für diesen Ausgleich notwendige Vertretung aller Beteiligten ist ausschließliche Sache der Deutschen Arbeitsfront. Die Bildung anderer Organisationen oder ihre Betätigung auf diesem Gebiet ist unzulässig.
§ 8. Die Deutsche Arbeitsfront ist die Trägerin der Nationalsozialistischen Gemeinschaft »Kraft durch Freude«.
Die Deutsche Arbeitsfront hat für die Berufsschulung Sorge zu tragen.
Sie hat ferner die Aufgaben zu erfüllen, die ihr durch das Gesetz vom 20. Januar 1934 übertragen wurden.
§ 9. Das Vermögen der in § 1 dieser Verordnung genannten früheren Organisationen einschließlich ihrer Hilfs- und Ersatzorganisationen, Vermögensverwaltungen und wirtschaftlichen Unternehmungen bildet das Vermögen der Deutschen Arbeitsfront. Dieses Vermögen ist der Grundstock für die Selbsthilfe-Einrichtung der Deutschen Arbeitsfront.
Durch die Selbsthilfe-Einrichtung der Deutschen Arbeitsfront soll jedem ihrer Mitglieder die Erhaltung seiner Existenz im Falle der Not gewährleistet werden, um den

befähigtsten Volksgenossen den Aufstieg zu ebnen oder ihnen zu einer selbständigen Existenz, wenn möglich auch auf eigenem Grund und Boden, zu verhelfen.

§ 10. Diese Verordnung tritt mit dem Tage ihrer Verkündigung in Kraft.

Berlin, den 24. Oktober 1934

(gez.) Adolf Hitler
Der Führer und Reichskanzler

D: Dokumente der deutschen Politik. Bd. 2. Hrsg. von Franz Alfred Six. Berlin: Junker & Dünnhaupt, [7]1941. S. 207–209.

77

Gesetz gegen heimtückische Angriffe auf Staat und Partei und zum Schutz der Parteiuniformen vom 20. Dezember 1934

Das Gesetz stellte die NSDAP unter einen besonderen Rechtsschutz, der es ermöglichte, gegen Kritiker und Gegner auch gerichtlich mit großer Schärfe vorzugehen.

Die Reichsregierung hat das folgende Gesetz beschlossen, das hiermit verkündet wird:

Artikel 1

§ 1. (1) Wer vorsätzlich eine unwahre oder gröblich entstellte Behauptung tatsächlicher Art aufstellt oder verbreitet, die geeignet ist, das Wohl des Reichs oder das Ansehen der Reichsregierung oder das der Nationalsozialistischen Deutschen Arbeiterpartei oder ihrer Gliederungen schwer zu schädigen, wird, soweit nicht in anderen Vorschriften

eine schwerere Strafe angedroht ist, mit Gefängnis bis zu zwei Jahren und, wenn er die Behauptung öffentlich aufstellt oder verbreitet, mit Gefängnis nicht unter drei Monaten bestraft.
(2) Wer die Tat grob fahrlässig begeht, wird mit Gefängnis bis zu drei Monaten oder mit Geldstrafe bestraft.
(3) Richtet sich die Tat ausschließlich gegen das Ansehen der NSDAP. oder ihrer Gliederungen, so wird sie nur mit Zustimmung des Stellvertreters des Führers oder der von ihm bestimmten Stelle verfolgt.

§ 2. (1) Wer öffentlich gehässige, hetzerische oder von niedriger Gesinnung zeugende Äußerungen über leitende Persönlichkeiten des Staates oder der NSDAP., über ihre Anordnungen oder die von ihnen geschaffenen Einrichtungen macht, die geeignet sind, das Vertrauen des Volkes zur politischen Führung zu untergraben, wird mit Gefängnis bestraft.
(2) Den öffentlichen Äußerungen stehen nichtöffentliche böswillige Äußerungen gleich, wenn der Täter damit rechnet oder damit rechnen muß, daß die Äußerung in die Öffentlichkeit dringen werde. [...]

§ 3. (1) Wer bei der Begehung oder Androhung einer strafbaren Handlung eine Uniform oder ein Abzeichen der NSDAP. oder ihrer Gliederungen trägt oder mit sich führt, ohne dazu als Mitglied der NSDAP. oder ihrer Gliederungen berechtigt zu sein, wird mit Zuchthaus, in leichteren Fällen mit Gefängnis nicht unter sechs Monaten bestraft.
(2) Wer die Tat in der Absicht begeht, einen Aufruhr oder in der Bevölkerung Angst oder Schrecken zu erregen, oder dem Deutschen Reich außenpolitische Schwierigkeiten zu bereiten, wird mit Zuchthaus nicht unter drei Jahren oder mit lebenslangem Zuchthaus bestraft. In besonders schweren Fällen kann auf Todesstrafe erkannt werden.
(3) Nach diesen Vorschriften kann ein Deutscher auch dann verfolgt werden, wenn er die Tat im Ausland begangen hat.

§ 4. (1) Wer seines Vorteils wegen oder in der Absicht, einen politischen Zweck zu erreichen, sich als Mitglied der NSDAP. oder ihrer Gliederungen ausgibt, ohne es zu sein, wird mit Gefängnis bis zu einem Jahr und mit Geldstrafe oder mit einer dieser Strafen bestraft.
(2) Die Tat wird nur mit Zustimmung des Stellvertreters des Führers oder der von ihm bestimmten Stelle verfolgt. [...]

Berlin, den 20. Dezember 1934

Der Führer und Reichskanzler: Adolf Hitler
Der Reichsminister der Justiz: Dr. Gürtner
Der Stellvertreter des Führers, Reichsminister ohne Geschäftsbereich: R. Heß
Der Reichsminister des Innern: Frick
(zugleich für den Reichsminister der Luftfahrt)

D: RGBl. 1934 I S. 1269.

78

Weisung Hitlers über die Organisation der SS-Verfügungstruppe vom 2. Februar 1935

Hitler hatte der Reichswehr versprochen, sie in ihrer Funktion als »einziger Waffenträger der Nation« unangetastet zu lassen. Die gewaltsame Beseitigung Ernst Röhms, der beabsichtigt hatte, die SA mit dem Heer zu einer nationalsozialistischen Miliz zu verschmelzen, konnte als Einlösung dieses Versprechens betrachtet werden. Zugleich erhielt jedoch die SS, auf die sich Hitler beim Vorgehen gegen die SA am 30. Juni 1934 gestützt hatte, die Aufstellung einer »bewaffneten stehenden Verfügungstruppe in Stärke von drei SS-Regimentern und einer Nachrichtenabteilung« zugesagt. Die Weisung Hitlers war geeignet, den Argwohn der Reichswehr über diese neue Konkurrenz zu beschwichtigen. Im Zweiten Weltkrieg wurde die Waffen-SS, die aus der SS-Verfügungstruppe hervorgegangen war, zu einer kampfkräftigen Armee, die zwar im Verband des Heeres kämpfte, aber immer mehr zu einer künftigen Alternative zu den Landtruppen der Wehrmacht wurde.

Um die bestehenden Zweifel hinsichtlich der Organisation der S.S.Verfügungstruppe zu beseitigen, bestimme ich:

I. Im Frieden

1.) Die bewaffnete S.S.Verfügungstruppe ist zu gliedern in drei S.S.Standarten einschließlich der Leibstandarte Adolf Hitler,
einen Pionier-Sturmbann,
einen Nachrichten-Sturmbann.
2.) Jeder der drei S.S.Standarten ist für Zwecke der Aufklärung und des Kampfes bei inneren Unruhen ein Spähzug von zwei mittleren und vier leichten Straßenpanzerkraftwagen organisch einzugliedern.
3.) Die Aufstellung von Artillerieeinheiten und einer Aufklärungsabteilung unterbleibt.
4.) Von der organisatorischen Zusammenfassung der Verbände der S.S.Verfügungstruppe zu einer S.S.Division ist abzusehen.
5.) Die Anordnungen für die personelle und materielle Ausstattung der S.S.Verfügungstruppe erläßt der Reichswehrminister.

II. Im Kriege

1.) Die S.S.Verfügungstruppe wird nach den Bestimmungen des Reichswehrministers in das Heer eingegliedert. Sie unterliegt sodann auch hinsichtlich der Ergänzung ausschließlich den militärischen Gesetzen und Bestimmungen.
2.) Die S.S.Verfügungstruppe ist durch den Reichswehrminister zum Verband einer Division auszugestalten. Hierzu stellt das Heer die im Frieden fehlenden Stäbe, Artillerie und Sonderformationen.

III.

Die *Vorbereitung* der S.S.Verfügungstruppe auf ihre *Kriegsverwendung* erfolgt bereits im Frieden unter der Verantwortung des Reichswehrministers, dem sie *in dieser Hinsicht* untersteht. [...]

D: Klaus-Jürgen Müller: Armee und Drittes Reich 1933–1939. Darstellung und Dokumentation. Paderborn: Schöningh, 1987. S. 214. – Mit Genehmigung von Inge Müller-Blessing, Hamburg.

79

Protokoll über die Wiedereinsetzung Deutschlands in die Regierung des Saargebietes vom 1. März 1935

Das Saargebiet war durch den Versailler Vertrag für fünfzehn Jahre der Verwaltung durch den Völkerbund unterstellt worden. Nach Ablauf dieser Frist entschied sich die dortige Bevölkerung trotz der Warnungen deutscher Emigranten, die dort Zuflucht gesucht hatten, in der Volksabstimmung vom 13. Januar 1935 mit rund 91% gegen die Fortsetzung des Status quo und für den Anschluß an das Deutsche Reich.

Durch Beschluß vom 17. Januar 1935 hat der Rat des Völkerbundes den Zeitpunkt der Wiedereinsetzung Deutschlands in die Regierung des Saarbeckengebietes gemäß dem am 28. Juni 1919 in Versailles unterzeichneten Friedensvertrag auf den 1. März 1935 festgesetzt.
In Ausführung dieses Beschlusses hat der mit den Fragen des Saargebietes beauftragte Ratsausschuß, bestehend aus den Vertretern Italiens, Argentiniens und Spaniens, Seiner Exzellenz Baron Aloisi, Botschafter Seiner Majestät des

Königs von Italien, Kabinettschef des italienischen Ministers der Auswärtigen Angelegenheiten, Seiner Exzellenz Herrn Cantilo, Botschafter der Argentinischen Republik in Rom, und Seiner Exzellenz Herrn López Oliván, spanischer Gesandter in Bern, am heutigen Tage im Namen des Völkerbundes die Regierung dieses Gebietes feierlich an Deutschland, das hierbei durch den Reichsminister des Innern Herrn Dr. Frick vertreten war, übertragen.
Zu Urkund dessen haben die vorerwähnten Vertreter des Völkerbundes und der Deutschen Regierung das vorliegende Protokoll errichtet.

Geschehen zu Saarbrücken in doppelter Urschrift am
1. März 1935

(gez.) Aloisi; José Maria Cantilo
G. López Oliván; Frick
Der Sekretär des Ratsausschusses: Krabbe

D: Dokumente der deutschen Politik. Bd. 3. Hrsg. von Franz Alfred Six. Berlin: Junker & Dünnhaupt, [7]1941. S. 54 f.
O: Société des Nations. Journal Officiel. Jg. 1935. S. 530.

80

Gesetz für den Aufbau der Wehrmacht vom 16. März 1935

Nachdem Deutschland 1933 die Abrüstungskonferenz und den Völkerbund verlassen hatte, von diesem aber auch keine allgemeine Abrüstung erreicht worden war, verkündete die Reichsregierung das Gesetz für den Aufbau der Wehrmacht, deren Stärke die notwendige Voraussetzung für die Realisierung der außenpolitischen Pläne Hitlers war.

Die Reichsregierung hat folgendes Gesetz beschlossen, das hiermit verkündet wird:

§ 1. Der Dienst in der Wehrmacht erfolgt auf der Grundlage der allgemeinen Wehrpflicht.

§ 2. Das deutsche Friedensheer einschließlich der überführten Truppenpolizeien gliedert sich in
12 Korpskommandos und
36 Divisionen.

§ 3. Die ergänzenden Gesetze über die Regelung der allgemeinen Wehrpflicht sind durch den Reichswehrminister dem Reichsministerium alsbald vorzulegen.

Berlin, den 16. März 1935

[Unterschriften des Reichskanzlers und der Reichsminister]

D: RGBl. 1935 I S. 369.

81

Abkommen des Deutschen Reiches mit Großbritannien über das Stärkeverhältnis ihrer Kriegsflotten vom 18. Juni 1935

Die einseitige Aufkündigung der militärischen Bestimmungen des Versailler Vertrags durch Deutschland hatte Großbritannien, Frankreich und Italien veranlaßt, auf einer Konferenz im oberitalienischen Stresa (11.–14. April 1935) einvernehmlich zu erklären, »sich mit allen geeigneten Mitteln jeder einseitigen Aufkündigung von Verträgen zu widersetzen«. Der Völkerbund verurteilte am 17. April das deutsche Vorgehen als Vertragsbruch. Nichtsdestoweniger war Großbritannien bald darauf bereit, die vertragswidrige deutsche

Aufrüstung zur See hinzunehmen. Maßgeblich für die hier zum Ausdruck kommende »appeasement policy« (›Beschwichtigungspolitik‹) war die Hoffnung der britischen Führung, Hitler durch Entgegenkommen bei verständlichen Forderungen von gewaltsamem Vorgehen abzuhalten und auf die Dauer gar in ein kollektives Sicherheitssystem einzubeziehen. Das Abkommen bestand aus einem Schreiben des britischen Außenministers Sir Samuel Hoare, das vom deutschen Botschafter Joachim v. Ribbentrop bestätigt wurde. Hitler kündigte es in seiner Rede vom 15. April 1939 auf.

Exzellenz!

Ich beehre mich, Euer Exzellenz den Empfang des Schreibens vom heutigen Tag zu bestätigen, in dem Sie die Freundlichkeit hatten, mir im Namen der Regierung Seiner Majestät im Vereinigten Königreich folgendes mitzuteilen:

»1. Während der letzten Tage haben die Vertreter der Regierung des Deutschen Reiches und der Regierung Seiner Majestät im Vereinigten Königreich Besprechungen abgehalten, deren Hauptzweck darin bestand, den Boden für eine allgemeine Konferenz zur Begrenzung der Seerüstungen vorzubereiten. Ich freue mich, Euer Exzellenz nunmehr die formelle Annahme des Vorschlags der Regierung des Deutschen Reiches, der in diesen Besprechungen zur Erörterung gestanden hat, durch die Regierung Seiner Majestät im Vereinigten Königreich mitzuteilen, wonach die zukünftige Stärke der deutschen Flotte gegenüber der Gesamtflottenstärke der Mitglieder des Britischen Commonwealth im Verhältnis 35 : 100 stehen soll. Die Regierung Seiner Majestät im Vereinigten Königreich sieht diesen Vorschlag als einen außerordentlich wichtigen Beitrag zur zukünftigen Seerüstungsbeschränkung an. Weiterhin glaubt sie, daß die Einigung, zu der sie nunmehr mit der Regierung des Deutschen Reichs gelangt ist und die sie als eine vom heutigen Tage ab gültige, dauernde und endgültige Einigung zwischen den beiden Regierungen ansieht, den Abschluß eines zukünftigen allgemeinen Abkommens über eine Seerüstungsbegrenzung zwischen allen Seemächten der Welt erleichtern wird.

2. Die Regierung Seiner Majestät im Vereinigten Königreich stimmt weiterhin den Erklärungen zu, die von den deutschen Vertretern im Laufe der kürzlich in London abgehaltenen Besprechungen bezüglich der Anwendungsmethoden dieses Grundsatzes abgegeben wurden. [...]«

Ich beehre mich, Euer Exzellenz zu bestätigen, daß der Vorschlag der Regierung des Deutschen Reiches in dem vorstehenden Schreiben richtig wiedergegeben ist, und nehme gern davon Kenntnis, daß die Regierung Seiner Majestät im Vereinigten Königreich diesen Vorschlag annimmt.

Die Regierung des Deutschen Reiches ist auch ihrerseits der Ansicht, daß die Einigung, zu der sie nunmehr mit der Regierung Seiner Majestät im Vereinigten Königreich gelangt ist und die sie als eine vom heutigen Tage ab gültige, dauernde und endgültige Einigung zwischen den beiden Regierungen ansieht, den Abschluß eines allgemeinen Abkommens über diese Fragen zwischen allen Seemächten der Welt erleichtern wird.

Genehmigen Euer Exzellenz den Ausdruck meiner vorzüglichsten Hochachtung.

(gez.) von Ribbentrop
Außerordentlicher und Bevollmächtigter
Botschafter des Deutschen Reiches.

D: Martens XXXI S. 5–8.

82
Reichsarbeitsdienstgesetz vom 26. Juni 1935

Nach dem Fortfall der allgemeinen Wehrpflicht durch den Versailler Vertrag war in der Weimarer Republik die Einführung eines obligatorischen Arbeitsdienstes angeregt worden, der die Jugendlichen beiderlei Geschlechts durch körperliche Arbeit und politische Bildung die Klassengegensätze überwinden lasse und zu nationaler Gemeinschaft erziehe. Zur Bekämpfung der Massenarbeitslosigkeit Jugendlicher in der Weltwirtschaftskrise war durch die Verordnung über den freiwilligen Arbeitsdienst vom 16. Juli 1932 ein ähnliches Projekt in Gang gekommen, das jedoch vornehmlich der Mutlosigkeit und Verwahrlosung arbeitsloser Jugendlicher entgegenwirken und gemeinnützige Arbeiten ermöglichen sollte, die auf andere Weise nicht finanziert werden konnten. Die Nationalsozialisten griffen mit der Verkündung der Arbeitsdienstpflicht die von Kräften der Rechten schon früh verfolgten Absichten auf, die Jugendlichen in einer neuen »Schule der Nation« politisch zu beeinflussen.

Die Reichsregierung hat das folgende Gesetz beschlossen, das hiermit verkündet wird:

Das bereits zu Zeiten der Weimarer Republik entwickelte Projekt der Autobahnen wurde von Hitler aus militärischen wie aus arbeitsmarktpolitischen Gründen aufgegriffen und zu einem Demonstrationsobjekt nationalsozialistischer Leistungsfähigkeit gemacht. Am 19. Mai 1935 zerriß er in seinem Wagen mit der Führerstandarte im Spalier der schwarzuniformierten SS das weiße Band vor dem ersten fertiggestellten Teilstück bei Frankfurt a. M. Nicht nur die braun gekleideten Vertreter der Hitlerjugend und der Parteifunktionäre, sondern auch die am Rande der Böschung aufgestellte Menge erwies dem »Führer« den »Deutschen Gruß«.

Abschnitt I. Der Reichsarbeitsdienst

§ 1. (1) Der Reichsarbeitsdienst ist Ehrendienst am Deutschen Volke.
(2) Alle jungen Deutschen beiderlei Geschlechts sind verpflichtet, ihrem Volk im Reichsarbeitsdienst zu dienen.
(3) Der Reichsarbeitsdienst soll die deutsche Jugend im Geiste des Nationalsozialismus zur Volksgemeinschaft und zur wahren Arbeitsauffassung, vor allem zur gebührenden Achtung der Handarbeit erziehen.
(4) Der Reichsarbeitsdienst ist zur Durchführung gemeinnütziger Arbeiten bestimmt.

§ 2. (1) Der Reichsarbeitsdienst untersteht dem Reichsminister des Innern. Unter ihm übt der Reichsarbeitsführer die Befehlsgewalt über den Reichsarbeitsdienst aus.
(2) Der Reichsarbeitsführer steht an der Spitze der Reichsleitung des Arbeitsdienstes; er bestimmt die Organisation, regelt den Arbeitseinsatz und leitet Ausbildung und Erziehung.

Abschnitt II. Die Arbeitsdienstpflicht der männlichen Jugend

§ 3. (1) Der Führer und Reichskanzler bestimmt die Zahl der alljährlich einzuberufenden Dienstpflichtigen und setzt die Dauer der Dienstzeit fest.
(2) Die Dienstpflicht beginnt frühestens nach vollendetem 18. und endet spätestens mit Vollendung des 25. Lebensjahres.
(3) Die Arbeitsdienstpflichtigen werden in der Regel in dem Kalenderjahr, in dem sie das 19. Lebensjahr vollenden, zum Reichsarbeitsdienst einberufen. Freiwilliger Eintritt in den Reichsarbeitsdienst zu einem früheren Zeitpunkt ist möglich.
(4) Freiheitsstrafen von mehr als 30 Tagen Dauer haben die Arbeitsdienstpflichtigen und Arbeitsdienstfreiwilligen

nachzudienen; sofern sie nicht nach § 16 aus dem Reichsarbeitsdienst ausscheiden. [...]

Abschnitt III. Die Arbeitsdienstpflicht der weiblichen Jugend

§ 9. Die Vorschriften über die Arbeitsdienstpflicht der weiblichen Jugend bleiben besonderer gesetzlicher Regelung vorbehalten. [...]

Berlin, den 26. Juni 1935

Der Führer und Reichskanzler: Adolf Hitler
Der Reichsminister des Innern: Frick

D: RGBl. 1935 I S. 769.

83

Die Nürnberger Gesetze vom 15. September 1935

Auf dem Reichsparteitag des Jahres 1935, der wie üblich in Nürnberg stattfand, ließ Hitler überraschend vom Reichstag drei Gesetze beschließen, von denen zwei die deutschen Staatsbürger jüdischer Herkunft unter ein Sonderrecht stellten. Obwohl diese Gesetze von der amtlichen Propaganda als Abschluß der gegen die Juden gerichteten Maßnahmen ausgegeben wurden, bot das Reichsbürgergesetz später die juristische Handhabe zu weiterer Verfolgung der Juden (vgl. Quelle 115).

(a) Reichsflaggengesetz

Der Reichstag hat einstimmig das folgende Gesetz beschlossen, das hiermit verkündet wird:

Artikel 1. Die Reichsfarben sind schwarz-weiß-rot.

Artikel 2. Reichs- und Nationalflagge ist die Hakenkreuzflagge. Sie ist zugleich Handelsflagge.

Artikel 3. Der Führer und Reichskanzler bestimmt die Form der Reichskriegsflagge und der Reichsdienstflagge.

Artikel 4. Der Reichsminister des Innern erläßt, soweit nicht die Zuständigkeit des Reichskriegsministers gegeben ist, die zur Durchführung und Ergänzung dieses Gesetzes erforderlichen Rechts- und Verwaltungsvorschriften.

Artikel 5. Dieses Gesetz tritt am Tage nach der Verkündung in Kraft.

Nürnberg, den 15. September 1935,
am Reichsparteitag der Freiheit

Der Führer und Reichskanzler: Adolf Hitler
Der Reichsminister des Innern: Frick
Der Reichskriegsminister und Oberbefehlshaber der Wehrmacht: von Blomberg

D: RGBl. 1935 I S. 1145.

(b) Reichsbürgergesetz

Der Reichstag hat einstimmig das folgende Gesetz beschlossen, das hiermit verkündet wird:

§ 1. (1) Staatsangehöriger ist, wer dem Schutzverband des Deutschen Reiches angehört und ihm dafür besonders verpflichtet ist.
(2) Die Staatsangehörigkeit wird nach den Vorschriften des Reichs- und Staatsangehörigkeitsgesetzes erworben.

§ 2. (1) Reichsbürger ist nur der Staatsangehörige deutschen oder artverwandten Blutes, der durch sein Verhalten beweist, daß er gewillt und geeignet ist, in Treue dem Deutschen Volk und Reich zu dienen.

(2) Das Reichsbürgerrecht wird durch Verleihung des Reichsbürgerbriefes erworben.
(3) Der Reichsbürger ist der alleinige Träger der vollen politischen Rechte nach Maßgabe der Gesetze.

§ 3. Der Reichsminister des Innern erläßt im Einvernehmen mit dem Stellvertreter des Führers die zur Durchführung und Ergänzung des Gesetzes erforderlichen Rechts- und Verwaltungsvorschriften.

Nürnberg, den 15. September 1935,
am Reichsparteitag der Freiheit

Der Führer und Reichskanzler: Adolf Hitler
Der Reichsminister des Innern: Frick

D: RGBl. 1935 I S. 1146.

(c) Gesetz zum Schutze des deutschen Blutes und der deutschen Ehre

Durchdrungen von der Erkenntnis, daß die Reinheit des deutschen Blutes die Voraussetzung für den Fortbestand des Deutschen Volkes ist, und beseelt von dem unbeugsamen Willen, die Deutsche Nation für alle Zukunft zu sichern, hat der Reichstag einstimmig das folgende Gesetz beschlossen, das hiermit verkündet wird:

§ 1. (1) Eheschließungen zwischen Juden und Staatsangehörigen deutschen oder artverwandten Blutes sind verboten. Trotzdem geschlossene Ehen sind nichtig, auch wenn sie zur Umgehung dieses Gesetzes im Ausland geschlossen sind.
(2) Die Nichtigkeitsklage kann nur der Staatsanwalt erheben.

§ 2. Außerehelicher Verkehr zwischen Juden und Staatsangehörigen deutschen oder artverwandten Blutes ist verboten.

§ 3. Juden dürfen weibliche Staatsangehörige deutschen oder artverwandten Blutes unter 45 Jahre in ihrem Haushalt nicht beschäftigen.

§ 4. (1) Juden ist das Hissen der Reichs- und Nationalflagge und das Zeigen der Reichsfarben verboten.
(2) Dagegen ist ihnen das Zeigen der jüdischen Farben gestattet. Die Ausübung dieser Befugnis steht unter staatlichem Schutz.

§ 5. (1) Wer dem Verbot des § 1 zuwiderhandelt, wird mit Zuchthaus bestraft.
(2) Der Mann, der dem Verbot des § 2 zuwiderhandelt, wird mit Gefängnis oder mit Zuchthaus bestraft.
(3) Wer den Bestimmungen der §§ 3 oder 4 zuwiderhandelt, wird mit Gefängnis bis zu einem Jahr und mit Geldstrafe oder mit einer dieser Strafen bestraft.

§ 6. Der Reichsminister des Innern erläßt im Einvernehmen mit dem Stellvertreter des Führers und dem Reichsminister der Justiz die zur Durchführung und Ergänzung des Gesetzes erforderlichen Rechts- und Verwaltungsvorschriften.

§ 7. Das Gesetz tritt am Tage nach der Verkündung, § 3 jedoch erst am 1. Januar 1936 in Kraft.

Nürnberg, den 15. September 1935,
am Reichsparteitag der Freiheit

Der Führer und Reichskanzler: Adolf Hitler
Der Reichsminister des Innern: Frick
Der Reichsminister der Justiz: Dr. Gürtner
Der Stellvertreter des Führers: R. Heß,
Reichsminister ohne Geschäftsbereich

D: RGBl. 1935 I S. 1146.

84

Leitsätze über Stellung und Aufgaben des Richters vom 14. Januar 1936

In seiner Regierungserklärung bei der Vorlage des Ermächtigungsgesetzes (vgl. Quelle 48) hatte Hitler erklärt, daß »der Unabsetzbarkeit der Richter [. . .] die Elastizität der Urteilsfindung zum Zweck der Erhaltung der Gesellschaft entsprechen« müsse. Formell sind die Richter auch nie ihrer Unabhängigkeit in der Rechtsprechung beraubt worden. Tatsächlich sollten sie jedoch durch eine Reihe verschiedener Maßnahmen zu gelenkten Funktionären des nationalsozialistischen Regimes umgeformt werden. Diese Leitsätze einer vom Reichsjuristenführer und Reichsminister ohne Geschäftsbereich Hans Frank eingesetzten Arbeitsgruppe markieren einen der Schritte auf diesem Wege.

I. Der Richter ist nicht als ›Hoheitsträger des Staates‹ über ›Staatsbürger‹ gesetzt, sondern er steht als Glied in der lebendigen Gemeinschaft des deutschen Volkes.
Es ist nicht seine Aufgabe, einer über der Volkgemeinschaft stehenden Rechtsordnung zur Anwendung zu verhelfen oder ›allgemeine Wertvorstellungen‹ durchzusetzen; vielmehr hat er die konkrete völkische Gemeinschaftsordnung zu wahren, Schädlinge auszumerzen, gemeinschaftswidriges Verhalten zu ahnden und Streit unter den Gemeinschaftsgliedern zu schlichten.

II. Grundlage der Auslegung aller Rechtsquellen ist die nationalsozialistische Weltanschauung, wie sie insbesondere im Parteiprogramm und in den Äußerungen des Führers ihren Ausdruck findet.

III. Gegenüber Führerentscheidungen, die in die Form des Gesetzes oder einer Verordnung gekleidet sind, steht dem Richter kein Prüfungsrecht zu.
Auch an sonstige Entscheidungen des Führers ist der Rich-

ter gebunden, sofern in ihnen der Wille, Recht zu setzen, unzweideutig zum Ausdruck kommt.

IV. Gesetzliche Bestimmungen, die vor der nationalsozialistischen Revolution erlassen sind, dürfen nicht angewandt werden, wenn ihre Anwendung dem heutigen gesunden Volksempfinden ins Gesicht schlagen würde.
Für die Fälle, in denen der Richter mit dieser Begründung eine gesetzliche Bestimmung nicht anwendet, ist die Möglichkeit zu schaffen, eine höchstrichterliche Entscheidung herbeizuführen.

V. Zur Erfüllung seiner Aufgaben in der Gemeinschaft muß der Richter unabhängig sein. Er ist nicht an Weisungen gebunden.
Unabhängigkeit und Würde des Richters machen geeignete Sicherungen gegen Beeinflussungsversuche und ungerechtfertigte Angriffe erforderlich.

D: Arnold Köttgen: Vom Deutschen Staatsleben (vom 1. Januar 1934 bis zum 30. September 1937). In: Jahrbuch des öffentlichen Rechts der Gegenwart 24 (1937) S. 132.

85

Preußisches Gesetz über die Geheime Staatspolizei vom 10. Februar 1936

Im Zuge der Machtergreifung des Jahres 1933 hatte sich der Reichsführer SS Heinrich Himmler, unterstützt von Reinhard Heydrich, zum Chef der politischen Polizei in allen Ländern des Reiches gemacht und mit Erfolg versucht, die Geheime Staatspolizei weitgehend aus der allgemeinen Verwaltung herauszulösen und zu einem zentral geleiteten Apparat umzugestalten. Mit dem für das Land Preußen gültigen Gesetz erhielt die Geheime Staatspolizei allen Staatsorganen gegenüber eine einzigartige Sonderstellung, da sie der Kontrolle durch die Verwaltungsgerichte entzogen wurde und nunmehr ihre Maßnahmen auch formell ohne jede rechtliche Grundlage, lediglich nach eigenem politischen Ermessen durchführen konnte.

Das Staatsministerium hat das folgende Gesetz beschlossen:

§ 1. (1) Die Geheime Staatspolizei hat die Aufgabe, alle staatsgefährlichen Bestrebungen im gesamten Staatsgebiet zu erforschen und zu bekämpfen, das Ergebnis der Erhebungen zu sammeln und auszuwerten, die Staatsregierung zu unterrichten und die übrigen Behörden über für sie wichtige Feststellungen auf dem laufenden zu halten und mit Anregungen zu versehen. Welche Geschäfte im einzelnen auf die Geheime Staatspolizei übergehen, bestimmt der Chef der Geheimen Staatspolizei im Einvernehmen mit dem Minister des Innern.
(2) Die Zuständigkeit der Organe der ordentlichen Rechtspflege bleibt unberührt.

§ 2. (1) Chef der Geheimen Staatspolizei ist der Ministerpräsident.
(2) Für ihn führt der von ihm ernannte Stellvertretende Chef der Geheimen Staatspolizei die Dienstgeschäfte. [...]

§ 7. Verfügungen und Angelegenheiten der Geheimen Staatspolizei unterliegen nicht der Nachprüfung durch die Verwaltungsgerichte. [...]

§ 10. Dieses Gesetz tritt mit dem auf den Tag der Verkündung folgenden Tage in Kraft.

Berlin, den 10. Februar 1936

Das Preußische Staatsministerium: Göring; Frick

Im Namen des Reichs verkünde ich für den Führer und Reichskanzler das vorstehende Gesetz, dem die Reichsregierung ihre Zustimmung erteilt hat.

Berlin, den 10. Februar 1936

Der Preußische Ministerpräsident: Göring

D: Preußische Gesetzsammlung 1936. Nr. 5. S. 21 f.

86

Zeitungsaufsatz des Leiters des Preußischen Geheimen Staatspolizeiamtes, Reinhard Heydrich, über »Die Bekämpfung der Staatsfeinde« vom 29. April 1936

Der Aufsatz zeigt die Eigenart des nationalsozialistischen Staatsverständnisses ebenso wie seine Auffassung vom Staats- und Volksfeind. Er bietet somit Einblick in die Grundlagen des nationalsozialistischen Terrorregimes.

[...] Der Nationalsozialismus, der als Geist der Bewegung den Kampf um die Macht vom Boden der Weltanschauung aus geführt hat, bricht auch mit der liberalistischen Bekämpfung des Staatsfeindes. Nach liberalistischer Denkweise wurde nur die staatsfeindliche Handlung und die Organisation der Staatsfeinde als Trägerin dieser Handlung bekämpft.

Dem Nationalsozialismus kommt es auf die geistigen Kräfte dieser Gegner an. Diese will er erkennen und treffen. Wir wissen heute, es sind die ewig gleichen. Der Jude, der

Freimaurer und der politische Geistliche. Ihre Ziele sind gleich, ihre Organisationsformen passen sich der jeweilig geltenden gesetzlichen Möglichkeit an.
Wie arbeitet nun der Volksfeind heute? Er versucht, uns legal zu bekämpfen, d. h. im Rahmen der formalen Gegebenheiten getarnt. Immer unter der Firma: »alles für das nationalsozialistische Reich« ist er bestrebt, alle seine Kräfte gegen uns einzusetzen, ohne dabei organisatorisch faßbar zu sein.
Das Judentum ist als solches selbstverständlich durch die Gesetzgebung von Nürnberg als jüdische Rasse und jüdisches Volk isoliert. Damit ist ein direktes Zuströmen jüdischen Blutes in den Volkskörper verhindert. Der mittelbare Einfluß jüdischen Geistes ist aber noch lange nicht endgültig gehemmt. Einmal sitzen unbewußt noch bei vielen, vor allem in Wissenschaft und Geisteswelt, jüdische, liberale und freimaurerische Infektionsreste. Auf der anderen Seite hat uns unsere eigene deutsche Geschichte gezeigt, daß das jüdische Ziel ewig bleibt: die Beherrschung der Welt durch eine mehr oder weniger sichtbare jüdische Oberschicht. Und wenn in Deutschland innerpolitisch durch die nationalsozialistische Politik der Boden ungeeignet ist, so schaltet der Jude auf die Wirtschaft und auf die Außenpolitik um. In der Wirtschaft konnte er auch in Deutschland immer auf egoistische und verräterische Elemente als Mitarbeiter rechnen. In der Außenpolitik arbeitet der Jude mit den Apparaten, die schon restlos seiner Führung unterliegen, dem Bolschewismus und den im Ausland noch intakten Freimaurerlogen.
Der Kommunist, der sich in seinem Kernstück aus dem internationalen Verbrechertum rekrutiert und mit allen Mitteln der Technik der Neuzeit kämpft, ist dabei besonders gefährlich, da er zugleich als Spion Sowjetrußlands angesehen werden muß; das läßt den anarchistischen Verbrecher gleichzeitig zum gefährlichsten Angreifer gegen die Elemente der Landesverteidigung werden.

Die Freimaurerlogen waren auch in Deutschland nie etwas anderes als Hilfsorganisationen des Judentums. Sie hatten den Zweck, ganz allmählich und unmerklich den deutschen Mann charakterlich und geistig in jüdischem Sinne umzubiegen. Bis auf wenige Unverbesserliche wird die Staats- und Volksfeindlichkeit bei Juden, Kommunisten und Freimaurern anerkannt und die Behandlung als Staats- und Volksfeind mit allen Konsequenzen gebilligt. Jedoch gegenüber einem weiteren Volks- und Staatsfeind, dem politisierenden Kirchenbeamten, stößt man häufig noch auf erhebliches Unverständnis.

Daß der Nationalsozialismus an den einen Gott glaubt, ist oft genug vom Führer und seinen Getreuen unterstrichen worden und wird jedem Deutschen und Nationalsozialisten zur Pflicht gemacht. Nur durch welche Brille der Deutsche diesen Gott sieht und sich vorstellt, ist jedes Deutschen Privatangelegenheit. Das bedingte umgekehrt aber auch die Ausschaltung der Kräfte aus der Politik, die unter dem Deckmantel der Religion kirchliche Weltmachtpolitik trieben und heute noch treiben. Ein sehr großer Teil des politischen Priestertums – und der unpolitische ist sehr gering – hat sich zur Erreichung dieser Ziele auf das alte Mittel der scheinheiligen Heuchelei verlegt. Mit Bedauern wird über das sogenannte Neuheidentum gejammert. Daß aber das Neuheidentum – rein kirchlich gesehen – wohl im wesentlichen als nichts anderes als eine Reaktion auf innere Schwächeerscheinungen der Kirche zu werten ist, will man scheinbar nicht sehen. Nein, man identifiziert lieber Neuheidentum mit Nationalsozialismus, um mit der Bekämpfung dieser rein kirchlichen Reaktion gleich die Bekämpfung des nationalsozialistischen Staates verbinden zu können. [...]

D: Völkischer Beobachter. Norddeutsche Ausgabe. Nr. 120. 29. April 1936.

87

Abkommen des Deutschen Reiches mit der Republik Österreich über die Verbesserung der gegenseitigen Beziehungen vom 11. Juli 1936

Der österreichische Bundeskanzler Engelbert Dollfuß hatte im Jahre 1933 die Funktionsunfähigkeit des Parlaments zu einem Staatsstreich benutzt, der es ihm ermöglichte, Österreich autoritär zu regieren. Außenpolitisch durch Italien gestützt, führte er im Innern einen scharfen Kampf gegen die von Deutschland gesteuerten Nationalsozialisten. Seine Regierung blieb aber stets gefährdet, weil er gleichzeitig mit der scharfen Opposition der Sozialisten zu kämpfen hatte, die im Februar 1934 einen bewaffneten Aufstand unternahmen. Dollfuß wurde am 25. Juli 1934 bei einem Putsch von den Nationalsozialisten ermordet. Sein Nachfolger, Kurt v. Schuschnigg, führte seine Politik weiter, mußte aber erkennen, daß die weltpolitische Situation sich zu Ungunsten Österreichs veränderte. Das Abkommen mit dem Deutschen Reich verpflichtete Österreich, die Konfrontation zum Nationalsozialismus, die Dollfuß betrieben hatte, aufzugeben. In einem geheimen Zusatzabkommen mußte Schuschnigg sogar zusagen, Nationalsozialisten in seine Regierung aufzunehmen.

In der Überzeugung, der europäischen Gesamtentwicklung zur Aufrechterhaltung des Friedens eine wertvolle Förderung zuteil werden zu lassen, wie in dem Glauben, damit am besten den vielgestaltigen wechselseitigen Interessen der beiden deutschen Staaten zu dienen, haben die Regierungen des Deutschen Reiches und des Bundesstaates Österreich beschlossen, ihre Beziehungen wieder normal und freundschaftlich zu gestalten.
Aus diesem Anlaß wird erklärt:
1. Im Sinne der Feststellungen des Führers und Reichskanzlers vom 21. Mai 1935 anerkennt die deutsche Reichsregierung die volle Souveränität des Bundesstaates Österreich.

2. Jede der beiden Regierungen betrachtet die in dem anderen Lande bestehende innerpolitische Gestaltung einschließlich der Frage des österreichischen Nationalsozialismus als eine innere Angelegenheit des anderen Landes, auf die sie weder unmittelbar noch mittelbar Einwirkung nehmen wird.
3. Die österreichische Bundesregierung wird ihre Politik im allgemeinen, wie insbesondere gegenüber dem Deutschen Reiche stets auf jener grundsätzlichen Linie halten, die der Tatsache, daß Österreich sich als deutscher Staat bekennt, entspricht. Hierdurch werden die römischen Protokolle ex 1934 und deren Zusätze ex 1936, sowie die Stellung Österreichs zu Italien und Ungarn, als den Partnern dieser Protokolle, nicht berührt.
In der Erwägung, daß die von beiden Seiten gewünschte Entspannung sich nur verwirklichen lassen wird, wenn dazu gewisse Vorbedingungen seitens der Regierung beider Länder erstellt werden, wird die Reichsregierung sowohl wie die österreichische Bundesregierung in einer Reihe von Einzelmaßnahmen die hierzu notwendigen Voraussetzungen schaffen.

D: Martens XXXII S. 643.

88

Hitlers Denkschrift über den Vierjahresplan vom Sommer 1936

Mit der militärischen Besetzung des Rheinlandes hatte Hitler die drängendsten Revisionswünsche der Deutschen erfüllt. Zur gleichen Zeit wurde er durch die Lage der Wirtschaft vor die Entscheidung über die Ziele seiner weiteren Politik gestellt. Während die konservativen Berater, Reichswirtschaftsminister und Reichsbankpräsident Hjalmar Schacht und Reichspreiskommissar Carl Goerdeler, aus ökonomischen Gründen die Aufrüstung verlangsamen und Deutschland durch den Ausbau seiner Handelsbeziehungen wieder in die Weltwirtschaft eingliedern wollten, drängten die Befürworter der Aufrüstung darauf, ohne Rücksicht auf die wirtschaftlichen Folgen weiter voranzugehen. Hitlers Denkschrift bedeutete die Weichenstellung zum Krieg. Auf dem Reichsparteitag im September 1936 wurde der Vierjahresplan als neue Grundlage der Wirtschaftspolitik verkündet, allerdings ohne seine kriegerische Zielsetzung erkennen zu lassen. Hermann Göring wurde zum Bevollmächtigten für den Vierjahresplan ernannt und mit der Vollmacht zum Erlaß von Rechtsverordnungen, Verwaltungsvorschriften und Weisungen ausgestattet (RGBl. 1936 I S. 887).

Die politische Lage

Politik ist die Führung und der Ablauf des geschichtlichen Lebenskampfes der Völker. Das Ziel dieser Kämpfe ist die Behauptung des Daseins. Auch die idealistischen Weltanschauungskämpfe besitzen ihre letzten Ursachen und erhalten ihre tiefsten Antriebe aus volklich gegebenen Lebenszwecken und Zielen. Religionen und Weltanschauungen vermögen aber solchen Kämpfen stets eine besondere Härte zu geben und verleihen ihnen daher auch eine große geschichtliche Eindringlichkeit. [...] Seit dem Ausbruch der Französischen Revolution treibt die Welt in immer schärferem Tempo in eine neue Auseinandersetzung, deren extremste Lösung Bolschewismus heißt, deren Inhalt und Ziel aber nur die Beseitigung und Ersetzung der bislang führenden Gesellschaftsschichten der Menschheit durch das international verbreitete Judentum ist.

Kein Staat wird sich dieser geschichtlichen Auseinandersetzung entziehen oder auch nur fernhalten können. *Seit sich der Marxismus durch seinen Sieg in Rußland eines der größten Reiche der Welt als Ausgangsbasis für seine weiteren Operationen geschaffen hat, ist diese Frage zu einer bedroh-*

lichen geworden. Einer in sich selbst weltanschaulich zerrissenen demokratischen Welt tritt ein geschlossener autoritärer weltanschaulich fundierter Angriffswille gegenüber.
Die militärischen Machtmittel dieses Angriffswillens steigern sich dabei in rapider Schnelligkeit von Jahr zu Jahr.
[...]

Deutschland

Deutschland wird wie immer als Brennpunkt der abendländischen Welt gegenüber den bolschewistischen Angriffen anzusehen sein. Ich fasse dies nicht als eine erfreuliche Mission auf, sondern als eine leider durch unsere unglückliche Lage in Europa bedingte Erschwerung und Belastung unseres völkischen Lebens. Wir können uns aber diesem Schicksal nicht entziehen. [...]
Es ist nicht der Zweck dieser Denkschrift, die Zeit zu prophezeien, in der die unhaltbare Lage in Europa zur offenen Krise werden wird. Ich möchte nur in diesen Zeilen meine Überzeugung niederlegen, daß diese Krise nicht ausbleiben kann und nicht ausbleiben wird und daß Deutschland die Pflicht besitzt, seine eigene Existenz dieser Katastrophe gegenüber mit allen Mitteln zu sichern und sich vor ihr zu schützen und daß sich aus diesem Zwang eine Reihe von Folgerungen ergeben, die die wichtigsten Aufgaben betreffen, die unserem Volk jemals gestellt worden sind. *Denn ein Sieg des Bolschewismus über Deutschland würde nicht zu einem Versailler Vertrag führen, sondern zu einer endgültigen Vernichtung, ja Ausrottung des deutschen Volkes.* [...]

Deutschlands Abwehrfähigkeit

Die Abwehrfähigkeit Deutschlands basiert auf einigen Faktoren. An die Spitze möchte ich stellen zunächst den inneren Wert des deutschen Volkes an sich. Das deutsche Volk, politisch einwandfrei geführt, weltanschaulich gefestigt und militärisch durchorganisiert, stellt sicherlich den hochwertigsten Widerstandsfaktor dar, den die Welt heute überhaupt besitzt. Die politische Führung ist sichergestellt durch die Nationalsozialistische Partei, die weltanschauliche Geschlossenheit seit dem Sieg des Nationalsozialismus ist in einem bisher noch nicht erreichten Maße eingeleitet. Sie muß auf der Grundlage dieser Auffassung immer mehr vertieft und erhärtet werden. Dies ist das Ziel der nationalsozialistischen Erziehung unseres Volkes.

Die militärische Auswertung soll durch die neue Armee erfolgen. *Das Ausmaß und das Tempo der militärischen Auswertung unserer Kräfte können nicht groß und nicht schnell genug gewählt werden!* Es ist ein Kapitalirrtum, zu glauben, daß über diese Punkte irgend ein Verhandeln oder ein Abwägen stattfinden könnte mit anderen Lebensnotwendigkeiten. So sehr auch das gesamte Lebensbild eines Volkes ein ausgeglichenes sein soll, so sehr müssen doch in gewissen Zeiten einseitige Verschiebungen zu Ungunsten anderer, nicht so lebenswichtiger Aufgaben vorgenommen werden. *Wenn es uns nicht gelingt, in kürzester Frist die deutsche Wehrmacht in der Ausbildung, in der Aufstellung der Formationen, in der Ausrüstung und vor allem auch in der geistigen Erziehung zur ersten Armee der Welt zu entwickeln, wird Deutschland verloren sein!* Es gilt hier der Grundsatz, daß das, was in Monaten des Friedens versäumt wurde, in Jahrhunderten nicht mehr eingeholt werden kann.

Es haben sich daher dieser Aufgabe alle anderen Wünsche bedingungslos unterzuordnen. Denn diese Aufgabe ist das Leben und die Lebenserhaltung, und alle sonstigen Wünsche – und mögen sie in anderen Zeitläuften noch so verständlich sein – sind demgegenüber belanglos oder sogar lebensgefährdend und mithin abzulehnen. Die Nachwelt wird uns dereinst auch nicht die Frage vorlegen, nach welchen Methoden oder heute gültigen Auffassungen, Ansichten usw. wir die Rettung der Nation durchführten, sondern *ob* wir sie durchführten. Und es wird einst keine Entschuldigung für unseren Untergang sein, wenn wir dann dafür aber auf die doch so bewährten Maßnahmen hinweisen wollten, die leider den Untergang verschuldeten.

Die wirtschaftliche Lage Deutschlands

So wie die politische Bewegung in unserem Volk nur ein Ziel kennt, die Lebensbehauptung unseres Volkes und Reiches zu ermöglichen, d. h. alle geistigen und sonstigen Voraussetzungen für die Selbstbehauptung unseres Volkes sicherzustellen, so hat auch die Wirtschaft nur diesen einen Zweck. [...]

Es ist nicht genug damit getan, von Zeit zu Zeit nur Rohstoff- oder Devisen-Bilanzen aufzustellen oder von einer Vorbereitung der Kriegswirtschaft im Frieden zu sprechen, sondern es ist notwendig, der Friedensernährung und vor allem der Kriegsführung die Mittel zu sichern, die durch menschliche Energie und durch Tatkraft gesichert werden können. Und ich stelle daher zu einer endgültigen Lösung unserer Lebensnot folgendes Programm auf:

I. Ähnlich der militärischen und politischen Aufrüstung bezw. Mobilmachung unseres Volkes hat auch eine wirtschaftliche zu erfolgen und zwar im selben Tempo, mit der gleichen Entschlossenheit und wenn nötig auch mit der gleichen Rücksichtslosigkeit. Interessen einzelner Herren dürfen in der Zukunft dabei keine Rolle mehr spielen. Es gibt nur ein Interesse, und das ist das Interesse der Nation und eine einzige Auffassung, das ist die, daß Deutschland politisch und wirtschaftlich in die Lage der Selbsterhaltung gebracht werden muß.

II. Zu diesem Zwecke sind auf all den Gebieten, auf denen eine eigene Befriedigung durch deutsche Produktionen zu erreichen ist, Devisen einzusparen, um sie jenen Erfordernissen zuzulenken, die unter allen Umständen ihre Deckung *nur* durch Import erfahren können.

III. In diesem Sinne ist die deutsche Brennstofferzeugung nunmehr im schnellsten Tempo vorwärtszutreiben und binnen 18 Monaten zum restlosen Abschluß zu bringen. Diese Aufgabe ist mit derselben Entschlossenheit wie die Führung eines Krieges anzufassen und durchzuführen; denn von ihrer Lösung hängt die kommende Kriegsführung ab und nicht von einer Bevorratung des Benzins.

IV. Es ist ebenso augenscheinlich die Massenfabrikation von synthetischem Gummi zu organisieren und sicherzustellen. Die Behauptung, daß die Verfahren vielleicht noch nicht gänzlich geklärt wären und ähnliche Ausflüchte haben von jetzt ab zu schweigen. Es steht nicht die Frage zur Diskussion, ob wir noch länger warten wollen, sonst geht die Zeit verloren und die Stunde der Gefahr wird uns alle überraschen. Es ist vor allem nicht die Aufgabe staatlich-wirtschaftlicher Einrichtungen, sich den Kopf über Produktionsmethoden zu zerbrechen. Dies geht das Wirtschaftsministerium gar nichts an. Entweder wir besitzen heute eine Privatwirtschaft, dann ist es deren Aufgabe, sich den Kopf über die Produktionsmethoden zu zerbrechen, oder wir glauben, daß die Klärung der Produktionsmethoden Aufgabe des Staates sei, dann benötigen wir keine Privatwirtschaft mehr.

V. Die Frage des Kostenpreises dieser Rohstoffe ist ebenfalls gänzlich belanglos, denn es ist immer noch besser, wir erzeugen in Deutschland teurere Reifen und können sie fahren, als wir verkaufen theoretisch billige Reifen, für die das Wirtschaftsministerium aber keine Devisen bewilligen kann, die also mithin an [sic] Mangel des Rohstoffes nicht erzeugt werden können und mithin überhaupt auch nicht gefahren werden. [...]

Es ist weiter notwendig, die deutsche Eisenproduktion auf das außerordentlichste zu steigern. Der Einwand, daß wir nicht in der Lage seien, aus dem deutschen Eisenerz mit 26% Gehalt ein ähnliches billiges Roheisen zu erzeugen, wie aus den 45%igen Schwedenerzen usw. ist belanglos, weil uns ja nicht die Frage gestellt ist, was wir *lieber* tun wollen, sondern nur, was wir tun *können*. [...]

Es ist weiter notwendig, die Verbrennung der Kartoffel zu Spiritus sofort zu verbieten. Der Brennstoff muß aus der Erde gewonnen werden und nicht aus Kartoffeln. Wir haben statt dessen die Pflicht, etwa freiwerdende Anbauflächen entweder für die menschliche oder tierische Ernährung zu verwenden oder für den Anbau von Faserstoffen.
Es ist weiter notwendig, unsere *industrielle* Fettversorgung in kürzester Schnelligkeit vom Import unabhängig zu machen und aus unserer Kohle zu befriedigen. Diese Aufgabe ist chemisch gelöst, und sie schreit einfach nach ihrer Erfüllung. Die deutsche Wirtschaft aber wird die neuen Wirtschaftsaufgaben begreifen oder sie wird sich eben unfähig erweisen in dieser modernen Zeit, in der ein Sowjet-Staat einen Riesenplan aufrichtet, noch weiter zu bestehen. *Aber dann wird nicht Deutschland zugrunde gehen, sondern es werden dies höchstens einige Wirtschaftler.*
Es ist weiter notwendig, *ohne Rücksicht auf Kosten* die deutsche sonstige Erzförderung zu steigern und insbesondere die Erzeugung von Leichtmetall auf das Äußerste zu erhöhen, um damit einen Ersatzstoff für bestimmte andere Metalle zu finden.
Es ist endlich aber auch für die Aufrüstung notwendig, schon jetzt sich wenn irgend möglich jener Stoffe zu bedienen, die im Kriegsfalle anstelle der Edelmetalle treten müssen und treten werden. *Es ist besser, sich im Frieden diese Probleme zu überlegen und zu lösen als auf den nächsten Krieg zu warten, um dann im Rahmen der Fülle der gestellten Aufgaben erst auch diese wirtschaftlichen Untersuchungen und methodischen Erprobungen vornehmen zu wollen!*
Kurz zusammengefaßt: Ich halte es für notwendig, daß nunmehr mit eiserner Entschlossenheit auf all den Gebieten eine 100%ige Selbstversorgung eintritt, auf denen diese möglich ist und daß dadurch nicht nur die nationale Versorgung mit diesen wichtigsten Rohstoffen vom Ausland unabhängig wird, sondern daß dadurch auch jene Devisen eingespart werden, die wir im Frieden für die Einfuhr unserer

Nahrungsmittel benötigen. *Ich möchte dabei betonen, daß ich in diesen Aufgaben die einzige wirtschaftliche Mobilmachung sehe, die es gibt, und nicht in einer Drosselung von Rüstungsbetrieben im Frieden zur Einsparung und Bereitlegung von Rohstoffen für den Krieg.* Ich halte es aber weiter für notwendig, sofort eine Überprüfung vorzunehmen der Devisenausstände der deutschen Wirtschaft im Auslande. Es gibt keinen Zweifel, daß die Außenstände unserer Wirtschaft heute ganz enorme sind. Und es gibt weiter keinen Zweifel, daß sich dahinter zum Teil auch die niederträchtige Absicht verbirgt, für alle Fälle im Ausland gewisse, dem inneren Zugriff entzogene Reserven zu besitzen. Ich sehe darin eine bewußte Sabotage der nationalen Selbstbehauptung bezw. der Verteidigung des Reiches, und ich halte aus diesem Grund die Erledigung zweier Gesetze vor dem Reichstag für notwendig

1) ein Gesetz, das für Wirtschaftssabotage die Todesstrafe vorsieht und

2) ein Gesetz, das das gesamte Judentum haftbar macht für alle Schäden, die durch einzelne Exemplare dieses Verbrechertums der deutschen Wirtschaft und damit dem deutschen Volke zugefügt werden. [...]

Es sind jetzt fast 4 kostbare Jahre vergangen. Es gibt keinen Zweifel, daß wir schon heute auf dem Gebiet der Brennstoff-, der Gummi- und zum Teil auch in der Eisenerzversorgung vom Ausland restlos unabhängig sein könnten. [...]

Man hat nun Zeit genug gehabt, in 4 Jahren festzustellen, was wir nicht können. Es ist jetzt notwendig, auszuführen, das, was wir können.

Ich stelle damit folgende Aufgabe:

I. Die deutsche Armee muß in 4 Jahren einsatzfähig sein.

II. Die deutsche Wirtschaft muß in 4 Jahren kriegsfähig sein.

D: Wilhelm Treue: Hitlers Denkschrift zum Vierjahresplan 1936. In: Vierteljahrshefte für Zeitgeschichte 3 (1956) S. 204–210.

89

Der Antikominternpakt vom 25. November 1936

Nach dem Ausbruch des Bürgerkriegs in Spanien, bei dem Deutschland die Aufständischen unter General Franco durch die Entsendung kleiner, aber wichtiger Truppenkontingente unterstützte, war die Abwehr der angeblich drohenden Weltgefahr des Bolschewismus in den Mittelpunkt der nationalsozialistischen Propaganda gerückt. Im Fernen Osten war gleichzeitig Japan durch sein Vorgehen in der Mandschurei und seine Vorbereitungen für ein Ausgreifen nach China in Gegensatz zur Sowjetunion geraten. Beiden Vertragspartnern war zudem – wenn auch aus unterschiedlichen Gründen – der Gegensatz zu Großbritannien gemeinsam, so daß sich eine gewisse Übereinstimmung der außenpolitischen Interessen ergab. Italien trat dem Vertrag als nächster im November 1938 bei.

Die Regierung des Deutschen Reiches und die Kaiserlich Japanische Regierung, in der Erkenntnis, daß das Ziel der Kommunistischen Internationale, Komintern genannt, die Zersetzung und Vergewaltigung der bestehenden Staaten mit allen zu Gebote stehenden Mitteln ist, in der Überzeugung, daß die Duldung einer Einmischung der Kommunistischen Internationale in die inneren Verhältnisse der Nationen nicht nur deren inneren Frieden und soziales Wohlleben gefährdet, sondern auch den Weltfrieden überhaupt bedroht, sind in dem Wunsche, gemeinsam zur Abwehr gegen die kommunistische Zersetzung zusammenzuarbeiten, in folgendem übereingekommen:

Artikel I. Die Hohen Vertragschließenden Staaten kommen überein, sich gegenseitig über die Tätigkeit der Kommunistischen Internationale zu unterrichten, über die notwendigen Abwehrmaßnahmen zu beraten und diese in enger Zusammenarbeit durchzuführen.

Artikel II. Die Hohen Vertragschließenden Staaten werden dritte Staaten, deren innerer Friede durch die Zersetzungsarbeit der Kommunistischen Internationale bedroht ist, gemeinsam einladen, Abwehrmaßnahmen im Geiste dieses Abkommens zu ergreifen oder an diesem Abkommen teilzunehmen.

Artikel III. Für dieses Abkommen gelten sowohl der deutsche wie auch der japanische Text als Urschrift. Es tritt am Tage der Unterzeichnung in Kraft und gilt für die Dauer von fünf Jahren. Die Hohen Vertragschließenden Staaten werden sich rechtzeitig vor Ablauf dieser Frist über die weitere Gestaltung ihrer Zusammenarbeit verständigen.
Zu Urkund dessen haben die Unterzeichneten, von ihren betreffenden Regierungen gut und richtig bevollmächtigt, dieses Abkommen unterzeichnet und mit ihren Siegeln versehen.
So geschehen in zweifacher Ausfertigung zu Berlin, den 25ten November 1936, d. h. den 25ten November des 11ten Jahres der Showa-Periode.

Joachim von Ribbentrop
Außerordentlicher und Bevollmächtigter
Botschafter des Deutschen Reiches
Vicomte Kintomo Mushakoji
Kaiserlich Japanischer Außerordentlicher
und Bevollmächtigter Botschafter

D: Martens XXXIII S. 376 f.

90

Gesetz über die Hitlerjugend vom 1. Dezember 1936

Anders als in den Richtlinien für den Jugendführer des Deutschen Reiches vom 8. Juli 1933 (vgl. Quelle 55) vorgesehen, war die nationalsozialistische Jugendorganisation durch terroristischen Druck auf die anderen Jugendverbände rasch zur Gesamtorganisation der deutschen Jugend geworden, der sich nur die durch das Reichskonkordat formell geschützten katholischen Jugendverbände noch entzogen, obwohl deren Mitglieder vielfältigen Benachteiligungen ausgesetzt waren. Das Gesetz über die Hitlerjugend bestätigte dieser rechtsförmlich das von ihr rechtswidrig errungene Monopol. Eine förmliche Verpflichtung, der Hitlerjugend anzugehören – als öffentlich-rechtliche Pflicht wie Schulbesuch oder Wehrdienst – wurde allerdings erst durch die Jugenddienstverordnungen vom 25. März 1939 geschaffen.

Von der Jugend hängt die Zukunft des Deutschen Volkes ab. Die gesamte deutsche Jugend muß deshalb auf ihre künftigen Pflichten vorbereitet werden.
Die Reichsregierung hat daher das folgende Gesetz beschlossen, das hiermit verkündet wird:

§ 1. Die gesamte deutsche Jugend innerhalb des Reichsgebietes ist in der Hitlerjugend zusammengefaßt.

§ 2. Die gesamte deutsche Jugend ist außer in Elternhaus und Schule in der Hitlerjugend körperlich, geistig und sittlich im Geiste des Nationalsozialismus zum Dienst am Volk und zur Volksgemeinschaft zu erziehen.

§ 3. Die Aufgabe der Erziehung der gesamten deutschen Jugend in der Hitlerjugend wird dem Reichsjugendführer der NSDAP übertragen. Er ist damit »Jugendführer des Deutschen Reichs«. Er hat die Stellung einer Obersten

Reichsbehörde mit dem Sitz in Berlin und ist dem Führer und Reichskanzler unmittelbar unterstellt.

§ 4. Die zur Durchführung und Ergänzung dieses Gesetzes erforderlichen Rechtsverordnungen und allgemeinen Verwaltungsvorschriften erläßt der Führer und Reichskanzler.

Berlin, den 1. Dezember 1936

Der Führer und Reichskanzler: Adolf Hitler
Der Staatssekretär und Chef der Reichskanzlei:
Dr. Lammers

D: RGBl. 1936 I S. 993.

91

Die Enzyklika »Mit brennender Sorge« vom 14. März 1937

Die deutschen Bischöfe hatten vom Papst eine richtungweisende Verlautbarung für die Gläubigen erbeten. Bei der Konferenz einiger nach Rom berufener Bischöfe im Januar 1937 lieferte der Münchner Erzbischof Kardinal Faulhaber hierfür einen seelsorgerlich bestimmten Entwurf, der vom Kardinalstaatssekretär im Sinne einer grundsätzlichen Stellungnahme der Kirche zum nationalsozialistischen Regime überarbeitet wurde. Dieses bezeichnete die Enzyklika konsequent als »Kampfansage« und verstärkte seine Bemühungen, Geistliche und Ordensleute durch gerichtliche Anklagen wegen sexueller Verfehlungen zu diffamieren.

Rundschreiben

An die Ehrwürdigen Brüder Erzbischöfe und Bischöfe Deutschlands und die anderen Oberhirten, die in Frieden und Gemeinschaft mit dem Apostolischen Stuhle leben: Über die Lage der Katholischen Kirche im Deutschen Reich

Papst Pius XI
Ehrwürdige Brüder
Gruß und Apostolischen Segen!

Mit brennender Sorge und steigendem Befremden beobachten Wir seit geraumer Zeit den Leidensweg der Kirche, die wachsende Bedrängnis der ihr in Gesinnung und Tat treubleibenden Bekenner und Bekennerinnen inmitten des Landes und des Volkes, dem St. Bonifatius einst die Licht- und Frohbotschaft von Christus und dem Reiche Gottes gebracht hat.
Diese Unsere Sorge ist nicht vermindert worden durch das, was die Uns an Unserem Krankenlager besuchenden Vertreter des hochwürdigsten Episkopats wahrheits- und pflichtgemäß berichtet haben. [...]
Als Wir, Ehrwürdige Brüder, im Sommer 1933 die Uns von der Reichsregierung in Anknüpfung an einen jahrealten früheren Entwurf angetragenen Konkordatsverhandlungen aufnehmen und zu Euer aller Befriedigung mit einer feierlichen Vereinbarung abschließen ließen, leitete Uns die pflichtgemäße Sorge um die Freiheit der kirchlichen Heilsmission in Deutschland und um das Heil der ihr anvertrauten Seelen – zugleich aber auch der aufrichtige Wunsch, der friedlichen Weiterentwicklung und Wohlfahrt des deutschen Volkes einen wesentlichen Dienst zu leisten.
Trotz mancher schwerer Bedenken haben Wir daher Uns damals den Entschluß abgerungen, Unsere Zustimmung nicht zu versagen. Wir wollten Unsern treuen Söhnen und Töchtern in Deutschland im Rahmen des Menschenmöglichen die Spannungen und Leiden ersparen, die andernfalls

unter den damaligen Verhältnissen mit Gewißheit zu erwarten gewesen wären. [...]
Wenn der von Uns in lauterer Absicht in die deutsche Erde gesenkte Friedensbaum nicht die Früchte gezeitigt hat, die Wir im Interesse Eures Volkes ersehnten, dann wird niemand in der weiten Welt, der Augen hat, zu sehen, und Ohren, zu hören, heute noch sagen können, die Schuld liege auf Seiten der Kirche und ihres Oberhauptes. Der Anschauungsunterricht der vergangenen Jahre klärt die Verantwortlichkeiten. Er enthüllt Machenschaften, die von Anfang an kein anderes Ziel kannten als den Vernichtungskampf. [...]

(*Reiner Gottesglaube*)

Habet acht, Ehrwürdige Brüder, daß vor allem der Gottesglaube, die erste und unersetzbare Grundlage jeder Religion, in deutschen Landen rein und unverfälscht erhalten bleibe. Gottgläubig ist nicht, wer das Wort Gott rednerisch gebraucht, sondern nur, wer mit diesem hehren Wort den wahren und würdigen Gottesbegriff verbindet. [...]
Wer die Rasse, oder das Volk, oder den Staat, oder die Staatsform, die Träger der Staatsgewalt oder andere Grundwerte menschlicher Gemeinschaftsgestaltung – die innerhalb der irdischen Ordnung einen wesentlichen und ehrengebietenden Platz behaupten – aus dieser ihrer irdischen Wertskala herauslöst, sie zur höchsten Norm aller, auch der religiösen Werte macht und sie mit Götzenkult vergöttert, der verkehrt und fälscht die gottgeschaffene und gottbefohlene Ordnung der Dinge. Ein solcher ist weit von wahrem Gottesglauben und einer solchem Glauben entsprechenden Lebensauffassung entfernt. [...]

(*Reiner Christusglaube*)

Kein Gottesglaube wird sich auf die Dauer rein und unverfälscht erhalten, wenn er nicht gestützt wird vom Glauben an Christus. [...]

(*Reiner Kirchenglaube*)

Der Christusglaube wird sich nicht rein und unverfälscht erhalten, wenn er nicht gestützt und umhegt wird vom Glauben an die Kirche, die Säule und Grundfeste der Wahrheit (1 Tim. 3,15). [...]
In Euren Gegenden, Ehrwürdige Brüder, werden in immer stärkerem Chor Stimmen laut, die zum Austritt aus der Kirche aufrufen. Unter den Wortführern sind vielfach solche, die durch ihre amtliche Stellung den Eindruck zu erwecken suchen, als ob dieser Kirchenaustritt und die damit verbundene Treulosigkeit gegen Christus den König eine besonders überzeugende und verdienstvolle Form des Treubekenntnisses zu dem gegenwärtigen Staate darstelle. Mit verhüllten und sichtbaren Zwangsmaßnahmen, Einschüchterungen, Inaussichtstellung wirtschaftlicher, beruflicher, bürgerlicher und sonstiger Nachteile wird die Glaubenstreue der Katholiken und insbesondere gewisser Klassen katholischer Beamten unter einen Druck gesetzt, der ebenso rechtswidrig wie menschlich unwürdig ist. Unser ganzes väterliches Mitgefühl und tiefstes Mitleid begleitet diejenigen, die ihre Treue zu Christus und Kirche um so hohen Preis bezahlen müssen. Aber – hier ist der Punkt erreicht, wo es um Letztes und Höchstes, um Rettung oder Untergang geht, und wo infolgedessen dem Gläubigen der Weg heldenmütigen Starkmutes der einzige Weg des Heiles ist.
[...]

(*An die Priester und Ordensleute*)

Ein besonderes Wort der Anerkennung, der Aufmunterung, der Mahnung richten Wir an die Priester Deutschlands, denen in Unterordnung unter ihre Bischöfe in schwerer Zeit und unter harten Umständen die Aufgabe obliegt, der Herde Christi die rechten Wege zu weisen in Lehre und Beispiel, in täglicher Hingabe, in apostolischer Geduld. [...]
Die erste, die selbstverständlichste Liebesgabe des Priesters an seine Umwelt ist der Dienst an der Wahrheit und zwar der ganzen Wahrheit, die Entlarvung und Widerlegung des

Irrtums, gleich in welcher Form, in welcher Verkleidung, in welcher Schminke er einherschreiten mag. Der Verzicht hierauf wäre nicht nur ein Verrat an Gott und eurem heiligen Beruf; er wäre auch eine Sünde an der wahren Wohlfahrt eures Volkes und Vaterlandes. All denen, die ihren Bischöfen die bei der Weihe versprochene Treue gehalten, all denen, die wegen Ausübung ihrer Hirtenpflicht Leid und Verfolgung tragen mußten und müssen, folgt – für manche bis in die Kerkerzelle und das Konzentrationslager hinein – der Dank und die Anerkennung des Vaters der Christenheit.
Den katholischen Ordensleuten beiderlei Geschlechts gilt ebenfalls Unser väterlicher Dank, verbunden mit inniger Anteilnahme an dem Geschick, das infolge ordensfeindlicher Maßnahmen viele von ihnen aus segensreicher und liebgewonnener Berufsarbeit herausgerissen hat. Wenn einzelne gefehlt und sich ihres Berufes unwürdig erwiesen haben, so mindern ihre auch von der Kirche geahndeten Vergehen nicht die Verdienste der gewaltigen Überzahl, die in Uneigennützigkeit und freiwilliger Armut bemüht war, ihrem Gott und ihrem Volk mit Hingabe zu dienen. [...]

(*An die Getreuen aus dem Laienstande*)

Vor Unserem Auge steht die unübersehbar große Schar treuer Söhne und Töchter, denen das Leid der Kirche in Deutschland und ihr eigenes Leid nichts geraubt hat von ihrer Hingabe an die Sache Gottes, nichts von ihrer zärtlichen Liebe gegen den Vater der Christenheit, nichts von ihrem Gehorsam gegen Bischöfe und Priester, nichts von ihrer freudigen Bereitschaft, auch in Zukunft – komme, was da wolle – dem treu zu bleiben, was sie geglaubt und von ihren Voreltern als heiliges Erbe erworben haben. Ihnen allen senden Wir aus gerührtem Herzen Unsern Vatergruß.
Allen voran den Mitgliedern der kirchlichen Verbände, die tapfer und um den Preis vielfach schmerzlicher Opfer Christus die Treue hielten und sich nicht bereit fanden, die Rechte preiszugeben, die ein feierliches Abkommen der

Kirche und ihnen nach Treu und Glauben gewährleistet hatte.

Ein besonders inniger Gruß ergeht an die katholischen Eltern. Ihre gottgegebenen Erzieherrechte und Erzieherpflichten stehen gerade im gegenwärtigen Augenblick im Mittelpunkt eines Kampfes, wie er schicksalsvoller kaum gedacht werden kann.

Er, der Herz und Nieren durchforscht (Ps. 7,10), ist Unser Zeuge, daß Wir keinen innigeren Wunsch haben als die Wiederherstellung eines wahren Friedens zwischen Kirche und Staat in Deutschland. Wenn aber – ohne Unsere Schuld – der Friede nicht sein soll, dann wird die Kirche Gottes ihre Rechte und Freiheiten verteidigen im Namen des Allmächtigen, dessen Arm auch heute nicht verkürzt ist. Im Vertrauen auf Ihn »hören wir nicht auf, zu beten und zu rufen« (Coloss. 1,9) für euch, die Kinder der Kirche, daß die Tage der Trübsal abgekürzt und ihr treu erfunden werdet am Tage der Prüfung; und auch für die Verfolger und Bedränger: der Vater alles Lichtes und aller Erbarmung möge ihnen eine Damaskusstunde der Erkenntnis schenken, für sich und all die vielen, die mit ihnen geirrt haben und irren.

Mit diesem Flehgebet im Herzen und auf den Lippen erteilen Wir als Unterpfand göttlicher Hilfe, als Beistand in Euren schweren und verantwortungsvollen Entschließungen, als Stärkung im Kampf, als Trost im Leid Euch, den bischöflichen Hirten Eures treuen Volkes, den Priestern und Ordensleuten, den Laienaposteln der Katholischen Aktion und allen, allen Euren Diözesanen – nicht zuletzt den Kranken und Gefangenen – in väterlicher Liebe den Apostolischen Segen.

Gegeben im Vatikan, am Passionssonntag,
den 14. März 1937

Pius PP. XI.

D: Acta Apostolicae Sedis 29 (1937) S. 145–167.

92

Tagebuchaufzeichnungen von Joseph Goebbels während des Nürnberger Parteitags vom September 1937

Die Aufzeichnungen von Joseph Goebbels, Reichsminister für Volksaufklärung und Propaganda, Gauleiter von Berlin, zeigen ihn in seiner Ichbezogenheit wie in seiner emotionalen Bindung an Hitler, reflektieren aber auch die irrationalen Elemente der Zustimmung breiter Massen zum nationalsozialistischen Regime. Dieser Text ist, anders als der von Quelle 39, von Goebbels nicht zur Veröffentlichung bearbeitet worden und gibt darum die ursprüngliche, abrupte und mit Kürzeln durchsetzte Fassung wieder.

10. September 1937 (Fr.)

Gestern: früh um 10^h feierliche Grundsteinlegung zum Deutschen Stadion. Entwurf ein Meisterwerk von Speer. Akt sehr schön. Lutze wollte eine unmögliche Rede halten. Der Führer hat sie ihm mächtig zusammengestrichen. Aber auch so genügte das schon!
Mit Meißner nochmal Titelfrage für Künstler besprochen. Wir sind nun einig. Magda Anruf. Es geht ihr gut. Ich hatte ihr ein silbernes Kaffeeservice geschickt. Sie hat sich sehr darüber gefreut. Lutze in Filmfragen geantwortet. Seine Klagen waren wie gewöhnlich ganz unberechtigt. Meine Rede für den Nachmittag nochmal durchgeprüft. Jetzt aber Schluß damit. Italien unterstützt durch seine Presse sehr stark die Kolonialforderungen des Führers. Mit Moskau geht es sehr scharf ins Gericht. Zeeland hat nochmal von der Kammer Vertrauen bekommen. Trotz seiner Schiebungen. Mit dem Führer Mittag. Ich erzähle ihm von Schachts Forderung. Er ist wütend. Schacht soll sich an ihn wenden, er wird ihm schon Bescheid geben. Über das Material der Pfaffenprozesse ist er entsetzt. Aber man kann es nicht heraus-

schicken, weil es zu gemein ist. Die Justiz hat hier vollkommen versagt. Ich rate dem Führer, möglichst bald die Unabhängigkeit der Richter abzuschaffen. Er will das auch tuen. Das Modell zum Deutschen Stadion ist wunderbar. Vom Geld will der Führer nicht reden. Bauen, bauen! Es wird schon bezahlt. Friedrich der Große hat auch nicht nach dem Geld gefragt, als er Sanssouci baute. Berndt angewiesen, alle illusionszerstörenden Bilder und Berichte über Film und Theater aus der Presse zu verbannen. Denn sie verleiden dem Publikum nur die Freude am Schauen, die Reinheit der Phantasie und die Kindlichkeit des Empfindens. Nachmittags Kongreß. Meine Rede ist durchschlagend. Sie erweckt Stürme des Beifalls. Leider muß ich für Presse und Rundfunk die Stellen streichen, in denen der deutsche Führungsanspruch für den antibolschewistischen Weltkampf erhoben und Europas Gefährdung sowie Deutschlands Weltmission dargelegt wird. Aus Rücksichtnahme für Mussolini, der da sehr empfindlich ist. Der Führer will das so. Aber trotzdem ist dieser Standpunkt richtig. Aber man muß da wohl taktisch klug sein. Dr. Dietrich hält eine große Rede über die Presse und ihre Freiheit. Dr. Frank II redet Quatsch. Nach dem Kongreß nochmal mit Heß die Rede überprüft. Dann aber muß sie heraus. Auch für den Rundfunk. Na, das war eine schwere Geburt. Mit Magda telephoniert. Sie ist sehr nett, lieb und glücklich. Abends Fackelzug der P.O. vor dem Führer am Deutschen Hof. Ich kann nur die Berliner mir anschauen. Dann muß ich weiterarbeiten. Deutschland sendet Note Paris und London: Mittelmeerkonferenz überflüssig. Soll der Nichteinmischungsausschuß machen. Italien wird ähnlich antworten. Spät noch Kameradschaftsabend n.s. Presse mit Amann, d'Alquén zurechtgestutzt. Dann müde ins Bett. Heute wieder ein schwerer Tag. [...]

13. September 1937 (Mo.)

Gestern: der Tag ist grau und kalt. Aber es regnet wenigstens nicht. Großer S.A. Appell. Eine fast religiöse Feier von fester, gleichbleibender Tradition. Der Führer redet den Leuten sehr zu Herzen gehend. Lutze macht in seiner Rede einen Ausflug ins religiöse Gebiet. Hier ja auch sehr angebracht. Sonst aber ist die Feierstunde ergreifend. Die Weihe der neuen Standarten ist von einem unendlichen mystischen Zauber umhüllt. Als der Führer spricht, bricht für einige Minuten die Sonne heraus. Der Aufmarsch der Fahnen und Standarten klappt diesmal vorzüglich. Die Rückfahrt zum Hotel wird von einem endlosen Jubel der dichtgedrängten Spaliere begleitet. Im Hotel etwas Arbeit. Dann Vorbeimarsch auf dem Adolf Hitlerplatz. Das Wetter hat sich etwas aufgeklärt, es ist zwar noch grau, aber nicht mehr so kalt und es regnet nicht. [...]

14. September 1937 (Di.)

Gestern: letzter Tag in Nürnberg. Grau und kalt, aber es regnet nicht. In der Kongreßhalle Kundgebung N. S. V. [Nationalsozialistische Volkswohlfahrt]. Hilgenfeld gibt guten Rechenschaftsbericht. Dann rede ich in bester Form. Stürme von Beifall. Tagung der Propagandisten. Ich rede über die Grundbegriffe der Propaganda. Führe unsere Arbeit wieder auf ihre Ursprünge zurück. Das ist ein Jubel und eine Ovation. [...] Die Japaner ziehen jetzt vor Schanghai starke Truppen zusammen, um dann massiv anzugreifen. Es wird auch höchste Zeit! Zeppelinfeld Wehrmacht. Der Führer hält eine sehr zu Herzen gehende Ansprache an die Soldaten. Alle Truppenteile führen ihr Können vor. Es ist bewundernswert. Dabei werden die neuesten Waffen garnicht gezeigt. Vor allem glänzt die Luftwaffe. Ein Meisterstück von Göring. Glänzender Parademarsch. Wir sind wieder stark und mächtig. Auf der Fahrt zum Hotel jubelt Nürnberg. Eine begeisterte, singende Stadt. Im Hotel noch viel Arbeit erledigt. Aufbruchstimmung: es ist mir ganz

weh ums Herz. Triumphale Fahrt zum Schlußkongreß. Überfüllt. Feierliches Zeremoniell. Und dann hält der Führer seine Schlußrede. Eine lapidare Abrechnung mit dem Bolschewismus. Praktiziert am spanischen Konflikt. Von einer Dramatik ohnegleichen. Mit scharfen Seitenhieben gegen London und Paris. Und schneidender Absage an Moskau, Judentum und Internationale. Der Kongreß rast. Der Führer ist in Höchstform. Meine Spanienrede ist glänzend gerechtfertigt. Ich bin ganz glücklich. Schluß der Rede eine Apotheose der Partei und ihrer Mission. Zu Tränen rührend und ergreifend. Ich bin ganz erschüttert. Abschied von alten lieben Kameraden. Das fällt jedes Jahr schwerer. Und ist immer ergreifend. Letzte Fahrt durch ein jubelndes Menschenspalier. Im Deutschen Hof. Der Führer läßt mich in sein Zimmer bitten. Er ist ganz ergriffen. Will mich noch einen Tag dabehalten, aber ich muß nach Berlin zurück. Die Arbeit ruft. Er hat nicht gerne, wenn ich nachts fliege. Ich danke ihm für diesen Parteitag. Er wird uns allen unvergessen bleiben. Ich teile ihm meine Ergriffenheit über seine Rede mit. Österreich, so sagt er, wird einmal mit Gewalt gelöst ⟨!⟩. Da wird die Weltgeschichte auch das Weltgericht

---

Der Reichsparteitag, den die NSDAP bis zum Ausbruch des Krieges alljährlich in Nürnberg beging, war eine Abfolge von Massenkundgebungen der Parteiorganisationen, die mit einer geschickten Regie der Aufmärsche eine viele Zeitgenossen faszinierende Kulisse für die zahlreichen Reden der Parteiführer abgaben. Auch die sonst als geschlossener Verband nicht in Erscheinung tretende Gruppe der »Politischen Leiter«, der Funktionäre der nicht militärähnlich organisierten Nationalsozialistischen Deutschen Arbeiterpartei, marschierte bei dieser Gelegenheit mit einem riesigen Block von Parteifahnen (1935 sollen es 20 000 gewesen sein) in das Parteitagsgelände ein.

sein. Der Führer ist so lieb zu mir. Freitag kommt er nach Berlin zurück. Ich fahre noch die Österreicher im Kulturverein besuchen. Da spielen sich unbeschreibliche Szenen ab. Männer und Frauen weinen und zerdrücken mir fast die Hände. Mädchen umarmen und küssen mich. O, du wunderbares Volk! Wir werden einmal kommen! Zum Flugplatz. [...]

D: Die Tagebücher von Joseph Goebbels. Sämtliche Fragmente. Hrsg. von Elke Fröhlich. Tl. 1: Aufzeichnungen von 1924 bis 1941. Bd. 3. München [u. a.]: Saur, 1987. S. 260–266. – Mit Genehmigung von Cordula Schacht, Bernau.

93

Niederschrift des Obersten Hoßbach über die Besprechung Hitlers mit den Oberbefehlshabern und dem Reichsminister des Auswärtigen über die deutsche Außenpolitik vom 5. November 1937

Nachdem die deutsche Außenpolitik durch den Abschluß des Antikominternpaktes mit Japan (Quelle 89) und durch die rasche Annäherung an das wegen seiner Eroberung Abessiniens isolierte Italien ihre Stellung grundlegend verbessert hatte, hielt Hitler den Zeitpunkt für gekommen, der Realisierung seiner eigenen expansionistischen Ziele näherzutreten. Die sachlichen Bedenken der militärischen Führung gegen seine außenpolitischen Konzeptionen haben ihn offensichtlich nicht beeindruckt.
Hitlers militärischer Adjutant, der damalige Oberst Hoßbach, hat am 10. November 1937 unter Benutzung seiner während der Besprechung angefertigten Notizen eine Niederschrift angefertigt, die auch ohne formelle Autorisierung zu den Akten des Reichskriegsministeriums genommen wurde.

Niederschrift über die Besprechung in der Reichskanzlei am 5. November 1937 von 16.15 bis 20.30 Uhr

[...] Der Führer stellte einleitend fest, daß der Gegenstand der heutigen Besprechung von derartiger Bedeutung sei, daß dessen Erörterung in anderen Staaten wohl vor das Forum des Regierungskabinetts gehörte, er – der Führer – sähe aber gerade im Hinblick auf die Bedeutung der Materie davon ab, diese in dem großen Kreise des Reichskabinetts zum Gegenstand der Besprechung zu machen. Seine nachfolgenden Ausführungen seien das Ergebnis eingehender Überlegungen und der Erfahrungen seiner viereinhalbjährigen Regierungszeit; er wolle den anwesenden Herren seine grundlegenden Gedanken über die Entwicklungsmöglichkeiten und -notwendigkeiten unserer außenpolitischen Lage auseinandersetzen, wobei er im Interesse einer auf weite Sicht eingestellten deutschen Politik seine Ausführungen als seine testamentarische Hinterlassenschaft für den Fall seines Ablebens anzusehen bitte.

Der Führer führte sodann aus:

Das Ziel der deutschen Politik sei die Sicherung und die Erhaltung der Volksmasse und deren Vermehrung. Somit handele es sich um das Problem des Raumes.

Die deutsche Volksmasse verfüge über 85 Millionen Menschen, die nach der Anzahl der Menschen und der Geschlossenheit des Siedlungsraumes in Europa einen in sich so fest geschlossenen Rassekern darstelle, wie er in keinem anderen Land wieder anzutreffen sei und wie er andererseits das Anrecht auf größeren Lebensraum mehr als bei anderen Völkern in sich schlösse. Wenn kein dem deutschen Rassekern entsprechendes politisches Ergebnis auf dem Gebiet des Raumes vorläge, so sei das eine Folge mehrhundertjähriger historischer Entwicklung und bei Fortdauer dieses politischen Zustandes die größte Gefahr für die Erhaltung des deutschen Volkstums auf seiner jetzigen Höhe. [...] Die einzige, uns vielleicht traumhaft erscheinende Ab-

hilfe läge in der Gewinnung eines größeren Lebensraumes, ein Streben, das zu allen Zeiten die Ursache der Staatenbildungen und Völkerbewegungen gewesen sei. Daß dieses Streben in Genf und bei den gesättigten Staaten keinem Interesse begegne, sei erklärlich. [...] Die Entwicklung großer Weltgebilde gehe nun einmal langsam vor sich, das deutsche Volk mit seinem starken Rassekern finde hierfür die günstigsten Voraussetzungen inmitten des europäischen Kontinents. Daß jede Raumerweiterung nur durch Brechen von Widerstand und unter Risiko vor sich gehen könne, habe die Geschichte aller Zeiten – Römisches Weltreich, Englisches Empire – bewiesen. Auch Rückschläge seien unvermeidbar. Weder früher noch heute habe es herrenlosen Raum gegeben, der Angreifer stoße stets auf den Besitzer.
Für Deutschland laute die Frage, wo größter Gewinn unter geringstem Einsatz zu erreichen sei.
Die deutsche Politik habe mit den beiden Haßgegnern England und Frankreich zu rechnen, denen ein starker deutscher Koloß inmitten Europas ein Dorn im Auge sei, wobei beide Staaten eine weitere deutsche Erstarkung sowohl in Europa als auch in Übersee ablehnten und sich in dieser Ablehnung auf die Zustimmung aller Parteien stützen könnten. [...]
Zur Lösung der deutschen Frage könne es nur den Weg der Gewalt geben, dieser niemals risikolos sein. Die Kämpfe Friedrichs d. Gr. um Schlesien und die Kriege Bismarcks gegen Österreich und Frankreich seien von unerhörtem Risiko gewesen und die Schnelligkeit des preußischen Handelns 1870 habe Österreich vom Eintritt in den Krieg ferngehalten. Stelle man an die Spitze der nachfolgenden Ausführungen den Entschluß zur Anwendung von Gewalt unter Risiko, dann bleibe noch die Beantwortung der Fragen »wann« und »wie«. [...]
Zur Verbesserung unserer militär-politischen Lage müsse in jedem Fall einer kriegerischen Verwicklung unser 1. Ziel sein, die Tschechei und gleichzeitig Österreich niederzuwer-

fen, um die Flankenbedrohung eines etwaigen Vorgehens nach Westen auszuschalten. [...]
Sei die Tschechei niedergeworfen, eine gemeinsame Grenze Deutschland–Ungarn gewonnen, so könne eher mit einem neutralen Verhalten Polens in einem deutsch-französischen Konflikt gerechnet werden. Unsere Abmachungen mit Polen behielten nur solange Geltung als Deutschlands Stärke unerschüttert sei, bei deutschen Rückschlägen müsse ein Vorgehen Polens gegen Ostpreußen, vielleicht auch gegen Pommern und Schlesien in Rechnung gestellt werden.
[...]
An sich glaube der Führer, daß mit hoher Wahrscheinlichkeit England, voraussichtlich aber auch Frankreich die Tschechei bereits im Stillen abgeschrieben und sich damit abgefunden hätten, daß diese Frage eines Tages durch Deutschland bereinigt würde. Die Schwierigkeiten des Empire und die Aussicht, in einen lang währenden europäischen Krieg erneut verwickelt zu werden, seien bestimmend für eine Nichtbeteiligung Englands an einem Kriege gegen Deutschland. Die englische Haltung werde gewiß nicht ohne Einfluß auf die Frankreichs sein. Ein Vorgehen Frankreichs ohne die englische Unterstützung und in der Voraussicht, daß seine Offensive an unseren Westbefestigungen sich festlaufe, sei wenig wahrscheinlich. [...] Wenn auch die Besiedelung insbesondere der Tschechei keine dünne sei, so könne die Einverleibung der Tschechei und Österreichs den Gewinn von Nahrungsmitteln für 5–6 Millionen Menschen bedeuten unter Zugrundelegung, daß eine zwangsweise Emigration aus der Tschechei von zwei, aus Österreich von einer Million Menschen zur Durchführung gelange. Die Angliederung der beiden Staaten an Deutschland bedeute militär-politisch eine wesentliche Entlastung infolge kürzerer, besserer Grenzziehung, Freiwerdens von Streitkräften für andere Zwecke und der Möglichkeit der Neuaufstellung von Truppen bis in Höhe von etwa 12 Divisionen, wobei auf 1 Million Einwohner eine neue Division entfalle.

Von der Seite Italiens sei[en] gegen die Beseitigung der Tschechei keine Einwendungen zu erwarten, wie dagegen seine Haltung in der österreichischen Frage zu bewerten sei, entziehe sich der heutigen Beurteilung und sei wesentlich davon abhängig, ob der Duce noch am Leben sei.

Das Maß der Überraschung und der Schnelligkeit unseres Handelns sei für die Stellungnahme Polens entscheidend. Gegen ein siegreiches Deutschland wird Polen – mit Rußland im Rücken – wenig Neigung haben, in den Krieg einzutreten.

Einem militärischen Eingreifen Rußlands müsse durch die Schnelligkeit unserer Operationen begegnet werden; ob ein solches überhaupt in Betracht kommen werde, sei angesichts der Haltung Japans mehr als fraglich. [...]

Nach den bisherigen Erfahrungen beim Verlauf der kriegerischen Ereignisse in Spanien sähe der Führer deren baldige Beendigung noch nicht bevorstehend. Berücksichtige man den Zeitaufwand der bisherigen Offensiven Francos, so könne eine Kriegsdauer von etwa noch drei Jahren im Bereich der Möglichkeit liegen. Andererseits sei vom deutschen Standpunkt ein hundertprozentiger Sieg Francos auch nicht erwünscht; wir seien vielmehr an einer Fortdauer des Krieges und der Erhaltung der Spannungen im Mittelmeer interessiert. Franco im ungeteilten Besitz der spanischen Halbinsel, schalte die Möglichkeit weiterer italienischer Einmischung und den Verbleib Italiens auf den Balearen aus. Da unser Interesse auf die Fortdauer des Krieges in Spanien gerichtet sei, müsse es Aufgabe unserer Politik in nächster Zeit sein, Italien den Rücken für weiteren Verbleib auf den Balearen zu stärken. Ein Festsetzen der Italiener auf den Balearen sei aber weder für Frankreich noch für England tragbar und könne zu einem Krieg Frankreichs und Englands gegen Italien führen, wobei Spanien – falls völlig in weißer Hand – an der Seite der Gegner Italiens auf den Plan treten könne. [...]

Wenn Deutschland diesen Krieg zur Erledigung der tsche-

chischen und österreichischen Frage ausnutze, so sei mit Wahrscheinlichkeit anzunehmen, daß England – im Kriege mit Italien liegend – sich nicht zu einem Vorgehen gegen Deutschland entschließen würde. Ohne die englische Unterstützung sei eine kriegerische Handlung Frankreichs gegen Deutschland nicht zu erwarten.
Der Zeitpunkt unseres Angriffs auf die Tschechei und Österreich müsse abhängig von dem Verlauf des italienisch-englisch-französischen Krieges gemacht werden und läge nicht etwa gleichzeitig mit der Eröffnung der kriegerischen Handlungen dieser drei Staaten. Der Führer denke auch nicht an militärische Abmachungen mit Italien, sondern wolle in eigener Selbständigkeit und unter Ausnutzung dieser sich nur einmal bietenden günstigen Gelegenheit den Feldzug gegen die Tschechei beginnen und durchführen, wobei der Überfall auf die Tschechei »blitzartig schnell« erfolgen müsse.
Feldmarschall v. Blomberg und Generaloberst von Fritsch wiesen bei der Beurteilung der Lage wiederholt auf die Notwendigkeit hin, daß England und Frankreich nicht als unsere Gegner auftreten dürften, und stellten fest, daß durch den Krieg gegen Italien das französische Heer nicht in dem Umfange gebunden sei, daß es nicht noch mit Überlegenheit an unserer Westgrenze auf den Plan treten könne.
[...]
Gegenüber dem Einwand des Außenministers, daß ein italienisch-englisch-französischer Konflikt noch nicht in so greifbarer Nähe sei als es der Führer anzunehmen schiene, stellte der Führer als den ihm hierfür möglich erscheinenden Zeitpunkt den Sommer 1938 hin. Zu den seitens des Feldmarschalls v. Blomberg und des Generalobersten v. Fritsch hinsichtlich des Verhaltens Englands und Frankreichs angestellten Überlegungen äußerte der Führer in Wiederholung seiner bisherigen Ausführungen, daß er von der Nichtbeteiligung Englands überzeugt sei und daher an eine kriegerische Aktion Frankreichs gegen Deutschland

nicht glaube. Sollte der in Rede stehende Mittelmeerkonflikt zu einer allgemeinen Mobilmachung in Europa führen, so sei unsererseits sofort gegen die Tschechei anzutreten, sollten dagegen die am Kriege nicht beteiligten Mächte ihr Desinteressement erklären, so habe sich Deutschland diesem Verhalten zunächst anzuschließen.

Generaloberst Göring hielt angesichts der Ausführungen des Führers es für geboten, an einen Abbau unseres militärischen Spanienunternehmens zu denken. Der Führer stimmt dem insoweit zu, als er den Entschluß einem geeigneten Zeitpunkt vorbehalten zu glauben solle.

Der zweite Teil der Besprechungen befaßte sich mit materiellen Rüstungsfragen.

D: ADAP D I S. 25–32.

94

Bericht über eine Rede Hitlers zur Krise um den Reichskriegsminister v. Blomberg und den Oberbefehlshaber des Heeres v. Fritsch vom Februar 1938

Der Reichskriegsminister Frhr. v. Blomberg mußte seinen Abschied nehmen, weil er durch seine Eheschließung mit einer sittenpolizeilich bekannten Frau sich und auch die Trauzeugen Hitler und Göring kompromittiert hatte. Gegen den erwarteten Nachfolger, den Oberbefehlshaber des Heeres Frhr. v. Fritsch, inszenierte Göring mit Hilfe der Geheimen Staatspolizei eine Intrige, die ihn moralisch diskreditieren sollte. Hitler entließ Fritsch, ohne den Ausgang des gegen ihn angestrengten Verfahrens vor dem Reichskriegsgericht abzuwarten, und versagte ihm auch die Rehabilitierung, als seine vollständige Unschuld erwiesen wurde. Vielmehr übernahm Hitler nun

selbst den Oberbefehl über die Wehrmacht und unterstellte sich zu diesem Zwecke das neugeschaffene Oberkommando der Wehrmacht, das auch die Geschäfte des Reichskriegsministeriums übernahm. Die Empörung über die moralische Mißhandlung Fritschs löste innerhalb des Heeres Reaktionen aus, die dem späteren militärischen Widerstand gegen Hitler die Wege bereiteten.
Über eine Rede, in der Hitler vor hohen Offizieren zu seinem Vorgehen gegen v. Blomberg und v. Fritsch Stellung nahm, hat Generalfeldmarschall Frhr. v. Weichs, ein Offizier konservativer Prägung, damals schon als General in hoher Stellung, in seinen nach 1945 niedergeschriebenen (und noch ungedruckten) Erinnerungen diesen Bericht gegeben.

Hitler besprach zunächst den Teil Blomberg. Blomberg habe ihm einmal mitgeteilt, damit Hitler dies nicht von anderer Seite in böswilliger Form erfahre, daß er ein Verhältnis habe. Hitler habe erwidert, daß [es] ihm gleich sei, soweit nicht ein Skandal daraus entstehe. Dann nach der Trauerfeier für Ludendorff an der Feldherrnhalle in München habe er um Genehmigung gebeten, dieses Verhältnis zu heiraten, was Hitler bewilligte. Nun habe Göring in seiner Eigenschaft als preußischer Ministerpräsident ihm die Akten der Polizei vorgelegt. In ihnen stünden über das Vorleben der Frau von Blomberg solch haarsträubende Dinge, daß er sie im einzelnen nicht wiedergeben könne. Darüber zur Rede gestellt, habe Blomberg erklärt, er sei der Auffassung, daß dieses im Dritten Reich gleichgültig sei. Als Hitler das verneinte, sei Blomberg zusammengebrochen und wollte die äußersten Konsequenzen ziehen. Hitler habe ihm das verboten und ihm zugestanden, unter Vorwand einer Krankheit den Abschied zu nehmen. Hitler benützte die Gelegenheit, die heftigsten Vorwürfe gegen Blomberg zu erheben, weil er aus Besorgnis vor einer drohenden Kriegsgefahr versucht habe, ihn in seinen politischen Entschlüssen, wie Aufrüstung und Rheinlandbesetzung, zu hemmen. Der Fall Blomberg war nach den vorangegangenen Gerüchten für die Zuhörer wenig überraschend. Nun aber folgte ein Punkt, der wohl für die meisten eine erschütternde Überraschung bedeutete: Die Beschuldigung des Oberbefehlshabers des Heeres, den Generalobersten Frhr. v. Fritsch, wegen homosexueller Verfehlung. Schon seit zwei Jahren, sagte Hitler, seien ihm darüber Nachrichten zugetragen worden. Er habe sie immer unterdrückt. Nun aber, da für Fritsch die Nachfolge von Blomberg in Frage komme, müsse die Sache geklärt werden. Ein Zeuge sei vorhanden, der Fritsch bei diesen Verfehlungen beobachtet habe. Als er ihm diese Anschuldigung eröffnete, führte Fritsch den Verdacht auf die Tatsache zurück, daß er täglich einen Hitlerjungen zum Essen eingeladen habe. Er habe sich dadurch selbst in einem zweiten Fall verdächtig gemacht. Hitler habe ihn dann mit dem Kronzeugen selbst konfrontiert und dieser habe ihn mit Bestimmtheit als den Schuldigen erkannt. [...] Nach diesem Vortrag bestellte der zum Nachfolger von Fritsch ernannte Generaloberst v. Brauchitsch die Generale des Heeres in das Kriegsministerium. (General v. Reichenau nahm unter der Mitteilung, er sei von Göring festgehalten worden, an der Besprechung nicht teil.) v. Brauchitsch erließ ein Redeverbot über die wahren Zusammenhänge, forderte, daß niemand Konsequenzen aus der Sache ziehe, lehnte Glückwünsche anläßlich seiner Beförderung ab, bat um das Vertrauen der Generale und versicherte, daß sein persönliches Verhältnis zu Fritsch das gleiche bleiben werde. Alle Anwesenden waren über den Fall Fritsch aufs tiefste ergriffen.

D: Klaus-Jürgen Müller: Armee und Drittes Reich 1933–1939. Darstellung und Dokumentation. Paderborn: Schöningh, 1987. S. 252 f. – Mit Genehmigung von Inge Müller-Blessing, Hamburg.

95

Rundfunkrede des österreichischen Bundeskanzlers Kurt v. Schuschnigg aus Anlaß seines Rücktritts vom 11. März 1938

Das Abkommen vom 11. Juli 1936 mit dem Deutschen Reich (vgl. Quelle 87) hatte für Österreich keine Verbesserung seiner Lage gebracht. Bei seinem Besuch auf dem Obersalzberg am 12. Februar 1938 wurde der österreichische Bundeskanzler Schuschnigg gezwungen, Hitler weitere Zugeständnisse zu machen: verurteilte Nationalsozialisten sollten amnestiert werden, ihre Partei Bewegungsfreiheit und Einfluß auf die Regierung erhalten. Um gleichwohl den Willen Österreichs zur Wahrung seiner Unabhängigkeit vor der Weltöffentlichkeit zu demonstrieren, veranlaßte Schuschnigg überstürzt eine Volksabstimmung, löste aber damit Hitlers Gegenschlag aus, der den Verzicht auf die Abstimmung und die Einsetzung seines Vertrauensmannes Seyß-Inquart als Bundeskanzler verlangte. Da Bundespräsident Miklas mit der Ernennung zögerte, machte Hitler seine Drohung wahr und ließ deutsche Truppen in Österreich einmarschieren. Doch bevor diese eingetroffen waren, hatten die Nationalsozialisten bereits vielfach die Macht an sich gerissen. Die einziehenden Soldaten wurden mit solchem Jubel begrüßt, daß Hitler, über seine ursprünglichen Absichten hinausgehend, Österreich dem Deutschen Reich angliederte. In der Volksabstimmung vom 10. April 1938 billigten 99,7% aller Abstimmenden diesen »Anschluß«.

Der heutige Tag hat uns vor eine schwere und entscheidende Situation gestellt. Ich bin beauftragt, dem österreichischen Volk über die Ereignisse des Tages zu berichten. Die deutsche Reichsregierung hat dem Herrn Bundespräsidenten ein befristetes Ultimatum gestellt, nach welchem der Herr Bundespräsident einen ihm vorgeschlagenen Kandidaten zum Bundeskanzler zu ernennen und die Regierung nach den Vorschlägen der deutschen Reichsregierung zu bestellen hätte, widrigenfalls der Einmarsch deutscher Truppen für diese Stunde in Aussicht genommen wurde. Ich stellte fest vor der Welt, daß die Nachrichten, die in Österreich verbreitet wurden, daß Arbeiterunruhen gewesen seien, daß Ströme von Blut geflossen seien, daß die Regierung nicht Herrin der Lage wäre und aus eigenem nicht hätte Ordnung machen können, von A bis Z erfunden sind. Der Herr Bundespräsident beauftragt mich, dem österreichischen Volk mitzuteilen, daß wir der Gewalt weichen. Wir haben, weil wir um keinen Preis, auch in dieser ernsten Stunde nicht, deutsches Blut zu vergießen gesonnen sind, unserer Wehrmacht den Auftrag gegeben, für den Fall, daß der Einmarsch durchgeführt wird, ohne wesentlichen Widerstand, ohne Widerstand sich zurückzuziehen und die Entscheidungen der nächsten Stunden abzuwarten. Der Herr Bundespräsident hat den General der Infanterie Schilhawsky, den Generaltruppeninspektor, mit der Führung der Wehrmacht betraut. Durch ihn werden weitere Weisungen an die Wehrmacht ergehen. So verabschiede ich mich in dieser Stunde von dem österreichischen Volk mit einem deutschen Wort und einem Herzenswunsch: Gott schütze Österreich!

D: Keesing 8 (1938) S. 3468.

96

Weisung Hitlers zum militärischen Vorgehen gegen die Tschechoslowakei (»Fall Grün«) vom 30. Mai 1938

In der Tschechoslowakei hatten sich die meisten Angehörigen der deutschen Volksgruppe in der Sudetendeutschen Partei zusammengeschlossen, um gegen ihre politische und materielle Benachteiligung vorzugehen. Obwohl diese nicht ursprünglich nationalsozialistisch war, wurde sie zum Instrument Hitlers. Nachdem die Vereinigung mit Österreich die Spannungen verstärkt hatte, stellte die Sudetendeutsche Partei auf Hitlers Weisung in ihrem »Karlsbader Programm« vom 24. April 1938 unerfüllbare Forderungen: vollständige Autonomie und umfangreiche wirtschaftliche Wiedergutmachungsleistungen. In Erwartung eines deutschen Angriffs, der zu dieser Zeit jedoch nicht vorbereitet war, machte die Tschechoslowakei am 20. Mai 1938 mobil, und Großbritannien ließ in Berlin wissen, daß es Frankreich unterstützen werde, wenn es seinem tschechischen Bundesgenossen zu Hilfe kommen würde. Hitler schien vor der Haltung der europäischen Mächte zurückgewichen zu sein, da keine deutsche Aktion erfolgte. In Wirklichkeit wurde diese jedoch jetzt erst geplant.

II. Zweifrontenkrieg mit Schwerpunkt Südost (Aufmarsch »Grün«)

1.) *Politische Voraussetzungen*

Es ist mein unabänderlicher Entschluß, die Tschechoslowakei in absehbarer Zeit durch eine militärische Aktion zu zerschlagen. Den politisch und militärisch geeigneten Zeitpunkt abzuwarten oder herbeizuführen ist Sache der politischen Führung.
Eine unabwendbare Entwicklung der Zustände innerhalb der Tschechoslowakei oder sonstige politische Ereignisse in Europa, die eine überraschend günstige, vielleicht nie wiederkehrende Gelegenheit schaffen, können mich zu frühzeitigem Handeln veranlassen.
Die richtige Wahl und entschlossene Ausnützung eines günstigen Augenblicks ist die sicherste Gewähr für den Erfolg. Dementsprechend sind die Vorbereitungen unverzüglich zu treffen.

2.) *Politische Möglichkeiten für den Beginn der Aktion*

Als Voraussetzung für den beabsichtigten Überfall sind notwendig

a) ein geeigneter äußerer Anlaß und damit
b) eine genügende politische Rechtfertigung,
c) ein für den Gegner unerwartetes Handeln, das ihn in einem möglichst geringen Bereitschaftsgrad trifft.

Militärisch und politisch am günstigsten ist blitzschnelles Handeln auf Grund eines Zwischenfalls, durch den Deutschland in unerträglicher Weise provoziert wurde und der wenigstens einem Teil der Weltöffentlichkeit gegenüber die moralische Rechtfertigung zu militärischen Maßnahmen gibt.

Aber auch eine etwa dem Krieg vorausgehende Zeit diplomatischer Spannungen muß durch plötzliches, dem Zeitpunkt und Umfang nach überraschendes Handeln unsererseits ihren Abschluß finden, bevor der Gegner sich einen nicht mehr einzuholenden Vorsprung in der militärischen Bereitschaft sichert. [...]

(gez.) Adolf Hitler
Für die Richtigkeit der Abschrift:
Zeitzler, Oberstleutnant des Generalstabs

D: ADAP D II S. 282–285.

97

Überlegungen des Generalstabschefs des Heeres, General Ludwig Beck, über die Gefahren eines Krieges mit der Tschechoslowakei vom 16. Juli 1938

Ein von deutscher Seite ausgelöster Krieg mit der Tschechoslowakei wurde von verschiedenen hohen Generälen der Wehrmacht wegen des zu erwartenden Eingreifens der Westmächte als sicherer Weg in eine Niederlage erachtet. Der Generalstabschef des Heeres, General Ludwig Beck, versuchte darum, mit einer Reihe von Denkschriften und Vorträgen die hohen militärischen Führer zu veranlassen, durch Befehlsverweigerung einen solchen Krieg unmöglich zu machen. Da er mit dieser Auffassung beim Oberbefehlshaber des Heeres, Generaloberst v. Brauchitsch, nicht durchdrang, bat er am 18. August um seinen Abschied. Der Nachfolger, General Franz Halder, zog aus dem Scheitern Becks die Konsequenz, daß nur ein Staatsstreich mit gewaltsamer Ausschaltung Hitlers einen Krieg noch in letzter Minute verhindern könne.

Der Führer hält anscheinend eine gewaltsame Lösung der sudetendeutschen Frage durch Einmarsch in die Tschechei für unabwendbar; er wird in dieser Auffassung bestärkt durch eine Umgebung verantwortungsloser, radikaler Elemente. Über die Einstellung von Göring ist man geteilter Auffassung. Die einen glauben, daß er den Ernst der Lage erkennt und versucht, auf den Führer beruhigend einzuwirken, die anderen meinen, daß er wie in dem Falle Blomberg und Fritsch, ein doppeltes Spiel treibt und umfällt, wenn er vor dem Führer steht.

Alle aufrechten und ernsten deutschen Männer in staatsverantwortlichen Stellungen müssen sich berufen und verpflichtet fühlen, alle erdenklichen Mittel und Wege bis zur letzten Konsequenz anzuwenden, um einen Krieg gegen die Tschechei abzuwenden, der in seinen Auswirkungen zu einem Weltkrieg führen muß, der das finis Germaniae bedeuten würde.

Die höchsten Führer der Wehrmacht sind hierzu in erster Linie berufen und befähigt, denn die Wehrmacht ist das ausübende Machtmittel der Staatsführung in der Durchführung eines Krieges.

Es stehen hier letzte Entscheidungen für den Bestand der Nation auf dem Spiel; die Geschichte wird diese Führer mit einer Blutschuld belasten, wenn sie nicht nach ihrem fachlichen und staatspolitischen Wissen und Gewissen handeln.

Ihr soldatischer Gehorsam hat dort eine Grenze, wo ihr Wissen, ihr Gewissen und ihre Verantwortung die Ausführung eines Befehls verbietet.
Finden ihre Ratschläge und Warnungen in solcher Lage kein Gehör, dann haben sie das Recht und die Pflicht vor dem Volk und vor der Geschichte, von ihren Ämtern abzutreten.
Wenn sie alle in einem geschlossenen Willen so handeln, ist die Durchführung einer kriegerischen Handlung unmöglich. Sie haben damit ihr Vaterland vor dem Schlimmsten, vor dem Untergang bewahrt.
Es ist ein Mangel an Größe und an Erkenntnis der Aufgabe, wenn ein Soldat in höchster Stellung in solchen Zeiten seine Pflichten und Aufgaben nur in dem begrenzten Rahmen seiner militärischen Aufträge sieht, ohne sich der höchsten Verantwortung vor dem gesamten Volke bewußt zu werden.
Außergewöhnliche Zeiten verlangen außergewöhnliche Handlungen!
Andere aufrechte Männer in staatsverantwortlichen Stellungen außerhalb der Wehrmacht werden sich auf ihrem Wege anschließen. [...]

B[eck]

Nachtrag am 19. 7. 1938

Wenn man sich zu einer Demarche in Form eines Einspruches mit allen seinen Folgen entschließt und hierdurch den Ausbruch eines Krieges noch verhüten kann, so wird zu prüfen sein, ob man diesen Schritt nicht dahin aktivieren sollte, daß man es zu einer für die Wiederherstellung geordneter Rechtszustände unausbleiblichen Auseinandersetzung mit der SS und der Bonzokratie kommen lassen *muß*.
Wohl zum letzten Male bietet das Schicksal die Gelegenheit an, das deutsche Volk und den Führer selbst zu befreien von

dem Alpdruck einer Tscheka[1] und von den Erscheinungen eines Bonzentums, die den Bestand und das Wohl des Reiches durch die Stimmung im Volke zerstören und den Kommunismus wieder aufleben lassen.
Hierbei müssen u. a. nachstehende Gesichtspunkte in den Vordergrund gestellt werden:

1. Es kann und darf kein Zweifel darüber aufkommen, daß dieser Kampf *für* den Führer geführt wird
2. Aufrechte und tüchtige Männer der Partei müssen durch eine sachliche Darstellung über den Ernst der Lage unterrichtet, von der Notwendigkeit eines solchen Schrittes überzeugt und dafür gewonnen werden. Z. B. Gauleiter Wagner in Schlesien, Reichsstatthalter Bürckel in Wien.

Der Gruppenbefehlshaber Wien und der kommandierende General VIII Armee-Korps (gelegentlich des Turnfestes in Breslau) könnten hierzu verwendet werden.
Auch nur die leiseste Vermutung etwa eines Komplottes darf nicht aufkommen und trotzdem muß die *Geschlossenheit* der höchsten militärischen Führer für alle Fälle hinter diesem Schritt stehen. Auch in der Luftwaffe werden solche Generale zu finden sein.

Kurze, klare Parolen:
Für den Führer!
Gegen den Krieg!
Gegen die Bonzokratie!
Friede mit der Kirche!
Freie Meinungsäußerung!
Schluß mit den Tschekamethoden!
Wieder Recht im Reich!
Senkung aller Beiträge um die Hälfte!
Kein Bau von Palästen!
Wohnungsbau für Volksgenossen!
Preußische Einfachheit und Sauberkeit!

B[eck]

1 Abkürzung für die 1917–22 geltende Bezeichnung der berüchtigten politischen Polizei der Sowjetunion.

D: Klaus-Jürgen Müller: General Ludwig Beck. Studien und Dokumente zur politisch-militärischen Vorstellungswelt und Tätigkeit des Generalstabschefs des deutschen Heeres 1933–1938. Boppard: Boldt, 1980. S. 551–556. –

98

Das Münchner Abkommen vom 29. September 1938

Hitler trieb seinen Plan zur Zerschlagung der Tschechoslowakei (vgl. Quelle 96) auf dem Reichsparteitag vom September 1938 weiter voran, indem er offen mit militärischer Intervention drohte, während die Sudetendeutsche Partei nunmehr den »Anschluß« an Deutschland verlangte. Der britische Premierminister Neville Chamberlain versuchte den Frieden zu retten, indem er Hitler bei einem Besuch auf dem Obersalzberg die Überlassung der sudetendeutschen Gebiete versprach, wozu auch Frankreich unter gewissen Voraussetzungen bereit war. Beide Mächte setzten durch, daß sich die Tschechoslowakei diesen Forderungen fügte. Hitler erhöhte jedoch in der Zwischenzeit seine Ansprüche, eine Konferenz mit Chamberlain in Godesberg vom 22. bis 24. September scheiterte. Denn Hitler wollte den Krieg, um die Tschechoslowakei vollständig beseitigen zu können, durfte aber dieses Ziel nicht erkennen lassen. Darum begründete er seine Ablehnung der britisch-französischen Pläne mit Details, die in diesen beiden Ländern wiederum einen Krieg nicht gerechtfertigt erscheinen ließen. Während die ersten Mobilmachungsmaßnahmen in Großbritannien und Frankreich schon anliefen, ließ sich Mussolini durch Chamberlain zu einer Vermittlungsaktion gewinnen. Auf seinen Vorschlag trat am 29. September in München eine Konferenz zwischen Chamberlain, dem französischen Ministerpräsidenten Daladier, Hitler und Mussolini zusammen, auf der Hitler die von ihm öffentlich geforderten Ziele erreichte, aber die Tschechoslowakei als Staat bestehen lassen mußte. Damit schien der Friede gesichert. Deutschland schloß mit Großbritannien, später auch mit Frankreich ein Abkommen, das Frieden und Zusammenarbeit in Europa sichern sollte. Ein gewaltsames Vorgehen gegen Hitler, wie es General Halder vorbereitet hatte, war angesichts der deutschen Erfolge undurchführbar geworden. Hitler gab jedoch niemals die in München versprochene Garantieerklärung für die Tschechoslowakei, auch wurden die Grenzprobleme mit Polen und Ungarn nicht durch die vorgesehene internationale Konferenz geregelt, sondern durch Nachgeben der Tschechoslowakei vor den polnischen Wünschen und hinsichtlich Ungarns durch den (I.) Wiener Schiedsspruch Deutschlands und Italiens vom 2. November 1938.

Deutschland, das Vereinigte Königreich von Großbritannien, Frankreich und Italien sind unter Berücksichtigung des Abkommens, das hinsichtlich der Abtretung des sudetendeutschen Gebietes bereits grundsätzlich erzielt wurde, über folgende Bedingungen und Modalitäten dieser Abtretung und die danach zu ergreifenden Maßnahmen übereingekommen und erklären sich durch dieses Abkommen einzeln verantwortlich für die zur Sicherung seiner Erfüllung notwendigen Schritte.

1. Die Räumung beginnt am 1. Oktober.

2. Das Vereinigte Königreich von Großbritannien, Frankreich und Italien vereinbaren, daß die Räumung des Gebietes bis zum 10. Oktober vollzogen wird, und zwar ohne Zerstörung irgendwelcher bestehender Einrichtungen und daß die tschecho-slowakische Regierung die Verantwortung dafür trägt, daß die Räumung ohne Beschädigung der bezeichneten Einrichtungen durchgeführt wird.

3. Die Modalitäten der Räumung werden im einzelnen durch einen internationalen Ausschuß festgelegt, der sich aus Vertretern Deutschlands, des Vereinigten Königreiches von Großbritannien, Frankreichs, Italiens und der Tschecho-Slowakei zusammensetzt.

4. Die etappenweise Besetzung des vorwiegend deutschen Gebietes durch deutsche Truppen beginnt am 1. Oktober. Die hier auf der anliegenden Karte bezeichneten Gebietsab-

schnitte werden in folgender Reihenfolge durch deutsche Truppen besetzt:
Der mit I bezeichnete Gebietsabschnitt am 1. und 2. Oktober; der mit II bezeichnete Gebietsabschnitt am 2. und 3. Oktober; der mit III bezeichnete Gebietsabschnitt am 3., 4. und 5. Oktober; der mit IV bezeichnete Gebietsabschnitt am 6. und 7. Oktober.
Das restliche Gebiet vorwiegend deutschen Charakters wird unverzüglich von dem oben erwähnten internationalen Ausschuß festgestellt und bis zum 10. Oktober durch deutsche Truppen besetzt werden.
5. Der in § 3 erwähnte internationale Ausschuß wird die Gebiete bestimmen, in denen eine Volksabstimmung stattfinden soll. Diese Gebiete werden bis zum Abschluß der Volksabstimmung durch internationale Formationen besetzt werden. Der gleiche Ausschuß wird die Modalitäten festlegen, unter denen die Volksabstimmung durchgeführt werden soll, wobei die Modalitäten der Saarabstimmung als Grundlage zu betrachten sind. Der Ausschuß wird ebenfalls den Tag festsetzen, an dem die Volksabstimmung stattfindet. Dieser Tag darf jedoch nicht später als Ende November liegen.
6. Die endgültige Festlegung der Grenzen wird durch den internationalen Ausschuß vorgenommen werden. Dieser Ausschuß ist berechtigt, den vier Mächten Deutschland, dem Vereinigten Königreich von Großbritannien, Frankreich und Italien in bestimmten Ausnahmefällen geringfügige Abweichungen von der streng ethnographischen Bestimmung der ohne Volksabstimmung zu übertragenden Zonen zu empfehlen.
7. Es wird ein Optionsrecht für den Übertritt in die abgetretenen Gebiete und für den Austritt aus ihnen vorgesehen. Die Option muß innerhalb von sechs Monaten, vom Zeitpunkt des Abschlusses dieses Abkommens an, ausgeübt werden. Ein deutsch-tschechoslowakischer Ausschuß wird die Einzelheiten der Option bestimmen, Verfahren zur Er-

leichterung des Austausches der Bevölkerung erwägen und grundsätzliche Fragen klären, die sich aus diesem Austausch ergeben.

8. Die tschecho-slowakische Regierung wird innerhalb einer Frist von vier Wochen, vom Tage des Abschlusses dieses Abkommens an, alle Sudetendeutschen aus ihren militärischen und polizeilichen Verbänden entlassen, die diese Entlassung wünschen. Innerhalb derselben Frist wird die tschecho-slowakische Regierung sudetendeutsche Gefangene entlassen, die wegen politischer Delikte Freiheitsstrafen verbüßen.

München, den 29. September 1938

Zusätzliche Erklärung

Die Regierungschefs der vier Mächte erklären, daß das Problem der polnischen und ungarischen Minderheiten in der Tschecho-Slowakei, sofern es nicht innerhalb von drei Monaten durch eine Vereinbarung unter den betreffenden Regierungen geregelt wird, den Gegenstand einer weiteren Zusammenkunft der hier anwesenden Regierungschefs der vier Mächte bilden wird.

Zusatz zu dem Abkommen

Seiner Majestät Regierung im Vereinigten Königreich Großbritannien und die französische Regierung haben sich dem vorstehenden Abkommen angeschlossen auf der Grundlage, daß sie zu dem Angebot stehen, welches in § 6 der englisch-französischen Vorschläge vom 19. September enthalten ist, betreffend eine internationale Garantie der neuen Grenzen des tschecho-slowakischen Staates gegen einen unprovozierten Angriff.

Sobald die Frage der polnischen und ungarischen Minderheiten in der Tschecho-Slowakei geregelt ist, werden Deutschland und Italien ihrerseits der Tschecho-Slowakei eine Garantie geben.

München, den 29. September 1938

Zusätzliche Erklärung

Die vier anwesenden Regierungschefs sind sich darüber einig, daß der in dem heutigen Abkommen vorgesehene Ausschuß sich aus dem Staatssekretär des Auswärtigen Amtes, den in Berlin beglaubigten Botschaftern Englands, Frankreichs und Italiens und einem von der tschecho-slowakischen Regierung zu ernennenden Mitglied zusammensetzt.

München, den 29. September 1938

Zusätzliche Erklärung

Alle Fragen, die sich aus der Gebietsübergabe ergeben, gelten als zur Zuständigkeit des internationalen Ausschusses gehörig.

München, den 29. September 1938

Adolf Hitler; Neville Chamberlain;
Édouard Daladier; Benito Mussolini

D: Martens XXXVI S. 24–27.

99

Das Pogrom vom November 1938

Das Attentat eines jungen Juden auf einen deutschen Diplomaten am 7. November 1938 in Paris wurde von der NSDAP zum Vorwand für ein bis dahin unerhörtes Pogrom gegen die Juden genommen. Die angeblich völlig spontan von der Bevölkerung unternommenen Gewaltakte gegen Personen und Sachen wurden in aller Regel von der Partei und ihren Organisationen begangen, während die Polizei als staatliches Organ sich ebenso zurückhielt wie die SS, um die Aktionen als Ausdruck der »Volkswut« erscheinen zu lassen. Der Staat als Träger der Verfolgungsmaßnahmen gegen die Juden trat erst durch die anschließenden Verordnungen in Erscheinung.

(a) *Schriftlicher Bericht des Chefs der Sicherheitspolizei an den Preußischen Ministerpräsidenten über die Gewaltakte gegen Juden vom 11. November 1938*

Betr.: Aktion gegen die Juden

Die bis jetzt eingegangenen Meldungen der Staatspolizeistellen haben bis zum 11. 11. 1938 folgendes Gesamtbild ergeben:
In zahlreichen Städten haben sich Plünderungen jüdischer Läden und Geschäftshäuser ereignet. Es wurde, um weitere Plünderungen zu vermeiden, in allen Fällen scharf durchgegriffen. Wegen Plünderns wurden dabei 174 Personen festgenommen.
Der Umfang der Zerstörungen jüdischer Geschäfte und Wohnungen läßt sich bisher ziffernmäßig noch nicht belegen. Die in den Berichten aufgeführten Ziffern: 815 zerstörte Geschäfte, 29 in Brand gesteckte oder sonst zerstörte Warenhäuser, 171 in Brand gesetzte oder zerstörte Wohnhäuser, geben, soweit es sich nicht um Brandlegungen handelt, nur einen Teil der wirklich vorliegenden Zerstörungen wieder. Wegen der Dringlichkeit der Berichterstattung mußten sich die bisher eingegangenen Meldungen lediglich auf allgemeinere Angaben, wie »zahlreiche« oder »die meisten Geschäfte zerstört«, beschränken. Die angegebenen Ziffern dürften daher um ein Vielfaches überstiegen werden.
An Synagogen wurden 191 in Brand gesteckt, weitere 76 vollständig demoliert. Ferner wurden 11 Gemeindehäuser, Friedhofskapellen und dergleichen in Brand gesetzt und weitere 3 völlig zerstört.
Festgenommen wurden rund 20 000 Juden, ferner 7 Arier

und 3 Ausländer. Letztere wurden zur eigenen Sicherheit in Haft genommen.
An Todesfällen wurden 36, an Schwerverletzten ebenfalls 36 gemeldet. Die Getöteten, bezw. Verletzten sind Juden. Ein Jude wird noch vermißt. Unter den getöteten Juden befindet sich ein, unter den Verletzten 2 polnische Staatsangehörige.

Heydrich

D: Prozeß gegen die Hauptkriegsverbrecher XXXII S. 3057–59.

(b) *Verfolgung der Juden durch die Rechtsverordnungen vom 12. und 28. November 1938*

Verordnung über eine Sühneleistung der Juden deutscher Staatsangehörigkeit
vom 12. November 1938

Die feindliche Haltung des Judentums gegenüber dem deutschen Volk und Reich, die auch vor feigen Mordtaten nicht zurückschreckt, erfordert entschiedene Abwehr und harte Sühne.
Ich bestimme daher auf Grund der Verordnung zur Durchführung des Vierjahresplanes vom 18. Oktober 1936 (Reichsgesetzbl. I S. 887) das Folgende:

§ 1. Den Juden deutscher Staatsangehörigkeit in ihrer Gesamtheit wird die Zahlung einer Kontribution von 1 000 000 000 Reichsmark an das Deutsche Reich auferlegt.

§ 2. Die Durchführungsbestimmungen erläßt der Reichsminister der Finanzen im Benehmen mit den beteiligten Reichsministern.

Berlin, den 12. November 1938

Der Beauftragte für den Vierjahresplan:
Göring, Generalfeldmarschall

Verordnung zur Wiederherstellung des Straßenbildes bei jüdischen Gewerbebetrieben
vom 12. November 1938

Auf Grund der Verordnung zur Durchführung des Vierjahresplanes vom 18. Oktober 1936 (Reichsgesetzbl. I S. 887) verordne ich folgendes:

§ 1. Alle Schäden, welche durch die Empörung des Volkes über die Hetze des internationalen Judentums gegen das nationalsozialistische Deutschland am 8., 9. und 10. November 1938 an jüdischen Gewerbebetrieben und Wohnungen entstanden sind, sind von dem jüdischen Inhaber oder jüdischen Gewerbetreibenden sofort zu beseitigen.

§ 2. (1) Die Kosten der Wiederherstellung trägt der Inhaber der betroffenen jüdischen Gewerbebetriebe und Wohnungen.
(2) Versicherungsansprüche von Juden deutscher Staatsangehörigkeit werden zugunsten des Reichs beschlagnahmt.

§ 3. Der Reichswirtschaftsminister wird ermächtigt, im Benehmen mit den übrigen Reichsministern Durchführungsbestimmungen zu erlassen.

Berlin, den 12. November 1938

Der Beauftragte für den Vierjahresplan:
Göring, Generalfeldmarschall

Verordnung zur Ausschaltung der Juden aus dem deutschen Wirtschaftsleben
vom 12. November 1938

Auf Grund der Verordnung zur Durchführung des Vierjahresplans vom 18. Oktober 1936 (Reichsgesetzbl. I S. 887) wird folgendes verordnet:

§ 1. (1) Juden (§ 5 der Ersten Verordnung zum Reichsbürgergesetz vom 14. November 1935 – Reichsgesetzbl. I S. 1333) ist vom 1. Januar 1939 ab der Betrieb von Einzelhandelsverkaufsstellen, Versandgeschäften oder Bestellkontoren sowie der selbständige Betrieb eines Handwerks untersagt.
(2) Ferner ist ihnen mit Wirkung vom gleichen Tage verboten, auf Märkten aller Art, Messen oder Ausstellungen Waren oder gewerbliche Leistungen anzubieten, dafür zu werben oder Bestellungen darauf anzunehmen.
(3) Jüdische Gewerbebetriebe (Dritte Verordnung zum Reichsbürgergesetz vom 14. Juni 1938 – Reichsgesetzbl. I S. 627), die entgegen diesem Verbot geführt werden, sind polizeilich zu schließen.

§ 2. (1) Ein Jude kann vom 1. Januar 1939 ab nicht mehr Betriebsführer im Sinne des Gesetzes zur Ordnung der nationalen Arbeit vom 20. Januar 1934 (Reichsgesetzbl. I S. 45) sein.
(2) Ist ein Jude als leitender Angestellter in einem Wirtschaftsunternehmen tätig, so kann ihm mit einer Frist von sechs Wochen gekündigt werden. Mit Ablauf der Kündigungsfrist erlöschen alle Ansprüche des Dienstverpflichteten aus dem gekündigten Vertrage, insbesondere auch Ansprüche auf Versorgungsbezüge und Abfindungen.

§ 3. (1) Ein Jude kann nicht Mitglied einer Genossenschaft sein.
(2) Jüdische Mitglieder von Genossenschaften scheiden zum 31. Dezember 1938 aus. Eine besondere Kündigung ist nicht erforderlich.

§ 4. Der Reichswirtschaftsminister wird ermächtigt, im Einvernehmen mit den beteiligten Reichsministern die zu dieser Verordnung erforderlichen Durchführungsbestimmungen zu erlassen. Er kann Ausnahmen zulassen, soweit diese infolge der Überführung eines jüdischen Gewerbebetriebes in nichtjüdischen Besitz, zur Liquidation jüdischer Gewerbebetriebe oder in besonderen Fällen zur Sicherstellung des Bedarfs erforderlich sind.

Berlin, den 12. November 1938

Der Beauftragte für den Vierjahresplan:
Göring, Generalfeldmarschall

Polizeiverordnung über das Auftreten der Juden in der Öffentlichkeit
vom 28. November 1938

Auf Grund der Verordnung über die Polizeiverordnungen der Reichsminister vom 14. November 1938 (Reichsgesetzbl. I S. 1582) wird folgendes verordnet:

§ 1. Die Regierungspräsidenten in Preußen, Bayern und in den sudetendeutschen Gebieten, die ihnen gleichstehenden Behörden in den übrigen Ländern des Altreichs, die Landeshauptmänner (der Bürgermeister in Wien) im Lande Österreich und der Reichskommissar für das Saarland können Juden deutscher Staatsangehörigkeit und staatenlosen Juden (§ 5 der Ersten Verordnung zum Reichsbürgergesetz vom 14. November 1935 – Reichsgesetzbl. I S. 1333) räumliche und zeitliche Beschränkungen des Inhalts auferlegen, daß sie bestimmte Bezirke nicht betreten oder sich zu bestimmten Zeiten in der Öffentlichkeit nicht zeigen dürfen.

§ 2. Wer den Vorschriften des § 1 vorsätzlich oder fahrlässig zuwiderhandelt, wird mit Geldstrafe bis zu 150 Reichsmark oder mit Haft bis zu sechs Wochen bestraft.

§ 3. Diese Polizeiverordnung tritt am Tage nach ihrer Verkündung in Kraft.

Berlin, den 28. November 1938

Der Reichsminister des Innern:
(Im Auftrag) Heydrich

D: RGBl. 1938 I S. 1579, 1580, 1581, 1676.

100

Hitler über das Schicksal der Juden bei einem europäischen Krieg in einer Rede vom 30. Januar 1939

In seiner ersten großen Rede nach dem Pogrom vom November 1938, die er am Jahrestag der Machtergreifung hielt, ging Hitler auch auf die Lage der Juden ein. Seine Äußerungen über ihr Schicksal im Falle eines europäischen Krieges wirken wie eine Ankündigung der später betriebenen Massenvernichtung, obwohl zu jener Zeit der Entschluß dazu noch nicht gefaßt war.

Ich möchte zur jüdischen Frage folgendes bemerken:
Es ist ein beschämendes Schauspiel, heute zu sehen, wie die ganze Welt der Demokratie vor Mitleid trieft, dem armen gequälten jüdischen Volk gegenüber, allein hartherzig verstockt bleibt angesichts der dann doch offenkundigen Pflicht, zu helfen. Die Argumente, mit denen man die Nichthilfe entschuldigt, sprechen nur *für* uns Deutsche und Italiener.
Denn man sagt:

1. ›Wir‹ – also die Demokratien – ›sind nicht in der Lage, die Juden aufzunehmen!‹ Dabei kommen in diesen Weltreichen noch keine 10 Menschen auf den Quadratkilometer, während Deutschland 135 auf den Quadratkilometer zu ernähren hat, aber trotzdem dazu in der Lage sein soll.
2. Man versichert: Wir können sie nicht nehmen, außer denn sie erhalten z. B. von Deutschland einen bestimmten Kapitalsbetrag zur Einwanderung.
   Deutschland war allerdings jahrhundertelang gut genug, diese Elemente aufzunehmen, obwohl sie außer ansteckenden politischen und sanitären Krankheiten nichts besaßen. Was dieses Volk heute besitzt, hat es sich auf Ko-

sten des nicht so gerissenen deutschen Volkes durch die übelsten Manipulationen erworben.

Wir machen heute nur wieder gut, was dieses Volk selbst verschuldet hat. Als einst das deutsche Volk um seine gesamten Ersparnisse kam aus jahrzehntelanger redlicher Arbeit, dank der von Juden angestifteten und durchgeführten Inflation, als die übrige Welt dem deutschen Volk seine Auslandskapitalien wegnahm, als man uns den ganzen Kolonialbesitz enteignete, da haben diese philanthropischen Erwägungen bei den demokratischen Staatsmännern anscheinend noch keinen entscheidenden Einfluß ausgeübt.

Ich kann diesen Herren heute nur versichern, daß wir dank der brutalen Erziehung, die uns die Demokratien 15 Jahre lang angedeihen ließen, vollständig verhärtet sind gegenüber allen sentimentalen Anwandlungen. [...]

Denn Europa kann nicht mehr zur Ruhe kommen, bevor nicht die jüdische Frage ausgeräumt ist.

Es kann sehr wohl möglich sein, daß über diesem Problem früher oder später eine Einigung in Europa selbst zwischen solchen Nationen stattfindet, die sonst nicht so leicht den Weg zueinander finden würden. Die Welt hat Siedlungsraum genügend, es muß aber endgültig mit der Meinung gebrochen werden, als sei das jüdische Volk vom lieben Gott eben dazu bestimmt, in einem gewissen Prozentsatz Nutznießer am Körper und an der produktiven Arbeit anderer Völker zu sein.

Das Judentum wird sich genau so einer soliden aufbauenden Tätigkeit anpassen müssen, wie es andere Völker auch tun, oder es wird früher oder später einer Krise von unvorstellbarem Ausmaße erliegen.

Und eines möchte ich an diesem vielleicht nicht nur für uns Deutsche denkwürdigen Tage nun aussprechen: Ich bin in meinem Leben sehr oft Prophet gewesen und wurde meistens ausgelacht. In der Zeit meines Kampfes um die Macht war es in erster Linie das jüdische Volk, das nur mit Gelächter meine Prophezeiungen hinnahm, ich würde einmal in Deutschland die Führung des Staates und damit des ganzen Volkes übernehmen und dann unter vielen anderen auch das jüdische Problem zur Lösung bringen. Ich glaube, daß dieses damalige schallende Gelächter dem Judentum in Deutschland unterdes wohl schon in der Kehle erstickt ist.

Ich will heute wieder ein Prophet sein: Wenn es dem internationalen Finanzjudentum in und außerhalb Europas gelingen sollte, die Völker noch einmal in einen Weltkrieg zu stürzen, dann wird das Ergebnis nicht die Bolschewisierung der Erde und damit der Sieg des Judentums sein, sondern die Vernichtung der jüdischen Rasse in Europa.

Denn die Zeit der propagandistischen Wehrlosigkeit der nicht-jüdischen Völker ist zu Ende. Das nationalsozialistische Deutschland und das faschistische Italien besitzen jene Einrichtungen, die es gestatten, wenn notwendig, die Welt über das Wesen einer Frage aufzuklären, die vielen Völkern instinktiv bewußt und nur wissenschaftlich unklar ist.

Augenblicklich mag das Judentum in gewissen Staaten seine Hetze betreiben unter dem Schutz einer dort in seinen Händen befindlichen Presse, des Films, der Rundfunkpropaganda, der Theater, der Literatur usw. Wenn es diesem Volke aber noch einmal gelingen sollte, die Millionenmassen der Völker in einen für diese gänzlich sinnlosen und nur jüdischen Interessen dienenden Kampf zu hetzen, dann wird sich die Wirksamkeit einer Aufklärung äußern, der in Deutschland allein schon in wenigen Jahren das Judentum restlos erlegen ist.

Die Völker wollen nicht mehr auf den Schlachtfeldern sterben, damit diese wurzellose internationale Rasse an den Geschäften des Krieges verdient und ihre alt-testamentarische Rachsucht befriedigt. Über die jüdische Parole ›Proletarier aller Länder, vereinigt euch‹ wird eine höhere Erkenntnis siegen, nämlich: Schaffende Angehörige aller Nationen, erkennt euren gemeinsamen Feind!

D: Keesing 9 (1939) S. 3920.

101

Erlaß Hitlers über die Errichtung des Protektorats Böhmen und Mähren vom 16. März 1939

Die Tschechoslowakei hatte nach dem Münchner Abkommen der Slowakei und der Karpatho-Ukraine Autonomie gewährt und in ihrer Innenpolitik versucht, den Nationalsozialisten keinen Anstoß zu geben. Die kommunistische Partei wurde aufgelöst, Juden aus öffentlichen Ämtern entlassen, die deutschen Emigranten unter Sonderrecht gestellt, die wirtschaftlichen Beziehungen zu Deutschland intensiviert. Als die tschechoslowakische Regierung versuchte, die Bestrebungen zur Loslösung der Slowakei durch Verhaftung ihrer Führer zu blockieren, rief Hitler den Chef der von Prag abgesetzten slowakischen Regierung, Josef Tiso, nach Berlin und forderte ihn auf, die volle Unabhängigkeit seines Landes zu proklamieren. Damit brach der Staat vollends auseinander. Am gleichen Tage, dem 14. März, wurde der tschechoslowakische Staatspräsident Hacha nach Berlin bestellt, wo er unter dem Druck des bereits begonnenen deutschen Einmarsches und der Drohung mit der Bombardierung Prags »das Schicksal des tschechischen Staates und Volkes vertrauensvoll in die Hände des Führers« legte. Die deutschen Truppen fanden keinen Widerstand. Am 16. März war Hitler in Prag. Wenige Tage nach der Errichtung des Reichsprotektorats Böhmen und Mähren trat die Slowakei unter den Schutz des Deutschen Reiches.

Ein Jahrtausend lang gehörten zum Lebensraum des deutschen Volkes die böhmisch-mährischen Länder. Gewalt und Unverstand haben sie aus ihrer alten, historischen Umgebung willkürlich gerissen und schließlich durch ihre Einfügung in das künstliche Gebilde der Tschecho-Slowakei den Herd einer ständigen Unruhe geschaffen. Von Jahr zu Jahr vergrößerte sich die Gefahr, daß aus diesem Raum heraus – wie schon einmal in der Vergangenheit – eine neue ungeheuerliche Bedrohung des europäischen Friedens kommen würde. Denn dem tschecho-slowakischen Staat und seinen Machthabern war es nicht gelungen, das Zusammenleben der in ihm willkürlich vereinten Völkergruppen vernünftig zu organisieren und damit das Interesse aller Beteiligten an der Aufrechterhaltung ihres gemeinsamen Staates zu erwekken und zu erhalten. Er hat dadurch aber seine innere Lebensunfähigkeit erwiesen und ist deshalb nunmehr auch der tatsächlichen Auflösung verfallen.

Das Deutsche Reich kann in diesen für seine eigene Ruhe und Sicherheit sowie für das allgemeine Wohlergehen und den allgemeinen Frieden so entscheidend wichtigen Gebieten keine andauernden Störungen dulden. Früher oder später müßte es als die durch die Geschichte und geographische Lage am stärksten interessierte und in Mitleidenschaft gezogene Macht die schwersten Folgen zu tragen haben. Es entspricht daher dem Gebot der Selbsterhaltung, wenn das Deutsche Reich entschlossen ist, zur Wiederherstellung der Grundlagen einer vernünftigen mitteleuropäischen Ordnung entscheidend einzugreifen und die sich daraus ergebenden Anordnungen zu treffen. Denn es hat in seiner tausendjährigen geschichtlichen Vergangenheit bereits bewiesen, daß es dank sowohl der Größe als auch der Eigenschaften des deutschen Volkes allein berufen ist, diese Aufgabe zu lösen.

Erfüllt von dem ernsten Wunsch, den wahren Interessen der in diesem Lebensraum wohnenden Völker zu dienen, das nationale Eigenleben des deutschen und des tschechischen

Volkes sicherzustellen, dem Frieden und der sozialen Wohlfahrt aller zu nützen, ordne ich daher namens des Deutschen Reiches als Grundlage für das künftige Zusammenleben der Bewohner dieser Gebiete das Folgende an:

Artikel 1. (1) Die von den deutschen Truppen im März 1939 besetzten Landesteile der ehemaligen Tschecho-Slowakischen Republik gehören von jetzt an zum Gebiet des Großdeutschen Reiches und treten als »Protektorat Böhmen und Mähren« unter dessen Schutz.
(2) Soweit die Verteidigung des Reiches es erfordert, trifft der Führer und Reichskanzler für einzelne Teile dieser Gebiete eine hiervon abweichende Regelung.

Artikel 2. (1) Die volksdeutschen Bewohner des Protektorats werden deutsche Staatsangehörige und nach den Vorschriften des Reichsbürgergesetzes vom 15. September 1935 (Reichsgesetzbl. I S. 1146 [vgl. Quelle 83b]) Reichsbürger. Für sie gelten daher auch die Bestimmungen zum Schutze des deutschen Blutes und der deutschen Ehre. Sie unterstehen deutscher Gerichtsbarkeit.
(2) Die übrigen Bewohner von Böhmen und Mähren werden Staatsangehörige des Protektorates Böhmen und Mähren.

Artikel 3. (1) Das Protektorat Böhmen und Mähren ist autonom und verwaltet sich selbst.
(2) Es übt seine ihm im Rahmen des Protektorates zustehenden Hoheitsrechte im Einklang mit den politischen, militärischen und wirtschaftlichen Belangen des Reiches aus.
(3) Diese Hoheitsrechte werden durch eigene Organe und eigene Behörden mit eigenen Beamten wahrgenommen.

Artikel 4. Das Oberhaupt der autonomen Verwaltung des Protektorates Böhmen und Mähren genießt den Schutz und die Ehrenrechte eines Staatsoberhauptes. Das Oberhaupt des Protektorates bedarf für die Ausübung seines Amtes des Vertrauens des Führers und Reichskanzlers.

Artikel 5. (1) Als Wahrer der Reichsinteressen ernennt der Führer und Reichskanzler einen »Reichsprotektor in Böhmen und Mähren«. Sein Amtssitz ist Prag.
(2) Der Reichsprotektor hat als Vertreter des Führers und Reichskanzlers und als Beauftragter der Reichsregierung die Aufgabe, für die Beachtung der politischen Richtlinien des Führers und Reichskanzlers zu sorgen.
(3) Die Mitglieder der Regierung des Protektorates werden vom Reichsprotektor bestätigt. Die Bestätigung kann zurückgenommen werden.
(4) Der Reichsprotektor ist befugt, sich über alle Maßnahmen der Regierung des Protektorates unterrichten zu lassen und ihr Ratschläge zu erteilen. Er kann gegen Maßnahmen, die das Reich zu schädigen geeignet sind, Einspruch einlegen und bei Gefahr im Verzuge die im gemeinsamen Interesse notwendigen Anordnungen treffen.
(5) Die Verkündung von Gesetzen, Verordnungen und sonstigen Rechtsvorschriften sowie der Vollzug von Verwaltungsmaßnahmen und rechtskräftigen gerichtlichen Urteilen sind auszusetzen, wenn der Reichsprotektor Einspruch einlegt.

Artikel 6. (1) Die auswärtigen Angelegenheiten des Protektorates, insbesondere den Schutz seiner Staatsangehörigen im Ausland, nimmt das Reich wahr. Das Reich wird die auswärtigen Angelegenheiten so führen, wie es dem gemeinsamen Interesse entspricht.
(2) Das Protektorat erhält einen Vertreter bei der Reichsregierung mit der Amtsbezeichnung »Gesandter«.

Artikel 7. (1) Das Reich gewährt dem Protektorat den militärischen Schutz.
(2) In Ausübung dieses Schutzes unterhält das Reich im Protektorat Garnisonen und militärische Anlagen.
(3) Für die Aufrechterhaltung der inneren Sicherheit und Ordnung kann das Protektorat eigene Verbände aufstellen. Organisation, Stärkezahl und Bewaffnung bestimmt die Reichsregierung.

Artikel 8. Das Reich führt die unmittelbare Aufsicht über das Verkehrswesen sowie das Post- und Fernmeldewesen.

Artikel 9. Das Protektorat gehört zum Zollgebiet des Deutschen Reiches und untersteht seiner Zollhoheit.

Artikel 10. (1) Gesetzliches Zahlungsmittel ist neben der Reichsmark bis auf weiteres die Krone.
(2) Das Verhältnis beider Währungen zueinander bestimmt die Reichsregierung.

Artikel 11. (1) Das Reich kann Rechtsvorschriften mit Gültigkeit für das Protektorat erlassen, soweit das gemeinsame Interesse es erfordert.
(2) Soweit ein gemeinsames Bedürfnis besteht, kann das Reich Verwaltungszweige in eigene Verwaltung übernehmen und die dafür erforderlichen reichseigenen Behörden einrichten.
(3) Die Reichsregierung kann die zur Aufrechterhaltung der Sicherheit und Ordnung erforderlichen Maßnahmen treffen.

Artikel 12. Das derzeit in Böhmen und Mähren geltende Recht bleibt in Kraft, soweit es nicht dem Sinne der Übernahme des Schutzes durch das Deutsche Reich widerspricht.

Artikel 13. Der Reichsminister des Innern erläßt im Einvernehmen mit den beteiligten Reichsministern die zur Durchführung und Ergänzung dieses Erlasses erforderlichen Rechts- und Verwaltungsvorschriften.

Prag, den 16. März 1939

Der Führer und Reichskanzler: Adolf Hitler
Der Reichsminister des Innern: Frick
Der Reichsminister des Auswärtigen:
von Ribbentrop; Der Reichsminister
und Chef der Reichskanzlei: Dr. Lammers

D: RGBl. 1939 I S. 485.

102
Deutsch-italienischer Freundschafts- und Bündnisvertrag (»Stahlpakt«) vom 22. Mai 1939

Das faschistische Italien und das nationalsozialistische Deutschland waren sich in den ersten Jahren der Herrschaft Hitlers nicht günstig gesinnt, weil Italien fürchtete, daß Deutschland nach einer Angliederung Österreichs Forderungen auf Südtirol erheben werde. Italien hatte aber seine frühere Unterstützung Österreichs aufgeben müssen, weil es durch seinen brutalen Kolonialkrieg gegen Abessinien in außenpolitische Isolation geraten und auf die Unterstützung Deutschlands angewiesen war. Beide waren (allerdings in sehr unterschiedlichem Maße) im spanischen Bürgerkrieg Franco zu Hilfe gekommen und hatten sich als Kämpfer gegen den drohenden Bolschewismus ausgegeben. Im November 1936 hatte Mussolini erstmals von der »Achse Berlin – Rom« gesprochen, im September 1937 war er in Deutschland mit großem Pomp empfangen worden. Bei seinem Gegenbesuch in Rom im Mai 1938 hatte Hitler feierlich den Verzicht auf Südtirol erklärt. Italien war zu diesem Zeitpunkt bereits wie Deutschland aus dem Völkerbund ausgetreten und begann im Juli 1938 eine (vergleichsweise gemäßigte) gesetzliche Diskriminierung der Juden. Der »Stahlpakt« band es bedingungslos an die Politik des stärkeren Partners Deutschland.

Der Deutsche Reichskanzler und Seine Majestät der König von Italien und Albanien, Kaiser von Äthiopien halten den Zeitpunkt für gekommen, das enge Verhältnis der Freundschaft und Zusammengehörigkeit, das zwischen dem nationalsozialistischen Deutschland und dem faschistischen Italien besteht, durch einen feierlichen Pakt zu bekräftigen.
Nachdem durch die gemeinsame, für alle Zeiten festgelegte Grenze zwischen Deutschland und Italien die sichere Brücke für gegenseitige Hilfe und Unterstützung geschaffen worden ist, bekennen sich beide Regierungen aufs neue zu

der Politik, die in ihren Grundlagen und Zielen bereits früher von ihnen vereinbart worden ist, und die sich sowohl für die Förderung der Interessen der beiden Länder als auch für die Sicherung des Friedens in Europa erfolgreich bewährt hat.
Durch die innere Verwandtschaft der Weltanschauung und durch die umfassendere Solidarität ihrer Interessen fest miteinander verbunden, sind das deutsche und das italienische Volk entschlossen, auch in Zukunft Seite an Seite und mit vereinten Kräften für die Sicherung ihres Lebensraums und für die Aufrechterhaltung des Friedens einzutreten.
Auf diesem ihnen von der Geschichte vorgezeichneten Wege wollen Deutschland und Italien inmitten einer Welt der Unruhe und Zersetzung der Aufgabe dienen, die Grundlagen der europäischen Kultur zu sichern.
Um diese Grundsätze vertraglich festzulegen, haben zu Bevollmächtigten ernannt:
der Deutsche Reichskanzler den Reichsminister des Auswärtigen Herrn Joachim von Ribbentrop;
Seine Majestät der König von Italien und Albanien, Kaiser von Äthiopien den Minister für die auswärtigen Angelegenheiten Graf Galeazzo Ciano di Cortellazzo, die sich nach Austausch ihrer in guter und gehöriger Form befundenen Vollmachten über folgende Bestimmungen geeinigt haben:

Artikel I. Die Vertragschließenden Teile werden ständig in Fühlung miteinander bleiben, um sich über alle ihre gemeinsamen Interessen oder die europäische Gesamtlage berührenden Fragen zu verständigen.

Artikel II. Falls die gemeinsamen Interessen der Vertragschließenden Teile durch internationale Ereignisse irgendwelcher Art gefährdet werden sollten, werden sie unverzüglich in Beratungen über die zur Wahrung dieser Interessen zu ergreifenden Maßnahmen eintreten.
Wenn die Sicherheit oder andere Lebensinteressen eines der Vertragschließenden Teile von außen her bedroht werden

sollten, wird der andere Vertragschließende Teil dem bedrohten Teil seine volle politische und diplomatische Unterstützung zuteil werden lassen, um diese Bedrohung zu beseitigen.

Artikel III. Wenn es entgegen den Wünschen und Hoffnungen der Vertragschließenden Teile dazu kommen sollte, daß einer von ihnen in kriegerische Verwicklungen mit einer anderen Macht oder mit anderen Mächten gerät, wird ihm der andere Vertragschließende Teil sofort als Bundesgenosse zur Seite treten und ihn mit allen seinen militärischen Kräften zu Lande, zur See und in der Luft unterstützen.

Artikel IV. Um im gegebenen Falle die schnelle Durchführung der in Artikel III übernommenen Bündnispflichten sicherzustellen, werden die Regierungen der beiden Vertragschließenden Teile ihre Zusammenarbeit auf militärischem Gebiete und auf dem Gebiete der Kriegswirtschaft weiter vertiefen.
In gleicher Weise werden sich die beiden Regierungen auch über andere zur praktischen Durchführung der Bestimmungen dieses Paktes notwendige Maßnahmen fortlaufend verständigen.
Die beiden Regierungen werden zu den vorstehend in Absatz 1 und 2 angegebenen Zwecken ständige Kommissionen bilden, die der Leitung der beiden Außenminister unterstellt sind.

Artikel V. Die Vertragschließenden Teile verpflichten sich schon jetzt, im Falle eines gemeinsam geführten Krieges Waffenstillstand und Frieden nur in vollem Einverständnis miteinander abzuschließen.

Artikel VI. Die beiden Vertragschließenden Teile sind sich der Bedeutung bewußt, die ihren gemeinsamen Beziehungen zu den ihnen befreundeten Mächten zukommt. Sie sind entschlossen, diese Beziehungen auch in Zukunft aufrechtzuerhalten und gemeinsam entsprechend den übereinstimmenden Interessen zu gestalten, durch die sie mit diesen Mächten verbunden sind.

Artikel VII. Dieser Pakt tritt sofort mit der Unterzeichnung in Kraft. Die beiden Vertragschließenden Teile sind darüber einig, die erste Periode seiner Gültigkeit auf zehn Jahre festzusetzen. Sie werden sich rechtzeitig vor Ablauf dieser Frist über die Verlängerung der Gültigkeit des Paktes verständigen.
Zu Urkund dessen haben die Bevollmächtigten diesen Pakt unterzeichnet und mit ihren Siegeln versehen.
Ausgefertigt in doppelter Urschrift, in deutscher und italienischer Sprache, die beide gleiche Geltung haben.

Berlin, den 22. Mai 1939 – im XVII^{ten} Jahre der Faschistischen Ära

Joachim v. Ribbentrop
Galeazzo Ciano

D: Martens XXXVII S. 325–327.

103

Deutsch-sowjetischer Nichtangriffspakt vom 23. August 1939

Die Sowjetunion war trotz ihrer vertraglichen Bindungen mit Frankreich wie mit der Tschechoslowakei am Münchner Abkommen (vgl. Quelle 98) nicht beteiligt worden. Die Politik vorsichtiger Annäherung an die Westmächte, welche die Sowjetunion unter Außenminister Litwinow (seit 1930) betrieben hatte, war damit enttäuscht. Infolgedessen versuchte sie mit Deutschland anzuknüpfen, ohne ihre Beziehungen zu Frankreich und Großbritannien schon preiszugeben. Die Ablösung Litwinows durch Molotow im Mai 1939 deutete allerdings einen Kurswechsel an. Seit April waren Verhandlungen über einen Beistandspakt zwischen der Sowjetunion und den Westmächten in Gang, die am 24. Juli zu einem erfolgreichen Abschluß kamen. Allerdings zogen sich die anschließenden Gespräche über eine Militärkonvention, die den Beistandspakt mit den Westmächten erst rechtskräftig machte, in die Länge, während zeitlich parallel Wirtschaftsverhandlungen mit Deutschland aufgenommen wurden. Der deutsche Außenminister Ribbentrop erschien am 23. August in Moskau und unterzeichnete einen Nichtangriffspakt, dessen geheimes Zusatzprotokoll der Sowjetunion eine Expansion nach Westen ermöglichte, welche die Westmächte ihr nicht hatten zugestehen wollen. Deutschland seinerseits entzog sich der Gefahr eines Zweifrontenkriegs.

Die Deutsche Reichsregierung und die Regierung der Union der Sozialistischen Sowjetrepubliken, geleitet von dem Wunsche, die Sache des Friedens zwischen Deutschland und der UdSSR zu festigen und ausgehend von den grundlegenden Bestimmungen des Neutralitätsvertrages, der im April 1926 zwischen Deutschland und der UdSSR geschlossen wurde, sind zu nachstehender Vereinbarung gelangt:

Artikel I. Die beiden Vertragschließenden Teile verpflichten sich, sich jeden Gewaltakts, jeder aggressiven Handlung und jedes Angriffs gegen einander, und zwar sowohl einzeln als auch gemeinsam mit anderen Mächten, zu enthalten.

Artikel II. Falls einer der Vertragschließenden Teile Gegenstand kriegerischer Handlungen seitens einer dritten Macht werden sollte, wird der andere Vertragschließende Teil in keiner Form diese dritte Macht unterstützen.

Artikel III. Die Regierungen der beiden Vertragschließenden Teile werden künftig fortlaufend zwecks Konsultation in Fühlung miteinander bleiben, um sich gegenseitig über Fragen zu informieren, die ihre gemeinsamen Interessen berühren.

Artikel IV. Keiner der beiden Vertragschließenden Teile wird sich an irgend einer Mächtegruppierung beteiligen, die sich mittelbar oder unmittelbar gegen den anderen Teil richtet.

Artikel V. Falls Streitigkeiten oder Konflikte zwischen den Vertragschließenden Teilen über Fragen dieser oder jener Art entstehen sollten, werden beide Teile diese Streitigkeiten oder Konflikte ausschließlich auf dem Wege freundschaftlichen Meinungsaustausches oder nötigenfalls durch Einsetzung von Schlichtungskommissionen bereinigen.

Artikel VI. Der gegenwärtige Vertrag wird auf die Dauer von 10 Jahren abgeschlossen mit der Maßgabe, daß, soweit nicht einer der Vertragschließenden Teile ihn ein Jahr vor Ablauf dieser Frist kündigt, die Dauer der Wirksamkeit dieses Vertrages automatisch für weitere fünf Jahre als verlängert gilt.

Artikel VII. Der gegenwärtige Vertrag soll innerhalb möglichst kurzer Frist ratifiziert werden. Die Ratifikationsurkunden sollen in Berlin ausgetauscht werden. Der Vertrag tritt sofort mit seiner Unterzeichnung in Kraft.
Ausgefertigt in doppelter Urschrift, in deutscher und russischer Sprache.

Moskau, am 23. August 1939

Für die Deutsche Reichsregierung:
v. Ribbentrop
In Vollmacht der Regierung der UdSSR:
W. Molotow

Geheimes Zusatzprotokoll

Aus Anlaß der Unterzeichnung des Nichtangriffsvertrages zwischen dem Deutschen Reich und der Union der Sozialistischen Sowjetrepubliken haben die unterzeichneten Be-

vollmächtigten der beiden Teile in streng vertraulicher Aussprache die Frage der Abgrenzung der beiderseitigen Interessensphären in Osteuropa erörtert. Diese Aussprache hat zu folgendem Ergebnis geführt:

1. Für den Fall einer territorial-politischen Umgestaltung in den zu den baltischen Staaten (Finnland, Estland, Lettland, Litauen) gehörenden Gebieten bildet die nördliche Grenze Litauens zugleich die Grenze der Interessensphären Deutschlands und der UdSSR. Hierbei wird das Interesse Litauens am Wilnaer Gebiet beiderseits anerkannt.

2. Für den Fall einer territorial-politischen Umgestaltung der zum polnischen Staate gehörenden Gebiete werden die Interessensphären Deutschlands und der UdSSR ungefähr durch die Linie der Flüsse Narew, Weichsel und San abgegrenzt.

Die Frage, ob die beiderseitigen Interessen die Erhaltung eines unabhängigen polnischen Staates erwünscht erscheinen lassen und wie dieser Staat abzugrenzen wäre, kann endgültig erst im Laufe der weiteren politischen Entwicklung geklärt werden.

In jedem Falle werden beide Regierungen diese Frage im Wege einer freundschaftlichen Verständigung lösen.

3. Hinsichtlich des Südostens Europas wird von sowjetischer Seite das Interesse an Bessarabien betont. Von deutscher Seite wird das völlige politische Desinteressement an diesen Gebieten erklärt.

Der deutsch-sowjetische Nichtangriffspakt vom 23. August 1939 sicherte Hitler vor der Gefahr, an zwei Fronten mit Großmächten kämpfen zu müssen. Der Angriff auf Polen konnte beginnen. Reichsaußenminister Joachim v. Ribbentrop unterzeichnet das Dokument. Stalin und Außenminister Molotow verhehlen nicht ihre Freude über den Abschluß.

4. Dieses Protokoll wird von beiden Seiten streng geheim behandelt werden.

Moskau, den 23. August 1939

Für die Deutsche Reichsregierung:
v. Ribbentrop
In Vollmacht der Regierung der UdSSR:
W. Molotow

D: ADAP D VII S. 205–207.

104

Hitlers Rede vor dem Deutschen Reichstag vom 1. September 1939

In seiner Rede, die den deutschen Einmarsch in Polen vor der Öffentlichkeit rechtfertigen und den weite Kreise irritierenden Vertrag mit der Sowjetunion erklären sollte, nannte Hitler Kriegsziele, die weit unterhalb des von ihm tatsächlich Erstrebten lagen, ließ aber auch Töne anklingen, die den zu diesem Zeitpunkt noch auf Polen begrenzten Krieg als Auftakt zu einem Kampf auf Leben und Tod erscheinen ließen.

Abgeordnete, Männer des Deutschen Reichtages! Seit Monaten leiden wir alle unter der Qual eines Problems, das uns einst das Versailler Diktat beschert hat und das nunmehr in seiner Ausartung und Entartung unerträglich geworden war. *Danzig war und ist eine deutsche Stadt! Der Korridor war und ist deutsch!* Alle diese Gebiete verdanken ihre kulturelle Erschließung ausschließlich dem deutschen Volke, ohne das in diesen östlichen Gebieten tiefste Barbarei herrschen würde. Danzig wurde von uns getrennt! Der Korridor von Polen annektiert! Die dort lebenden deutschen

Minderheiten in der qualvollsten Weise mißhandelt. Über eine Million Menschen deutschen Blutes mußten schon in den Jahren 1919/20 ihre Heimat verlassen. Wie immer, so habe ich auch hier versucht, auf dem Wege friedlicher Revisionsvorschläge eine Änderung des unerträglichen Zustandes herbeizuführen. [...]

Obwohl ich innerlich überzeugt war, daß es der polnischen Regierung – vielleicht auch infolge ihrer Abhängigkeit von einer nunmehr entfesselten, wilden Soldateska – mit einer wirklichen Verständigung nicht ernst ist, habe ich einen Vermittlungsvorschlag der britischen Regierung angenommen. Sie schlug vor, daß sie nicht selbst Verhandlungen führen sollte, sondern versicherte, eine direkte Verbindung zwischen Polen und Deutschland herzustellen, um noch einmal in das Gespräch zu kommen. Ich muß hier folgendes feststellen: Ich habe diesen Vorschlag angenommen. Ich habe für diese Besprechungen Grundlagen ausgearbeitet, die Ihnen bekannt sind! Und ich bin dann mit meiner Regierung zwei volle Tage gesessen und habe gewartet, ob es der polnischen Regierung paßt, nun endlich einen Bevollmächtigten zu schicken oder nicht! Sie hat uns bis gestern abend keinen Bevollmächtigten geschickt, sondern durch ihren Botschafter mitteilen lassen, daß sie zur Zeit erwäge, ob und wieweit sie in der Lage sei, auf die englischen Vorschläge einzugehen. Sie würde dies England mitteilen. Meine Herren Abgeordneten! Wenn man dem Deutschen Reich und seinem Staatsoberhaupt so etwas zumuten kann, und das Deutsche Reich und sein Staatsoberhaupt das dulden würden, dann würde die deutsche Nation nichts anderes verdienen, als von der politischen Bühne abzutreten! Meine Friedensvorschläge und meine endlose Langmut soll man nicht mit Schwäche oder gar mit Feigheit verwechseln! Ich habe daher gestern abend der britischen Regierung mitgeteilt, daß ich unter diesen Umständen auf seiten der polnischen Regierung keine Geneigtheit mehr finden kann, mit uns in ein wirklich ernstes Gespräch einzutreten. Dann sind

diese Vermittlungsvorschläge gescheitert, denn unterdes war als Antwort auf diesen Vermittlungsvorschlag erstens die polnische Generalmobilmachung gekommen und zweitens neue schwere Greueltaten. Diese Vorgänge haben sich nun heute nacht abermals wiederholt. Nachdem schon neulich nachts einundzwanzig Grenzzwischenfälle zu verzeichnen waren, sind es heute nacht vierzehn gewesen, darunter drei ganz schwere. *Ich habe mich daher nun entschlossen, mit Polen in der gleichen Sprache zu reden, die Polen seit Monaten uns gegenüber anwendet!* [...]
Ich bin glücklich, Ihnen nun von dieser Stelle aus ein besonderes Ereignis mitteilen zu können. Sie wissen, daß *Rußland* und Deutschland von zwei verschiedenen Doktrinen regiert werden. Es war nur eine Frage, die geklärt werden müßte: Deutschland hat nicht die Absicht, seine Doktrin zu exportieren, und in dem Augenblick, in dem Sowjetrußland seine Doktrin nicht nach Deutschland zu exportieren gedenkt, sehe ich keine Veranlassung mehr, daß wir auch nur noch einmal gegeneinander Stellung nehmen sollen! Wir sind uns beide darüber klar: Jeder Kampf unserer Völker gegeneinander würde nur andern einen Nutzen abwerfen. Daher haben wir uns entschlossen, einen Pakt abzuschließen, der zwischen uns beiden für alle Zukunft jede Gewaltanwendung ausschließt, der uns in gewissen europäischen Fragen zur Konsultierung verpflichtet, der das wirtschaftliche Zusammenarbeiten ermöglicht und vor allem sicherstellt, daß sich die Kräfte dieser beiden großen Staaten nicht gegeneinander verbrauchen. Jeder Versuch des Westens, hier etwas zu ändern, wird fehlschlagen, und ich möchte das eine hier versichern: diese politische Entscheidung bedeutet eine ungeheure Wende für die Zukunft und ist eine endgültige! Ich glaube, das ganze deutsche Volk wird diese politische Einstellung begrüßen! Rußland und Deutschland haben im Weltkrieg gegeneinander gekämpft und waren beide letzten Endes die Leidtragenden. Ein zweites Mal soll und wird das nicht mehr geschehen! Der Nichtangriffs- und

Konsultativpakt, der am Tage seiner Unterzeichnung bereits gültig wurde, hat gestern die höchste Ratifikation in Moskau und auch in Berlin erfahren. In Moskau wurde dieser Pakt genauso begrüßt, wie Sie ihn hier begrüßen. Die Rede, die der russische Außenkommissar Molotow hielt, kann ich Wort für Wort unterschreiben. *Unsre Ziele:* Ich bin entschlossen: Erstens die Frage Danzig, zweitens die Frage des Korridors zu lösen und drittens dafür zu sorgen, daß im Verhältnis Deutschlands zu Polen eine Wendung eintritt, die ein friedliches Zusammenleben sicherstellt. Ich bin entschlossen, so lange zu kämpfen, bis entweder die derzeitige polnische Regierung dazu geneigt ist, diese Änderung herzustellen, oder bis eine andre polnische Regierung dazu bereit ist. Ich will von den deutschen Grenzen das Element der Unsicherheit, die Atmosphäre ewiger, bürgerkriegsähnlicher Zustände entfernen. Ich will daher sorgen, daß im Osten der Friede an der Grenze kein andrer ist, als wir ihn an unsern andern Grenzen kennen. Ich will dabei die notwendigen Handlungen so vornehmen, daß sie nicht dem widersprechen, was ich Ihnen hier, meine Herren Abgeordneten, im Reichstag selbst als Vorschläge an die übrige Welt bekanntgab. Das heißt, ich will nicht den Kampf gegen Frauen und Kinder führen. Ich habe meiner Luftwaffe den Auftrag gegeben, sich bei den Angriffen auf militärische Objekte zu beschränken. Wenn aber der Gegner glaubt, daraus einen Freibrief ablesen zu können, seinerseits mit umgekehrten Methoden zu kämpfen, dann wird er eine Antwort erhalten, daß ihm Hören und Sehen vergeht! *Polen hat nun heute nacht zum erstenmal auf unserm eigenen Territorium auch durch reguläre Soldaten geschossen. Seit 5 Uhr 45 wird jetzt zurückgeschossen!* Und von jetzt ab wird Bombe mit Bombe vergolten! Wer mit Gift kämpft, wird mit Giftgas bekämpft, wer sich selbst von den Regeln einer humanen Kriegsführung entfernt, kann von uns nichts andres erwarten, als daß wir den gleichen Schritt tun. Ich werde diesen Kampf, ganz gleich gegen wen, so lange führen, bis die Sicherheit des Reiches und seine Rechte gewährleistet sind! [...]

Ich will jetzt nichts andres sein als der erste Soldat des Deutschen Reiches. Ich habe damit wieder jenen Rock angezogen, der mir selbst der heiligste und teuerste war. Ich werde ihn nur ausziehen nach dem Sieg oder – ich werde dieses Ende nicht erleben! Sollte mir in diesem Kampf etwas zustoßen, so ist *mein erster Nachfolger* Parteigenosse *Göring*. Sollte Parteigenossen Göring etwas zustoßen, ist sein Nachfolger Parteigenosse *Heß*. Sie würden diesen dann als Führer genau so zu blinder Treue und Gehorsam verpflichtet sein wie mir! Für den Fall, daß auch Parteigenossen Heß etwas zustoßen sollte, werde ich durch Gesetz nunmehr den Senat berufen, der dann den Würdigsten, das heißt den Tapfersten, aus seiner Mitte wählen soll! Als Nationalsozialist und deutscher Soldat gehe ich in diesen Kampf mit einem starken Herzen! Mein ganzes Leben war nichts anderes als ein einziger Kampf für mein Volk, für seine Wiederauferstehung, für Deutschland, und über diesem Kampf stand nur ein Bekenntnis: Der Glaube an dieses Volk! Ein Wort habe ich nie kennengelernt, es heißt: Kapitulation. Wenn irgend jemand aber meint, daß wir vielleicht einer schweren Zeit entgegengehen, so möchte ich bitten, zu bedenken, daß einst ein Preußenkönig mit einem lächerlich kleinen Staat einer der größten Koalitionen gegenübertrat und in drei Kämpfen am Ende doch erfolgreich bestand, weil er jenes gläubige, starke Herz besaß, das auch wir in dieser Zeit benötigen. Der Umwelt aber möchte ich versichern: *Ein November 1918 wird sich niemals mehr in der deutschen Geschichte wiederholen.* So wie ich selber bereit bin, jederzeit mein Leben für mein Volk und für Deutschland einzusetzen, so verlange ich dasselbe auch von jedem andern!

[...]

Ich schließe mit dem *Bekenntnis*, das ich einst aussprach, als ich den Kampf um die Macht im Reich begann: Damals sagte ich: Wenn unser Wille so stark ist, daß keine Not ihn mehr zu zwingen vermag, dann wird unser Wille und unser deutscher Stahl auch die Not zerbrechen und besiegen. Deutschland – Sieg Heil!

D: Keesing 9 (1939) S. 4199 f.

105

Das britisch-französische Ultimatum vom 1. September 1939

Die Botschafter Frankreichs und Großbritanniens in Berlin baten am 1. September, gemeinsam vom Reichsaußenminister empfangen zu werden, um ihm eine dringliche Mitteilung ihrer Regierungen zu machen. Ribbentrop empfing sie getrennt um 21 und 22 Uhr. Sie überreichten gleichlautende Noten, die der Reichsaußenminister beide Male mit der Erklärung beantwortete, daß angesichts der polnischen Provokationen die deutsche Gegenaktion nicht als Angriff qualifiziert werden könne. Da Deutschland seine Truppen nicht aus Polen zurückzog, erklärten die Westmächte am 3. September 1939 dem Deutschen Reich den Krieg.

Euer Exzellenz,

Im Auftrage des Ministers Seiner Majestät für Auswärtige Angelegenheiten beehre ich mich, folgende Mitteilung zu machen:

In den frühen Morgenstunden des heutigen Tages hat der Deutsche Reichskanzler einen Aufruf an die deutsche Wehrmacht erlassen, aus dem klar hervorging, daß er im Begriff war, Polen anzugreifen.

Aus Nachrichten, die zur Kenntnis der Regierung Seiner Majestät im Vereinigten Königreich und der Französischen Regierung gelangt sind, geht hervor, daß deutsche Truppen die polnische Grenze überschritten haben und daß Angriffe auf polnische Städte im Gange sind.

Unter diesen Umständen sind die Regierungen des Vereinigten Königreichs und Frankreichs der Auffassung, daß die Deutsche Regierung durch diese ihre Handlung die Voraussetzungen geschaffen hat (nämlich einen aggressiven Gewaltakt gegenüber Polen, der dessen Unabhängigkeit bedroht), welche seitens der Regierungen des Vereinigten Königreichs und Frankreichs die Erfüllung ihrer Verpflichtungen, Polen Beistand zu leisten, erheischen.
Ich bin daher beauftragt, Euer Exzellenz mitzuteilen, daß die Regierung Seiner Majestät im Vereinigten Königreich ohne Zögern ihre Verpflichtungen gegenüber Polen erfüllen wird, wenn nicht die Deutsche Regierung bereit ist, der Regierung des Vereinigten Königreichs befriedigende Zusicherungen dahingehend abzugeben, daß die Deutsche Regierung jegliche Angriffshandlung gegen Polen eingestellt hat und bereit ist, ihre Truppen unverzüglich aus polnischem Gebiet zurückzuziehen.
Ich benutze diese Gelegenheit, usw.

Nevile Henderson

D: Gelbbuch der Französischen Regierung. Diplomatische Urkunden 1938–1939. Basel: Birkhauser, 1940. S. 399.
O: ADAP D VII S. 410.

106

Ermächtigung Hitlers für bestimmte Ärzte, unheilbar Kranke zu töten, von Ende Oktober 1939

Hitler hatte, durch einen Einzelfall veranlaßt, bereits im Laufe des Jahres 1939 eine Organisation unter der Tarnbezeichnung »Reichsausschuß zur wissenschaftlichen Erfassung erb- und anlagebedingter schwerer Leiden« geschaffen, die mißgebildete Kleinkinder in den

21 sogenannten Kinderfachabteilungen töten ließ. Eine Ausweitung dieser Aktion auf erwachsene Kranke stellte er bis zum Kriegsausbruch zurück, weil dann die insbesondere von kirchlicher Seite erwarteten Widersprüche leichter zu überwinden seien. Im Oktober 1939 gab er auf seinem privaten Briefpapier (vordatiert auf den 1. September 1939) eine schriftliche Ermächtigung zur Tötung aller »unheilbar Kranken« in einer Formulierung, die nicht erkennen ließ, daß sie zur einzigen Grundlage einer großangelegten Mordaktion werden sollte, der möglicherweise bis zu 100 000 Menschen zum Opfer gefallen sind.

Reichsleiter *Bouhler* und
Dr. med. *Brandt*
sind unter Verantwortung beauftragt, die Befugnisse namentlich zu bestimmender Ärzte so zu erweitern, daß nach menschlichem Ermessen unheilbar Kranken bei kritischster Beurteilung ihres Krankheitszustandes der Gnadentod gewährt werden kann.

Adolf Hitler

D: Prozeß gegen die Hauptkriegsverbrecher XXVI S. 169.

107

Dreimächtepakt zwischen Deutschland, Italien und Japan vom 27. September 1940

Nach dem großen militärischen Erfolg im Frankreichfeldzug 1940 rückte für die Achsenmächte – Italien war am 10. Juni an der Seite Deutschlands in den Krieg eingetreten – der Kampf gegen Großbritannien in den Mittelpunkt. Zur Vorbereitung einer Invasion wurde die britische Insel seit August Ziel planmäßiger deutscher Luftangriffe; Italien griff zunächst erfolgreich die britischen Stellungen in Ägypten und Somaliland an. In den USA wich die isolationistische Stimmung der Zwischenkriegszeit zunehmend der Ansicht, daß man den Briten zu Hilfe kommen sollte. Amerikanische Zerstörer wurden im Austausch gegen Stützpunkte an Großbritannien ausgeliehen, die früher befolgte Politik strikter Neutralität wurde zu einer Politik »short of war« (›am Rand des Krieges‹). In dieser Lage schien es den Achsenmächten sinnvoll, ein Bündnis mit Japan einzugehen, dessen Pläne zur Errichtung einer »ostasiatischen Wohlfahrtssphäre« die britische und amerikanische Position im Pazifik gefährdete. Der in Polen begonnene Krieg wuchs in weltweite Dimensionen hinein.

Die Regierungen von Deutschland, Italien und Japan sehen es als eine Voraussetzung für einen dauerhaften Frieden an, daß jede Nation der Welt den ihr gebührenden Raum erhält. Sie haben deshalb beschlossen, bei ihren Bestrebungen im großostasiatischen Raum und in den europäischen Gebieten Seite an Seite zu stehen und zusammenzuarbeiten, wobei es ihr vornehmstes Ziel ist, eine neue Ordnung der Dinge zu schaffen und aufrechtzuerhalten, die geeignet ist, Gedeihen und Wohlfahrt der dortigen Völker zu fördern. Es ist ferner der Wunsch der drei Regierungen, die Zusammenarbeit auf solche Nationen in anderen Teilen der Welt auszudehnen, die geneigt sind, ihren Bemühungen eine ähnliche Richtung wie sie selbst zu geben, damit so ihre auf den Weltfrieden als Endziel gerichteten Bestrebungen verwirklicht werden können. Dementsprechend haben die Regierungen von Deutschland, Italien und Japan folgendes vereinbart:

Artikel 1. Japan anerkennt und respektiert die Führung Deutschlands und Italiens bei der Schaffung einer neuen Ordnung in Europa.

Artikel 2. Deutschland und Italien anerkennen und respektieren die Führung Japans bei der Schaffung einer neuen Ordnung im großasiatischen Raum.

Artikel 3. Deutschland, Italien und Japan kommen überein, bei ihren Bemühungen auf der vorstehend angegebenen Grundlage zusammenzuarbeiten. Sie übernehmen ferner die Verpflichtung, sich mit allen politischen, wirtschaftlichen und militärischen Mitteln gegenseitig zu unterstützen, falls einer der drei Vertragschließenden Teile von einer Macht angegriffen wird, die gegenwärtig nicht in den europäischen Krieg oder in den chinesisch-japanischen Konflikt verwickelt ist.

Artikel 4. Um den gegenwärtigen Pakt zur Durchführung zu bringen, werden unverzüglich gemeinsame technische Kommissionen zusammentreten, deren Mitglieder von den Regierungen Deutschlands, Italiens und Japans zu ernennen sind.

Artikel 5. Deutschland, Italien und Japan erklären, daß die vorstehenden Abmachungen in keiner Weise den politischen Status berühren, der gegenwärtig zwischen jedem der drei Vertragschließenden Teile und Sowjetrußland besteht.

Artikel 6. Der gegenwärtige Pakt soll sofort mit der Unterzeichnung in Kraft treten und 10 Jahre, gerechnet vom Tage seines Inkrafttretens an, in Geltung bleiben.
Rechtzeitig vor dem Ablauf dieser Frist werden die Hohen Vertragschließenden Teile, falls einer von ihnen darum ersucht, in Verhandlungen über seine Erneuerung eintreten.
Zu Urkund dessen haben die Unterzeichneten, von ihren Regierungen gehörig bevollmächtigt, diesen Pakt unterzeichnet und mit ihren Siegeln versehen.
Ausgefertigt in dreifacher Urschrift in Berlin am 27. September 1940 – im XVIII. Jahr der Faschistischen Ära – entsprechend dem 27. Tage des 9. Monats des 15. Jahres der Ära Syōwa.

Joachim von Ribbentrop
Ciano
Kurusu

D: Martens XXXVIII S. 362–364.

108

Weisung Hitlers für den Angriff gegen die Sowjetunion (»Fall Barbarossa«) vom 18. Dezember 1940

Die Sowjetunion hatte die durch den Pakt mit Hitler vom 23. August 1939 (vgl. Quelle 103) gebotenen Möglichkeiten zur Ausdehnung im östlichen Mitteleuropa durch die Annexion der baltischen Staaten und Ostpolens und den durch Ultimatum an Rumänien erzwungenen Erwerb Bessarabiens im Laufe des Sommers 1940 genutzt. Aus Sorge um die Gefährdung der Erdöllieferungen aus Rumänien hatte Deutschland nach dem gemeinsam mit Italien gefällten (II.) Wiener Schiedsspruch vom 30. August 1940, der Ungarn erhebliche Teile rumänischen Staatsgebietes zuerkannte, der Bitte Rumäniens um die Stationierung deutscher »Lehrtruppen« entsprochen und damit dem weiteren Ausgreifen der Sowjetunion einen Riegel vorgeschoben, was diese zum Protest gegen das einseitige Vorgehen Deutschlands veranlaßte. Verhandlungen über einen Beitritt der UdSSR zum Dreimächtepakt zeigten, daß diese in Finnland, Rumänien, Bulgarien und in der Türkei Absichten verfolgte, die Deutschland nicht erwünscht waren. Bereits im Sommer 1940 hatte Hitler einen Angriff gegen die Sowjetunion erwogen, weil bei einem Sieg sowohl Großbritannien wie die USA die Voraussetzungen für einen Erfolg über Deutschland verlieren würden. Wenig mehr als drei Wochen nach dem Eintreffen der sowjetischen Bedingungen für einen Beitritt zum Dreimächtepakt am 25. November gab Hitler den Befehl zur Vorbereitung von »Barbarossa«. Das Verhältnis zur UdSSR wurde weiterhin belastet, als Bulgarien am 1. März 1941 dem Dreimächtepakt beitrat und damit bei Deutschland Rückhalt gegen die Sowjetunion suchte. Im Gegenzug schloß diese am 5. April 1941 einen Freundschafts- und Nichtangriffspakt mit der durch Staatsstreich kurz zuvor an die Macht gelangten antideutschen Regierung von Jugoslawien. Der am nächsten Tag einsetzende Feldzug gegen Jugoslawien und das im Krieg gegen Italien stehende Griechenland, der bis zum 27. April die ganze Balkanhalbinsel unter deutsche und italienische Kontrolle brachte, sicherte den rückwärtigen Raum für den großangelegten Angriff auf die Sowjetunion, der am 22. Juni 1941 begann.

Die Deutsche Wehrmacht muß darauf vorbereitet sein, auch vor Beendigung des Krieges gegen England Sowjetrußland in einem schnellen Feldzug niederzuwerfen (Fall Barbarossa).
Das Heer wird hierzu alle verfügbaren Verbände einzusetzen haben mit der Einschränkung, daß die besetzten Gebiete gegen Überraschungen gesichert sein müssen.
Für die Luftwaffe wird es darauf ankommen, für den Ostfeldzug so starke Kräfte zur Unterstützung des Heeres freizumachen, daß mit einem raschen Ablauf der Erdoperationen gerechnet werden kann und die Schädigung des ostdeutschen Raumes durch feindliche Luftangriffe so gering wie möglich bleibt. Diese Schwerpunktbildung im Osten findet ihre Grenze in der Forderung, daß der gesamte von uns beherrschte Kampf- und Rüstungsraum gegen feindliche Luftangriffe hinreichend geschützt bleiben muß und die Angriffshandlungen gegen England, insbesondere seine Zufuhr, nicht zum Erliegen kommen dürfen.
Der Schwerpunkt des Einsatzes der Kriegsmarine bleibt auch während eines Ostfeldzuges eindeutig gegen England gerichtet.
Den Aufmarsch gegen Sowjetrußland werde ich gegebenenfalls acht Wochen vor dem beabsichtigten Operationsbeginn befehlen.
Vorbereitungen, die eine längere Anlaufzeit benötigen, sind – soweit noch nicht geschehen – schon jetzt in Angriff zu nehmen und bis zum 15. 5. 41 abzuschließen.
Entscheidender Wert ist jedoch darauf zu legen, daß die Absicht eines Angriffes nicht erkennbar wird. [...]

Adolf Hitler

D: ADAP D XI,2 S. 750–753.

109

Entwurf einer Weisung Hitlers »Vorbereitungen für die Zeit nach ›Barbarossa‹« vom 11. Juni 1941

In den politischen und militärischen Führungsstäben Deutschlands wurde ebenso wie in entsprechenden Stellen der USA und Großbritanniens mit einer schnellen Niederwerfung der Sowjetunion durch die deutschen Truppen gerechnet. Beide Seiten gingen bei ihren Planungen für den weiteren Verlauf des Krieges von dieser Voraussetzung aus, bis die Schlacht um Smolensk im Juli 1941 die starke Abwehrkraft der Roten Armee erwies. Der Text zeigt, daß nach den Erwartungen Hitlers der Krieg durch die Eroberung der UdSSR erst die Möglichkeiten schaffen würde, um den entscheidenden Schlag gegen Großbritannien zu führen, und daß dies nur möglich schien durch eine Ausweitung des Krieges über Europa hinaus.

A.) Nach der Zerschlagung der sowjetischen Wehrmacht werden Deutschland und Italien das europäische Festland – vorläufig ohne die Iberische Halbinsel – militärisch beherrschen. Irgendeine ernsthafte Gefährdung des europäischen Raumes zu Lande besteht dann nicht mehr. Zu seiner Sicherung und für die noch in Betracht kommenden Angriffsoperationen genügen wesentlich geringere Kräfte des Heeres, als sie bisher aufrechterhalten werden mußten.
Der Schwerpunkt der Rüstung kann auf die Kriegsmarine und auf die Luftwaffe gelegt werden.
Die Vertiefung der deutsch-französischen Zusammenarbeit soll und wird weitere englische Kräfte fesseln, die Rückenbedrohung des nordafrikanischen Kriegsschauplatzes beseitigen, die Bewegungsmöglichkeit der britischen Flotte im westlichen Mittelmeer weiter einschränken und die tiefe Südwestflanke des europäischen Kampfraumes, einschl[ießlich] der atlantischen Küste Nord- und Westafrikas, gegen angelsächsischen Zugriff schützen.

Spanien wird in absehbarer Zeit vor die Frage gestellt werden, ob es bereit ist, an der Vertreibung der Engländer aus Gibraltar mitzuwirken oder nicht.
Die Möglichkeit, auf die Türkei und den Iran einen starken Druck auszuüben, verbessert die Aussichten, auch diese Länder mittelbar oder unmittelbar für den Kampf gegen England nutzbar zu machen.
B.) Aus dieser Lage heraus, wie sie sich nach der siegreichen Beendigung des Ostfeldzuges ergeben wird, können der Wehrmacht für den Spätherbst 1941 und den Winter 1941/1942 folgende strategische Aufgaben erwachsen:
1.) Der neu gewonnene Ostraum muß organisiert, gesichert und unter voller Mitwirkung der Wehrmacht wirtschaftlich ausgenutzt werden.
Wie stark diese Sicherungskräfte im russischen Raum zu bemessen sind, läßt sich mit Sicherheit erst später übersehen. Aller Voraussicht nach werden aber etwa 60 Divisionen und eine Luftflotte, neben finnischen und rumänischen Kräften, für die weiteren Aufgaben im Osten genügen.
2.) Die Fortsetzung des Kampfes gegen die britische Position im Mittelmeer und in Vorderasien.
a) Es bleibt anzustreben, etwa im November beginnend, den Hauptangriff gegen den Suez-Kanal mit deutschen und italienischen Verbänden von der Cyrenaika aus zu führen. [...]
Aufgabe der Kriegsmarine ist es, in Zusammenarbeit mit der italienischen Kriegsmarine für die Bereitstellung des nötigen Schiffsraumes unter Charterung französischer und neutraler Schiffe zu sorgen. [...]
b) Um den schwierigen Angriff vom Westen her auf Ägypten zu erleichtern, wird ein deutscher Druck in Richtung des Suez-Kanals auch vom Osten her ins Auge zu fassen sein.
Zum mindesten werden dadurch die englischen Abwehrkräfte zersplittert.
Zu diesem Zweck ist vorzusehen, so frühzeitig als möglich

so starke Kräfte in Bulgarien zu versammeln, als nötig sind, die Türkei politisch gefügig zu machen oder ihren Widerstand mit Waffengewalt zu brechen.
Im Rahmen dieser Armee und, wenn der Zusammenbruch der S[owjet-]U[nion] die Voraussetzung dafür geschaffen hat, auch in Kaukasien, sind motorisierte Expeditionskorps aufzustellen, um sich später den Weg durch die Türkei und Syrien nach Palästina und durch den Iran nach Basra zu bahnen.
c) Ausnutzung der arabischen Freiheitsbewegung. Die Lage der Engländer im Mittleren Orient wird bei größeren deutschen Operationen um so schwieriger sein, je mehr Kräfte durch Unruhe-Herde oder Aufstandsbewegungen zeitgerecht gebunden werden. [...]
3.) Schließung des Westeingangs in das Mittelmeer durch Ausschaltung von Gibraltar.
Die Vorbereitungen für das schon einmal geplante Unternehmen »Felix« müssen schon während des Auslaufens der Operationen im Osten in vollem Umfange wieder aufgenommen werden. Dabei kann damit gerechnet werden, daß auch das unbesetze französische Gebiet wenn nicht für den Durchtransport deutscher Truppen, so doch sicherlich für Versorgungstransporte zur Verfügung steht. Auch die Mitwirkung französischer See- und Luftstreitkräfte liegt im Bereich der Möglichkeit.
Zum Übersetzen nach Spanisch-Marokko, nach der Wegnahme von Gibraltar, sind Heeresverbände nur insoweit vorzusehen, als es die Sicherung der Meerenge erfordert.
Die Verteidigung der atlantischen Küste von Nord- und Westafrika, die Ausschaltung der englischen Besitzungen in Westafrika und die Rückgewinnung des von de Gaulle beherrschten Gebietes fällt den Franzosen zu, denen im Zuge der angebahnten Entwicklung die erforderlichen Verstärkungen bewilligt werden. Die Ausnutzung westafrikanischer Stützpunkte durch Kriegsmarine und Luftwaffe, u. U.

auch die Besitznahme atlantischer Inseln, wird nach Beherrschung der Meerenge erleichtert sein.

4.) Neben diesen möglichen Operationen gegen die britische Machtstellung im Mittelmeer muß die »Belagerung Englands« nach Abschluß des Ostfeldzuges durch Kriegsmarine und Luftwaffe wieder in vollem Maße aufgenommen werden.

Alle diesem Zweck dienenden Rüstungsvorhaben haben damit innerhalb der Gesamtrüstung den Vorrang. Gleichzeitig gilt es, die deutsche Luftverteidigung aufs höchste zu steigern. Vorbereitungen für eine Landung in England werden dem doppelten Ziel zu dienen haben, englische Kräfte im Mutterland zu binden und einen sich abzeichnenden Zusammenbruch Englands durch eine Landung auszulösen und zu vollenden.

C.) Zu welchem Zeitpunkt die geplanten Operationen im Mittelmeerraum und im Vorderen Orient begonnen werden können, läßt sich noch nicht übersehen. Die stärkste operative Wirkung würde ein möglichst gleichzeitiger Beginn der Angriffe gegen Gibraltar, Ägypten und Palästina ergeben.

Ob das möglich sein wird, hängt, neben einer Reihe von Faktoren, die heute noch nicht abzusehen sind, in erster Linie davon ab, ob die Luftwaffe in der Lage sein wird, die erforderlichen Kräfte zur Unterstützung dieser drei Operationen gleichzeitig einzusetzen.

D.) Die Herren Oberbefehlshaber ersuche ich, nach diesen vorläufigen Absichten ihre gedanklichen und organisatorischen Vorbereitungen zu treffen und mich von deren Ergebnissen so rechtzeitig zu unterrichten, daß meine endgültigen Weisungen noch während des Ostfeldzuges erlassen werden können.

D: ADAP D XII,2 S. 842–846.

110

Entwurf eines Befehls des Oberbefehlshabers des Heeres über die Behandlung der Sowjetbürger und die Bestrafung der Übergriffe deutscher Soldaten vom 6. Mai 1941

Der Krieg gegen die Sowjetunion ist anders als die vorangegangenen Feldzüge von Anfang an als Kampf gegen ein »Untermenschentum« geführt worden, der Krieg wurde zum »rassischen Exterminationskrieg«, der nicht mehr allein gegen die militärische Macht des Gegners, sondern auch gegen dessen Bevölkerung geführt wurde. Dementsprechend wurden die völkerrechtlichen Regeln der Kriegführung planmäßig mißachtet. Dieser Entwurf gebliebene Text bekundet die auch in der Wehrmacht vertretenen Auffassungen vom Kampf gegen die Sowjetunion.

Die weite Ausdehnung der östlichen Operationsräume, die Art der hierdurch bedingten Kampfführung, die Eigenart des östlichen Gegners erfordern eine besonders umfangreiche und wirksame Sicherung der kämpfenden Truppe gegenüber der feindlichen Wehrmacht und der Zivilbevölkerung, sowie schnellste Befriedung der gewonnenen Gebiete. Selbstverständlich bleiben Bewegung und Kampf mit der feindlichen Wehrmacht die Hauptaufgabe der Truppe; sie verlangt vollste Sammlung und höchsten Einsatz aller Kräfte. Die Truppe darf sich von dieser Hauptaufgabe nicht abziehen lassen.
Andererseits wird sie aber vielfach als erste und einzige rechtzeitig in der Lage sein, im Sinne ihrer Sicherung wie der Befriedung des Landes wirksame Maßnahmen zu ergreifen und durchzuführen.
Hierbei ist festzustellen, daß außer den sonst bekämpften Widersachern der Truppe diesmal als besonders gefährliches und jede Ordnung zersetzendes Element aus der Zivilbe-

völkerung der *Träger* der *jüdisch-bolschewistischen Weltanschauung* entgegentritt. Es ist kein Zweifel, daß er seine *Waffe der Zersetzung* heimtückisch und aus dem Hinterhalt, wo er nur kann, gegen die im Kampf stehende und das Land befriedende deutsche Wehrmacht gebraucht.
Die Truppe hat daher das Recht und die Pflicht, sich auch gegen diese zersetzenden Kräfte umfassend und wirksam zu sichern.
Auf Grund der mir vom Führer und Obersten Befehlshaber der Wehrmacht erteilten Weisungen bestimme ich deshalb für die Durchführung des Unternehmens »Barbarossa«:

I. *Behandlung feindlicher Landeseinwohner*

Angriffe jeder Art von Landeseinwohnern gegen die Wehrmacht sind mit der *Waffe* sofort und unnachsichtlich mit den äußersten Mitteln *nieder*zuschlagen.
Landeseinwohner, die als *Freischärler* an den Feindseligkeiten teilnehmen, oder teilnehmen wollen, die durch ihr Auftreten eine *unmittelbare Bedrohung* der Truppe bedeuten oder die sonst *durch irgendeine Tat* sich gegen die deutsche Wehrmacht *auflehnen* (z. B. Gewalttaten gegen Wehrmachtsangehörige oder Wehrmachtseigentum, Sabotage, Widerstand) sind im *Kampf* oder *auf der Flucht zu erschießen*.
Wo derartige verbrecherische Elemente auf diese Weise nicht erledigt werden, sind sie sogleich einem Offizier vorzuführen, der zu entscheiden hat, ob sie zu erschießen sind.
Gegen Ortschaften, aus denen hinterlistige und heimtückische Angriffe irgendwelcher Art erfolgt sind, sind unverzüglich auf Anordnung wenigstens eines Bataillons- usw. -Kommandeurs *kollektive Gewaltmaßnahmen* durchzuführen, falls die Umstände eine rasche Feststellung einzelner Täter nicht erwarten lassen.
Es ist ein Gebot der Selbsterhaltung und Pflicht aller Kom-

mandeure, gegen feige Überfälle einer verblendeten Bevölkerung mit eiserner Strenge ohne jede Verzögerung vorzugehen.
Über die Behandlung politischer Hoheitsträger usw. erfolgt gesonderte Regelung.

II. *Lockerung des Verfolgungszwanges* bei *Straftaten Heeresangehöriger* gegen *feindliche Landeseinwohner.*

I. Strafbare Handlungen, die Heeresangehörige aus Erbitterung über Greueltaten oder die *Zersetzungsarbeit* der Träger des *jüdisch-bolschewistischen Systems* begangen haben, sind nicht zu verfolgen, soweit nicht im Einzelfalle die Aufrechterhaltung der Manneszucht ein Einschreiten erfordert.
Es bleibt unter allen Umständen Aufgabe aller Vorgesetzten, willkürliche Ausschreitungen einzelner Wehrmachtsangehöriger zu verhindern und einer Verwilderung der Truppe vorzubeugen. Der einzelne Soldat darf nicht dahin kommen, daß er gegenüber Landeseinwohnern tut und läßt, was ihm gut dünkt, sondern er ist in jedem Falle *gebunden* an die *Befehle* seiner *Vorgesetzten.*
In den Fällen, in denen der Beweggrund der Erbitterung erst in der Hauptverhandlung vor einem Feldkriegsgericht hervortritt, sind die Befehlshaber und Kommandeure, denen ich das Bestätigungsrecht übertragen habe, dafür verantwortlich, daß nur solche Urteile bestätigt werden, die den vorstehend aufgeführten *militärischen* und *politischen Gesichtspunkten* in vollem Umfang gerecht werden.
2. Im übrigen bleibt es bei der Ahndung strafbarer Handlungen von Heeresangehörigen wie bisher.

III. Bei dieser Gelegenheit weise ich erneut auf die Notwendigkeit hin, daß die Strafe der Tat auf dem Fuß folgen muß. Oft kann es gerade im Verlauf von Operationen wichtiger und wirksamer sein, *überhaupt* und *sofort* zu *strafen*, als verspätet und dann besonders hart. [...]

D: Hans-Adolf Jacobsen: Kommissarbefehl und Massenexekutionen sowjetischer Kriegsgefangener. In: Hans Buchheim [u. a.]: Anatomie des SS-Staates. Bd. 2. Olten / Freiburg i. Br.: Walter, 1965. S. 208–210.

111

Der Kommissarbefehl des Oberkommandos der Wehrmacht vom 6. Juni 1941

Die planvolle Härte der deutschen Kriegführung gegen den sowjetischen Gegner zeigte sich besonders deutlich in der Vorschrift zur Behandlung der politischen Kommissare der Roten Armee.

Richtlinien für die Behandlung politischer Kommissare

Im Kampf gegen den Bolschewismus ist mit einem Verhalten des Feindes nach den Grundsätzen der Menschlichkeit oder des Völkerrechts *nicht* zu rechnen. Insbesondere ist von den *politischen Kommissaren aller Art* als den eigentlichen Trägern des Widerstandes eine haßerfüllte, grausame und unmenschliche Behandlung unserer Gefangenen zu erwarten.

Die Truppe muß sich bewußt sein:

1. In diesem Kampf ist Schonung und völkerrechtliche Rücksichtnahme diesen Elementen gegenüber falsch. Sie sind eine Gefahr für die eigene Sicherheit und die schnelle Befriedung der eroberten Gebiete.

2. Die Urheber barbarisch asiatischer Kampfmethoden sind die politischen Kommissare. Gegen diese muß daher *sofort* und ohne weiteres mit aller Schärfe vorgegangen werden. Sie sind daher, wenn im *Kampf* oder *Widerstand* ergriffen, grundsätzlich sofort mit der Waffe zu erledigen.

Im übrigen gelten folgende Bestimmungen:

I. *Operationsgebiet*

1. Politische Kommissare, die sich *gegen unsere Truppe wenden*, sind entsprechend dem »Erlaß über die Ausübung der Gerichtsbarkeit im Gebiet Barbarossa« zu behandeln. Dies gilt für Kommissare jeder Art und Stellung, auch wenn sie nur des Widerstandes, der Sabotage oder der Anstiftung hierzu verdächtig sind.
Auf die »Richtlinien über das Verhalten der Truppe in Rußland« wird verwiesen.
2. Politische Kommissare als *Organe der feindlichen Truppe* sind kenntlich an besonderen Abzeichen – roter Stern mit golden eingewebtem Hammer und Sichel auf den Ärmeln – [...]. Sie sind aus den Kriegsgefangenen *sofort*, d. h. noch auf dem Gefechtsfelde, abzusondern. Dies ist notwendig, um ihnen jede Einflußmöglichkeit auf die gefangenen Soldaten abzunehmen. Diese Kommissare werden nicht als Soldaten anerkannt; der für die Kriegsgefangenen völkerrechtlich geltende Schutz findet auf sie keine Anwendung. Sie sind nach durchgeführter Absonderung zu erledigen.
3. *Politische Kommissare*, die sich *keiner feindlichen Handlungen schuldig machen* oder *einer solchen verdächtig sind*, werden zunächst unbehelligt bleiben. Erst bei der weiteren Durchdringung des Landes wird es möglich sein, zu entscheiden, ob verbliebene Funktionäre an Ort und Stelle belassen werden können oder an die Sonderkommandos abzugeben sind. Es ist anzustreben, daß diese selbst die Überprüfung vornehmen.
Bei der Beurteilung der Frage, ob »schuldig oder nicht schuldig«, hat grundsätzlich der persönliche Eindruck von der Gesinnung und Haltung des Kommissars höher zu gelten als der vielleicht nicht zu beweisende Tatbestand.
4. In den Fällen 1. und 2. ist eine kurze Meldung (Meldezettel) über den Vorfall zu richten:
a) von den einer Division unterstellten Truppen an die Division (I c),

b) von den Truppen, die einem Korps-, Armeeober- oder Heeresgruppenkommando oder einer Panzertruppe unmittelbar unterstellt sind, an das Korps- usw. Kommando (I c).
5. Alle oben genannten Maßnahmen dürfen die Durchführung der Operationen nicht aufhalten. Planmäßige Such- und Säuberungsaktionen durch die Kampftruppe haben daher zu unterbleiben.

II. *Im rückwärtigen Heeresgebiet*

Kommissare, die im rückwärtigen Heeresgebiet wegen zweifelhaften Verhaltens ergriffen werden, sind an die Einsatzgruppe bzw. Einsatzkommandos der Sicherheitspolizei (SD) abzugeben.

III. *Beschränkung der Kriegs- und Standgerichte*

Die Kriegsgerichte und die Standgerichte der Regiments- usw. Kommandeure dürfen mit der Durchführung der Maßnahmen nach I und II nicht betraut werden.

D: Hans-Adolf Jacobsen: Kommissarbefehl und Massenexekutionen sowjetischer Kriegsgefangener. In: Hans Buchheim [u. a.]: Anatomie des SS-Staates. Bd. 2. Olten / Freiburg i. Br.: Walter, 1965. S. 225.

112

Aussage des Kommandanten des Vernichtungslagers Auschwitz, Rudolf Höß, über den Völkermord an den Juden vom 15. April 1946

Rudolf Höß war nach seiner Teilnahme am Ersten Weltkrieg bereits 1922 in die NSDAP eingetreten und hatte wegen seiner Beteiligung an einem politischen Mord eine langjährige Zuchthausstrafe verbüßt, als er 1934 in die SS eintrat und in den Konzentrationslagern Dachau und Sachsenhausen rasche Karriere machte. Als Typ des zur Stabilisierung seines Selbstbewußtseins auf die Bindung an unbezweifelbare Autoritäten angewiesenen »Befehlsempfängers« ist ihm wahrscheinlich das moralische Gewicht der von ihm zu verantwortenden Greuel nie klar geworden. Er wurde am 2. April 1947 durch das polnische Oberste Volksgericht zum Tode verurteilt und in Auschwitz gehängt.
Seine Aussage als Zeuge vor dem Internationalen Militärgerichtshof im Nürnberger Prozeß gegen den Nachfolger Reinhard Heydrichs als Chef des Reichssicherheitshauptamtes, Ernst Kaltenbrunner, beschreibt die Praxis des Massenmords, seine Geheimhaltung und die Letztverantwortlichkeit Hitlers, dessen »Führerbefehl« in seinem Regime oberste Norm war.

VORSITZENDER. Erheben Sie sich; wollen Sie Ihren Namen nennen?

ZEUGE RUDOLF HÖSS. Rudolf Franz Ferdinand Höß.

VORSITZENDER. Sprechen Sie mir diesen Eid nach:
Ich schwöre bei Gott, dem Allmächtigen und Allwissenden, daß ich die reine Wahrheit sagen, nichts verschweigen und nichts hinzusetzen werde.
[Der Zeuge spricht die Eidesformel nach.]
Sie können sich setzen.

DR. KAUFFMANN. Herr Zeuge! Ihre Aussage wird von weittragender Bedeutung sein; Sie sind vielleicht der einzige, der bisher unbekannte Zusammenhänge aufklären kann und der bekunden kann, welcher Personenkreis die Befehle zur Vernichtung des europäischen Judentums gegeben hat, der weiter sagen kann, wie dieser Befehl durchgeführt wurde und in welchem Grad diese Durchführung geheimgehalten wurde.

VORSITZENDER. Dr. Kauffmann, stellen Sie bitte Fragen an den Zeugen.

[Fragen zur Person.]

DR. KAUFMANN. In welcher Zeit waren Sie in Auschwitz Lagerkommandant?

HÖSS. In Auschwitz war ich Kommandant vom Mai 1940 bis 1. Dezember 1943.

DR. KAUFFMANN. Wie viele Menschen, Häftlinge, waren zur Zeit der größten Belegung in Auschwitz?

HÖSS. Zur Zeit der stärksten Belegung waren in Auschwitz zirka 140 000 Häftlinge, Männer und Frauen.

DR. KAUFFMANN. Ist es richtig, daß Sie 1941 nach Berlin zu Himmler bestellt wurden? Geben Sie in kurzen Zügen den Inhalt dieser Besprechung an.

HÖSS. Jawohl. Im Sommer 1941 wurde ich zum persönlichen Befehlsempfang zum Reichsführer-SS, Himmler, nach Berlin befohlen. Dieser sagte mir dem Sinne nach, ich kann das nicht mehr wörtlich wiederholen, der Führer hat die Endlösung der Judenfrage befohlen. Wir, die SS, haben diesen Befehl durchzuführen. Wenn jetzt zu diesem Zeitpunkt dies nicht durchgeführt wird, so wird später das jüdische Volk das deutsche vernichten. Er habe Auschwitz deswegen gewählt, weil es bahntechnisch am günstigsten liegt und auch das ausgedehnte Gelände für Absperrmaßnahmen Raum bietet.

DR. KAUFFMANN. Wurde in dieser Besprechung Ihnen von Himmler gesagt, daß diese geplante Aktion als »Geheime Reichssache« behandelt werden müsse?

HÖSS. Jawohl, darauf machte er besonders aufmerksam. Er sagte mir, ich dürfte auch meinem direkten Vorgesetzten, dem Gruppenführer Glücks, nichts darüber sagen. Diese Besprechung wäre nur für uns beide, und ich hätte strengstes Stillschweigen jedermann gegenüber zu bewahren.

DR. KAUFFMANN. Welche Stellung hatte Glücks, den Sie eben nannten?

HÖSS. Gruppenführer Glücks war sozusagen der Inspekteur der KZ-Lager zu diesem Zeitpunkt und war dem Reichsführer direkt unterstellt.

DR. KAUFFMANN. Bedeutet »Geheime Reichssache«, daß niemand ohne Gefahr für Leib oder Leben auch nur die leisesten Andeutungen Dritten gegenüber machen darf?

HÖSS. Jawohl, »Geheime Reichssache« bedeutet für jeden, daß er mit keinem Menschen über diese Dinge sprechen durfte, und daß er selbst dafür haftete, mit seinem Kopf dafür haftete, daß nichts über diese Dinge anderen gegenüber verlautbart wurde.

DR. KAUFFMANN. Haben Sie Dritten, Unbeteiligten gegenüber jemals die Ihnen auferlegte Verpflichtung verletzt?

HÖSS. Nein, bis Ende 1942 nicht.

DR. KAUFFMANN. Warum nennen Sie diesen Zeitpunkt? Haben Sie nach diesem Zeitpunkt dritten Personen gegenüber Mitteilung gemacht?

HÖSS. Ende 1942 wurde meine Frau von dem damaligen Gauleiter Oberschlesiens durch Bemerkungen auf die Vorgänge in meinem Lager aufmerksam gemacht. Meine Frau frug mich dann später, ob dies der Wahrheit entspräche, und ich gab dies meiner Frau zu.
Das war mein einziger Bruch dieses dem Reichsführer gegebenen Versprechens, und ich habe sonst niemandem gegenüber davon gesprochen.

DR. KAUFFMANN. Wann haben Sie Eichmann kennengelernt?

HÖSS. Eichmann lernte ich ungefähr 4 Wochen später, als ich den Befehl vom Reichsführer bekommen hatte, kennen. Er kam nach Auschwitz, um mit mir die Durchführung des gegebenen Befehls zu besprechen. Eichmann war, wie mir der Reichsführer noch bei der Unterredung sagte, von ihm beauftragt, die Durchführung dieses Befehls mit mir zu besprechen, und alle weiteren Weisungen bekam ich von ihm, von Eichmann.

DR. KAUFFMANN. Beschreiben Sie ganz kurz, ob es richtig ist, daß die Lager von Auschwitz vollkommen isoliert waren, und welche Vorkehrungen getroffen worden sind, um die Durchführung der Ihnen übertragenen Aufgabe so geheim wie möglich zu halten.

HÖSS. Das Lager Auschwitz als solches lag drei Kilometer von der Stadt weg. Die Umgebung, zirka 20 000 Morgen, war von allen Einwohnern, früheren Einwohnern, freigemacht, und das gesamte Gebiet konnte nur von SS-Männern beziehungsweise von Zivilangestellten mit besonderen Ausweisen betreten werden. Das eigentliche Lager Birkenau, wo später das Vernichtungslager gebaut wurde, lag nochmals zwei Kilometer von dem Lager Auschwitz entfernt. Die Anlagen selbst, das heißt die provisorischen Anlagen, die zuerst benutzt wurden, lagen im Wald eingebettet und waren auch von weither nirgends einzusehen. Dieses Gebiet war zudem noch als Sperrgebiet erklärt worden und durfte auch von SS-Angehörigen, die nicht einen Sonderausweis hatten, nicht betreten werden. Somit war nach menschlichem Ermessen niemand außer den erwähnten Personen in der Lage, dieses Gebiet zu betreten.

DR. KAUFFMANN. Und dann kamen die Eisenbahntransporte an. In welchen Zeiträumen kamen diese Transporte an und wieviele Menschen befanden sich jeweils etwa in einem solchen Transport?

HÖSS. In den ganzen Zeiträumen bis 1944 waren jeweils gewisse Aktionen in den einzelnen Ländern, so daß von einer fortlaufenden Reihenfolge der Einlieferung nicht gesprochen werden kann. Es handelt sich jeweils um vier bis sechs Wochen. In diesen vier bis sechs Wochen kamen täglich zwei bis drei Züge mit je zirka 2000 Personen an.

Diese Züge wurden zuerst auf ein Abstellgeleis des Geländes Birkenau gefahren. Die Lokomotive, die die Züge brachte, fuhr wieder zurück. Die Bewachungsmannschaften, die die Transporte begleiteten, mußten sofort das Gebiet verlassen, und die eingelieferten Personen wurden durch Wachen des Lagers übernommen. Sie wurden dort durch zwei SS-Ärzte geprüft auf Arbeitsfähigkeit. Die arbeitsfähigen Häftlinge marschierten sofort nach Auschwitz beziehungsweise nach dem Lager Birkenau, und die Nichtarbeitsfähigen wurden zuerst nach diesen provisorischen Anlagen, später dann in die neu erbauten Krematorien gebracht.

DR. KAUFFMANN. Bei meinem Verhör, das ich mit Ihnen unlängst anstellte, erklärten Sie mir, es seien etwa 60 Mann dazu bestimmt gewesen, die Transporte aufzunehmen. Und auch diese 60 Mann seien zur Geheimhaltung im Rahmen der allgemeinen, vorhin beschriebenen Geheimhaltung verpflichtet worden. Halten Sie dies heute noch aufrecht?

HÖSS. Jawohl, bei diesen 60 Mann handelte es sich um eine ständige Bereitschaft, die die nichtarbeitsfähigen Häftlinge nach dieser provisorischen, beziehungsweise später nach den anderen Anlagen brachten. Diese Bereitschaft, dazu zirka 10 Unterführer und Führer, Ärzte und Sanitätspersonal, waren wiederholt schriftlich und auch mündlich auf die strengste Geheimhaltung über diese gesamten Vorgänge verpflichtet worden.

DR. KAUFFMANN. Konnte ein unbeteiligter Außenstehender, der die Transporte ankommen sah, bestimmte Anhaltspunkte dafür gewinnen, daß die ankommenden Transporte vernichtet werden sollten, oder ist diese Möglichkeit deshalb so gering gewesen, weil in Auschwitz ein außergewöhnlich großer Verkehr der einlaufenden Transporte, Materialien und so weiter war?

HÖSS. Jawohl. Ein Beobachter, der nicht ausschließlich zu diesem Zweck Aufzeichnungen machte, konnte darüber keinen Überblick gewinnen, denn erstens kamen nicht nur Transporte, die zur Vernichtung bestimmt waren, an, sondern es kamen ja auch laufend Transporte von Neuzugängen von Häftlingen an, die im Lager gebraucht wurden. Weiter verließen ebenfalls wieder Transporte in genügender Anzahl mit arbeitsfähigen oder ausgetauschten Häftlingen das Lager. Die Züge selbst waren geschlossen, das heißt, die Türen an den Güterwägen waren geschlossen, so daß Außenstehende sich keinen Einblick über die transportierten Menschen verschaffen konnten. Weiter wurden täglich bis zu 100 Waggons an Materialien, Lebensmitteln und ähnlichem in das Lager transportiert, beziehungsweise verließen laufend die Werkstätten des Lagers, in denen Kriegsmaterial geschaffen wurde.

DR. KAUFFMANN. Und nach Ankunft der Transporte mußten die Opfer alles, was sie hatten, ablegen. Die Kleider niederlegen, sich völlig ausziehen, ihre Wertsachen abgeben? Ist das richtig?

HÖSS. Jawohl.

DR. KAUFFMANN. Und gingen dann sofort in den Tod?

HÖSS. Jawohl.

DR. KAUFFMANN. Ich frage Sie nach Ihrer Erfahrung, ob diese Menschen wußten, was ihnen bevorstand?

HÖSS. Zum größten Teil nicht, denn es waren Vorkehrungen getroffen, die sie darüber im Zweifel ließen und bei ihnen nicht den Verdacht erregen konnten, daß sie in den Tod gehen sollten. So waren überall an den Türen und an den Wänden Schriften angebracht, die darauf hinwiesen, daß dies eine Entlausungs- beziehungsweise eine Badevorkehrung sei. Dies wurde in mehreren Sprachen den Häftlingen durch Häftlinge, die früheren Transporten angehörten und bei der ganzen Aktion als Hilfsmannschaften gebraucht wurden, verkündet.

DR. KAUFFMANN. Und der Tod durch Vergasung trat dann ein in einem Zeitraum von 3 bis 15 Minuten, sagten Sie mir unlängst. Ist das richtig?

HÖSS. Jawohl.

DR. KAUFFMANN. Sie sagten mir weiter, daß schon vor diesem endgültigen Eintritt des Todes eine Betäubung der Opfer früher eingetreten sei?

HÖSS. Jawohl. So wie ich durch eigene Bemühung beziehungsweise durch die Ärzte erfahren hatte, war je nach Temperatur und Zahl der in den Räumen vorhandenen Personen die Dauer des Eintritts der Betäubung, beziehungsweise des Todes, sehr verschieden. Die Betäubung fand in wenigen Sekunden beziehungsweise Minuten statt.

DR. KAUFFMANN. Haben Sie selbst jemals angesichts Ihrer eigenen Familie und Kinder Mitleid mit den Opfern gehabt?

HÖSS. Jawohl.

DR. KAUFFMANN. Und weshalb haben Sie dennoch diese Aktion durchführen können?

HÖSS. Bei all diesen Zweifeln, die mir kamen, war immer wieder einzig ausschlaggebend der unbedingte Befehl und die dazugehörige Begründung des Reichsführers Himmler.

DR. KAUFFMANN. Ich frage Sie, ob Himmler das Lager besichtigt hat und sich auch von den Vorgängen der Vernichtung selbst überzeugt hat.

HÖSS. Jawohl. 1942 besuchte Himmler das Lager und hat sich einen Vorgang von Anfang bis zu Ende genau angesehen.

DR. KAUFFMANN. Gilt das gleiche für Eichmann?

HÖSS. Eichmann war wiederholt in Auschwitz und kannte die Vorgänge genau. [...]

D: Prozeß gegen die Hauptkriegsverbrecher XI S. 438–444.

113

Predigten des Bischofs von Münster Clemens August Graf v. Galen am 13. Juli und 3. August 1941

Der Bischof von Münster war, durchaus konservativ gesinnt, seit jeher unerschrocken für die Wahrung der kirchlichen Rechte eingetreten. Aber er hatte sich mit der Zeit auch die Frage vorgelegt, ob er als Bischof nicht auch für die »von Gott gewollten natürlichen Rechte und Freiheiten der Menschen« kämpfen, ob er »nicht nur für die Wahrheit, sondern auch für Gerechtigkeit und Freiheit eintreten« müsse. Als die Geheime Staatspolizei auch in seiner Diözese Klöster beschlagnahmte und er zur gleichen Zeit sichere Beweise für die Ermordung Geisteskranker in Händen hatte, zögerte er nicht länger. Die drei Predigten vom 13. und 20. Juli und vom 3. August 1941 stellen die heftigste Kritik am nationalsozialistischen Regime dar, die zu dessen Zeit öffentlich geäußert wurde. Galen blieb von der ihm ursprünglich zugedachten dramatischen Bestrafung verschont, weil angesichts der schwierigen Lage an der Ostfront eine innenpolitische Belastung, wie sie das beabsichtigte Vorgehen gegen den Bischof verursacht hätte, untunlich schien. Aus ähnlichen Gründen dürfte Hitler am 24. August 1941 den Befehl erteilt haben, die Mordaktion an den Geisteskranken (wenigstens im bisherigen Verfahren) einzustellen.

(a)

Meine lieben Katholiken von St. Lamberti!

[...] So ist also der Klostersturm, der schon länger in der Ostmark, in Süddeutschland, in den neuerworbenen Gebieten, Warthegau, Luxemburg, Lothringen und anderen Reichsteilen wütete, auch hier in Westfalen ausgebrochen. Wir müssen uns darauf gefaßt machen, daß in den nächsten Tagen solche Schreckensnachrichten sich häufen: wenn auch hier ein Kloster nach dem anderen von der Geheimen

Staatspolizei beschlagnahmt wird, und seine Bewohner, unsere Brüder und Schwestern, Kinder unserer Familien, treue deutsche Volksgenossen, wie rechtlose Heloten auf die Straße geworfen, wie Schädlinge aus dem Lande gehetzt werden. [...]
Weshalb? Man sagte mir: »Aus staatspolizeilichen Gründen!« Weitere Gründe wurden nicht angegeben. Kein Bewohner dieser Klöster ist eines Vergehens oder Verbrechens beschuldigt, vor Gericht angeklagt oder gar verurteilt! Und wäre einer schuldig: so mag man ihn vor Gericht stellen! Aber darf man dann auch die Schuldlosen strafen? [...]
Meine lieben Diözesanen! Um der schweren Heimsuchung willen, die durch die feindlichen Angriffe über uns gekommen sind, wollte ich zunächst in der Öffentlichkeit schweigen über andere kürzlich erfolgte Maßnahmen der Geheimen Staatspolizei, die meinen öffentlichen Protest geradezu herausfordern. Aber wenn die Geheime Staatspolizei keine Rücksicht nimmt auf jene Ereignisse, durch die Hunderte unserer Mitbürger obdachlos geworden sind, wenn sie gerade in diesem Augenblick fortfährt, schuldlose Mitbürger auf die Straße zu werfen, des Landes zu verweisen, dann darf ich auch nicht mehr zögern, meinen berechtigten Protest – und meine ernste Warnung öffentlich auszusprechen.
Schon mehrfach und noch vor kurzer Frist haben wir es erlebt, daß die Geheime Staatspolizei unbescholtene, hochangesehene deutsche Menschen ohne Gerichtsurteil und Verteidigung gefangensetzte, ihrer Freiheit beraubte, aus der Heimat auswies und irgendwo internierte. [...] Der physischen Übermacht der Geheimen Staatspolizei steht jeder deutsche Staatsbürger völlig schutzlos und wehrlos gegenüber. Völlig wehrlos und schutzlos! [...]
Keiner von uns ist sicher, und mag er sich bewußt sein, der treueste, gewissenhafteste Staatsbürger zu sein, mag er sich völliger Schuldlosigkeit bewußt sein, daß er nicht eines Tages aus seiner Wohnung geholt, seiner Freiheit beraubt,

in den Kellern und Konzentrationslagern der Geheimen Staatspolizei eingesperrt wird.
Ich bin mir darüber klar: das kann auch heute, das kann auch eines Tages mir geschehen. Weil ich dann nicht mehr öffentlich sprechen kann, darum will ich heute öffentlich sprechen, will ich öffentlich warnen vor dem Weiterschreiten auf einem Wege, der nach meiner festen Überzeugung Gottes Strafgericht auf die Menschen herabruft und zu Unglück und Verderben für unser Volk und Vaterland führen muß. [...]
Ich bin mir bewußt, daß ich als Bischof, als Verkünder und Verteidiger der von Gott gewollten Rechts- und Sittenordnung, die jedem einzelnen ursprüngliche Rechte und Freiheiten zuspricht, vor denen nach Gottes Willen alle menschlichen Ansprüche Halt machen müssen, berufen bin, [...] die Autorität des Rechts mutig zu vertreten und eine verteidigungslose Verdammung Schuldloser als himmelschreiendes Unrecht zu verurteilen! [...]
Das Recht auf Leben, auf Unverletzlichkeit, auf Freiheit ist ein unentbehrlicher Teil jeder sittlichen Gemeinschaftsordnung. Wohl steht es dem Staate zu, strafweise seinen Bürgern diese Rechte zu beschränken, aber diese Befugnis hat der Staat nur gegenüber Rechtsbrechern, deren Schuld in einem unparteiischen Gerichtsverfahren nachzuweisen ist. Der Staat, der diese von Gott gewollte Grenze überschreitet und die Bestrafung Unschuldiger zuläßt oder veranlaßt, untergräbt seine eigene Autorität und die Achtung vor seiner Hoheit in den Gewissen der Staatsbürger.
Wir haben es in den letzten Jahren leider immer wieder beobachten müssen, daß mehr oder weniger schwere Strafen, meistens Freiheitsstrafen verhängt und vollzogen wurden, ohne daß den Bestraften in einem ordnungsgemäßen Gerichtsverfahren eine Schuld nachgewiesen wäre, und ohne daß ihnen Gelegenheit gegeben wurde, ihr Recht zu verteidigen, ihre Schuldlosigkeit nachzuweisen. Wie viele deutsche Menschen schmachten in Polizeihaft, in Konzentra-

tionslagern, sind aus ihrer Heimat ausgewiesen, die niemals von einem ordentlichen Gericht verurteilt worden sind, oder die nach Freispruch vor Gericht oder nach Verbüßung der vom Gericht verhängten Strafe erneut von der Geheimen Staatspolizei gefangengenommen und in Haft gehalten werden. Wie viele sind aus ihrer Heimat und aus dem Ort ihrer Berufsarbeit ausgewiesen!

»Die Gerechtigkeit ist das Fundament der Staaten!« Wir beklagen es, wir beobachten es mit größter Sorge, daß wir sehen, wie dieses Fundament heute erschüttert wird, wie die Gerechtigkeit, die natürliche und christliche Tugend, unentbehrlich für den geordneten Bestand jeder menschlichen Gemeinschaft, nicht für alle unzweideutig erkennbar gewahrt und hochgehalten wird. Nicht nur um der Rechte der Kirche willen, nicht nur um der Rechte der menschlichen Persönlichkeit willen, sondern auch aus Liebe zu unserem Volke und in ernster Sorge um unser Vaterland erbitten wir, verlangen wir, fordern wir: Gerechtigkeit! Wer muß nicht fürchten für den Bestand eines Hauses, wenn er sieht, daß die Fundamente untergraben werden! [...]

Meine Christen! Man wird mir vielleicht den Vorwurf machen, mit dieser offenen Sprache schwäche ich jetzt im Kriege die innere Front des deutschen Volkes. Demgegenüber stelle ich fest: Nicht ich bin die Ursache einer etwaigen Schwächung der inneren Front, sondern jene, die ungeachtet der Kriegszeit, ungeachtet der augenblicklichen Not, ja, jetzt hier in Münster zum Abschluß einer Schreckenswoche schauriger Feindesangriffe, schuldlose Volksgenossen ohne Gerichtsurteil und Verteidigungsmöglichkeit in harte Strafe nehmen, unsere Ordensleute, unsere Brüder und Schwestern, ihres Eigentums berauben, auf die Straße setzen, aus dem Lande jagen! Sie zerstören die Rechtssicherheit, sie untergraben das Rechtsbewußtsein, sie vernichten das Vertrauen auf unsere Staatsführung. Und darum erhebe ich im Namen des rechtschaffenen deutschen Volkes, im Namen der Majestät der Gerechtigkeit und im

Interesse des Friedens und der Geschlossenheit der inneren Front meine Stimme, darum rufe ich laut, als deutscher Mann, als ehrenhafter Staatsbürger, als Vertreter der christlichen Religion, als katholischer Bischof: »Wir fordern Gerechtigkeit!«
Bleibt dieser Ruf ungehört und unerhört, wird die Herrschaft der Königin Gerechtigkeit nicht wiederhergestellt, so wird unser deutsches Volk und Vaterland trotz des Heldentums unserer Soldaten und ihrer ruhmreichen Siege an innerer Fäulnis und Verrottung zu Grunde gehen!
Lasset uns beten für alle, die in Not sind, besonders für unsere verbannten Ordensleute, für unsere Stadt Münster, daß Gott weitere Prüfungen von uns fern halte, für unser deutsches Volk und Vaterland und seinen Führer: [...]

(b)

Andächtige Christen!

[...] Seit einigen Monaten hören wir Berichte, daß aus Heil- und Pflegeanstalten für Geisteskranke auf Anordnung von Berlin Pfleglinge, die schon länger krank sind und vielleicht unheilbar erscheinen, zwangsweise abgeführt werden. Regelmäßig erhalten dann die Angehörigen nach kurzer Zeit die Mitteilung, der Kranke sei verstorben, die Leiche sei verbrannt, die Asche könne abgeliefert werden. Allgemein herrscht der an Sicherheit grenzende Verdacht, daß diese zahlreichen unerwarteten Todesfälle von Geisteskranken nicht von selbst eintreten, sondern absichtlich herbeigeführt werden, daß man dabei jener Lehre folgt, die behauptet, man dürfe sog. »lebensunwertes Leben« vernichten, also unschuldige Menschen töten, wenn man meint, ihr Leben sei für Volk und Staat nichts mehr wert, eine furchtbare Lehre, die die Ermordung Unschuldiger rechtfertigen will, die die gewaltsame Tötung der nicht mehr arbeitsfähigen Invaliden, Krüppel, unheilbar Kranken, Altersschwachen grundsätzlich freigibt!

Wie ich zuverlässig erfahren habe, werden jetzt auch in den Heil- und Pflegeanstalten der Provinz Westfalen Listen aufgestellt von solchen Pfleglingen, die als sog. »unproduktive Volksgenossen« abtransportiert und in kurzer Zeit ums Leben gebracht werden sollen. Aus der Anstalt Marienthal bei Münster ist im Laufe dieser Woche der erste Transport abgegangen!

Deutsche Männer und Frauen! Noch hat Gesetzeskraft der § 211 des Reichsstrafgesetzbuches, der bestimmt: »Wer vorsätzlich einen Menschen tötet, wird, wenn er die Tötung mit Überlegung ausgeführt hat, wegen Mordes mit dem Tode bestraft.« Wohl um diejenigen, die jene armen Menschen, Angehörige unserer Familien, vorsätzlich töten, vor dieser gesetzlichen Bestrafung zu bewahren, werden die zur Tötung bestimmten Kranken aus der Heimat abtransportiert in eine entfernte Anstalt. Als Todesursache wird dann irgendeine Krankheit angegeben. Da die Leiche sofort verbrannt wird, können die Angehörigen und auch die Kriminalpolizei es hinterher nicht mehr feststellen, ob die Krankheit wirklich vorgelegen hat und welche Todesursache vorlag. [...]

Wenn man den Grundsatz aufstellt und anwendet, daß man den »unproduktiven« Mitmenschen töten darf, dann wehe uns allen, wenn wir alt und altersschwach werden! Wenn man die unproduktiven Mitmenschen töten darf, dann wehe den Invaliden, die im Produktionsprozeß ihre Kraft, ihre gesunden Knochen eingesetzt, geopfert und eingebüßt haben! Wenn man die unproduktiven Mitmenschen gewaltsam beseitigen darf, dann wehe unseren braven Soldaten, die als Schwerkriegsverletzte, als Krüppel, als Invaliden in die Heimat zurückkehren! Wenn einmal zugegeben wird, daß Menschen das Recht haben, »unproduktive« Mitmenschen zu töten – und wenn es jetzt zunächst auch nur arme wehrlose Geisteskranke trifft –, dann ist grundsätzlich der Mord an allen unproduktiven Menschen, also an den unheilbar Kranken, den arbeitsunfähigen Krüppeln, den Invaliden der Arbeit und des Krieges, dann ist der Mord an uns allen, wenn wir alt und altersschwach sind und damit unproduktiv werden, freigegeben. Dann braucht nur irgendein Geheimerlaß anzuordnen, daß das bei Geisteskranken erprobte Verfahren auch auf andere »Unproduktive« auszudehnen ist, daß es auch bei den unheilbar Lungenkranken, bei den Altersschwachen, bei den Altersinvaliden, bei den schwerkriegsverletzten Soldaten anzuwenden sei. Dann ist keiner von uns seines Lebens mehr sicher. Irgendeine Kommission kann ihn auf die Liste der »Unproduktiven« setzen, die nach ihrem Urteil »lebensunwert« geworden sind. Und keine Polizei wird ihn schützen, und kein Gericht wird seine Ermordung ahnden und den Mörder der verdienten Strafe übergeben! Wer kann dann noch Vertrauen haben zu einem Arzt? Vielleicht meldet er den Kranken als »unproduktiv« und erhält die Anweisung, ihn zu töten. Es ist nicht auszudenken, welche Verwilderung der Sitten, welch allgemeines gegenseitiges Mißtrauen bis in die Familien hineingetragen wird, wenn diese furchtbare Lehre geduldet, angenommen und befolgt wird. Wehe den Menschen, wehe unserem deutschen Volke, wenn das heilige Gottesgebot: »Du sollst nicht töten«, das der Herr unter Donner und Blitz auf Sinai verkündet hat, das Gott, als Schöpfer, von Anfang an in das Gewissen der Menschen geschrieben hat, nicht nur übertreten wird, sondern wenn diese Übertretung sogar geduldet und unbestraft ausgeübt wird! [...]

»Du sollst nicht töten!« Dieses Gebot Gottes, des einzigen Herrn, der das Recht hat, über Leben und Tod zu bestimmen, war von Anfang an in die Herzen der Menschen geschrieben, längst bevor Gott den Kindern Israels am Berge Sinai sein Sittengesetz mit jenen lapidaren, in Stein gehauenen kurzen Sätzen verkündet hat, die uns in der Heiligen Schrift aufgezeichnet sind, die wir als Kinder aus dem Katechismus auswendig gelernt haben. [...]

Lasset uns beten für die armen, vom Tode bedrohten Kranken, für unsere verbannten Ordensleute, für alle Notleidenden, für unsere Soldaten, für unser Volk und Vaterland und seinen Führer.

D: Bischof Clemens August Graf von Galen. Akten, Briefe und Predigten 1933–1946. Bearb. von Peter Löffler. Bd. 2. Mainz: Matthias-Grünewald-Verlag, 1988. S. 843–855, 874–883. – Mit Genehmigung der Kommission für Zeitgeschichte e. V. Bonn.

114

Polizeiverordnung über die Kennzeichnung der Juden vom 1. September 1941

Zu dem Zeitpunkt, da sich die Möglichkeit abzeichnete, daß der Krieg für Deutschland nicht zu einem siegreichen Ende führen werde, nahm das Vorgehen gegen die Juden schärfere Formen an, die sich bald bis zu ihrer physischen Vernichtung steigerten. Eine wichtige Vorbereitung zur Deportation der Juden war ihre Aussonderung aus der Gesellschaft, die mit der Einführung des Judensterns ihren Höhepunkt erreichte.

Auf Grund der Verordnung über die Polizeiverordnungen der Reichsminister vom 14. November 1938 (Reichsgesetzbl. I S. 1582) und der Verordnung über das Rechtsetzungsrecht im Protektorat Böhmen und Mähren vom 7. Juni 1939 (Reichsgesetzbl. I S. 1039) wird im Einvernehmen mit dem Reichsprotektor in Böhmen und Mähren verordnet:

§ 1. (1) Juden (§ 5 der Ersten Verordnung zum Reichsbürgergesetz vom 14. November 1935 – Reichsgesetzbl. I S. 1333), die das sechste Lebensjahr vollendet haben, ist es verboten, sich in der Öffentlichkeit ohne einen Judenstern zu zeigen.

(2) Der Judenstern besteht aus einem handtellergroßen, schwarz ausgezogenen Sechsstern aus gelbem Stoff mit der schwarzen Aufschrift »Jude«. Er ist sichtbar auf der linken Brustseite des Kleidungsstücks fest aufgenäht zu tragen.

§ 2. Juden ist es verboten,
a) den Bereich ihrer Wohngemeinde zu verlassen, ohne eine schriftliche Erlaubnis der Ortspolizeibehörde bei sich zu führen;
b) Orden, Ehrenzeichen und sonstige Abzeichen zu tragen.

§ 3. Die §§ 1 und 2 finden keine Anwendung
a) auf den in einer Mischehe lebenden jüdischen Ehegatten, sofern Abkömmlinge aus der Ehe vorhanden sind und diese nicht als Juden gelten, und zwar auch dann, wenn die Ehe nicht mehr besteht oder der einzige Sohn im gegenwärtigen Kriege gefallen ist;
b) auf die jüdische Ehefrau bei kinderloser Mischehe während der Dauer der Ehe. [...]

Berlin, den 1. September 1941

Der Reichsminister des Innern:
(Im Auftrag) Heydrich

D: RGBl. 1941 I S. 547.

115

Die Rechtlosmachung der Juden durch die elfte Verordnung zum Reichsbürgergesetz vom 25. November 1941

Nachdem im Oktober die planmäßigen Deportationen deutscher Juden eingesetzt hatten, kam es darauf an, sie auch als Träger von Rechten und Pflichten auszuschalten, die möglicherweise über ihren Tod hinaus Wirkung besaßen. Das Reichsbürgergesetz (vgl. Quelle 83b) bot eine bequeme Handhabe, auf dem Verordnungswege die notwendigen Regelungen zu treffen.

Auf Grund des § 3 des Reichsbürgergesetzes vom 15. September 1935 (Reichsgesetzbl. I S. 1146) wird folgendes verordnet:

§ 1. Ein Jude, der seinen gewöhnlichen Aufenthalt im Ausland hat, kann nicht deutscher Staatsangehöriger sein. Der gewöhnliche Aufenthalt im Ausland ist dann gegeben, wenn sich ein Jude im Ausland unter Umständen aufhält, die erkennen lassen, daß er dort nicht nur vorübergehend verweilt.

§ 2. Ein Jude verliert die deutsche Staatsangehörigkeit
a) wenn er beim Inkrafttreten dieser Verordnung seinen gewöhnlichen Aufenthalt im Ausland hat, mit dem Inkrafttreten der Verordnung,
b) wenn er seinen gewöhnlichen Aufenthalt später im Ausland nimmt, mit der Verlegung des gewöhnlichen Aufenthalts ins Ausland.

§ 3. (1) Das Vermögen des Juden, der die deutsche Staatsangehörigkeit auf Grund dieser Verordnung verliert, verfällt mit dem Verlust der Staatsangehörigkeit dem Reich. Dem Reich verfällt ferner das Vermögen der Juden, die bei dem Inkrafttreten dieser Verordnung staatenlos sind und

zuletzt die deutsche Staatsangehörigkeit besessen haben, wenn sie ihren gewöhnlichen Aufenthalt im Ausland haben oder nehmen.
(2) Das verfallene Vermögen soll zur Förderung aller mit der Lösung der Judenfrage im Zusammenhang stehenden Zwecke dienen.

§ 4. (1) Personen, deren Vermögen gemäß § 3 dem Reich verfallen ist, können von einem deutschen Staatsangehörigen nichts von Todes wegen erwerben.
(2) Schenkungen von deutschen Staatsangehörigen an Personen, deren Vermögen gemäß § 3 dem Reich verfallen ist, sind verboten. Wer dem Verbot zuwider eine Schenkung vornimmt oder verspricht, wird mit Gefängnis bis zu zwei Jahren und mit Geldstrafe oder mit einer dieser Strafen bestraft. [...]

§ 12. Die Verordnung gilt auch im Protektorat Böhmen und Mähren und in den eingegliederten Ostgebieten.

§ 13. Die zur Ergänzung und Durchführung erforderlichen Bestimmungen erläßt der Reichsminister des Innern im Einvernehmen mit dem Leiter der Partei-Kanzlei und den sonst beteiligten Reichsministern.

Berlin, den 25. November 1941

Der Reichsminister des Innern: Frick
Der Leiter der Partei-Kanzlei: M. Bormann
Der Reichsminister der Finanzen:
(in Vertretung) Reinhardt
Der Reichsminister der Justiz:
(mit der Führung der Geschäfte beauftragt)
Dr. Schlegelberger

D: RGBl. 1941 I S. 722.

116

Das Protokoll der »Wannseekonferenz« vom 20. Januar 1942

Mit der Eroberung weiter Gebiete in der Sowjetunion und in Polen, die weitgehend von unerwünschter Einsicht abgeschirmt werden konnten, und mit der Erprobung der Massenvernichtung von Menschen durch Gas an Geisteskranken waren die Voraussetzungen geschaffen, die Millionenzahl europäischer Juden nach der Deportation aus ihrer Heimat zu ermorden, ohne die Aufmerksamkeit der Öffentlichkeit zu erregen. Reichsmarschall Hermann Göring hatte in seiner Eigenschaft als Beauftragter für den Vierjahresplan dem Chef der Sicherheitspolizei und des SD, Reinhard Heydrich, am 31. Juli 1941 den Befehl gegeben, »alle erforderlichen Vorbereitungen zu treffen für eine Gesamtlösung der Judenfrage im deutschen Einflußgebiet in Europa« und »in Bälde einen Gesamtentwurf für die organisatorischen, sachlichen und materiellen Voraussetzungen zur Durchführung der Endlösung der Judenfrage vorzulegen«. Der Erarbeitung dieses Gesamtplans diente die Besprechung vom 20. Januar 1942 in einer Villa am Wannsee. Die physische Vernichtung der Juden war von den Nationalsozialisten nicht unbedingt und von Anfang an als »Endlösung« betrachtet worden, sie legte sich ihnen jedoch nahe, als die Kriegslage eine erzwungene Auswanderung aus Europa, etwa nach Madagaskar, oder ihre Aussiedlung nach Osteuropa unmöglich machte. Ob Hitler einen formellen Befehl zur Ermordung der Juden gegeben hat, auf den sich Himmler (vgl. Quelle 112) wie später auch Eichmann berufen hat, ist nicht eindeutig geklärt.

Besprechungsprotokoll

I.

An der am 20. 1. 1942 in Berlin, Am Großen Wannsee Nr. 56/58, stattgefundenen Besprechung über die Endlösung der Judenfrage nahmen teil: [. . .]

II.

Chef der Sicherheitspolizei und des SD, SS-Obergruppenführer Heydrich, teilte eingangs seine Bestellung zum Beauftragten für die Vorbereitung der Endlösung der europäischen Judenfrage durch den Reichsmarschall mit und wies darauf hin, daß zu dieser Besprechung geladen wurde, um Klarheit in grundsätzlichen Fragen zu schaffen. Der Wunsch des Reichsmarschalls, ihm einen Entwurf über die organisatorischen, sachlichen und materiellen Belange im Hinblick auf die Endlösung der europäischen Judenfrage zu übersenden, erfordert die vorherige gemeinsame Behandlung aller an diesen Fragen unmittelbar beteiligten Zentralinstanzen im Hinblick auf die Parallelisierung der Linienführung.

Die Federführung bei der Bearbeitung der Endlösung der Judenfrage liegt ohne Rücksicht auf geographische Grenzen zentral beim Reichsführer SS und Chef der Deutschen Polizei (Chef der Sicherheitspolizei und des SD).

Der Chef der Sicherheitspolizei und des SD gab sodann einen kurzen Rückblick über den bisher geführten Kampf gegen diesen Gegner. Die wesentlichsten Momente bilden

a) die Zurückdrängung der Juden aus den einzelnen Lebensgebieten des deutschen Volkes,
b) die Zurückdrängung der Juden aus dem Lebensraum des deutschen Volkes.

Im Vollzug dieser Bestrebungen wurde als einzige vorläufige Lösungsmöglichkeit die Beschleunigung der Auswanderung der Juden aus dem Reichsgebiet verstärkt und planmäßig in Angriff genommen.

Auf Anordnung des Reichsmarschalls wurde im Januar 1939 eine Reichszentrale für jüdische Auswanderung errichtet, mit deren Leitung der Chef der Sicherheitspolizei und des SD betraut wurde. Sie hatte insbesondere die Aufgabe

a) alle Maßnahmen zur *Vorbereitung* einer verstärkten Auswanderung der Juden zu treffen,

b) den Auswanderungsstrom zu *lenken*,
c) die Durchführung der Auswanderung im *Einzelfall* zu beschleunigen.

Das Aufgabenziel war, auf legale Weise den deutschen Lebensraum von Juden zu säubern.

Über die Nachteile, die eine solche Auswanderungsforcierung mit sich brachte, waren sich alle Stellen im klaren. Sie mußten jedoch angesichts des Fehlens anderer Lösungsmöglichkeiten vorerst in Kauf genommen werden.

Die Auswanderungsarbeiten waren in der Folgezeit nicht nur ein deutsches Problem, sondern auch ein Problem, mit dem sich die Behörden der Ziel- bzw. Einwandererländer zu befassen hatten. Die finanziellen Schwierigkeiten, wie Erhöhung der Vorzeige- und Landungsgelder seitens der verschiedenen ausländischen Regierungen, fehlende Schiffsplätze, laufend verschärfte Einwanderungsbeschränkungen oder -sperren, erschwerten die Auswanderungsbestrebungen außerordentlich. Trotz dieser Schwierigkeiten wurden seit der Machtübernahme bis zum Stichtag 31. 10. 1941 insgesamt rund 537 000 Juden zur Auswanderung gebracht. Davon

vom 30. 1. 1933 aus dem Altreich	rd. 360 000
vom 15. 3. 1938 aus der Ostmark	rd. 147 000
vom 15. 3. 1939 aus dem Protektorat Böhmen und Mähren	rd. 30 000.

Die Finanzierung der Auswanderung erfolgte durch die Juden bzw. jüdisch-politischen Organisationen selbst. Um den Verbleib der verproletarisierten Juden zu vermeiden, wurde nach dem Grundsatz verfahren, daß die vermögenden Juden die Abwanderung der vermögenslosen Juden zu finanzieren haben; hier wurde, je nach Vermögen gestaffelt, eine entsprechende Umlage bzw. Auswanderabgabe vorgeschrieben, die zur Bestreitung der finanziellen Obliegenheiten im Zuge der Abwanderung vermögensloser Juden verwandt wurde.

Neben dem Reichsmark-Aufkommen sind Devisen für Vorzeige- und Landungsgelder erforderlich gewesen. Um den deutschen Devisenschatz zu schonen, wurden die jüdischen Finanzinstitutionen des Auslandes durch die jüdischen Organisationen des Inlandes verhalten, für die Beitreibung entsprechender Devisenaufkommen Sorge zu tragen. Hier wurden durch diese ausländischen Juden im Schenkungswege bis zum 30. 10. 1941 insgesamt rund 9 500 000 Dollar zur Verfügung gestellt.
Inzwischen hat der Reichsführer SS und Chef der Deutschen Polizei im Hinblick auf die Gefahren einer Auswanderung im Kriege und im Hinblick auf die Möglichkeiten des Ostens die Auswanderung von Juden verboten.

III.

Anstelle der Auswanderung ist nunmehr als weitere Lösungsmöglichkeit nach entsprechender vorheriger Genehmigung durch den Führer die Evakuierung der Juden nach dem Osten getreten.
Diese Aktionen sind jedoch lediglich als Ausweichmöglichkeiten anzusprechen, doch werden hier bereits jene praktischen Erfahrungen gesammelt, die im Hinblick auf die kommende Endlösung der Judenfrage von wichtiger Bedeutung sind.
Im Zuge dieser Endlösung der europäischen Judenfrage kommen rund 11 Millionen Juden in Betracht, die sich wie folgt auf die einzelnen Länder verteilen: [...]
Unter entsprechender Leitung sollen im Zuge der Endlösung die Juden in geeigneter Weise im Osten zum Arbeitseinsatz kommen. In großen Arbeitskolonnen, unter Trennung der Geschlechter, werden die arbeitsfähigen Juden straßenbauend in diese Gebiete geführt, wobei zweifellos ein Großteil durch natürliche Verminderung ausfallen wird.
Der allfällig endlich verbleibende Restbestand wird, da es sich bei diesem zweifellos um den widerstandsfähigsten Teil

handelt, entsprechend behandelt werden müssen, da dieser, eine natürliche Auslese darstellend, bei Freilassung als Keimzelle eines neuen jüdischen Aufbaues anzusprechen ist. (Siehe die Erfahrung der Geschichte.)
Im Zuge der praktischen Durchführung der Endlösung wird Europa vom Westen nach Osten durchgekämmt. Das Reichsgebiet einschließlich Protektorat Böhmen und Mähren wird, allein schon aus Gründen der Wohnungsfrage und sonstigen sozialpolitischen Notwendigkeiten, vorweggenommen werden müssen.
Die evakuierten Juden werden zunächst Zug um Zug in sogenannte Durchgangsghettos verbracht, um von dort aus weiter nach dem Osten transportiert zu werden.
Wichtige Voraussetzung, so führte SS-Obergruppenführer Heydrich weiter aus, für die Durchführung der Evakuierung überhaupt, ist die genaue Festlegung des in Betracht kommenden Personenkreises.
Es ist beabsichtigt, Juden im Alter von über 65 Jahren nicht zu evakuieren, sondern sie einem Altersghetto – vorgesehen ist Theresienstadt – zu überstellen.
Neben diesen Altersklassen – von den am 31. 10. 1941 sich im Altreich und der Ostmark befindlichen [!] etwa 280 000 Juden sind etwa 30 % über 65 Jahre alt – finden in den jüdischen Altersghettos weiterhin die schwerkriegsbeschädigten Juden und Juden mit Kriegsauszeichnungen (EK I) Aufnahme. Mit dieser zweckmäßigen Lösung werden mit einem Schlag die vielen Interventionen ausgeschaltet.
Der Beginn der einzelnen größeren Evakuierungsaktionen wird weitgehend von der militärischen Entwicklung abhängig sein. Bezüglich der Behandlung der Endlösung in den von uns besetzten und beeinflußten europäischen Gebieten wurde vorgeschlagen, daß die in Betracht kommenden Sachbearbeiter des Auswärtigen Amtes sich mit dem zuständigen Referenten der Sicherheitspolizei und des SD besprechen. [...]

IV.

Im Zuge der Endlösungsvorhaben sollen die Nürnberger Gesetze gewissermaßen die Grundlage bilden, wobei Voraussetzung für die restlose Bereinigung des Problems auch die Lösung der Mischehen- und Mischlingsfragen ist.
Chef der Sicherheitspolizei und des SD erörtert im Hinblick auf ein Schreiben des Chefs der Reichskanzlei zunächst theoretisch die nachstehenden Punkte:

1. *Behandlung der Mischlinge 1. Grades*
   Mischlinge 1. Grades sind im Hinblick auf die Endlösung der Judenfrage den Juden gleichgestellt.
   Von dieser Behandlung werden ausgenommen:
   a) Mischlinge 1. Grades verheiratet mit Deutschblütigen, aus deren Ehe Kinder (Mischlinge 2. Grades) hervorgegangen sind. Diese Mischlinge 2. Grades sind im wesentlichen den Deutschen gleichgestellt.
   b) Mischlinge 1. Grades, für die von den höchsten Instanzen der Partei und des Staates bisher auf irgendwelchen Lebensgebieten Ausnahmegenehmigungen erteilt worden sind.
      Jeder Einzelfall muß überprüft werden, wobei nicht ausgeschlossen wird, daß die Entscheidung nochmals zu Ungunsten des Mischlings ausfällt.

   Voraussetzungen einer Ausnahmebewilligung müssen stets grundsätzliche Verdienste des in Frage stehenden Mischlings *selbst* sein. (Nicht Verdienste des deutschblütigen Eltern- oder Eheteiles.)
   Der von der Evakuierung auszunehmende Mischling 1. Grades wird – um jede Nachkommenschaft zu verhindern und das Mischlingsproblem endgültig zu bereinigen – sterilisiert. Die Sterilisierung erfolgt freiwillig. Sie ist aber Voraussetzung des Verbleibens im Reich. Der sterilisierte »Mischling« ist in der Folgezeit von allen einengenden Bestimmungen, denen er bislang unterworfen ist, befreit.

2. *Behandlung der Mischlinge 2. Grades*
   Die Mischlinge 2. Grades werden grundsätzlich den Deutschblütigen zugeschlagen, *mit Ausnahme folgender Fälle*, in denen die Mischlinge 2. Grades den Juden gleichgestellt werden:
   a) Herkunft des Mischlings 2. Grades aus einer Bastardehe (beide Teile Mischlinge).
   b) Rassisch besonders ungünstiges Erscheinungsbild des Mischlings 2. Grades, das ihn schon äußerlich zu den Juden rechnet.
   c) Besonders schlechte polizeiliche und politische Beurteilung des Mischlings 2. Grades, die erkennen läßt, daß er sich wie ein Jude fühlt und benimmt.

   Auch in diesen Fällen sollen aber dann Ausnahmen nicht gemacht werden, wenn der Mischling 2. Grades deutschblütig verheiratet ist.

3. *Ehen zwischen Volljuden und Deutschblütigen*
   Von Einzelfall zu Einzelfall muß hier entschieden werden, ob der jüdische Teil evakuiert wird, oder ob er unter Berücksichtigung auf die Auswirkungen einer solchen Maßnahme auf die deutschen Verwandten dieser Mischehe einem Altersghetto überstellt wird.

4. *Ehen zwischen Mischlingen 1. Grades und Deutschblütigen*
   a) Ohne Kinder.
      Sind aus der Ehe keine Kinder hervorgegangen, wird der Mischling 1. Grades evakuiert bzw. einem Altersghetto überstellt. (Gleiche Behandlung wie bei Ehen zwischen Volljuden und Deutschblütigen, Punkt 3.)
   b) Mit Kindern.
      Sind Kinder aus der Ehe hervorgegangen (Mischlinge 2. Grades), werden sie, wenn *sie den Juden gleichgestellt werden*, zusammen mit dem Mischling 1. Grades evakuiert bzw. einem Ghetto überstellt. Soweit diese Kinder *Deutschen gleichgestellt werden* (Regel-

fälle), sind sie von der Evakuierung auszunehmen und damit auch der Mischling 1. Grades.

5. *Ehen zwischen Mischlingen 1. Grades und Mischlingen 1. Grades oder Juden*
   Bei diesen Ehen (einschließlich der Kinder) werden alle Teile wie Juden behandelt und daher evakuiert bzw. einem Altersghetto überstellt.
6. *Ehen zwischen Mischlingen 1. Grades und Mischlingen 2. Grades*
   Beide Eheteile werden ohne Rücksicht darauf, ob Kinder vorhanden sind oder nicht, evakuiert bzw. einem Altersghetto überstellt, da etwaige Kinder rassenmäßig in der Regel einen stärkeren jüdischen Bluteinschlag aufweisen, als die jüdischen Mischlinge 2. Grades.

SS-Gruppenführer Hofmann steht auf dem Standpunkt, daß von der Sterilisierung weitgehend Gebrauch gemacht werden muß; zumal der Mischling, vor die Wahl gestellt, ob er evakuiert oder sterilisiert werden soll, sich lieber der Sterilisierung unterziehen würde.

Staatssekretär Dr. Stuckart stellt fest, daß die praktische Durchführung der eben mitgeteilten Lösungsmöglichkeiten zur Bereinigung der Mischehen- und Mischlingsfragen in dieser Form eine unendliche Verwaltungsarbeit mit sich bringen würde. Um zum anderen auf alle Fälle auch den biologischen Tatsachen Rechnung zu tragen, schlug Staatssekretär Dr. Stuckart vor, zur Zwangssterilisierung zu schreiten.

Zur Vereinfachung des Mischehenproblems müßten ferner Möglichkeiten überlegt werden mit dem Ziel, daß der Gesetzgeber etwa sagt: »Diese Ehen *sind* geschieden«.

Bezüglich der Frage der Auswirkung der Judenevakuierung auf das Wirtschaftsleben erklärte Staatssekretär Neumann, daß die in kriegswichtigen Betrieben im Arbeitseinsatz stehenden Juden derzeit, solange noch kein Ersatz zur Verfügung steht, nicht evakuiert werden könnten.

SS-Obergruppenführer Heydrich wies darauf hin, daß diese Juden nach den von ihm genehmigten Richtlinien zur Durchführung der derzeit laufenden Evakuierungsaktionen ohnedies nicht evakuiert würden.
Staatssekretär Dr. Bühler stellte fest, daß das Generalgouvernement es begrüßen würde, wenn mit der Endlösung dieser Frage im *Generalgouvernement begonnen würde*, weil einmal hier das Transportproblem keine übergeordnete Rolle spielt und arbeitseinsatzmäßige Gründe den Lauf dieser Aktion nicht behindern würden. Juden müßten so schnell wie möglich aus dem Gebiet des Generalgouvernements entfernt werden, weil gerade hier der Jude als Seuchenträger eine eminente Gefahr bedeutet und er zum anderen durch fortgesetzten Schleichhandel die wirtschaftliche Struktur des Landes dauernd in Unordnung bringt. Von den in Frage kommenden etwa 2½ Millionen Juden sei überdies die Mehrzahl der Fälle *arbeitsunfähig*.
Staatssekretär Dr. Bühler stellt weiterhin fest, daß die Lösung der Judenfrage im Generalgouvernement federführend beim Chef der Sicherheitspolizei und des SD liegt und seine Arbeiten durch die Behörden des Generalgouvernements unterstützt würden. Er hätte nur eine Bitte, die Judenfrage in diesem Gebiet so schnell wie möglich zu lösen.
Abschließend wurden die verschiedenen Arten der Lösungsmöglichkeiten besprochen, wobei sowohl seitens des Gauleiters Dr. Meyer als auch seitens des Staatssekretärs Dr. Bühler der Standpunkt vertreten wurde, gewisse vorbereitende Arbeiten im Zuge der Endlösung gleich in den betreffenden Gebieten selbst durchzuführen, wobei jedoch eine Beunruhigung der Bevölkerung vermieden werden müsse.
Mit der Bitte des Chefs der Sicherheitspolizei und des SD an die Besprechungsteilnehmer, ihm bei der Durchführung der Lösungsarbeiten entsprechende Unterstützung zu gewähren, wurde die Besprechung geschlossen.

D: Ausgewählte Dokumente zur Geschichte des Nationalsozialismus 1933–1945. Hrsg. von Hans-Adolf Jacobsen und Werner Jochmann. [Loseblatt-Ausg.] Bielefeld: Verlag Neue Gesellschaft, 1961–63. [Getrennt paginiert.]

117

Botschaft des Oberbefehlshabers der britischen Bomberflotte, Luftmarschall A. T. Harris, an die deutsche Bevölkerung vom Sommer 1942

Im Zweiten Weltkrieg ist erstmals die Luftwaffe in großem Umfang zu einem Instrument der Kampfführung geworden. Nachdem zur Vorbereitung der geplanten Landung deutscher Truppen in England die Insel seit dem Herbst 1940 aus der Luft angegriffen und dabei in offenen Städten wie London und Coventry schwere Zerstörungen angerichtet worden waren, gelang es der britischen Luftwaffe, die zunehmend von der amerikanischen unterstützt wurde, mit ungleich größerer Wucht zurückzuschlagen. Der Angriff von tausend britischen Bombern auf Köln in der Nacht vom 30. zum 31. Mai 1942 war eines der ersten Zeichen für die wachsende Bedrohung aus der Luft, der die deutsche Bevölkerung und Wirtschaft ausgesetzt waren.
Die »Botschaft an das deutsche Volk« ließ der Oberbefehlshaber der britischen Bomberflotte, Luftmarschall Harris, auf Flugblättern abwerfen.

Eine Botschaft des Oberbefehlshabers der Britischen Kampfflugzeuge an das deutsche Volk

Noch nie hat der Mann, der die Bombenangriffe auf ein Land leitet, eine Botschaft an die Bevölkerung dieses Landes gerichtet. Ich, Luftmarschall Harris, Oberbefehlshaber der britischen Kampfflugzeuge, die Deutschland angreifen, habe mich entschlossen, diese Botschaft an das deutsche Volk zu richten.

Wir in England haben zur Genüge erfahren, was Luftangriffe bedeuten. Zehn Monate hindurch hat uns eure Luftwaffe mit Bomben belegt. Zuerst bei Tage. Als wir das abgestellt hatten, kam sie bei Nacht. Ihr hattet damals eine starke Luftwaffe. Eure Flieger schlugen sich gut. Zweiundneunzig Nächte hintereinander haben sie London gebombt; Coventry, Plymouth, Liverpool und andere britische Städte haben sie schwer angegriffen. Der Schaden, den sie anrichteten, war beträchtlich; 43 000 britische Männer, Frauen und Kinder sind dabei ums Leben gekommen; viele historische Bauten, die uns lieb und teuer waren, sind zerstört.

Damals glaubtet ihr – denn Göring hatte es euch versprochen –, daß ihr selber vor Bomben sicher seid. Und tatsächlich konnten wir nur mit wenigen Flugzeugen antworten. Jetzt sind die Rollen vertauscht. Jetzt kommen nur ab und zu ein paar deutsche Maschinen zu uns: und wir bomben Deutschland nach Noten.

Warum wir das tun? Nicht aus Rachsucht – obwohl wir Warschau, Rotterdam, Belgrad, London, Plymouth, Coventry nicht vergessen. Wir bomben Deutschland, eine Stadt nach der andern, immer schwerer, um euch die Fortführung des Krieges unmöglich zu machen. Das ist unser Ziel. Wir werden es unerbittlich verfolgen, Stadt für Stadt: Lübeck, Rostock, Köln, Emden, Bremen, Wilhelmshaven, Duisburg, Hamburg – und die Liste wird immer länger. Laßt euch von den Nazis mit ins Verderben reißen, wenn ihr wollt. Das ist eure Sache.

Ist das Wetter gut, dann kommen wir bei Nacht. Schon jetzt fliegen tausend Bomber eine Stadt wie Köln an und zerstören innerhalb einer Stunde ein Drittel von ihr. Wir wissen das, denn wir haben die Luftaufnahmen. Ist der Himmel bewölkt, so kommen wir bei Tag und bomben eure Fabriken und Docks: Danzig, so weit entfernt es auch ist, weiß

Bescheid. Wir kommen bei Tag und bei Nacht; kein Teil des Reiches ist sicher.

In Köln, im Ruhrgebiet, in Rostock, Lübeck oder Emden mag man der Ansicht sein, daß wir mit unsern Bombern schon allerhand geleistet haben. Wir sind anderer Ansicht. Was ihr bisher erlebt habt, wird nicht zu vergleichen sein mit dem was kommt, sobald unsere Produktion von Bombenflugzeugen erst zu einem Strom anschwillt und die amerikanische sich verdoppelt und vervierfacht.

Ich möchte ganz offen darüber sprechen, ob wir einzelne militärische Ziele angreifen oder ganze Städte. Selbstverständlich bomben wir lieber eure Fabriken, Docks und Eisenbahnen; das trifft Hitlers Kriegsmaschine am schwersten. Aber die Arbeiter, die in diesen Werken beschäftigt sind, wohnen dicht um sie herum. Deshalb fallen unsere Bomben auf eure Wohnhäuser und – auf euch.

Wir bedauern, daß das notwendig ist. Die Arbeiter des Dieselmotorenwerks Humboldt-Deutz in Köln z. B., von denen eine Anzahl in der Nacht des 30. Mai umkam, mußten die Gefahren des totalen Kriegs auf sich nehmen, genau wie die Seeleute unserer Handelsflotte, gegen welche die (mit Motoren von Humboldt-Deutz ausgerüsteten) U-Boote ihre Torpedos abgefeuert hätten. Waren die Arbeiter der Flugzeugwerke von Coventry, ihre Frauen, ihre Kinder nicht auch »Zivilbevölkerung« ganz wie die Arbeiter der Rostocker Flugzeugwerke und deren Familien? Aber Hitler hat es so gewollt!

Es stimmt, daß eure Abwehr unseren Bombern Verluste zufügt. Eure Führer erzählen euch zu eurem Trost, diese Verluste seien so schwer, daß wir unsere Luftangriffe bald nicht mehr würden fortsetzen können. Wer das glaubt, wird bitter enttäuscht werden. Ich, der die britischen Kampfflugzeuge befehligt, will euch sagen, wie groß unsere Verluste sind: nicht einmal 5 v. H. der Bomber, die wir über Deutschland schicken, gehen verloren. Eine solche Verlustrate kann kaum den ständigen Zuwachs verzögern, der durch die steigende Produktion unserer eigenen und der amerikanischen Fabriken sichergestellt ist.

Amerika greift erst jetzt in Europa ein. Die ersten Geschwader, Vorläufer einer ganzen Luftflotte, sind aus USA in England eingetroffen. Ist es euch klar, was es bedeutet, wenn die auch Deutschland angreifen? Allein aus einem einzigen amerikanischen Betrieb, den neuen Fordwerken in Willow Run, Detroit, rollt schon jetzt alle zwei Stunden ein neuer viermotoriger Bomber heraus, der vier Tonnen Bomben nach jeder deutschen Stadt tragen kann. Und Willow Run ist nur ein Betrieb unter Dutzenden. An diese Anlagen könnt ihr nicht heran. Auch eure U-Boote können die amerikanischen Bomber nicht am Herüberkommen verhindern; denn die *fliegen* über den Atlantik.
Bald werden wir jeden Tag und jede Nacht erscheinen bei Regen, Sturm und Schnee – wir und die Amerikaner. Ich war gerade acht Monate drüben, und so weiß ich genau, was bevorsteht. Wenn ihr uns dazu zwingt, werden wir das Dritte Reich von einem Ende zum andern heimsuchen. Ihr könnt uns nicht hindern, und ihr wißt das.
Ihr habt keine Chance. Ihr habt uns 1940 nicht schlagen können, als wir waffenlos waren und allein standen. Eure Führer waren dann so verrückt, auch noch Rußland und Amerika anzugreifen (aber eure Führer *sind* eben verrückt – das weiß die ganze Welt, außer Italien). Wie könnt ihr jetzt auf einen Sieg hoffen, da wir, mit Rußland und Amerika, immer stärker werden, während euch die Kraft mehr und mehr ausgeht? Nein, ihr habt keine Chance.

Vergeßt eines nicht: wie weit eure Armeen auch vormarschieren, sie können nie bis nach England kommen. Sie konnten schon nicht herkommen, als wir waffenlos waren. Sie können siegen, soviel sie wollen – den Luftkrieg müßt ihr dann immer noch mit uns und den Amerikanern aus-

fechten. Den könnt ihr nie gewinnen – aber wir gewinnen ihn bereits.
Und nun noch ein letztes Wort:
Es steht bei euch, mit Krieg und Bomberei Schluß zu machen. Stürzt die Nazis, und ihr habt Frieden! Es ist nicht wahr, daß wir einen Rachefrieden planen. Das ist eine deutsche Propagandalüge. Aber wir werden es ganz gewiß jeder deutschen Regierung unmöglich machen, noch einmal einen totalen Krieg anzufangen. Ist das nicht ebenso euer Interesse wie das unsere?

A. T. Harris, Air Marshal, RAF

D: Der Zweite Weltkrieg in Bildern und Dokumenten. Hrsg. von Hans-Adolf Jacobsen und Hans Dollinger. Bd. 3. Wiesbaden: Löwit, 1963. S. 161.

118

Amtliche Bekanntmachung über die Vernichtung des tschechischen Dorfes Lidice am 10. Juni 1942

Im September 1941 war Reinhard Heydrich zusätzlich zu seinen sonstigen Ämtern zum Stellvertretenden Reichsprotektor und damit zum eigentlichen Machthaber in Böhmen und Mähren ernannt worden. Am 4. Juni 1942 erlag er den Folgen eines Attentats, das von Großbritannien aus operierende tschechische Widerstandskämpfer ausgeführt hatten. Die Ortschaft Lidice wurde das Opfer der nationalsozialistischen Vergeltung.

Im Zuge der Fahndungen nach den Mördern des SS-Obergruppenführers Heydrich wurden einwandfreie Hinweise dafür gefunden, daß die Bevölkerung der Ortschaft Lidice bei Kladno dem in Frage kommenden Täterkreis Unterstützung und Hilfe leistete. Die betreffenden Beweismittel wurden trotz Befragung ohne Mithilfe der Ortseinwohner erbracht. Die damit bekundete Einstellung zum Attentat wird noch durch weitere reichsfeindliche Handlungen unterstrichen, wie Funde von staatsfeindlichen Druckschriften, Waffen- und Munitionslagern, eines illegalen Senders sowie bewirtschafteter Waren in größerem Ausmaß und durch die Tatsache, daß Ortseinwohner sich im aktiven Dienst des Feindes im Ausland befinden. Nachdem die Einwohner dieses Dorfes durch ihre Tätigkeit und durch die Unterstützung der Mörder von SS-Obergruppenführer Heydrich gegen die erlassenen Gesetze schärfstens verstoßen haben, sind die männlichen Erwachsenen erschossen, die Frauen in ein Konzentrationslager überführt und die Kinder einer geeigneten Erziehung zugeführt worden. Die Gebäude des Ortes sind dem Erdboden gleichgemacht und der Name der Gemeinde ist ausgelöscht worden.

D: Keesing 12 (1942) S. 5639.

119

Auftrag Hitlers an den Reichsjustizminister zum Aufbau einer »nationalsozialistischen Rechtspflege« vom 20. August 1942

Die richterliche Unabhängigkeit und die Bindung der Rechtsprechung an das formulierte Gesetz waren trotz aller Maßnahmen zu deren Lenkung Hemmnisse in der Durchsetzung des nationalsozialistischen Machtwillens. Hitler war schon Jahre zuvor bereit, die Unabhängigkeit der Justiz zu beseitigen (vgl. Quelle 96). Der Krieg schien für die Verwirklichung dieser Absicht durch den neu berufenen Reichsjustizminister Thierack günstige Voraussetzungen zu bieten.

Zur Erfüllung der Aufgaben des Großdeutschen Reiches ist eine starke Rechtspflege erforderlich. Ich beauftrage und ermächtige daher den Reichsminister der Justiz, nach meinen Richtlinien und Weisungen im Einvernehmen mit dem Reichsminister und Chef der Reichskanzlei und dem Leiter der Partei-Kanzlei eine nationalsozialistische Rechtspflege aufzubauen und alle dafür erforderlichen Maßnahmen zu treffen. Er kann hierbei von bestehendem Recht abweichen.

Führer-Hauptquartier, den 20. August 1942

Der Führer: Adolf Hitler; Der Reichsminister und Chef der Reichskanzlei: Dr. Lammers

D: RGBl. 1942 I S. 535.

120

»Nach zehn Jahren«. Dietrich Bonhoeffers Reflexion über ein Jahrzehnt nationalsozialistischer Herrschaft vom Ende des Jahres 1942

Der evangelische Theologe Dietrich Bonhoeffer hat seine Schrift »Nach zehn Jahren« einigen Freunden zum Weihnachtsfest 1942 geschenkt. Sie ist eine der wenigen, die sich mit der moralischen Situation der Deutschen unter Hitler, auch seiner Gegner, auseinandersetzte und die Tiefe der sittlichen Katastrophe auslotete, welche die Herrschaft der Nationalsozialisten ausgelöst hatte. Bonhoeffer besaß Kontakte zum militärischen Widerstand und nutzte seine kirchlichen Beziehungen ins Ausland, um die britische Regierung mit den Plänen der deutschen Opposition bekannt zu machen. Er wurde nach langer Haft im April 1945 von den Nationalsozialisten ermordet.

Rechenschaft an der Wende zum Jahr 1943

Zehn Jahre sind im Leben jedes Menschen eine lange Zeit. Da die Zeit das kostbarste, weil unwiederbringlichste Gut ist, über das wir verfügen, beunruhigt uns bei jedem Rückblick der Gedanke etwa verlorener Zeit. Verloren wäre die Zeit, in der wir nicht als Menschen gelebt, Erfahrungen gemacht, gelernt, geschaffen, genossen und gelitten hätten. Verlorene Zeit ist unausgefüllte, leere Zeit. Das sind die vergangenen Jahre gewiß nicht gewesen. Vieles, Unermeßliches haben wir verloren, aber die Zeit war nicht verloren. Zwar sind gewonnene Erkenntnisse und Erfahrungen, deren man sich nachträglich bewußt wird, nur Abstraktionen vom Eigentlichen, vom gelebten Leben selbst. Aber wie Vergessenkönnen wohl eine Gnade ist, so gehört doch das Gedächtnis, das Wiederholen empfangener Lehren, zum verantwortlichen Leben. In den folgenden Seiten möchte ich versuchen, mir Rechenschaft zu geben über einiges von dem, was sich uns in diesen Zeiten als gemeinsame Erfahrung und Erkenntnis aufgedrängt hat, nicht persönliche Erlebnisse, nichts systematisch Geordnetes, nicht Auseinandersetzungen und Theorien, sondern gewissermaßen gemeinsam im Kreise Gleichgesinnter gewonnene Ergebnisse auf dem Gebiet des Menschlichen, nebeneinandergereiht, nur durch die konkrete Erfahrung zueinander gehörig, nichts Neues, sondern gewiß in vergangenen Zeiten längst Gewußtes, aber uns neu zu erleben und zu erkennen Gegebenes. Man kann über diese Dinge nicht schreiben, ohne daß das Gefühl der Dankbarkeit für alle in diesen Jahren bewahrte und bewährte Gemeinschaft des Geistes und des Lebens jedes Wort begleitet. [...]

Wer hält stand?

Die große Maskerade des Bösen hat alle ethischen Begriffe durcheinander gewirbelt. Daß das Böse in der Gestalt des Lichts, der Wohltat, des geschichtlich Notwendigen, des sozial Gerechten erscheint, ist für den aus unserer tradierten ethischen Begriffswelt Kommenden schlechthin verwirrend; für den Christen, der aus der Bibel lebt, ist es gerade die Bestätigung der abgründigen Bosheit des Bösen.
Offenkundig ist das Versagen der *»Vernünftigen«*, die in bester Absicht und naiver Verkennung der Wirklichkeit das aus den Fugen gegangene Gebälk mit etwas Vernunft wieder zusammenbiegen zu können meinen. In ihrem mangelnden Sehvermögen wollen sie allen Seiten Recht widerfahren lassen und werden so durch die aufeinanderprallenden Gewalten zerrieben, ohne das Geringste ausgerichtet zu haben. Enttäuscht über die Unvernünftigkeit der Welt, sehen sie sich zur Unfruchtbarkeit verurteilt, treten sie resigniert zur Seite oder verfallen haltlos dem Stärkeren.
Erschütternder ist das Scheitern alles ethischen *Fanatismus*. Mit der Reinheit eines Prinzips meint der Fanatiker der Macht des Bösen entgegentreten zu können. Aber wie der Stier stößt er auf das rote Tuch statt auf dessen Träger, ermüdet und unterliegt. Er verfängt sich im Unwesentlichen und geht dem Klügeren in die Falle.
Einsam erwehrt sich der Mann des *Gewissens* der Übermacht der Entscheidung fordernden Zwangslagen. Aber das Ausmaß der Konflikte, in denen er zu wählen hat – durch nichts beraten und getragen als durch sein eigenstes Gewissen –, zerreißt ihn. Die unzähligen ehrbaren und verführerischen Verkleidungen, in denen das Böse sich ihm nähert, machen sein Gewissen ängstlich und unsicher, bis er sich schließlich damit begnügt, statt eines guten ein salviertes Gewissen zu haben, bis er also sein eigenes Gewissen belügt, um nicht zu verzweifeln; denn daß ein böses Gewissen heilsamer und stärker sein kann als ein betrogenes Gewis-

sen, das vermag der Mann, dessen einziger Halt sein Gewissen ist, nie zu fassen.

Aus der verwirrenden Fülle der möglichen Entscheidungen scheint der sichere Weg der *Pflicht* herauszuführen. Hier wird das Befohlene als das Gewisseste ergriffen, die Verantwortung für den Befehl trägt der Befehlshaber, nicht der Ausführende. In der Beschränkung auf das Pflichtgemäße aber kommt es niemals zu dem Wagnis der auf eigenste Verantwortung hin geschehenden Tat, die allein das Böse im Zentrum zu treffen und zu überwinden vermag. Der Mann der Pflicht wird schließlich auch noch dem Teufel gegenüber seine Pflicht erfüllen müssen.

Wer es aber unternimmt, in eigenster *Freiheit* in der Welt seinen Mann zu stehen, wer die notwendige Tat höher schätzt als die Unbeflecktheit des eigenen Gewissens und Rufes, wer dem fruchtbaren Kompromiß ein unfruchtbares Prinzip oder auch dem fruchtbaren Radikalismus eine unfruchtbare Weisheit des Mittelmaßes zu opfern bereit ist, der hüte sich davor, daß ihn nicht seine Freiheit zu Fall bringe. Er wird in das Schlimme willigen, um das Schlimmere zu verhüten, und er wird dabei nicht mehr zu erkennen vermögen, daß gerade das Schlimmere, das er vermeiden will, das Bessere sein könnte. Hier liegt der Urstoff von Tragödien.

Auf der Flucht vor der öffentlichen Auseinandersetzung erreicht dieser oder jener die Freistatt einer privaten *Tugendhaftigkeit*. Aber er muß seine Augen und seinen Mund verschließen vor dem Unrecht um ihn herum. Nur auf Kosten eines Selbstbetruges kann er sich von der Befleckung durch verantwortliches Handeln reinerhalten. Bei allem, was er tut, wird ihn das, was er unterläßt, nicht zur Ruhe kommen lassen. Er wird entweder an dieser Unruhe zugrunde gehen oder zum heuchlerischsten aller Pharisäer werden.

Wer hält stand? Allein der, dem nicht seine Vernunft, sein Prinzip, sein Gewissen, seine Freiheit, seine Tugend der letzte Maßstab ist, sondern der dies alles zu opfern bereit ist, wenn er im Glauben und in alleiniger Bindung an Gott zu gehorsamer und verantwortlicher Tat gerufen ist, der Verantwortliche, dessen Leben nichts sein will als eine Antwort auf Gottes Frage und Ruf. Wo sind diese Verantwortlichen? [...]

Mitleiden

Man muß damit rechnen, daß die meisten Menschen nur durch Erfahrungen am eigenen Leibe klug werden. So erklärt sich *erstens* die erstaunliche Unfähigkeit der meisten Menschen zu präventivem Handeln jeder Art – man glaubt eben selbst immer noch, um die Gefahr herumzukommen, bis es schließlich zu spät ist; *zweitens* die Stumpfheit gegenüber fremdem Leiden; proportional mit der wachsenden Angst vor der bedrohlichen Nähe des Unheils entsteht das Mitleid. Es läßt sich manches zur Rechtfertigung dieser Haltung sagen, ethisch: man will dem Schicksal nicht in die Räder greifen; innere Berufung und Kraft zum Handeln schöpft man erst aus dem eingetretenen Ernstfall; man ist nicht für alles Unrecht und Leiden in der Welt verantwortlich und will sich nicht zum Weltenrichter aufwerfen; psychologisch: der Mangel an Phantasie, an Sensitivität, an innerem Auf-dem-Sprunge-sein wird ausgeglichen durch eine solide Gelassenheit, ungestörte Arbeitskraft und große Leidensfähigkeit. Christlich gesehen, können freilich alle diese Rechtfertigungen nicht darüber hinwegtäuschen, daß es hier entscheidend an der Weite des Herzens mangelt. [...] Tatenloses Abwarten und stumpfes Zuschauen sind keine christlichen Haltungen. Den Christen rufen nicht erst die Erfahrungen am eigenen Leibe, sondern die Erfahrungen am Leibe der Brüder, um derentwillen Christus gelitten hat, zur Tat und zum Mitleiden.

Vom Leiden

Es ist unendlich viel leichter, im Gehorsam gegen einen menschlichen Befehl zu leiden als in der Freiheit eigenster verantwortlicher Tat. Es ist unendlich viel leichter, in Gemeinschaft zu leiden als in Einsamkeit. Es ist unendlich viel leichter, öffentlich und unter Ehren zu leiden als abseits und in Schanden. Es ist unendlich viel leichter, durch den Einsatz des leiblichen Lebens zu leiden als durch den Geist. Christus litt in Freiheit, in Einsamkeit, abseits und in Schanden, an Leib und Geist, und seither viele Christen mit ihm. [...]

Gefährdung und Tod

Der Gedanke an den Tod ist uns in den letzten Jahren immer vertrauter geworden. Wir wundern uns selbst über die Gelassenheit, mit der wir Nachrichten von dem Tode unserer Altersgenossen aufnehmen. Wir können den Tod nicht mehr so hassen, wir haben in seinen Zügen etwas von Güte entdeckt und sind fast ausgesöhnt mit ihm. Im Grunde empfinden wir wohl, daß wir ihm schon gehören und daß jeder neue Tag ein Wunder ist. Es wäre wohl nicht richtig zu sagen, daß wir gern sterben – obwohl keinem jene Müdigkeit unbekannt ist, die man doch unter keinen Umständen aufkommen lassen darf –, dazu sind wir schon zu neugierig oder etwas ernsthafter gesagt: wir möchten gern noch etwas vom Sinn unseres zerfahrenen Lebens zu sehen bekommen. Wir heroisieren den Tod auch nicht, dazu ist uns das Leben zu groß und teuer. Erst recht weigern wir uns, den Sinn des Lebens in der Gefahr zu sehen, dafür sind wir nicht verzweifelt genug und wissen wir zuviel von den Gütern des Lebens, dafür kennen wir auch die Angst um das Leben zu gut und all die anderen zerstörenden Wirkungen einer dauernden Gefährdung des Lebens. Noch lieben wir das Leben, aber ich glaube, der Tod kann uns nicht mehr sehr überraschen. Unseren Wunsch, er möchte uns nicht zufällig, jäh, abseits vom Wesentlichen, sondern in der Fülle des Lebens und in der Ganzheit des Einsatzes treffen, wagen wir uns seit den Erfahrungen des Krieges kaum mehr einzugestehen. Nicht die äußeren Umstände, sondern wir selbst werden es sein, die unseren Tod zu dem machen, was er sein kann, zum Tod in freier Einwilligung.

Sind wir noch brauchbar?

Wir sind stumme Zeugen böser Taten gewesen, wir sind mit vielen Wassern gewaschen, wir haben die Künste der Verstellung und der mehrdeutigen Rede gelernt, wir sind durch Erfahrung mißtrauisch gegen die Menschen geworden und mußten ihnen die Wahrheit und das freie Wort oft schuldig bleiben, wir sind durch unerträgliche Konflikte mürbe oder vielleicht sogar zynisch geworden – sind wir noch brauchbar? Nicht Genies, nicht Zyniker, nicht Menschenverächter, nicht raffinierte Taktiker, sondern schlichte, einfache, gerade Menschen werden wir brauchen. Wird unsere innere Widerstandskraft gegen das uns Aufgezwungene stark genug und unsere Aufrichtigkeit gegen uns selbst schonungslos genug geblieben sein, daß wir den Weg zur Schlichtheit und Geradheit wiederfinden? [...]

D: Dietrich Bonhoeffer: Widerstand und Ergebung. Briefe und Aufzeichnungen aus der Haft. Hrsg. von Eberhard Bethge. Gütersloh: Chr. Kaiser / Gütersloher Verlagshaus, [15]1994. S. 9–26. –

121

Die Flugblätter der »Weißen Rose« vom Juni 1942 bis zum Februar 1943

Einige Münchner Studenten, meist zur Fortführung ihres Medizinstudiums beurlaubte Soldaten, haben, erschüttert über die Greuel der Nationalsozialisten wie über die skrupellose Aufopferung deutscher Truppen in Stalingrad, in Flugblättern zu konsequentem Widerstand gegen die Herrschaft Hitlers aufgerufen. In zwei Prozessen wurden von ihnen Hans und Sophie Scholl, Christoph Probst, Alexander Schmorell und Willi Graf gemeinsam mit ihrem Professor Kurt Huber zum Tode verurteilt.

I

Nichts ist eines Kulturvolkes unwürdiger, als sich ohne Widerstand von einer verantwortungslosen und dunklen Trieben ergebenen Herrscherclique ›regieren‹ zu lassen. Ist es nicht so, daß sich jeder ehrliche Deutsche heute seiner Regierung schämt, und wer von uns ahnt das Ausmaß der Schmach, die über uns und unsere Kinder kommen wird, wenn einst der Schleier von unseren Augen gefallen ist und die grauenvollsten und jegliches Maß unendlich überschreitenden Verbrechen ans Tageslicht treten? Wenn das deutsche Volk schon so in seinem tiefsten Wesen korrumpiert und zerfallen ist, daß es, ohne eine Hand zu regen, im leichtsinnigen Vertrauen auf eine fragwürdige Gesetzmäßigkeit der Geschichte das Höchste, das ein Mensch besitzt und das ihn über jede andere Kreatur erhöht, nämlich den freien Willen, preisgibt, die Freiheit des Menschen preisgibt, selbst mit einzugreifen in das Rad der Geschichte und es seiner vernünftigen Entscheidung unterzuordnen – wenn die Deutschen, so jeder Individualität bar, schon so sehr zur geistlosen und feigen Masse geworden sind, dann, ja dann verdienen sie den Untergang. [...] Wenn jeder wartet, bis der andere anfängt, werden die Boten der rächenden Nemesis unaufhaltsam näher und näher rücken, dann wird auch das letzte Opfer sinnlos in den Rachen des unersättlichen Dämons geworfen sein. Daher muß jeder einzelne seiner Verantwortung als Mitglied der christlichen und abendländischen Kultur bewußt in dieser letzten Stunde sich wehren, soviel er kann, arbeiten wider die Geißel der Menschheit, wider den Faschismus und jedes ihm ähnliche System des absoluten Staates. Leistet passiven Widerstand – *Widerstand* –, wo immer Ihr auch seid, verhindert das Weiterlaufen dieser atheistischen Kriegsmaschine, ehe es zu spät ist, ehe die letzten Städte ein Trümmerhaufen sind, gleich Köln, und ehe die letzte Jugend des Volkes irgendwo für die Hybris eines Untermenschen verblutet ist. Vergeßt nicht, daß ein jedes Volk diejenige Regierung verdient, die es erträgt! [...]

Wir bitten Sie, dieses Blatt mit möglichst vielen Durchschlägen abzuschreiben und weiterzuverteilen!

II

Man kann sich mit dem Nationalsozialismus geistig nicht auseinandersetzen, weil er ungeistig ist. Es ist falsch, wenn man von einer nationalsozialistischen Weltanschauung spricht, denn wenn es diese gäbe, müßte man versuchen, sie mit geistigen Mitteln zu beweisen oder zu bekämpfen – die Wirklichkeit aber bietet uns ein völlig anderes Bild: schon in ihrem ersten Keim war diese Bewegung auf den Betrug des Mitmenschen angewiesen, schon damals war sie im Innersten verfault und konnte sich nur durch die stete Lüge retten. [...] Jetzt stehen wir vor dem Ende. Jetzt kommt es darauf an, sich gegenseitig wiederzufinden, aufzuklären von Mensch zu Mensch, immer daran zu denken und sich keine Ruhe zu geben, bis auch der Letzte von der äußersten Notwendigkeit seines Kämpfens wider dieses System überzeugt ist. Wenn so eine Welle des Aufruhrs durch das Land geht, wenn ›es in der Luft liegt‹, wenn viele mitmachen, dann kann in einer letzten, gewaltigen Anstrengung dieses System abgeschüttelt werden. Ein Ende mit Schrecken ist immer noch besser als ein Schrecken ohne Ende.

Es ist uns nicht gegeben, ein endgültiges Urteil über den Sinn unserer Geschichte zu fällen. Aber wenn diese Katastrophe uns zum Heile dienen soll, so doch nur dadurch: durch das Leid gereinigt zu werden, aus der tiefsten Nacht heraus das Licht zu ersehnen, sich aufzuraffen und endlich mitzuhelfen, das Joch abzuschütteln, das die Welt bedrückt.

Nicht über die Judenfrage wollen wir in diesem Blatte schreiben, keine Verteidigungsrede verfassen – nein, nur als Beispiel wollen wir die Tatsache kurz anführen, die Tatsache, daß seit der Eroberung Polens *dreihunderttausend* Juden in diesem Land auf bestialischste Art ermordet worden sind. Hier sehen wir das fürchterlichste Verbrechen an der Würde des Menschen, ein Verbrechen, dem sich kein ähnliches in der ganzen Menschengeschichte an die Seite stellen kann. Auch die Juden sind doch Menschen – man mag sich zur Judenfrage stellen, wie man will –, und an Menschen wurde solches verübt. [...]

Warum verhält sich das deutsche Volk angesichts all dieser scheußlichsten menschenunwürdigsten Verbrechen so apathisch? Kaum irgend jemand macht sich Gedanken darüber. Die Tatsache wird als solche hingenommen und ad acta gelegt. Und wieder schläft das deutsche Volk in seinem stumpfen, blöden Schlaf weiter und gibt diesen faschistischen Verbrechern Mut und Gelegenheit, weiterzuwüten – und diese tun es. Sollte dies ein Zeichen dafür sein, daß die Deutschen in ihren primitivsten menschlichen Gefühlen verroht sind, daß keine Saite in ihnen schrill aufschreit im Angesicht solcher Taten, daß sie in einen tödlichen Schlaf versunken sind, aus dem es kein Erwachen mehr gibt, nie, niemals? Es scheint so und ist es bestimmt, wenn der Deutsche nicht endlich aus dieser Dumpfheit auffährt, wenn er nicht protestiert, wo immer er nur kann, gegen diese Verbrecherclique, wenn er mit diesen Hunderttausenden von Opfern nicht mitleidet. Und nicht nur Mitleid muß er empfinden, nein, noch viel mehr: *Mitschuld*. Denn er gibt durch sein apathisches Verhalten diesen dunklen Menschen erst die Möglichkeit, so zu handeln, er leidet diese ›Regierung‹, die eine so unendliche Schuld auf sich geladen hat, ja, er ist doch selbst schuld daran, daß sie überhaupt entstehen konnte! Ein jeder will sich von einer solchen Mitschuld freisprechen, ein jeder tut es und schläft dann wieder mit ruhigstem, bestem Gewissen. Aber er kann sich nicht freisprechen, ein jeder ist *schuldig, schuldig, schuldig!* Doch ist es noch nicht zu spät, diese abscheulichste aller Mißgeburten von Regierungen aus der Welt zu schaffen, um nicht noch mehr Schuld auf sich zu laden. Jetzt, da uns in den letzten Jahren die Augen vollkommen geöffnet worden sind, da wir wissen, mit wem wir es zu tun haben, jetzt ist es allerhöchste Zeit, diese braune Horde auszurotten. Bis zum Ausbruch des Krieges war der größte Teil des deutschen Volkes geblendet, die Nationalsozialisten zeigten sich nicht in ihrer wahren Gestalt, doch jetzt, da man sie erkannt hat, muß es die einzige und höchste Pflicht, ja heiligste Pflicht eines jeden Deutschen sein, diese Bestien zu vertilgen. [...]

Wir bitten, diese Schrift mit möglichst vielen Durchschlägen abzuschreiben und weiterzuverteilen.

III

»Salus publica suprema lex«
Alle idealen Staatsformen sind Utopien. [...] Wir wollen hier nicht urteilen über die verschiedenen möglichen Staatsformen, die Demokratie, die konstitutionelle Monarchie, das Königtum usw. Nur eines will eindeutig und klar herausgehoben werden: jeder einzelne Mensch hat einen An-

spruch auf einen brauchbaren und gerechten Staat, der die Freiheit des einzelnen als auch das Wohl der Gesamtheit sichert. Denn der Mensch soll nach Gottes Willen frei und unabhängig im Zusammenleben und Zusammenwirken der staatlichen Gemeinschaft sein natürliches Ziel, sein irdisches Glück in Selbständigkeit und Selbsttätigkeit zu erreichen suchen.

Unser heutiger ›Staat‹ aber ist die Diktatur des Bösen. [...] Ist Euer Geist schon so sehr der Vergewaltigung unterlegen, daß Ihr vergeßt, daß es nicht nur Euer Recht, sondern Eure *sittliche Pflicht* ist, dieses System zu beseitigen? Wenn aber ein Mensch nicht mehr die Kraft aufbringt, sein Recht zu fordern, dann muß er mit absoluter Notwendigkeit untergehen. Wir würden es verdienen, in alle Welt verstreut zu werden wie der Staub vor dem Winde, wenn wir uns in dieser zwölften Stunde nicht aufrafften und endlich den Mut aufbrächten, der uns seither gefehlt hat. Verbergt nicht Eure Feigheit unter dem Mantel der Klugheit. Denn mit jedem Tag, da Ihr noch zögert, da Ihr dieser Ausgeburt der Hölle nicht widersteht, wächst Eure Schuld gleich einer parabolischen Kurve höher und immer höher.

Viele, vielleicht die meisten Leser dieser Blätter sind sich darüber nicht klar, wie sie einen Widerstand ausüben sollen. Sie sehen keine Möglichkeiten. Wir wollen versuchen, ihnen zu zeigen, daß ein jeder in der Lage ist, etwas beizutragen zum Sturz dieses Systems. Nicht durch individualistische Gegnerschaft, in der Art verbitterter Einsiedler, wird es möglich werden, den Boden für einen Sturz dieser ›Regierung‹ reif zu machen oder gar den Umsturz möglichst bald herbeizuführen, sondern nur durch die Zusammenarbeit vieler überzeugter, tatkräftiger Menschen, Menschen, die sich einig sind, mit welchen Mitteln sie ihr Ziel erreichen können. Wir haben keine reiche Auswahl an solchen Mitteln, nur ein einziges steht uns zur Verfügung – der *passive Widerstand*.

Der Sinn und das Ziel des passiven Widerstandes ist, den Nationalsozialismus zu Fall zu bringen, und in diesem Kampf ist vor keinem Weg, vor keiner Tat zurückzuschrekken, mögen sie auf Gebieten liegen, auf welchen sie auch wollen. An *allen* Stellen muß der Nationalsozialismus angegriffen werden, an denen er nur angreifbar ist. Ein Ende muß diesem Unstaat möglichst bald bereitet werden – ein Sieg des faschistischen Deutschland in diesem Kriege hätte unabsehbare, fürchterliche Folgen. Nicht der militärische Sieg über den Bolschewismus darf die erste Sorge für jeden Deutschen sein, sondern die Niederlage der Nationalsozialisten. Dies muß *unbedingt* an erster Stelle stehen. Die größere Notwendigkeit dieser letzten Forderung werden wir Ihnen in einem unserer nächsten Blätter beweisen.

Und jetzt muß sich ein jeder entschiedene Gegner des Nationalsozialismus die Frage vorlegen: Wie kann er gegen den gegenwärtigen ›Staat‹ am wirksamsten ankämpfen, wie ihm die empfindlichsten Schläge beibringen? Durch den passiven Widerstand – zweifellos. Es ist klar, daß wir unmöglich für jeden einzelnen Richtlinien für sein Verhalten geben können, nur allgemein andeuten können wir, den Weg zur Verwirklichung muß jeder selber finden.

Sabotage in Rüstungs- und kriegswichtigen Betrieben, Sabotage in allen Versammlungen, Kundgebungen, Festlichkeiten, Organisationen, die durch die nationalsozialistische Partei ins Leben gerufen werden. Verhinderung des reibungslosen Ablaufs der Kriegsmaschine (einer Maschine, die nur für einen Krieg arbeitet, der *allein* um die Rettung und Erhaltung der nationalsozialistischen Partei und ihrer Diktatur geht). *Sabotage* auf allen wissenschaftlichen und geistigen Gebieten, die für eine Fortführung des gegenwärtigen Krieges tätig sind – sei es in Universitäten, Hochschulen, Laboratorien, Forschungsanstalten, technischen Büros. *Sabotage* in allen Veranstaltungen kultureller Art, die das ›Ansehen‹ der Faschisten im Volke heben könnten. *Sabotage* in allen Zweigen der bildenden Künste, die nur im geringsten im Zusammenhang mit dem Nationalsozialismus stehen und ihm dienen. *Sabotage* in allem Schrifttum, allen Zeitungen, die im Solde der ›Regierung‹ stehen, für ihre Ideen, für die Verbreitung der braunen Lüge kämpfen. Opfert nicht einen Pfennig bei Straßensammlungen (auch wenn sie unter dem Deckmantel wohltätiger Zwecke durchgeführt werden). Denn dies ist nur eine Tarnung. In Wirklichkeit kommt das Ergebnis weder dem Roten Kreuz noch den Notleidenden zugute. Die Regierung braucht dies Geld nicht, ist auf diese Sammlungen finanziell nicht angewiesen – die Druckmaschinen laufen ja ununterbrochen und stellen jede beliebige Menge Papiergeld her. Das Volk muß aber dauernd in Spannung gehalten werden, nie darf der Druck der Kandare nachlassen! Gebt nichts für die Metall-, Spinnstoff- und andere Sammlungen. Sucht alle Bekannten auch aus den unteren Volksschichten von der Sinnlosigkeit einer Fortführung, von der Aussichtslosigkeit dieses Krieges, von der geistigen und wirtschaftlichen Versklavung durch den Nationalsozialismus, von der Zerstörung aller sittlichen und religiösen Werte zu überzeugen und zum *passiven Widerstand* zu veranlassen! [...]

Bitte vervielfältigen und weitergeben!

IV

[...] Wer hat die Toten gezählt. Hitler oder Goebbels – wohl keiner von beiden. Täglich fallen in Rußland Tausende. Es ist die Zeit der Ernte, und der Schnitter fährt mit vollem Zug in die reife Saat. Die Trauer kehrt ein in die Hütten der Heimat und niemand ist da, der die Tränen der Mütter trocknet, Hitler aber belügt die, deren teuerstes Gut er geraubt und in den sinnlosen Tod getrieben hat.
Jedes Wort, das aus Hitlers Munde kommt, ist Lüge. Wenn er Frieden sagt, meint er den Krieg, und wenn er in frevelhaftester Weise den Namen des Allmächtigen nennt, meint

er die Macht des Bösen, den gefallenen Engel, den Satan. Sein Mund ist der stinkende Rachen der Hölle, und seine Macht ist im Grunde verworfen. Wohl muß man mit rationalen Mitteln den Kampf wider den nationalsozialistischen Terrorstaat führen; wer aber heute noch an der realen Existenz der dämonischen Mächte zweifelt, hat den metaphysischen Hintergrund dieses Krieges bei weitem nicht begriffen. Hinter dem Konkreten, hinter dem sinnlich Wahrnehmbaren, hinter allen sachlichen, logischen Überlegungen steht das Irrationale, d. i. der Kampf wider den Dämon, wider den Boten des Antichrists. Überall und zu allen Zeiten haben die Dämonen im Dunkeln gelauert auf die Stunde, da der Mensch schwach wird, da er seine ihm von Gott auf Freiheit gegründete Stellung im ordo eigenmächtig verläßt, da er dem Druck des Bösen nachgibt, sich von den Mächten höherer Ordnung loslöst und so, nachdem er den ersten Schritt freiwillig getan, zum zweiten und dritten und immer mehr getrieben wird mit rasend steigender Geschwindigkeit – überall und zu allen Zeiten der höchsten Not sind Menschen aufgestanden, Propheten, Heilige, die ihre Freiheit gewahrt hatten, die auf den Einzigen Gott hinwiesen und mit seiner Hilfe das Volk zur Umkehr mahnten. Wohl ist der Mensch frei, aber er ist wehrlos wider das Böse ohne den wahren Gott, er ist wie ein Schiff ohne Ruder, dem Sturme preisgegeben, wie ein Säugling ohne Mutter, wie eine Wolke, die sich auflöst. [...]

Wir weisen ausdrücklich darauf hin, daß die Weiße Rose nicht im Solde einer ausländischen Macht steht. Obgleich wir wissen, daß die nationalsozialistische Macht militärisch gebrochen werden muß, suchen wir eine Erneuerung des schwerverwundeten deutschen Geistes von innen her zu erreichen. Dieser Wiedergeburt muß aber die klare Erkenntnis aller Schuld, die das deutsche Volk auf sich geladen hat, und ein rücksichtsloser Kampf gegen Hitler und seine allzuvielen Helfershelfer, Parteimitglieder, Quislinge usw. vorausgehen. Mit aller Brutalität muß die Kluft zwischen dem

besseren Teil des Volkes und allem, was mit dem Nationalsozialismus zusammenhängt, aufgerissen werden. Für Hitler und seine Anhänger gibt es auf dieser Erde keine Strafe, die ihren Taten gerecht wäre. Aber aus Liebe zu kommenden Generationen muß nach Beendigung des Krieges ein Exempel statuiert werden, daß niemand auch nur die geringste Lust je verspüren sollte, Ähnliches aufs neue zu versuchen. Vergeßt auch nicht die kleinen Schurken dieses Systems, merkt Euch die Namen, auf daß keiner entkomme! Es soll ihnen nicht gelingen, in letzter Minute noch nach diesen Scheußlichkeiten die Fahne zu wechseln und so zu tun, als ob nichts gewesen wäre!
Zu Ihrer Beruhigung möchten wir noch hinzufügen, daß die Adressen der Leser der Weißen Rose nirgendwo schriftlich niedergelegt sind. Die Adressen sind willkürlich Adreßbüchern entnommen.
Wir schweigen nicht, wir sind Euer böses Gewissen; die Weiße Rose läßt Euch keine Ruhe!

Bitte vervielfältigen und weitersenden!

Aufruf an alle Deutsche!

Der Krieg geht seinem sicheren Ende entgegen. Wie im Jahre 1918 versucht die deutsche Regierung alle Aufmerksamkeit auf die wachsende U-Boot-Gefahr zu lenken, während im Osten die Armeen unaufhörlich zurückströmen, im Westen die Invasion erwartet wird. Die Rüstung Amerikas hat ihren Höhepunkt noch nicht erreicht, aber heute schon übertrifft sie alles in der Geschichte seither Dagewesene. Mit mathematischer Sicherheit führt Hitler das deutsche Volk in den Abgrund. *Hitler kann den Krieg nicht gewinnen, nur noch verlängern!* Seine und seiner Helfer Schuld hat jedes Maß unendlich überschritten. Die gerechte Strafe rückt näher und näher!
Was aber tut das deutsche Volk? Es sieht nicht und es hört

nicht. Blindlings folgt es seinen Verführern ins Verderben. Sieg um jeden Preis! haben sie auf ihre Fahne geschrieben. Ich kämpfe bis zum letzten Mann, sagt Hitler – indes ist der Krieg bereits verloren.

Deutsche! Wollt Ihr und Eure Kinder dasselbe Schicksal erleiden, das den Juden widerfahren ist? Wollt Ihr mit dem gleichen Maße gemessen werden wie Eure Verführer? Sollen wir auf ewig das von aller Welt gehaßte und ausgestoßene Volk sein? Nein! Darum trennt Euch von dem nationalsozialistischen Untermenschentum! Beweist durch die Tat, daß Ihr anders denkt! Ein neuer Befreiungskrieg bricht an. Der bessere Teil des Volkes kämpft auf unserer Seite. Zerreißt den Mantel der Gleichgültigkeit, den Ihr um Euer Herz gelegt! Entscheidet Euch, *ehe es zu spät ist!* Glaubt nicht der nationalsozialistischen Propaganda, die Euch den Bolschewistenschreck in die Glieder gejagt hat! Glaubt nicht, daß Deutschlands Heil mit dem Sieg des Nationalsozialismus auf Gedeih und Verderben verbunden sei! Ein Verbrechertum kann keinen deutschen Sieg erringen. Trennt Euch *rechtzeitig* von allem, was mit dem Nationalsozialismus zusammenhängt! Nachher wird ein schreckliches, aber gerechtes Gericht kommen über die, so sich feig und unentschlossen verborgen hielten.

Was lehrt uns der Ausgang dieses Krieges, der nie ein nationaler war?

Der imperialistische Machtgedanke muß, von welcher Seite er auch kommen möge, für alle Zeit unschädlich gemacht werden. Ein einseitiger preußischer Militarismus darf nie mehr zur Macht gelangen. Nur in großzügiger Zusammenarbeit der europäischen Völker kann der Boden geschaffen werden, auf welchem ein neuer Aufbau möglich sein wird. Jede zentralistische Gewalt, wie sie der preußische Staat in Deutschland und Europa auszuüben versucht hat, muß im Keime erstickt werden. Das kommende Deutschland kann nur föderalistisch sein. Nur eine gesunde föderalistische Staatenordnung vermag heute noch das geschwächte Eu-

ropa mit neuem Leben zu erfüllen. Die Arbeiterschaft muß durch einen vernünftigen Sozialismus aus ihrem Zustand niedrigster Sklaverei befreit werden. Das Truggebilde der autarken Wirtschaft muß in Europa verschwinden. Jedes Volk, jeder einzelne hat ein Recht auf die Güter der Welt!
Freiheit der Rede, Freiheit des Bekenntnisses, Schutz des einzelnen Bürgers vor der Willkür verbrecherischer Gewaltstaaten, das sind die Grundlagen des neuen Europa.
Unterstützt die Widerstandsbewegung, verbreitet die Flugblätter!

Kommilitoninnen! Kommilitonen!

Erschüttert steht unser Volk vor dem Untergang der Männer von Stalingrad. Dreihundertdreißigtausend deutsche Männer hat die geniale Strategie des Weltkriegsgefreiten sinn- und verantwortungslos in Tod und Verderben gehetzt. Führer, wir danken dir!
Es gärt im deutschen Volk: Wollen wir weiter einem Dilettanten das Schicksal unserer Armeen anvertrauen? Wollen wir den niedrigsten Machtinstinkten einer Parteiclique den Rest unserer deutschen Jugend opfern? Nimmermehr! Der Tag der Abrechnung ist gekommen, der Abrechnung der deutschen Jugend mit der verabscheuungswürdigsten Tyrannis, die unser Volk je erduldet hat. Im Namen des ganzen deutschen Volkes fordern wir vom Staat Adolf Hitlers die persönliche Freiheit, das kostbarste Gut der Deutschen zurück, um das er uns in der erbärmlichsten Weise betrogen.
In einem Staat rücksichtsloser Knebelung jeder freien Meinungsäußerung sind wir aufgewachsen. HJ, SA und SS haben uns in den fruchtbarsten Bildungsjahren unseres Lebens zu uniformieren, zu revolutionieren, zu narkotisieren versucht. ›Weltanschauliche Schulung‹ hieß die verächtliche Methode, das aufkeimende Selbstdenken und Selbstwerten in einem Nebel leerer Phrasen zu ersticken.

Eine Führerauslese, wie sie teuflischer und zugleich bornierter nicht gedacht werden kann, zieht ihre künftigen Parteibonzen auf Ordensburgen zu gottlosen, schamlosen und gewissenlosen Ausbeutern und Mordbuben heran, zur blinden, stupiden Führergefolgschaft. Wir ›Arbeiter des Geistes‹ wären gerade recht, dieser neuen Herrenschicht den Knüppel zu machen. Frontkämpfer werden von Studentenführern und Gauleiteraspiranten wie Schulbuben gemaßregelt, Gauleiter greifen mit geilen Späßen den Studentinnen an die Ehre. [...]
Es gibt für uns nur eine Parole: Kampf gegen die Partei! Heraus aus den Parteigliederungen, in denen man uns politisch weiter mundtot halten will! Heraus aus den Hörsälen der SS-Unter- und -Oberführer und Parteikriecher! Es geht uns um wahre Wissenschaft und echte Geistesfreiheit! Kein Drohmittel kann uns schrecken, auch nicht die Schließung unserer Hochschulen. Es gilt den Kampf jedes einzelnen von uns um unsere Zukunft, unsere Freiheit und Ehre in einem seiner sittlichen Verantwortung bewußten Staatswesen.
Freiheit und Ehre! Zehn lange Jahre haben Hitler und seine Genossen die beiden herrlichen deutschen Worte bis zum Ekel ausgequetscht, abgedroschen, verdreht, wie es nur Dilettanten vermögen, die die höchsten Werte einer Nation vor die Säue werfen. Was ihnen Freiheit und Ehre gilt, das haben sie in zehn Jahren der Zerstörung aller materiellen und geistigen Freiheit, aller sittlichen Substanz im deutschen Volk genugsam gezeigt. Auch dem dümmsten Deutschen hat das furchtbare Blutbad die Augen geöffnet, das sie im Namen von Freiheit und Ehre der deutschen Nation in ganz Europa angerichtet haben und täglich neu anrichten. Der deutsche Name bleibt für immer geschändet, wenn nicht die deutsche Jugend endlich aufsteht, rächt und sühnt zugleich, ihre Peiniger zerschmettert und ein neues geistiges Europa aufrichtet. Studentinnen! Studenten! Auf uns sieht das deutsche Volk! Von uns erwartet es, wie 1813 die Bre-

chung des Napoleonischen, so 1943 die Brechung des nationalsozialistischen Terrors aus der Macht des Geistes. Beresina und Stalingrad flammen im Osten auf, die Toten von Stalingrad beschwören uns!
»Frisch auf mein Volk, die Flammenzeichen rauchen!«
Unser Volk steht im Aufbruch gegen die Verknechtung Europas durch den Nationalsozialismus, im neuen gläubigen Durchbruch von Freiheit und Ehre.

D: Inge Scholl: Die Weiße Rose. Erw. Neuausg. Frankfurt a. M.: S. Fischer, [7]1982. S. 96–121. –

122

Bericht des Oberkommandos der Wehrmacht über das Ende des Kampfes in Stalingrad vom 3. Februar 1943

Im Sommer 1942 waren die deutschen Truppen nach Überwindung der Krise des vorangegangenen Winters wiederum in Rußland weit vorgestoßen und hatten dabei auch unter schweren Kämpfen die Stadt Stalingrad am Wolgaknie erreicht. Die sowjetische Gegenoffensive schnürte im November die nach Stalingrad vorgestoßene 6. Armee zunächst weiträumig ab und drängte sie im weiteren Verlauf immer enger zusammen. Die von der Führung zugesagte Versorgung auf dem Luftwege reichte niemals aus, ein Ausbruch aus dem Kessel wurde der Armee von Hitler verboten. Hunger, Kälte und feindliche Waffen fügten den Eingeschlossenen solche Verluste zu, daß bei der schließlichen Kapitulation der 6. Armee nur noch ein Bruchteil ihrer ursprünglichen Stärke am Leben war. Die Verluste waren zu groß, um der deutschen Öffentlichkeit verschwiegen werden zu können. Die nationalsozialistische Propaganda bemühte sich deshalb, die militärische Katastrophe zu einem Symbol heroischer Aufopferung für das Vaterland zu machen. So verschwieg der Wehrmachtbericht, daß die Reste der 6. Armee unter ihrem kurz zuvor zum Generalfeldmarschall ernannten Oberbefehlshaber sich der Roten Armee ergeben hatten.

Der Kampf um Stalingrad ist zu Ende. Ihrem Fahneneid bis zum letzten Atemzug getreu ist die 6. Armee unter der vorbildlichen Führung des Generalfeldmarschalls Paulus der Übermacht des Feindes und der Ungunst der Verhältnisse erlegen. Ihr Schicksal wird von einer Flakdivision der deutschen Luftwaffe, zwei rumänischen Divisionen und einem kroatischen Regiment geteilt, die in treuer Waffenbrüderschaft mit den Kameraden des deutschen Heeres ihre Pflicht bis zum äußersten getan haben.
Noch ist es nicht an der Zeit, den Verlauf der Operationen zu schildern, die zu dieser Entwicklung geführt haben. Eines aber kann schon heute gesagt werden: Das Opfer der Armee war nicht umsonst. Als Bollwerk der historischen europäischen Mission hat sie viele Wochen hindurch den Ansturm von sechs sowjetischen Armeen gebrochen. Vom Feinde völlig eingeschlossen, hielt sie in weiteren Wochen schwersten Ringens und härtester Entbehrungen starke Kräfte des Gegners gebunden. Sie gab damit der deutschen Führung die Zeit und die Möglichkeit zu Gegenmaßnahmen, von deren Durchführung das Schicksal der gesamten Ostfront abhing.
Vor diese Aufgabe gestellt, hat die 6. Armee schließlich auch durchgehalten, als mit der Einschließung und [durch] den Fortgang der Operationen die Luftwaffe, trotz äußerster Anstrengungen und schwerster Verluste, außerstande war, eine ausreichende Luftversorgung sicherzustellen und die Möglichkeit des Entsatzes mehr und mehr und schließlich ganz dahinschwand. Die zweimal vom Gegner verlangte Übergabe fand stolze Ablehnung. Unter der Hakenkreuzfahne, die auf der höchsten Ruine von Stalingrad weithin sichtbar gehißt wurde, vollzog sich der letzte Kampf. Generale, Offiziere, Unteroffiziere und Mannschaften foch-

ten Schulter an Schulter bis zur letzten Patrone. Sie starben, damit Deutschland lebe. Ihr Vorbild wird sich auswirken bis in die fernsten Zeiten, aller unwahren bolschewistischen Propaganda zum Trotz. Die Divisionen der 6. Armee aber sind bereits im neuen Entstehen begriffen.

D: »Das Oberkommando der Wehrmacht gibt bekannt ...« Der deutsche Wehrmachtbericht. Vollständige Ausgabe der 1939 bis 1945 durch Presse und Rundfunk veröffentlichten Texte. Bd. 2. Osnabrück: Biblio-Verlag, 1982. S. 435 f. Mit Genehmigung der Zeller Verlag GmbH & Co., Osnabrück.

123

Rede von Joseph Goebbels zur Proklamation des totalen Kriegs vom 18. Februar 1943

Den Höhepunkt der nationalsozialistischen Propagandamanöver zur Irreführung der Bevölkerung über die Kriegslage nach der Niederlage von Stalingrad stellt die Rede dar, die Josef Goebbels im Berliner Sportpalast hielt. Mit massenpsychologisch meisterhafter Regie vermochte er die Anwesenden in einen Taumel der Begeisterung zu versetzen, der kritische Fragen über die Katastrophe im Osten verdrängte.

Meine deutschen Volksgenossen und Volksgenossinnen!
Parteigenossen und Parteigenossinnen!
Es ist jetzt knapp drei Wochen her, daß ich das letztemal bei Gelegenheit der Verlesung der Proklamation des Führers zum Zehnjahrestag der Machtergreifung von dieser Stelle aus zu Ihnen und zum deutschen Volke gesprochen habe. Die Krise, in der sich unsere Ostfront augenblicklich befindet, stand damals auf dem Höhepunkt. Wir hatten uns im Zeichen des harten Unglücksschlages, von dem die Nation

im Kampf um die Wolga betroffen wurde, am 30. Januar dieses Jahres zusammengefunden zu einer Kundgebung der Einheit, der Geschlossenheit, aber auch der festen Willenskraft, mit den Schwierigkeiten, die dieser Krieg in seinem vierten Jahre vor uns auftürmt, fertigzuwerden.
Es war für mich und wohl auch für Sie alle erschütternd, einige Tage später zu erfahren, daß die letzten heldenhaften Kämpfer von Stalingrad, gerade in dieser Stunde durch die Ätherwellen mit uns verbunden, an unserer erhebenden Sportpalast-Kundgebung teilgenommen haben. Sie funkten in ihrem Schlußbericht, daß sie die Proklamation des Führes vernommen und vielleicht zum letzten Male in ihrem Leben mit uns zusammen mit erhobenen Händen die Nationalhymnen gesungen hätten. [...]
Es ist jetzt nicht der Augenblick, danach zu fragen, *wie* alles gekommen ist. Das wird einer späteren Rechenschaftslegung überlassen bleiben, die in voller Offenheit erfolgen soll und dem deutschen Volke und der Weltöffentlichkeit zeigen wird, daß das Unglück, das uns in den letzten Wochen betroffen hat, seine *tiefe*, schicksalhafte Bedeutung besitzt. Das große Heldenopfer, das unsere Soldaten in Stalingrad brachten, ist für die ganze Ostfront von einer ausschlaggebenden geschichtlichen Bedeutung gewesen. Es war nicht umsonst. Warum – das wird die Zukunft beweisen. [...]
Der Ansturm der Steppe gegen unseren ehrwürdigen Kontinent ist in diesem Winter mit einer Wucht losgebrochen, die alle menschlichen und geschichtlichen Vorstellungen in den Schatten stellt. Die deutsche Wehrmacht bildet dagegen mit ihren Verbündeten den *einzigen* überhaupt in Frage kommenden Schutzwall. Der Führer hat schon in seiner Proklamation zum 30. Januar mit ernsten und eindringlichen Worten die Frage aufgeworfen, was aus Deutschland und Europa geworden wäre, wenn am 30. Januar 1933 statt der nationalsozialistischen Bewegung ein bürgerliches oder ein demokratisches Regime die Macht übernommen hätte. [...]

Ich wende mich in meinen Ausführungen zuerst an die Weltöffentlichkeit und proklamiere ihr gegenüber die Thesen unseres Kampfes gegen die bolschewistische Gefahr im Osten. Die erste dieser drei Thesen lautet: Wäre die deutsche Wehrmacht *nicht* in der Lage, die Gefahr aus dem Osten zu *brechen*, so wäre damit das *Reich* und in kurzer Folge *ganz Europa* dem Bolschewismus verfallen [Beifall]. Die zweite dieser drei Thesen lautet: Die deutsche Wehrmacht und das deutsche Volk *allein* besitzen mit ihren Verbündeten die Kraft, eine grundlegende Rettung Europas aus dieser Bedrohung durchzuführen [Beifall]. Die dritte dieser Thesen lautet: *Gefahr ist im Verzuge*, es muß *schnell* und *gründlich* gehandelt werden, *sonst* ist es zu *spät!* [Bravo-Rufe, Beifall.] [...]

Die geistigen Lähmungserscheinungen der westeuropäischen Demokratien gegen ihre tödlichste Bedrohung sind wahrhaft herzbeklemmend. Das internationale Judentum fördert sie mit allen Kräften. Genauso, wie der Widerstand gegen den Kommunismus in unserem Kampf um die Macht in unserem eigenen Lande von den jüdischen Zeitungen künstlich eingeschläfert und nur durch die nationalsozialistische Bewegung wiedererweckt wurde, – genauso ist das heute bei den andern Völkern der Fall. Das Judentum erweist sich hier wieder einmal als die Inkarnation des *Bösen*, als *plastischer* [!] Dämon des Verfalls und als Träger eines internationalen kulturzerstörerischen Chaos.

Man wird, um das hier nur nebenbei zu erwähnen, in diesem Zusammenhang auch unsere konsequente Judenpolitik verstehen können, auch wenn die Juden heute in Berlin ihre alte Mitleidsgarde vorschicken [Zwischenrufe: »Aufhängen!«]. Wir sehen im Judentum für *jedes* Land eine unmittelbare Gefahr gegeben! [Rufe: »Aufhängen!«, »Pfui!« Beifall.] Wie *andere* Völker sich gegen diese Gefahr zur Wehr setzen, – das ist uns gleichgültig. Wie *wir* uns aber dagegen zur Wehr setzen, das ist unsere Sache, in die wir keinerlei *Einsprüche dulden!* [Bravo-Rufe, Beifall, Zwischenruf.]

Das Judentum steckt eine –, das Judentum stellt eine infektiöse Erscheinung dar, die ansteckend wirkt. Wenn das feindliche Ausland gegen unsere antijüdische Politik scheinheilig Protest erhebt und über unsere Maßnahmen gegen das Judentum heuchlerische Krokodilstränen vergießt, so kann uns das nicht daran hindern, das Notwendigste zu tuen. Deutschland jedenfalls hat nicht die Absicht, sich dieser jüdischen Bedrohung zu beugen, sondern vielmehr die, ihr *rechtzeitig*, wenn nötig unter *vollkommener* und *radikalster Ausrott-, -schaltung* des Judentums, entgegenzutreten! [Starker Beifall, wilde Rufe, Gelächter.] [...]

Das Ringen um Stalingrad wurde geradezu zu einem Symbol dieses Widerstandes gegen den Aufruhr der Steppe. Es hatte sich deshalb nicht nur eine militärische, sondern auch eine geistige und seelische Bedeutung für das deutsche Volk von tiefstgreifender Wirkung erworben. Erst hier sind uns unsere Augen für die aus diesem Kriege erwachsende Problematik vollkommen geöffnet worden. Wir wollen jetzt gar nichts mehr wissen von falschen Hoffnungen und Illusionen. Wir wollen den Tatsachen, und wenn sie *noch* so hart und grausam sind, *mutig* in die Augen schauen. Denn jedesmal noch hat es sich in der Geschichte unserer Partei und unseres Staates erwiesen, daß eine *erkannte* Gefahr zur Hälfte schon eine *gebannte* Gefahr ist. [...]

Die geistige Bedrohung, die der Bolschewismus darstellt, ist bekannt. Sie wird auch im Ausland nicht bestritten. Über die geistige Bedrohung hinaus aber stellt er nun für uns und Europa eine unmittelbare militärische Bedrohung dar. [...]

Wir sind entschlossen, unser Leben mit *allen Mitteln* zu verteidigen, – *ohne Rücksicht* darauf, ob die uns umgebende Welt die Notwendigkeit dieses Kampfes einsieht oder nicht [Bravo-Rufe, Beifall]. *Der totale Krieg ist also das Gebot der Stunde!* [Heilrufe, Beifall.] [...] Die Gefahr, vor der wir stehen, ist *riesengroß. Riesengroß* müssen deshalb auch die Anstrengungen sein, mit denen wir ihr entgegentreten. *Es ist also jetzt die Stunde gekommen, die Glacéhandschuhe auszuziehen!* [Heilrufe, starker Beifall.] *Jetzt müssen wir die Faust bandagieren!* [Zustimmung, Beifall.] [...] Europas Zukunft hängt von *unserem* Kampf im Osten ab! *Wir* stehen zu seinem Schutze bereit! Das deutsche Volk stellt sein kostbarstes nationales Blut für diesen Kampf zur Verfügung, *das übrige Europa sollte hierfür wenigstens seine Arbeit zur Verfügung stellen!* [Heilrufe, starker Beifall.] Wer diesen Kampf im übrigen Europa heute noch nicht versteht, wird uns morgen auf den *Knien* danken, daß wir ihn auf uns genommen haben! [Rufe: »Jawohl!«, Beifall.] [...] Jedermann weiß, daß dieser Krieg, wenn wir ihn verlören, uns alle vernichten würde. Und darum ist das Volk mit seiner Führung entschlossen, *nunmehr* zur *radikalsten* Selbsthilfe zu greifen. Die breiten arbeitenden Massen unseres Volkes machen der Regierung nicht zum Vorwurf, daß sie zu rücksichts*los*, sondern *höchstens*, daß sie zu rücksichts*voll* vorgeht [stürmischer Beifall]. Man frage landauf, landab das deutsche Volk, und man wird nur *eine* Antwort erhalten: Das *Radikalste* ist heute *gerade radikal*, und das *Totalste* ist *gerade total* genug, um zum Siege zu führen! [Bravo-Rufe, Beifall.]

Darum ist die totale Kriegführung eine Sache des ganzen deutschen Volkes. Niemand kann sich auch nur mit einem *Schein* von Berechtigung an ihren Forderungen vorbeidrükken. Als ich in meiner Rede vom 30. Januar von dieser Stelle aus den totalen Krieg proklamierte, schwollen mir aus den um mich versammelten Menschenmassen Orkane der Zustimmung zu. Ich kann also feststellen, daß die Führung sich in ihren Maßnahmen in *vollkommenster* Übereinstimmung mit dem ganzen deutschen Volk in der Heimat und an der Front befindet [Rufe: »Jawohl!« Starker Beifall]. Das Volk will alle – [Zwischenruf: »... durch das Volk statt!« Beifall], das Volk will alle, auch die *schwersten* Belastungen auf sich nehmen und ist bereit, *jedes* Opfer zu bringen, wenn damit dem Siege gedient wird. Allerdings – [Bravo-Rufe, Beifall], allerdings, die Voraussetzung dazu ist, daß die Lasten *gerecht* verteilt werden [Bravo-Rufe, starker Beifall]. Die Staatsführung darf nicht dulden, daß der weitaus größte Teil des Volkes die *ganze* Bürde des Krieges trägt und ein kleiner passiver Teil sich an den Lasten und an der Verantwortung des Krieges vorbeizudrücken versucht [Zurufe: »Aufhängen!« Beifall]. [...]

Während unsere Fronten im Osten ihre gigantischen Abwehrschlachten schlagen gegen den Ansturm der Steppe, rast der Krieg unserer U-Boote über die Weltmeere. Der feindliche Tonnageraum erleidet *Einbußen, die auch* durch künstlich noch so hoch geschraubte Ersatz- und Neubauten bei weitem nicht wieder wettgemacht werden können [Bravo-Rufe, Beifall]. *Im übrigen aber wird der Feind uns im kommenden Sommer wieder in alter Offensivkraft kennenlernen!* [Heilrufe, starker Beifall.] Das deutsche Volk ist entschlossen, dem Führer dazu unter Aufbietung *all seiner Energien* die nötigen Möglichkeiten zu schaffen [Bravo-Rufe, Beifall]. *Das* ist die Aufgabe der Stunde! [...]

Ich habe nun heute zu dieser Versammlung einen Ausschnitt des ganzen deutschen Volkes im *besten* Sinne des Wortes eingeladen. Vor mir sitzen reihenweise deutsche Verwundete von der Ostfront, Bein- und Armamputierte – [starker Beifall], Bein- und Armamputierte mit zerschossenen Gliedern, Kriegsblinde, die mit ihren Rote-Kreuz-Schwestern gekommen sind, Männer in der Blüte ihrer Jahre, die vor sich ihre Krücken stehen haben. Dazwischen zähle ich an die *fünfzig* Träger des *Eichenlaubes* und des *Ritterkreuzes* [stürmische Heilrufe und Beifall]: eine glänzende Abordnung unserer kämpfenden Front! [Heilrufe, Beifall.] Hinter ihnen erhebt sich ein Block von Rüstungsarbeitern und -arbeiterinnen aus den Berliner *Panzerwerken* [Heilrufe, starker Beifall]. Wieder hinter ihnen sitzen Männer aus der Parteiorganisation, Soldaten aus der kämpfenden Wehrmacht, Ärzte, Wissenschaftler, Künstler, Ingenieure und Architekten, Lehrer, Beamte und Angestellte aus den Ämtern und Büros: eine *stolze* Vertreterschaft unseres geistigen Lebens in all seinen Schichtungen, dem das Reich gerade jetzt im Kriege *Wunder* der Erfindung und des menschlichen Genies verdankt. Über das ganze Rund [Beifall] des Sportpalastes verteilt sehe ich *Tausende* von deutschen Frauen [Bravo-Rufe, Beifall]. Die Jugend ist hier vertreten und das Greisenalter. *Kein* Stand, *kein* Beruf und *kein* Lebensjahr blieb bei der Einladung unberücksichtigt. Ich kann also mit *Fug und Recht* sagen: Was *hier vor mir sitzt, ist ein Ausschnitt aus dem ganzen deutschen Volke an der Front und in der Heimat, – stimmt das?* [Stürmische Rufe: »Ja!« Anhaltender Beifall.] Allerdings – *Juden* sind hier *nicht vertreten!* [Starker Beifall, Zurufe.]

Ihr also, meine Zuhörer, repräsentiert in diesem Augenblick für das Ausland die *Nation!* Und an *Euch* möchte ich *zehn Fragen* richten, die *Ihr* mit dem deutschen Volke vor der *ganzen Welt, insbesondere aber vor unseren Feinden, die uns auch in dieser Stunde an ihrem Rundfunk zuhören, beantworten müßt! Wollt ihr das?* [Stürmische Rufe: »Ja!«]

Die Engländer behaupten, das deutsche Volk habe den Glauben an den Sieg verloren [stürmische Rufe: »Nein!«, »Nie!«, »Niemals!«]. Ich frage Euch: Glaubt Ihr mit dem Führer und mit uns an den *endgültigen, totalen Sieg der deutschen Waffen?* [Stürmische Rufe: »Ja!« Starker Beifall, Sprechchöre: »Sieg Heil! Sieg Heil!«] Ich frage Euch: Seid Ihr entschlossen, dem Führer in der Erkämpfung des Sieges durch *dick und dünn* und unter Aufnahme auch der *schwersten persönlichen Belastungen* zu folgen? [Stürmische Rufe: »Ja!« Starker Beifall, Sprechchöre: »Sieg Heil!«, »Wir grüßen unsern Führer!«]

Zweitens: Die Engländer behaupten, das deutsche Volk sei des *Kampfes müde* [Rufe: »Nein!«, »Pfui!«]. Ich frage Euch: Seid Ihr bereit, mit dem Führer, als Phalanx der Heimat hinter der kämpfenden Wehrmacht stehend, *diesen Kampf* mit *wilder Entschlossenheit* und *unbeirrt* durch *alle Schicksalsfügungen* fortzusetzen, bis der Sieg in unsern Händen ist? [Stürmische Rufe: »Ja!« Starker Beifall.]

Drittens: Die Engländer behaupten, das deutsche Volk hat keine *Lust* mehr, sich der überhandnehmenden *Kriegs*arbeit, die die Regierung von ihm fordert, zu unterziehen [Pfui-Rufe]. Ich frage Euch: Soldaten, Arbeiter und Arbeiterinnen, seid Ihr und ist das deutsche Volk entschlossen, *wenn* der Führer es einmal in der *Notzeit* befehlen sollte, *zehn, zwölf,* wenn nötig *vierzehn und sechzehn Stunden täglich zu arbeiten und das Letzte für den Sieg herzugeben?* [Stürmische Rufe: »Ja!« Starker Beifall.]
Viertens: Die Engländer behaupten, das deutsche Volk wehrt sich gegen die totalen Kriegsmaßnahmen der Regierung [Rufe: »Nein!«]. Es will nicht den *totalen Krieg*, sagen die Engländer, sondern die *Kapitulation!* [Stürmische Rufe, u. a.: »Nein!«, »Pfui!«] Ich frage Euch: *Wollt Ihr den totalen Krieg?* [Stürmische Rufe: »Ja!« Starker Beifall.] Wollt Ihr ihn [Rufe: »Wir wollen ihn!«], wenn nötig, *totaler und radikaler, als wir ihn uns heute überhaupt erst vorstellen können?* [Stürmische Rufe: »Ja!« Beifall.]
Fünftens: Die Engländer behaupten, das deutsche Volk hat sein Vertrauen zum *Führer verloren!* [Stürmische Empörung und Pfui-Rufe, lang anhaltender Lärm.] Ich frage Euch – [Sprechchöre: »Führer befiehl, wir folgen!« Heilrufe], ich frage Euch: *Vertraut Ihr dem Führer?* [Rufe, u. a.: »Ja!«] Ist Eure Bereitschaft, ihm auf *allen seinen Wegen zu folgen und alles zu tuen, was nötig ist, um den Krieg zum siegreichen Ende zu führen, eine absolute und uneingeschränkte?* [Lebhafte Rufe: »Ja!«]
Ich frage Euch als Sechstes: Seid Ihr von nun ab bereit, Eure ganze Kraft einzusetzen und der *Ostfront, unsern kämpfenden Vätern und Brüdern, die Menschen und Waffen zur Verfügung zu stellen, die sie brauchen*, um den *Bolschewismus zu besiegen? Seid Ihr dazu bereit?* [Rufe: »Ja!« Starker Beifall, Zurufe.]
Ich frage Euch als Siebentes: Gelobt Ihr mit heiligem Eid der Front, daß die Heimat mit *starker, unerschütterlicher*

Moral hinter der Front steht und ihr *alles geben* wird, was sie zum Siege nötig hat? [Rufe: »Ja!« Starker Beifall.]
Ich frage Euch achtens: Wollt Ihr, insbesondere Ihr Frauen selbst, daß die Regierung dafür sorgt, daß auch die *letzte* Arbeitskraft *auch* der Frau der Kriegführung zur *Verfügung* gestellt wird [Rufe weiblicher Stimmen: »Ja!«] und daß die Frau *überall* da, wo es nur *möglich* ist, *einspringt*, um *Männer für die Front freizumachen? Wollt Ihr das?* [Stürmische Rufe, insbesondere weiblicher Stimmen: »Ja!« Starker Beifall.]
Ich frage Euch neuntens: *Billigt Ihr*, wenn nötig, die *radikalsten* Maßnahmen gegen einen kleinen Kreis von *Drückebergern und Schiebern* [stürmische Rufe: »Ja!« Starker Beifall, Zurufe], die mitten im Kriege *Frieden* spielen wollen und die Not des Volkes zu eigensüchtigen Zwecken ausnutzen? [Rufe: »Aufhängen!« Geschrei.] *Seid Ihr damit einverstanden* [Rufe: »Jawohl!«], *daß, wer sich am Kriege vergeht, den Kopf verliert?* [Stürmische Rufe: »Ja!« Starker Beifall.]
Und nun frage ich Euch zehntens und zuletzt: Wollt Ihr, daß, wie das nationalsozialistische Parteiprogramm das vorschreibt, gerade im Kriege *gleiche Rechte* und *gleiche Pflichten* vorherrschen [Rufe: »Ja!«], daß die Heimat die schwersten Belastungen des Krieges *solidarisch* auf ihre Schultern nimmt und daß sie für *hoch* und *niedrig* und *arm* und *reich* in *gleicher Weise* verteilt werden? Wollt Ihr das? [Stürmische Rufe: »Ja!« Stürmischer Beifall.] [...]

D: Goebbels-Reden. Hrsg. von Helmut Heiber. Bd. 2: 1939–1945. Düsseldorf: Droste, 1972. S. 172–208. – Mit Genehmigung von Cordula Schacht, Bernau.

124

Ziele und Vorstellungen des Kreisauer Kreises: Die Erste Weisung an die Landesverweser vom 9. August 1943

Auf seinem schlesischen Gut Kreisau versammelte Helmuth James Graf v. Moltke von 1942 an Angehörige verschiedener politischer Richtungen und beider Konfessionen zu Beratungen über eine neue Ordnung des deutschen Staates und der deutschen Gesellschaft nach dem erwarteten Ende der nationalsozialistischen Herrschaft. Sozialisten und Konservative, Adlige und Arbeiterführer, Jesuiten wie Pater Alfred Delp und der protestantische Geistliche Eugen Gerstenmaier gelangten hier zu weitgehenden Übereinstimmungen. Darüber hinaus bestanden Kontakte zu evangelischen und katholischen Bischöfen wie zur Verschwörergruppe um Goerdeler und Stauffenberg. Nach dem Attentat vom 20. Juli verloren viele Mitarbeiter von Kreisau ihr Leben.
Die »Erste Weisung an die Landesverweser«, an deren Gestaltung auch der frühere Kölner Oberbürgermeister Konrad Adenauer einen nicht näher zu bestimmenden Anteil hat, läßt die grundlegenden Auffassungen des Kreises erkennen.

Das innerliche und äußere Elend des deutschen Volkes kann nur gemildert und eine kraftvolle Neugestaltung seines Geschicks nur in Angriff genommen werden auf Grund eines klaren und einheitlichen Bildes von der deutschen Zukunft. Eine solche festgeschlossene Anschauung ist um so notwendiger, als die militärische und politische Entwicklung dazu führen kann, daß einzelne Landesteile militärisch besetzt und abgetrennt werden oder daß sogar eine Regierung des deutschen Reiches nicht vorhanden ist oder jedenfalls nicht die Möglichkeit der verbindlichen Befehlsgebung hat.
Es ist eine zwingende Notwendigkeit, daß unter solchen Umständen in den einzelnen Ländern und Landesteilen verantwortlich führende Persönlichkeiten auch ohne die

Möglichkeit gegenseitiger Abstimmung und Fühlungnahme einheitlich und in den Grundfragen übereinstimmend handeln und auf diese Weise die innere Zusammengehörigkeit der deutschen Länder als Kulturnation erhalten und erhärten.
Die anliegenden Grundsätze, die sich angesichts der Mannigfaltigkeit der Entwicklungsmöglichkeiten auf das Fundamentale beschränken, sollen sicherstellen, daß bei möglicherweise ungünstiger Kriegsentwicklung ein gleichgerichteter Wille der Deutschen den anderen Nationen gegenübertritt.

I.

Die freiheitlich gesonnene deutsche Arbeiterschaft und mit ihr die christlichen Kirchen vertreten und führen diejenigen Volkskräfte, aus denen heraus der Aufbau in Angriff genommen werden kann. Sie allein garantieren in diesem Augenblick auf Grund ihrer fortwirkenden geistigen Überlieferung, daß die Substanz des deutschen Volkes als Kulturnation gewahrt bleibt und sein Zusammenhalt als Staatsnation aus seiner gegenwärtigen Gefährdung gerettet werden kann. Auf diese Kräfte gestützt übertragen wir Ihnen die hohe Verantwortung, in dem Ihnen überwiesenen, in seinen Abgrenzungen aus der anliegenden Karte ersichtlichen Gebiet das Amt des Landesverwesers zu übernehmen und sich in den Besitz der dafür erforderlichen Machtmittel zu setzen. Die Wehrkreisbefehlshaber werden angewiesen, Ihren Weisungen zu folgen.
Der Landesverweser ist dem Reich verantwortlich für die Gestaltung der politischen, kulturellen und wirtschaftlichen Kräfte des Landes:
1. Er soll für die Rechtssicherheit, persönliche Freiheit und echte Mitverantwortung der gesamten Landesbevölkerung Sorge tragen und so den politischen Ausdruckswillen des Landes in seiner natürlichen Entfaltung fördern und in der

angestrebten Selbstverwaltung dem besonderen Charakter der Landschaften zur Geltung verhelfen.
Um hierbei den wertvollen Kräften des Landes Ansatzpunkte zu verantwortlicher Mitarbeit zu geben, müssen Sie deshalb unverzüglich dafür sorgen, daß angesehene und bewährte Persönlichkeiten in Stadt und Land mit diesen Aufgaben betraut werden.
2. Der Landesverweser soll in engem Einvernehmen mit den anerkannten Kulturträgern des Landes dem Neuaufbau einer christlichen Erziehung und damit einer echten Erneuerung des geistigen Lebens den Weg bahnen. Hierzu ist vor allem eine alsbaldige, auf beiderseitiges Vertrauen gegründete Zusammenarbeit von Land und Kirche erforderlich.
Zu diesem Zweck haben Sie unverzüglich Verbindung mit Vertretern der Kirchen Ihres Landes aufzunehmen.
3. Insbesondere soll der Landesverweser die verantwortliche Mitwirkung der Werktätigen in Verwaltung und Wirtschaft herbeiführen.
Zu diesem Zweck treten Sie unverzüglich mit den Beauftragten der deutschen Gewerkschaft in Verbindung, die als allein berechtigte Vertreterin der Werktätigen anzuerkennen ist.
In Anlage 1 sind diese Grundsätze näher dargelegt.
In ihrer Durchführung sind folgende Richtlinien zu befolgen:

I.

1. Bei der Personalbesetzung haben Sie vollständig freie Hand zu allen Maßnahmen, die Sie zur Sicherstellung einer geordneten Verwaltung und zur Aufrechterhaltung von Ruhe und Ordnung für erforderlich halten. Aus wichtigen Stellungen sind alle irgendwie führenden Nationalsozialisten grundsätzlich zu entfernen. [...]
2. Im Fall der Erklärung des Belagerungszustandes (Aus-

nahmezustandes) bleibt der militärische Inhaber der vollziehenden Gewalt Ihren allgemeinen politischen Weisungen unterworfen.

3. Bei den notwendigen Verhaftungen hat der Maßstab des persönlichen Verschuldens, insbesondere unter Berücksichtigung der als Anlage 2 beiliegenden Bestimmungen über die Rechtsschänder zu gelten, das Verschulden ist möglichst umgehend im ordentlichen Rechtswege zu prüfen und abzuurteilen. Darüber hinaus sind alle Personen zu verhaften, bei denen der Verdacht besteht, daß sie den Staat bei der Durchführung seiner notwendigen Maßnahmen hindern könnten.

Die Befreiung der zu Unrecht ihrer Freiheit Beraubten ist sofort in die Wege zu leiten. [...]

4. Die durch die Neuabgrenzung der Länder notwendig werdenden Grenzberichtigungen haben Sie in Zusammenarbeit mit den Landesverwesern der Nachbarländer sofort durchzuführen. [...]

II.

1. Alle Gesetze und Anordnungen, die Einzelne wegen ihrer Zugehörigkeit zu einer bestimmten Nation, Rasse oder Religion benachteiligen, sind nicht anzuwenden; darauf beruhende diskriminierende Maßnahmen sind sofort aufzuheben. Darüber hinaus bleiben die bestehenden Gesetze und Verwaltungsanordnungen zunächst grundsätzlich in Kraft.

2. a) Alle Maßnahmen, die der Aufrechterhaltung der Kampfkraft der deutschen Wehrmacht oder in einem späteren Zeitpunkt der geordneten Demobilmachung dienen, sind als Reichsaufgaben mit Vorrang vor allen anderen sachlichen Aufgaben durchzuführen; die dafür notwendigen Leistungen sind ohne Rücksicht auf etwaigen Widerstand durchzusetzen.

b) Es muß unter allen Umständen vermieden werden, daß

die geordnete Weiterführung des bestehenden wirtschaftlichen Aufbringungs- und Verteilungssystems gestört wird. Eingriffe in den Versorgungsstrom und Lockerungen des Kartensystems sind die größte Gefahr.

3. Neben der Aufrechterhaltung der Integrität Ihres Landes und der Ordnung und Sicherheit in Ihrem Lande ist Ihre vornehmste Aufgabe der Aufbau der Selbstverwaltung nach Maßgabe der in Anlage 1 beigefügten Grundsätze. Dabei sind die wirtschaftlichen Interessen und politischen Kräfte in Ihrem Lande möglichst vollständig in den Rahmen dieser Selbstverwaltung einzubauen, die bürokratische Verwaltung einzuschränken und Ihre eigene Autorität von unten her fest zu begründen.

4. Sie haben das Erforderliche zu tun, damit die Wirtschaft die notwendigen Umstellungsmaßnahmen möglichst ohne Hilfe von außen und unter Aufrechterhaltung eines angemessenen Beschäftigungsgrades durchführen kann. Zur Herstellung dauerhafter Verhältnisse ist die Abwanderung nicht ansässiger Arbeitskräfte zu begünstigen. Einwanderungsbeschränkungen und Aufenthaltsbeschränkungen sind gegenüber Deutschen unzulässig.

5. Zur Bestreitung der notwendigen Kassenbedürfnisse sind Sie befugt, auf Grund des Reichsleistungsgesetzes die erforderlichen Geldmittel in Anspruch zu nehmen.

D: Ger van Roon: Neuordnung im Widerstand. Der Kreisauer Kreis innerhalb der deutschen Widerstandsbewegung. München: Oldenbourg, 1967. S. 567–570. –

125

Der Reichsführer SS Heinrich Himmler über die Judenvernichtung in seiner Rede vor den hohen Führern der SS in Posen vom 4. Oktober 1943

Nachdem die Juden in Polen und in der Sowjetunion bereits durch Massenerschießungen erhebliche Opfer erlitten hatten, wurden nach der »Wannseekonferenz« (vgl. Quelle 116) die europäischen Juden innerhalb des deutschen Machtbereichs planmäßig den Vernichtungslagern im Osten zugeführt. In einer Rede Himmlers vor hohen SS-Führern in Posen erscheint diese alle Maßstäbe sprengende Massenvernichtung von Menschen in der Sicht eines Hauptverantwortlichen.

Ich will hier vor Ihnen in aller Offenheit auch ein ganz schweres Kapitel erwähnen. Unter uns soll es einmal ganz offen ausgesprochen sein, und trotzdem werden wir in der Öffentlichkeit nie darüber reden. Genau so wenig, wie wir am 30. Juni 1934 gezögert haben, die befohlene Pflicht zu tun und Kameraden, die sich verfehlt hatten, an die Wand zu stellen und zu erschießen, genau so wenig haben wir darüber jemals gesprochen und werden je darüber sprechen. Es war eine Gottseidank in uns wohnende Selbstverständlichkeit des Taktes, daß wir uns untereinander nie darüber unterhalten haben, nie darüber sprachen. Es hat jeden geschaudert, und doch war sich jeder klar darüber, daß er es das nächste Mal wieder tun würde, wenn es befohlen wird und wenn es notwendig ist.
Ich meine jetzt die Judenevakuierung, die Ausrottung des jüdischen Volkes. Es gehört zu den Dingen, die man leicht ausspricht. – »Das jüdische Volk wird ausgerottet«, sagt ein jeder Parteigenosse, »ganz klar, steht in unserem Programm, Ausschaltung der Juden, Ausrottung, machen wir.«

Und dann kommen sie alle an, die braven 80 Millionen Deutschen, und jeder hat seinen anständigen Juden. Es ist ja klar, die anderen sind Schweine, aber dieser eine ist ein prima Jude. Von allen, die so reden, hat keiner zugesehen, keiner hat es durchgestanden. Von Euch werden die meisten wissen, was es heißt, wenn 100 Leichen beisammen liegen, wenn 500 daliegen oder wenn 1000 daliegen. Dies durchgehalten zu haben, und dabei – abgesehen von Ausnahmen menschlicher Schwächen – anständig geblieben zu sein, das hat uns hart gemacht. Dies ist ein niemals geschriebenes und niemals zu schreibendes Ruhmesblatt unserer Geschichte, denn wir wissen, wie schwer wir uns täten, wenn wir heute noch in jeder Stadt – bei den Bombenangriffen, bei den Lasten und bei den Entbehrungen des Krieges – noch die Juden als Geheimsaboteure, Agitatoren und Hetzer hätten. Wir würden wahrscheinlich jetzt in das Stadium des Jahres 1916/17 gekommen sein, wenn die Juden noch im deutschen Volkskörper säßen.

Die Reichtümer, die sie hatten, haben wir ihnen abgenommen. Ich habe einen strikten Befehl gegeben, den SS-Obergruppenführer Pohl durchgeführt hat, daß diese Reichtümer selbstverständlich restlos an das Reich abgeführt wurden. Wir haben uns nichts davon genommen. Einzelne, die sich verfehlt haben, werden gemäß einem von mir zu Anfang gegebenen Befehl bestraft, der androhte: Wer sich auch nur eine Mark davon nimmt, der ist des Todes. Eine Anzahl SS-Männer – es sind nicht sehr viele – haben sich dagegen verfehlt, und sie werden des Todes sein, gnadelos. Wir hatten das moralische Recht, wir hatten die Pflicht gegenüber unserem Volk, dieses Volk, das uns umbringen wollte, umzubringen. Wir haben aber nicht das Recht, uns auch nur mit einem Pelz, mit einer Uhr, mit einer Mark oder mit einer Zigarette oder mit sonst etwas zu bereichern. Wir wollen nicht am Schluß, weil wir einen Bazillus ausrotteten, an dem Bazillus krank werden und sterben. Ich werde niemals zusehen, daß hier auch nur eine kleine Fäulnisstelle entsteht oder sich festsetzt. Wo sie sich bilden sollte, werden wir sie gemeinsam ausbrennen. Insgesamt aber können wir sagen, daß wir diese schwerste Aufgabe in Liebe zu unserem Volk erfüllt haben. Und wir haben keinen Schaden in unserem Inneren, in unserer Seele, in unserem Charakter daran genommen.

D: Prozeß gegen die Hauptkriegsverbrecher XXIX S. 145 f.

126

Entwurf für einen Aufruf der nach dem Gelingen des Attentats gegen Hitler ins Amt tretenden Reichsregierung Goerdeler an die Weltöffentlichkeit vom Jahresende 1943

Die in der Zeit der großen Erfolge Hitlers aussichtslose Opposition intensivierte ihre Aktivitäten, als die Katastrophe von Stalingrad für die Einsichtigen klar gemacht hatte, daß die weitere Herrschaft Hitlers nur größeres Unheil für Deutschland und Europa bewirken könne. Der frühere Reichspreiskommissar und Oberbürgermeister von Leipzig, Carl Goerdeler, sammelte planmäßig Persönlichkeiten, die bereit waren, sich einer neuen Regierung nach der gewaltsamen Beseitigung Hitlers zur Verfügung zu stellen, während in der Wehrmacht Oberst Graf Schenk v. Stauffenberg zum Mittelpunkt des Widerstands wurde. Zu den Aufgaben dieser Widerstandsgruppe gehörte auch die Vorbereitung erster Regierungsmaßnahmen und Verlautbarungen, wenn ihr Unternehmen erfolgreich verlaufen sein würde.

Die Mitglieder der Reichsregierung haben diesen Krieg nie gewollt und niemals für notwendig gehalten. Sie erblickten in ihm das größte Unglück, das Europa und die Welt treffen

konnte. Sie betrachten es daher als ihre größte und wichtigste Aufgabe, ihn unverzüglich durch einen wahren und dauerhaften Frieden zu beenden, der es allen Völkern, großen wie kleinen, ermöglicht, sich innerhalb ihrer eigenen Grenzen in staatlicher Unabhängigkeit und Sicherheit selbst zu regieren, miteinander die Wunden des Krieges zu heilen und den verwundeten Erdteil wieder aufzubauen.
Die Reichsregierung weiß, daß auf dem Wege zu diesem Ziele gewaltige, aus gebrochenen Verträgen und sinnlosen Gewalttaten aufgetürmte Hindernisse zu überwinden sind.

[...]

Vertrauen beruht auf Achtung vor der Wahrheit und der Ehrfurcht vor dem Recht. Hitler hat beides, Wahrheit und Recht, gleicherweise verachtet. An die Stelle der Wahrheit setzte er die Propaganda und an die Stelle des Rechts die Gewalt. Propaganda und Gestapo waren die Mittel seiner Herrschaftsbehauptung. Für ihn gab es nur einen letzten Wert: den Staat. Darum nannte und machte er ihn zum totalen Staat, der an die Stelle aller anderen Werte trat, alles ersetzte und alles zweckbestimmte. Der Staat stand außer und über Recht und Sittlichkeit. Der Einzelne und die Gemeinschaften mußten sich ihm völlig unterordnen. In der neuen Formulierung ›Recht ist, was dem Volke nützt‹ wurde der von allen Gutgesinnten verdammte Grundsatz ›Der Zweck heiligt die Mittel‹ auf das Panier geschrieben. Die dem Germanentum und dem Christentum eigene Idee der Persönlichkeit wurde von ihm verneint. Der Mensch war nur Teil, Glied und Funktionsträger des Staates, er sollte zum kollektiven Menschen umgeprägt werden und sein Recht aufgeben, dem Staat als Person gegenüberzutreten. Dieser Anschauung des Staates entsprach die Einheitspartei; ihr zentraler Begriff war die autoritäre politische Willensbildung, die sich durch Propaganda und Gewalt durchsetzte. An die Stelle dieses Zerrbildes jeder wahren staatlichen Gemeinschaft wird die Reichsregierung den der christlichen Überlieferung des Abendlandes entsprechenden Staat setzen, der

auf der Pflicht seiner Bürger und Glieder zu Treue, Opfer, Dienst und Leistung für das Gemeinwohl ebenso ruht, wie auf der Achtung vor der Person und ihren ursprünglichen Persönlichkeitsrechten. [...]
Die Reichsregierung sagt daher der bis zur Lüge gehenden Unterdrückung und Verfälschung der Wahrheit den Kampf an. Das deutsche Volk muß durch allen Propagandanebel hindurch die Wahrheit und nichts als die Wahrheit erfahren. Ohne alle Illusionen muß es die wirkliche Lage erkennen, damit es seine Zukunft frei von allen Wunschträumen gestalten kann. Wer die leichten Siege der beiden ersten Kriegsjahre für ein dem deutschen Volk gemachtes Geschenk der göttlichen Vorsehung gehalten hat, wird lernen müssen, in einer solchen Auffassung eine Gotteslästerung oder einen leichtfertigen Irrtum zu erkennen, den das deutsche Volk mit 2,5 Millionen Toten und 6 Millionen Heimatlosen bezahlt hat. Die Reichsregierung hat in ihrem Dienst an der Wahrheit nichts und niemanden zu scheuen und hat daher als eine ihrer ersten Maßnahmen alle Strafen auf das Hören ausländischer Sender aufgehoben. Sie wird aller gegnerischen Propaganda, die nicht dem Frieden und der Versöhnung der Völker dient, zu antworten wissen.

Recht und Gerechtigkeit

Entsprechend dem Grundcharakter des totalen nationalsozialistischen Staates sind in den vergangenen zehn Jahren Recht und Rechtspflege zu einer Karikatur ihres wahren Wesens geworden. Gewissenlose Rechtsbrecher haben ihre Gewalt mißbraucht, um die Gerichte unter dem albernen Schlagwort der Volksnähe zu Handlangern des Propagandastaates und zu Zutreibern der Scharfrichter zu erniedrigen. Die Gesetze müssen wieder die Grundlage alles Richtens werden und die von allen politischen und staatspolizeilichen Weisungen befreiten Richter müssen als unabsetzbare Diener der Allgemeinheit allein dem Recht und der Gerechtigkeit dienen. Konzentrationslager, Zwangsverschickungen und wie alle die schauerlichen Entartungen der öffentlichen Gewalt in den vergangenen zehn Jahren noch genannt werden mögen, sollen ab sofort nur noch gegen ihre Urheber und diejenigen angewandt werden, die gegen die Gesetze der sittlich begründeten Gemeinschaft des deutschen Volkes verstoßen.

Sitte und Sittlichkeit

Die im Nationalsozialismus Gestalt gewordene »Vergottung« jeder rohen Gewalttat, die ihm nutzen konnte, hat neben der im Kriege unvermeidlichen Auflockerung der Sitten weithin zu einem sittlichen Verfall geführt, dem die Reichsregierung mit allen Mitteln Einhalt gebieten will. Mit der Zerreißung der Familien, den leichtfertig geschlossenen Ehen und der staatlichen Prämierung der unehelichen Kinder hat es ein Ende. Nicht aus muckerischer Gesinnung, sondern einfach um der Gesundheit und Zukunft unseres Volkes willen müssen die jungen Männer und Frauen einsehen lernen, daß es glückliche Familien, dauerhafte Ehen und gesunde Kinder nur auf der Grundlage der Verantwortung vor ewig gültigen Gesetzen geben kann.

Religion und Kirche

Unbeschadet der Religionsfreiheit Einzelner bekennt sich die Reichsregierung zum Christentum als einer der Grundkräfte, die die deutsche Nation geschichtlich geformt haben.
Die Reichsregierung weiß, daß mit den Mitteln der Politik kein Weg zu den abgerissenen religiösen Überlieferungen und Ordnungen des deutschen Volkes gefunden werden kann. Sie hebt aber sofort alle staatlichen Verfolgungen der christlichen Kirchen, die Verhaftungen, Verbannungen und Redeverbote gegen Geistliche auf. Alle Religionsgemein-

schaften sollen frei von staatlicher Vormundschaft ihren göttlichen Auftrag erfüllen. Das Reich wird sie und ihre Diener schützen.

Jugend und Jugenderziehung

Die Schulen aller Gattungen werden sofort von der ihrem Wesen ganz unzuträglichen Rolle befreit, dazu zu dienen, Tatsachen zu verfälschen, den Wahrheitssinn der Jugend zu beleidigen und sie Phrasen statt Wissen, Heuchelei statt edlem Mut, Kraftmeiertum statt wahrem Können zu lehren.
Die oberste Erziehungsgewalt steht den Eltern zu. Die Schule hat sie dabei zu unterstützen, indem sie durch sachlich und charakterlich dazu befähigte Lehrer die Kinder anhält, das Höchstmaß der ihnen verliehenen geistigen und körperlichen Kräfte zur Reife zu bringen. [...]

Wirtschaft und Sozialpolitik

Solange die Waffen noch nicht ruhen, muß die heimische Wirtschaft alles in ihrer Macht stehende tun, um die Soldaten mit allem Notwendigen an Nahrung, Kleidung und Waffen zu versorgen.
Die Reichsregierung ist davon durchdrungen, daß alles Wirtschaften in dem durch den Krieg und seine Vorbereitung ungeheuer verarmten Deutschland zunächst nur den Zweck haben kann, das deutsche Volk zu ernähren, zu kleiden, ihm seine zerstörten Wohnungen aufzubauen und seinen vernichteten Hausrat wieder zu schaffen. Mit der Versorgung der Opfer dieses Krieges, der Witwen, Waisen und Kriegsbeschädigten wird dieser Zweck der vornehmste Inhalt der deutschen Sozialpolitik sein müssen. [...]
Die durch nationalsozialistische Mißwirtschaft übriggebliebenen Trümmer der einstmals in der Welt vorbildlichen deutschen Sozialversicherung sollen in die Selbstverwaltung der Arbeiter und Angestellten, für die sie bestimmt sind,

überführt und zu einem einheitlichen Träger der gesamten Sozialversicherung zusammengefaßt werden.

Öffentliche Finanzen

Die heillose Schuldenwirtschaft der öffentlichen Hand hat in den vergangenen zehn Jahren die Reichsschulden von zehn Milliarden Reichsmark auf 300 Milliarden Reichsmark anwachsen lassen; dazu kommen noch die gewaltigen durch Zerstörungen angerichteten Schäden. Damit ist uns und den kommenden Geschlechtern eine kaum zu tragende Last auferlegt, die das gesamte Volksvermögen weit übersteigt. Die Reichsregierung ist entschlossen, diese Schuldenlast ohne eine neue Inflation durch eine harte Steuerpolitik und andere Maßnahmen, die der allgemeinen Verarmung des deutschen Volkes entsprechen, abzubürden, durch einen in Einnahmen und Ausgaben alsbald auszugleichenden öffentlichen Haushalt und durch öffentliche Rechnungslegung die Grundlagen dauerhaften und soliden Wirtschaftslebens wieder zu schaffen.

Das Ende des Krieges

Die Reichsregierung weiß, daß die vor ihr liegende Aufgabe, dem Leben des deutschen Volkes eine neue staatliche Form zu geben und sie mit Werken des Friedens auszufüllen, erst gelöst werden kann, wenn das von ihr heiß ersehnte Ende des Krieges erreicht ist. Bei aller Bereitschaft zum Frieden weiß die Reichsregierung auch, daß es nicht allein von ihr abhängt, wann und wie er verwirklicht werden kann. Sie wird an alle Möglichkeiten anknüpfen, die aus den Äußerungen der gegnerischen Staatsmänner über die Zukunft der Welt hervorgehen, um ihren Willen zu einem dauerhaften Frieden kundzutun, der allen Völkern den Weg öffnet, in Freiheit und gegenseitiger Achtung miteinander zu leben.

D: Fabian v. Schlabrendorff: Offiziere gegen Hitler. Neue, durchges. und erw. Aufl. Berlin: Siedler, 1984. S. 92–98. –

127

Abschiedsworte des Generalmajors Henning v. Tresckow vom 21. Juli 1944

Generalmajor v. Tresckow war eine Schlüsselfigur des militärischen Widerstands gewesen. Er hatte darauf gedrängt, das Attentat gegen Hitler trotz aller ungünstigen Umstände durchzuführen, um der Welt zu demonstrieren, daß es in Deutschland entschlossenen Widerstand gegen Hitler gegeben habe. Er rechnete nach dem Scheitern des Attentats damit, verhaftet zu werden, und fürchtete, unter der Folter die Namen von Mitverschworenen preiszugeben. Um dieser Gefahr zu entgehen, nahm er sich am 21. Juli 1944 in einem vorgetäuschten Gefecht an der Ostfront das Leben. Seine Abschiedsworte an einen befreundeten Offizier gehören zu den wichtigsten Zeugnissen für die moralische Qualität des Widerstands.

Jetzt wird die ganze Welt über uns herfallen und uns beschimpfen. Aber ich bin nach wie vor der felsenfesten Überzeugung, daß wir recht gehandelt haben. Ich halte Hitler

---

Bei dem Attentat, das der zum Mittelpunkt der deutschen Widerstandsbewegung gewordene Oberst Claus Graf Schenk von Stauffenberg am 20. Juli 1944 unternahm, blieb Hitler fast unverletzt. Er konnte noch am selben Tage dem Staatschef der von seinen Gnaden in Oberitalien existierenden Repubblica Sociale, dem »Duce« des italienischen Faschismus, Benito Mussolini, die Stätte des Anschlags zeigen.

nicht nur für den Erzfeind Deutschlands, sondern auch für den Erzfeind der Welt. Wenn ich in wenigen Stunden vor den Richterstuhl Gottes treten werde, um Rechenschaft abzulegen über mein Tun und mein Unterlassen, so glaube ich mit gutem Gewissen das vertreten zu können, was ich im Kampf gegen Hitler getan habe. Wenn einst Gott Abraham verheißen hat, er werde Sodom nicht verderben, wenn auch nur zehn Gerechte darin seien, so hoffe ich, daß Gott auch Deutschland um unsertwillen nicht vernichten wird. Niemand von uns kann über seinen Tod Klage führen. Wer in unseren Kreis getreten ist, hat damit das Nessushemd angezogen. Der sittliche Wert eines Menschen beginnt erst dort, wo er bereit ist, für seine Überzeugung sein Leben hinzugeben.

D: Fabian v. Schlabrendorff: Offiziere gegen Hitler. Neue, durchges. und erw. Aufl. Berlin: Siedler, 1984. S. 129. –

128

Bericht von Marion Gräfin Dönhoff über ihre Flucht aus Ostpreußen vor der Roten Armee im Januar 1945

Aus Furcht vor der Rache der Roten Armee für die in ihrem Lande von den Deutschen verrichteten Untaten verließ die Bevölkerung im Osten vielfach ihre angestammte Heimat, wenn deren Eroberung durch die Rote Armee zu erwarten war. Sie kamen damit zwar der späteren Vertreibung zuvor und entgingen, wenn ihnen die Flucht gelang, den Gewaltakten der sowjetischen Soldaten, nahmen aber Gefahren und Strapazen unvorstellbaren Maßes auf sich.

In Quittainen war Oberinspektor Klatt bereits benachrichtigt worden. Ich fand ihn in seinem Büro sitzend und düster vor sich hinblickend, während der Ortsgruppenleiter vor ihm stand und heftig auf ihn einredete. Es ging um die Flüchtlinge. Wir hatten seit dem Herbst über 400 Flüchtlinge aus der Goldaper Gegend in der Begüterung aufgenommen. Sie waren zu Haus aufgebrochen, kurz bevor die Russen im Oktober Goldap einnahmen, und gen Westen getreckt. [...]

Diese Goldaper Flüchtlinge hatten also den Winter bei uns verbracht und unsere Futterbestände kräftig reduziert. Mich besorgte das wenig, denn ich wußte ja, daß wir selbst sie nicht mehr aufbrauchen würden. Die Parteileitung aber schien dies zu beunruhigen, und so war einer dieser gescheiten Dummköpfe darauf verfallen, ausgerechnet Anfang Januar – man hörte schon das Donnern der Geschütze bei uns – die Männer mit den Pferden nach dem 250 km entfernten Goldap zurückzuschicken, damit das Futter dort an Ort und Stelle verbraucht würde. So saßen wir nun also mit 380 Frauen und Kindern da, die ihre Wagen von neuem bepackten, sie aber nicht bewegen konnten, weil die Männer mit den Pferden weggeschickt und inzwischen wahrscheinlich längst von der russischen Front überrollt worden waren.

Um diese Situation, die zwangsläufig eintreten mußte, abzuwenden, hatte ich den Bürgermeistern der Gegend zwei Tage zuvor vorgeschlagen, wir sollten den Goldapern unsere Trecker zur Verfügung stellen, ihre Wagen dahinterhängen und sie so rasch wie möglich losschicken, damit wir sie erst einmal aus dem Wege hätten. Aber die Bürgermeister hatten tausend Bedenken: Wir würden, so meinten sie, die Trecker zur Frühjahrsbestellung brauchen, und wer weiß, ob sie ordnungsgemäß zurückkämen ... So war dieser Plan nicht zur Ausführung gelangt.

Nun also stand der Ortsgruppenleiter vor uns und erklärte, seine Weisung sei, dafür zu sorgen, daß wir die Flüchtlinge mitnähmen – was natürlich vollkommen ausgeschlossen war. [...]

Und dann liefen wir beide immer abwechselnd durch das nächtliche Dorf und beschworen die Leute, nur das Allernotwendigste mitzunehmen. Aber unsere Ratschläge und Weisungen gingen unter in dem allgemeinen Chaos, dem auch all meine Vorbereitungen zum Opfer fielen. [...] Auch war es gar nicht mehr möglich, mit den anderen Gütern Verbindung aufzunehmen, um, wie vorgesehen, alle gemeinsam loszutrecken. Würden wir die andern unterwegs treffen? Würde man überhaupt irgend jemand je wiedersehen? [...] Auch ich hatte schnell, was mir am unentbehrlichsten schien, in einen Rucksack zusammengepackt: etwas Kleidung und ein paar Photographien und Papiere. Eine Satteltasche mit Waschsachen, Verbandszeug und meinem alten spanischen Kruzifix lag ohnehin, fertig gepackt, stets griffbereit. Trudchen, meine Köchin, hatte schnell noch Abendbrot gemacht, das wir gemeinsam verzehrten, auch die beiden Sekretärinnen stießen dazu. Fräulein Markowski, die ältere, sehr tüchtige, war eine begeisterte Anhängerin des Führers, die jahrelang jede Sondermeldung bejubelt hatte – jetzt war sie sehr still, aber ich bin überzeugt, daß sie sich fragte, ob nicht doch die Ungläubigen und ›Verräter‹ an diesem Debakel Schuld seien. [...]

Wir aßen also noch rasch zusammen: Wer weiß, wann man wieder etwas bekommen würde ... Dann standen wir auf, ließen Speisen und Silber auf dem Tisch zurück und gingen zum letzten Mal durch die Haustür, ohne sie zu verschließen. Es war Mitternacht ... Draußen hatte sich inzwischen der Treck formiert. Ich lief in den Stall, machte mein Reitpferd fertig, von dem ich wußte, daß es allen Strapazen gewachsen sein würde, und trug dem Kutscher auf, meine sehr geliebte Draulitter Schimmelstute an seinen Wagen anzuhängen. Aber der Alte hat diesen Auftrag in seiner Aufregung vergessen, und so blieb sie zusammen mit allen anderen Tieren zurück.

Bis Pr. Holland waren es von Quittainen nur 11 km. Eine gute Stunde Fahrzeit, so rechneten wir normalerweise. An diesem Tag brauchten wir sechs Stunden. Die Straßen glichen spiegelblankem Eis, die Pferde rutschten, das Coupé, in das wir zwei Kranke verladen hatten, stand dauernd quer zur Fahrtrichtung. Aus allen Nebenstraßen kamen sie gequollen und verstopften die Kreuzungen, und einen Kilometer vor der Stadt kam alles endgültig zum Stillstand. Wir standen über zwei Stunden, ohne auch nur einen Zentimeter vorzurücken. Schließlich ritt ich in den Ort, um einmal zu sehen, was dort eigentlich los sei. Auch interessierte mich sehr, was wohl die braunen Funktionäre, die noch vor drei Tagen alle Fluchtvorbereitungen für Defaitismus gehalten hatten und schwer hatten bestrafen wollen, jetzt wohl täten.
Ich wand mich durch die Fülle der Wagen und Menschen hindurch zur Kreisleitung der NSDAP. Alle Türen standen offen, verkohltes Papier wirbelte in der Zugluft umher. Auf dem Boden lagen Akten. Alle Zimmer waren leer. »Die sind natürlich als erste weg, die Schweine«, sagte ein Bauer, der gleich mir dort herumstöberte. Ja, sie waren weg und bald würden sie gottlob alle weg sein. Aber welch ein Preis! Wie vieles wäre uns erspart geblieben, wenn die Tat vom 20. Juli – vor sechs Monaten – geglückt wäre, so mußte ich denken. – Die Stadt wirkte wie eine blockierte Drehscheibe: von zwei Seiten waren die Trecks hereingefahren, hatten das Ganze verstopft, und nun ging es weder vor noch zurück. Ich ging zur Post, und siehe da, die gute alte Post funktionierte noch. Während draußen das Chaos brandete und die ›Führer‹ das Weite gesucht hatten, saßen die alten Angestellten auf ihren Plätzen.
Ich konnte sogar noch mit Friedrichstein telefonieren, das 120 km weiter östlich, jenseits Königsberg, lag. Dort war die Situation noch normal, von jener abnormen Normalität, die unser Leben schon so lange charakterisierte. Jedenfalls hatten sie dort noch keinen Räumungsbefehl erhalten.

Übrigens sollten sie auch nie einen bekommen. Für sie war es ohnehin zu spät. Gerade zu der Zeit, als ich telefonierte, stieß die russische Panzerspitze 25 km vor uns von Süden zum Frischen Haff durch. Ostpreußen war abgeschnitten, und für die, die nicht wie wir in den westlichen Grenzkreisen saßen, erübrigte sich daher der Räumungsbefehl. Ihnen blieb nur noch der Weg über das zugefrorene Haff.

Als ich nach zwei Stunden wieder bei unserem Treck anlangte, waren alle schon total durchgefroren und verzweifelt. Es waren 20 Grad Kälte. Auch Herr Klatt hielt dieses Unternehmen für völlig zwecklos. »Wenn wir doch unter die Russen fallen, dann schon lieber zu Haus« – das war so etwa die Formel, auf die sich alle geeinigt hatten. Und noch etwas anderes hatten sie alle miteinander inzwischen beschlossen: daß ich versuchen sollte, mit meinem Pferd nach Westen durchzukommen, denn mich würden die Russen bestimmt erschießen, während sie selber nun eben in Zukunft für die Russen die Kühe melken und die Scheunen ausdreschen würden. Wie irrig die Vorstellung war, daß den Arbeitern nichts geschehen würde, ahnten weder sie noch ich damals. [...]

Ganz langsam, im Zeitlupentempo – so als sollten die Bilder sich noch einmal ganz fest einprägen – zog die geliebte Landschaft wie die Kulisse eines surrealistischen Films an uns vorüber. Elbing, Marienburg, mit dessen Geschichte meine Familie mehrfach verbunden war, und dann Dirschau. Dirschau sah aus wie eine gigantische Bühne für eine Freilichtaufführung von Wallensteins Lager: Menschen über Menschen in den wunderlichsten Kostümen. Hier und da Feuer, an denen abgekocht wurde. Der Kanonendonner war jetzt schon ganz nah, manchmal schienen alle Häuser zu wackeln. Wir krochen am Rande der Stadt in einem Hof unter. Während der eine auf einem Sofa schlief, mußte der andere im Stall bei den Pferden wachen – denn ein Pferd war in diesen Zeiten ein Königreich wert. Aber es war keine rechte Ruhe, die ganze Zeit zogen Leute durch das Haus,

nahmen ein Kissen mit oder ein Handtuch, öffneten ein Weckglas, auch wir hatten hier in der Vorratskammer zum erstenmal wieder richtig gegessen.
Mich kroch plötzlich der ganze Jammer der Menschheit an, und ich begann zu bereuen, daß ich nicht mit unseren Leuten zusammen nach Hause zurückgekehrt war. Der Gedanke, zu versuchen, jenen Entschluß zu revidieren, vielleicht jetzt noch von diesem laufenden Band abzuspringen, erschien mir plötzlich faszinierend: Wenn Züge noch hin und wieder voll nach Westen gingen – würden nicht vielleicht andere leer nach Osten fahren? Vielleicht könnte ich nach Königsberg und von dort nach Friedrichstein. Ich ging zum Bahnhof. Auch hier wieder Tausende von Menschen. Natürlich kein Schalter offen, keine Auskunft, nichts. Schließlich fand ich einen Beamten: »Was, nach Königsberg?« Er sah mich an, als wollte ich zum Mond reisen, und schüttelte den Kopf. – Nein, nach Osten fuhr keiner mehr. […]
Das Thermometer war noch weiter gesunken, und dazu hatte sich – was bei großer Kälte eigentlich selten vorkommt – ein orkanartiger Ostwind aufgemacht. Als wir endlich, fertig ausgerüstet, den Hof verließen und einen geschützten Hohlweg hochritten, sahen wir in der Ferne jenseits eines Feldes wieder den großen Heerwurm auf der Landstraße vor uns. Es schneite nicht, aber der Schnee wirbelte durch die Luft. Wie durch einen dicken weißen Schleier sah man die unglücklichen Menschen langsam, ganz langsam vorwärts kriechen, die Mäntel vom Winde vorwärtsgepeitscht, viele Dachkonstruktionen der Treckwagen waren zusammengebrochen. Wir reihten uns ein in diesen Gespensterzug und sahen die ersten Toten am Weg liegen. Niemand hatte die Kraft, die Zeit oder die Möglichkeit, sie zu begraben.
Und so ging es tagelang – wochenlang. Von rechts und links stießen immer neue Fahrzeuge, immer mehr Menschen hinzu. […]

Viele dieser Bilder werde ich nie vergessen. Irgendwo unterwegs – ich glaube zwischen Bütow und Berent – war eine Stelle, wo man 3 km voraus und 3 km zurück die schnurgerade Chaussee überblicken konnte. Auf diesen 6 km sah ich keinen Quadratmeter Straße, nur Wagen, Pferde, Menschen und Elend. Niemand sprach. Man hörte nur das Knirschen der allmählich trocken werdenden Räder. [...]

Manch einer in Pommern hatte uns fast ein wenig neidisch zum Abschied gewinkt. Manch einer hätte gern wenigstens die Kinder und jungen Mädchen und ein paar Wertsachen mit uns auf den Weg geschickt. Aber auch hier wieder das gleiche: Es war streng verboten. Und Leute, die aus vermeintlichem Patriotismus denunzierten, gab es überall, darum wagte niemand, dem Verbot zuwiderzuhandeln. Noch nie hat der Führer eines Volkes so gründlich das Geschäft des Gegners betrieben, noch nie hat ein oberster Kriegsherr seine Soldaten durch so dilettantisches Führen selbst zu Hunderttausenden in den Tod getrieben; noch nie hat derjenige, der behauptete, Landesvater zu sein, sein Volk eigenhändig an die Schlachtbank geschmiedet und jedes Entrinnen verhindert. Er, der meinte, der deutsche Lebensraum sei zu klein, er, der ausgezogen war, ihn zu erweitern, hatte Millionen Deutscher ihrer vielhundertjährigen Heimat beraubt und Deutschland auf ein Minimum reduziert. Lange ehe der Krieg ausbrach, gab es in Berlin einen Witz, bei dem Stalin von seinem Gauleiter Hitler sprach.

[...]

Also ging es wieder weiter – ›ankommen‹, das war offenbar eine Vokabel, die man aus seinem Wortschatz streichen mußte. Es ging weiter durch die Mark, durch Mecklenburg, Niedersachsen nach Westfalen. Drei große Flüsse, die einmal unser östliches Deutschland charakterisierten, hatte ich überquert: Weichsel, Oder und Elbe. Bei Vollmond war ich aufgebrochen, inzwischen war Neumond, wieder Vollmond und wieder Neumond geworden.

Im tiefsten Winter war ich zu Hause vom Hof geritten, als

ich schließlich bei Metternichs in Vinsebeck in Westfalen ankam, war es Frühling. Die Vögel sangen. Hinter den Drillmaschinen staubte der trockene Acker. Alles rüstete sich zu neuem Beginn. Sollte das Leben wirklich weitergehen – so, als sei nichts passiert?

D: Marion Gräfin Dönhoff: Namen, die keiner mehr kennt. Ostpreußen – Menschen und Geschichte. Köln: Diederich, 1962. S. 20–40. –

129

Die Urkunde über die Kapitulation der deutschen Wehrmacht vom 8. Mai 1945

Als im Frühjahr 1945 den Truppen der Westmächte der Übergang über den Rhein gelang und am 25. April amerikanische und sowjetische Verbände bei Torgau an der Elbe direkte Verbindung miteinander gewonnen hatten, war das Ende des Krieges nur noch eine Frage von Tagen. Gleichwohl versuchten die Nationalsozialisten vielfach noch immer, den aussichtslosen Widerstand fortzusetzen. Erst der Selbstmord Hitlers im Bunker der Reichskanzlei am 30. April schuf die Möglichkeit, daß der von Hitler zum Nachfolger ernannte Großadmiral Dönitz die Kapitulation aller deutschen Truppen einleitete. Sie wurde in zwei verschiedenen Akten, im Hauptquartier des amerikanischen Oberbefehlshabers Eisenhower in Reims und in dem des sowjetischen Oberbefehlshabers Schukow in Berlin-Karlshorst vollzogen. Sie bedeutete lediglich eine militärische Kapitulation, keine Übergabe deutscher Staatsgewalt an die Alliierten.

Kapitulationserklärung

1. Wir, die hier Unterzeichneten, handelnd in Vollmacht für und im Namen des Oberkommandos der Deutschen Wehrmacht, erklären hiermit die bedingungslose Kapitulation

aller am gegenwärtigen Zeitpunkt unter deutschem Befehl stehenden oder von Deutschland beherrschten Streitkräfte auf dem Lande, auf der See und in der Luft gleichzeitig gegenüber dem Obersten Befehlshaber der Alliierten Expeditions-Streitkräfte und dem Oberkommando der Roten Armee.

2. Das Oberkommando der Deutschen Wehrmacht wird unverzüglich allen Behörden der deutschen Land-, See- und Luftstreitkräfte und allen von Deutschland beherrschten Streitkräften den Befehl geben, die Kampfhandlungen um 23.01 Uhr Mitteleuropäischer Zeit am 8. Mai einzustellen und in den Stellungen zu verbleiben, die sie an diesem Zeitpunkt innehaben, und sich vollständig zu entwaffnen, indem sie Waffen und Geräte an die örtlichen Alliierten Befehlshaber beziehungsweise an die von den Alliierten Vertretern zu bestimmenden Offiziere abliefern. Kein Schiff, Boot oder Flugzeug irgendeiner Art darf versenkt werden, noch dürfen Schiffsrümpfe, maschinelle Einrichtungen, Ausrüstungsgegenstände, Maschinen irgendwelcher Art, Waffen, Apparaturen, technische Gegenstände, die Kriegszwecken im allgemeinen dienlich sein können, beschädigt werden.

3. Das Oberkommando der Deutschen Wehrmacht wird unverzüglich den zuständigen Befehlshabern alle von dem Obersten Befehlshaber der Alliierten Expeditions-Streitkräfte und dem Oberkommando der Roten Armee erlasse-

---

Bombenangriffe und Erdkämpfe hatten bis zum Ende des Krieges große Teile Deutschlands zerstört. In Berlin, der »Reichshauptstadt«, die in den ersten Tagen des Mai 1945 von Truppen der Roten Armee erobert wurde, demonstrierten die Trümmer von Hitlers »Neuer Reichskanzlei« den Untergang des »Dritten Reiches«.

nen zusätzlichen Befehle weitergeben und deren Durchführung sicherstellen.
4. Diese Kapitulationserklärung ist ohne Präjudiz für irgendwelche an ihre Stelle tretenden allgemeinen Kapitulationsbestimmungen, die durch die Vereinten Nationen und in deren Namen Deutschland und der Deutschen Wehrmacht auferlegt werden mögen.
5. Falls das Oberkommando der Deutschen Wehrmacht oder irgendwelche ihm unterstehende oder von ihm beherrschte Streitkräfte es versäumen sollten, sich gemäß den Bestimmungen dieser Kapitulations-Erklärung zu verhalten, werden der Oberste Befehlshaber der Alliierten Expeditions-Streitkräfte und das Oberkommando der Roten Armee alle diejenigen Straf- und anderen Maßnahmen ergreifen, die sie als zweckmäßig erachten.
6. Diese Erklärung ist in englischer, russischer und deutscher Sprache abgefaßt. Allein maßgebend sind die englische und die russische Fassung.

Unterzeichnet zu Berlin am 8. Mai 1945

v. Friedeburg, Keitel, Stumpff (für das Oberkommando der Deutschen Wehrmacht)

In Gegenwart von:
Tedder (für den Obersten Befehlshaber der Alliierten Expeditions-Streitkräfte); Zhukov (für das Oberkommando der Roten Armee)

Bei der Unterzeichnung waren als Zeugen auch zugegen:
de Lattre-Tassigny, General, Oberstkommandierender der Ersten Französischen Armee; Spaatz, Kommandierender General der Strategischen Luftstreitkräfte der Vereinigten Staaten

D: Martens XLI S. 918.

Zur Einrichtung des Bandes

Die Quellentexte werden nach den angegebenen Druckvorlagen (D) zitiert. Bei einigen internationalen Verträgen, deren deutscher Wortlaut eine Übersetzung oder Parallelversion fremdsprachiger Fassungen darstellt, wird zusätzlich die Quelle verzeichnet, die den fremdsprachigen Originalwortlaut enthält (O).

Folgende Dokumentensammlungen werden abgekürzt zitiert:

ADAP	Akten zur deutschen auswärtigen Politik 1918 bis 1945. Serie C: Das Dritte Reich. Die ersten Jahre. 6 Bde. Göttingen: Vandenhoeck & Ruprecht. 1971–81. Serie D. 13 Bde. Ebd. 1950–70. [Neben dem Kennbuchstaben der Serie wird die Nummer des Bandes mit einer römischen Ziffer angegeben.]
Keesing	Keesings Archiv der Gegenwart. Hrsg. von Heinrich v. Siegler. Bd. 1 ff. Bonn: Siegler, 1931 ff.
Martens	Nouveau recueil général de traités et autres actes relatifs aux rapports de droit international. Continuation du grand recueil de G.-Fr. de Martens par Heinrich Triepel [u. a.]. Serie 3. Bd. 1–41. Leipzig: Dieterich [u. a.], 1909–44.
Prozeß gegen die Hauptkriegsverbrecher	Der Prozeß gegen die Hauptkriegsverbrecher vor dem Internationalen Militärgerichtshof Nürnberg, 14. November 1945 bis 1. Oktober 1946. 42 Bde. Nürnberg 1947–49.
RGBl.	Reichsgesetzblatt. 1871–1945. [Ohne Bandzählung; ggf. werden Teilbände durch römische Ziffern bezeichnet. Angegeben wird nur die Seite, auf der der abgedruckte Quellentext beginnt.]
Schultheß	Schultheß' europäischer Geschichtskalender. Neue Folge. Hrsg. von Ulrich Thürauf. Bd. 34 (1918)–57 (1941). München: Beck, 1921–65.

Ursachen und Folgen	Ursachen und Folgen. Vom deutschen Zusammenbruch 1918 und 1945 bis zur staatlichen Neuordnung Deutschlands in der Gegenwart. Eine Urkunden- und Dokumentensammlung zur Zeitgeschichte. Hrsg. und bearb. von Herbert Michaelis und Ernst Schraepler unter Mitw. von Günter Scheel. 26 Bde. nebst Reg.-Bd. Berlin: Dokumentenverlag Dr. Herbert Wendler, 1958–80.

Zeittafel

1918	
28. Oktober	Meuterei auf der deutschen Hochseeflotte
4. November	Übernahme der öffentlichen Gewalt durch aufständische Matrosen in Kiel, Bildung von Soldatenräten, die sich mit sozialistischen Arbeitern verbinden
8. November	Kurt Eisner ruft in Bayern die Republik aus
9. November	Reichskanzler Max von Baden verkündet die Abdankung Kaiser Wilhelms II. und übergibt sein Amt an Friedrich Ebert
10. November	Bildung des Kabinetts der Volksbeauftragten als neue Reichsregierung, paritätisch besetzt aus Vertretern beider sozialistischen Parteien unter Hinzuziehung nichtsozialistischer Politiker als Fachminister. Telefonische Vereinbarung Eberts mit der Obersten Heeresleitung über die Stabilisierung der neuen Verhältnisse
11. November	Waffenstillstand
15. November	Stinnes-Legien-Abkommen
16.–20. Dezember	Reichskongreß der Arbeiter- und Soldatenräte in Berlin
24. Dezember	Kämpfe um das Berliner Schloß, erste gewaltsame Konfrontation der Regierung mit radikalen Kräften von links
30. Dezember	Beginn des Gründungsparteitags der Kommunistischen Partei (Ende am 1. Januar 1919)
1919	
6.–15. Januar	»Spartakusaufstand«. Radikale Gruppen versuchen durch Streik und Aufstand die Regierung zu stürzen und die Wahlen zur Nationalversammlung unmöglich zu machen. Bei der Niederschlagung werden Rosa Luxemburg und Karl Liebknecht ermordet
9. Januar	Wahlen zur Nationalversammlung im Reich
Februar	Zusammentritt der Nationalversammlung, Wahl Friedrich Eberts zum Reichspräsidenten

13. Februar	Bildung der »Weimarer Koalition« aus SPD, Zentrum und DDP
6./7. April	Ausrufung der (I.) Räterepublik in München gegen die verfassungsmäßige Regierung und den Landtag, Radikalisierung durch die II. Räterepublik in den folgenden Wochen; vom 1. Mai an durch Truppen aus dem ganzen Reich blutig unterdrückt
28. Juni	Unterzeichnung des Friedensvertrags von Versailles, der am 10. Januar 1920 in Kraft tritt
14. August	Inkrafttreten der Weimarer Verfassung

1920

13.–17. März	Kapp-Lüttwitz-Putsch. Der Generalstreik der sozialistischen Gewerkschaften wird nach dem Zusammenbruch des Putsches weitergeführt, um die Verfassung in ihrem Sinne zu verändern; eine »Rote Ruhrarmee« kann erst im Mai nach Großeinsätzen von Militär und Polizei endgültig geschlagen werden
6. Juni	Reichstagswahlen führen zur Auflösung der »Weimarer Koalition«

1921

März	Kommunistische Aufstände in Hamburg und in Mitteldeutschland

1922

16. April	Deutsch-sowjetischer Vertrag von Rapallo
August	Die seit Jahren anhaltende Entwertung der deutschen Währung wird zur Inflation

1923

11. Januar	Besetzung des rheinisch-westfälischen Industriegebiets durch französische und belgische Truppen
13. August	Gustav Stresemann bildet ein Kabinett der Großen Koalition aus SPD, Zentrum, DDP und DVP
26. September	Abbruch des passiven Widerstands im Ruhrgebiet. Ausnahmezustand in Bayern unter Generalstaatskommissar v. Kahr

21. Oktober	Separatistenputsch in Aachen (wie zuvor schon in der Pfalz) scheitert am Widerstand der Bevölkerung
22.–24. Oktober	Kommunistischer Aufstandsversuch in Hamburg
29. Oktober	Durch militärische Reichsexekution wird in Sachsen (wie bald darauf in Thüringen) die sozialdemokratisch-kommunistische Landesregierung ihres Amtes enthoben
8./9. November	Hitler-Putsch in München
15. November	Die Währungssanierung (Ausgabe der Rentenmark) beendet die Inflation
1924	
1. September	Der vom Internationalen Sachverständigenausschuß unter Vorsitz von Charles G. Dawes ausgearbeitete Plan zur Neuordnung der Reparationsleistungen tritt in Kraft
1925	
28. Februar	Tod Friedrich Eberts
26. April	Wahl des Generalfeldmarschalls v. Hindenburg zum Reichspräsidenten
5.–16. Oktober	Konferenz von Locarno
1926	
24. April	Vertrag mit der Sowjetunion über Freundschaft und Neutralität
5. Mai	Flaggenverordnung des Reichspräsidenten
20. Juni	Das Volksbegehren auf Enteignung der Fürsten scheitert im Volksentscheid
8. September	Aufnahme Deutschlands in den Völkerbund
1927	
16. Juli	Gesetz über die Arbeitslosenversicherung
1928	
27. August	Unterzeichnung des Briand-Kellogg-Paktes
29	
bruar–Juni	Konferenz in Paris unter Vorsitz von Owen D. Young zur Revision des Reparationsverfahrens

3. Oktober	Tod von Außenminister Stresemann
25. Oktober	Beginn der Weltwirtschaftskrise mit Kursstürzen an der New Yorker Börse

1930

13. März	Gesetz über den Young-Plan
27. März	Ende der Großen Koalition
30. März	Heinrich Brüning wird Reichskanzler
18. Juli	Der Reichstag beschließt die Aufhebung einer Notverordnung und wird daraufhin aufgelöst
14. September	Neuwahlen zum Reichstag bringen den Nationalsozialisten sensationelle Gewinne

1931

6. Juli	Einjähriges Moratorium für alle internationalen Zahlungen auf Vorschlag des amerikanischen Präsidenten Herbert Hoover
11. Oktober	Tagung der Harzburger Front

1932

10. April	Hindenburg im zweiten Wahlgang zum Reichspräsidenten wiedergewählt
30. Mai	Brüning zum Rücktritt gezwungen, Nachfolger v. Papen (1. Juni)
16. Juni / 9. Juli	Die Konferenz von Lausanne beschließt den Verzicht auf weitere deutsche Reparationsleistungen gegen eine Abfindung von 3 Milliarden Reichsmark
20. Juli	»Preußen-Schlag«: Papen übernimmt als Reichskommissar die Regierungsgewalt in Preußen
31. Juli	Reichstagswahlen mit weiteren Erfolgen der Nationalsozialisten
12. September	Auflösung des Reichstags wegen Widerspruchs gegen eine Notverordnung
6. November	Reichstagswahlen mit Verlusten für die Nationalsozialisten
17. November	Rücktritt v. Papens, Nachfolger General v. Schleicher (3. Dezember)
11. Dezember	Die europäischen Großmächte erkennen auf d Konferenz den Anspruch Deutschlands auf mi tärische Gleichberechtigung prinzipiell an

1933

15. Januar	Wahlsieg der Nationalsozialisten in Lippe
28. Januar	Rücktritt v. Schleichers
30. Januar	Adolf Hitler wird Reichskanzler
28. Februar	»Reichstagsbrand-Verordnung«
5. März	Reichstagswahlen mit knapper Mehrheit für Hitlers Regierungskoalition
21. März	Staatsakt in der Potsdamer Garnisonkirche
23. März	Ermächtigungsgesetz
31. März	Erstes Gesetz zur Gleichschaltung der Länder
1. April	Von der NSDAP organisierter Boykott der jüdischen Geschäfte
7. April	Zweites Gesetz zur Gleichschaltung der Länder. Gesetz zur Wiederherstellung des Berufsbeamtentums
2. Mai	Zerschlagung der Freien Gewerkschaften
22. Juni	Verbot der SPD; die anderen Parteien lösen sich bis 5. Juli selbst auf
14. Juli	Gesetz gegen die Neubildung von Parteien. Gesetz zur Verhütung erbkranken Nachwuchses
20. Juli	Reichskonkordat
29. September	Reichserbhofgesetz
4. Oktober	Schriftleitergesetz
14. Oktober	Deutschland verläßt den Völkerbund

1934

26. Januar	Deutsch-polnischer Nichtangriffspakt
17. Juni	Rede des Vizekanzlers v. Papen in Marburg
30. Juni	Liquidierung der SA-Führung
25. Juli	Ermordung des österreichischen Bundeskanzlers Dollfuß bei einem fehlgeschlagenen Putsch der Nationalsozialisten
2. August	Tod des Reichspräsidenten v. Hindenburg, Vereinigung seines Amtes mit dem des Reichskanzlers

1935

13. Januar	Überwältigende Mehrheit bei der Volksabstimmung im Saargebiet für die Wiedervereinigung mit dem Reich
	Proklamation der allgemeinen Wehrpflicht
	Deutsch-britisches Flottenabkommen

26. Juni	Einführung der Arbeitsdienstpflicht
15. September	»Nürnberger Gesetze«

1936

7. März	Remilitarisierung des Rheinlandes
11. Juli	Abkommen mit Österreich über die beiderseitigen Beziehungen
9. September	Verkündung des Vierjahresplans
25. November	Antikominternpakt
1. Dezember	Gesetz über die Hitlerjugend

1937

14. März	Enzyklika »Mit brennender Sorge«
15. November	Besprechung Hitlers mit den Oberbefehlshabern und dem Reichsaußenminister über die deutsche Außenpolitik (»Hoßbach-Protokoll«)

1938

4. Februar	Entlassung des Oberbefehlshabers der Wehrmacht, Generalfeldmarschall v. Blomberg, und des Oberbefehlshabers des Heeres, Generaloberst v. Fritsch. Hitler übernimmt den Oberbefehl über die Wehrmacht
12. März	Einmarsch deutscher Truppen in Österreich (»Anschluß«)
30. Mai	Hitlers Weisung zum militärischen Vorgehen gegen die Tschechoslowakei (»Fall Grün«)
29. September	Münchner Konferenz beschließt die Überlassung der sudetendeutschen Gebiete an das Reich
9. November	Von der Partei organisierte Pogrome in ganz Deutschland

1939

30. Januar	Reichstagsrede Hitlers mit der Ankündigung, daß ein künftiger Weltkrieg das Ende der Juden in Europa bedeuten werde
16. März	Errichtung des Reichsprotektorats Böhmen und Mähren
22. Mai	»Stahlpakt« mit Italien
23. August	Deutsch-sowjetischer Nichtangriffsp heimem Zusatzprotokoll

1. September	Deutscher Angriff auf Polen
3. September	Kriegserklärung der Westmächte
Oktober	Erlaß Hitlers über die Tötung unheilbar Kranker

1940

9. April	Deutsche Besetzung von Dänemark und Norwegen
10. Mai	Beginn der deutschen Offensive gegen die Niederlande, Belgien und Frankreich
22. Juni	Deutsch-französischer Waffenstillstand
12. Oktober	Abbruch der Vorbereitungen zur Landung in England
18. Dezember	Hitlers Weisung zur Vorbereitung eines Feldzugs gegen die Sowjetunion (»Fall Barbarossa«)

1941

6. April	Beginn des Feldzugs gegen Jugoslawien und Griechenland
6. Juni	Befehl des Oberkommandos der Wehrmacht über die Tötung politischer Kommissare der Roten Armee
22. Juni	Beginn des Angriffs auf die Sowjetunion
31. Juli	Weisung Görings an Reinhard Heydrich, »eine Gesamtlösung der Judenfrage in Europa« vorzubereiten
1. September	Einführung des Judensterns
25. November	Verordnung über den Verlust der deutschen Staatsangehörigkeit für Juden bei Deportation
11. Dezember	Deutsche Kriegserklärung an die USA

1942

20. Januar	Wannsee-Konferenz über die »Endlösung der Judenfrage«
30./31. Mai	Köln wird das Ziel des ersten großangelegten Angriffs der britischen Luftwaffe
[illegible] Juni	Vernichtung des tschechischen Dorfes Lidice
[illegible]	Beginn der Flugblattaktion der »Weißen Rose«
[illegible]ust	Weisung Hitlers an den neuen Reichsjustizminister Thierack zum Aufbau einer »nationalsozialistischen Rechtspflege«

3. November	Britische Truppen zwingen das deutsche Afrika-Korps bei El Alamein zu endgültigem Rückzug
19. November	Beginn der sowjetischen Offensive zur Einschließung Stalingrads

1943

3. Februar	Einstellung der letzten Kämpfe in Stalingrad
18. Februar	Rede von Joseph Goebbels im Berliner Sportpalast zum »totalen Krieg«
19. April	Aufstand im Warschauer Ghetto
13. Juli	Fehlschlag der letzten deutschen Großoffensive im Osten (»Unternehmen Zitadelle«)
3. September	Waffenstillstand zwischen Italien und den Alliierten

1944

6. Juni	Landung alliierter Truppen in Frankreich
3. Juli	Zusammenbruch der Heeresgruppe Mitte an der Ostfront
20. Juli	Attentat Stauffenbergs auf Hitler
1. August	Aufstand der »Heimatarmee« in Warschau
11. September	Im Westen wird die Reichsgrenze von alliierten Truppen erreicht
16. Dezember	Beginn der letzten deutschen Offensive an der Westfront in den Ardennen

1945

12. Januar	Beginn der sowjetischen Großoffensive
23. Januar	Die Rote Armee erreicht in Schlesien die Oder
7. März	Amerikanische Truppen überschreiten bei Remagen den Rhein
30. April	Selbstmord Hitlers
2. Mai	Großadmiral Dönitz übernimmt die Nachfolge Hitlers
8. Mai	Kapitulation der deutschen Wehrmacht

Abbildungsnachweis

Bildarchiv Preußischer Kulturbesitz: S. 124 (© bpk – Bildagentur für Kunst, Kultur und Geschichte)
Bundesarchiv Koblenz: S. 30, 46, 62, 430
Süddeutscher Verlag, Bilderdienst, München: S. 330

Inhalt